Die Perspektiven eines internationalen Wettbewerbsrechts

Dr. Zeynep Bukle Dağcı, LL.M.

Die Perspektiven eines internationalen Wettbewerbsrechts

PETER LANG

Bibliografische Information der Deutschen Nationalbibliothek
Die Deutsche Nationalbibliothek verzeichnet diese Publikation in der Deutschen Nationalbibliografie; detaillierte bibliografische Daten sind im Internet über http://dnb.d-nb.de abrufbar.
Zugl.: Potsdam, Univ., Diss., 2022

517
ISBN 978-3-631-87807-1 (Print)
E-ISBN 978-3-631-88015-9 (E-PDF)
E-ISBN 978-3-631-88016-6 (EPUB)
DOI 10.3726/b19747

Peter Lang – Berlin · Bern · Bruxelles · New York ·
Oxford · Warszawa · Wien

Diese Publikation wurde begutachtet.

www.peterlang.com

Danksagung

Ich möchte an dieser Stelle meinem Doktorvater, Herrn Professor Dr. Marcus Schladebach, für die Betreuung dieser Arbeit, die gewährte wissenschaftliche Freiheit, die wertvollen Hinweise und die herzliche Unterstützung danken.

Ein herzlicher Dank gilt der Kanzlei White & Case LLP in Berlin, insbesondere Christoph Arhold, für die Möglichkeit dort während der Erstellung der Dissertation arbeiten zu dürfen und für die Freiheiten, die mir für die Fertigstellung der Dissertation gewährt wurden.

Michael Wieckenberg, Coco Mercedes Tremurici, Filiz Wölfle und Christian Crohn gilt mein besonderer Dank vor allem für ihre freundliche Hilfsbereitschaft und anstrengende Tätigkeit des Korrekturlesens.

Der größte Dank gebührt meiner Familie Gülten Dukul, Toprak Dukul, Jan Dirk Wieckenberg und Bürgehan Dağcı, die mich während der Jahre der Entstehung dieser Arbeit begleitet und motiviert haben.

Zu guter Letzt, aber eigentlich in erster Linie möchte ich meiner Mutter Özden Dağcı und meinem Vater Ergun Dağcı danken, die mir meinen bisherigen Lebensweg ermöglicht haben. Ihnen ist diese Arbeit in Liebe und Dankbarkeit gewidmet.

Dr. Zeynep Bukle Dağcı, LL.M.

Inhaltsübersicht

Inhaltsverzeichnis

Tabellenverzeichnis

Abkürzungsverzeichnis

Abs.	Absatz
ABl.	Amtsblatt der Europäischen Union
ADA	Anti-Dumping Abkommen
AEGC	ASEAN-Expertengruppe für den Wettbewerb
AEUV	Vertrag über die Arbeitsweise der Europäischen Union
AJIL	American Journal of International Law
ANZCERTA	Australia New Zealand Closer Economic Relations Trade Agreement
APEC	Asia-Pacific Economic Cooperation
Art.	Artikel
ASEAN	Association of Southwest Asian Nations
Aufl.	Auflage
Ausf.	Ausführlich
Bd.	Band
BGB	Bürgerliches Gesetzbuch
BGBl.	Bundesgesetzblatt
BMWi	Bundesministerium für Wirtschaft und Energie
BNA	Bureau of National Affairs
bzw.	Beziehungsweise
ca.	circa
CARICOM	Caribbean Community and Common Market
COMESA	Common Market for Eastern and Southern Africa
Dep't St.	Department of State
ders. / dies.	derselbe / dieselbe
DIAC	Draft International Antitrust Code
d.h.	das heißt
Doc.	Dokument
DSU	Dispute Settlement Understanding
DSB	Dispute Settlement Body
DVBl.	Deutsches Verwaltungsblatt
Eco.	Economic
ECOSOC	Wirtschafts- und Sozialrats der Vereinten Nationen
ECOWAS	Westafrikanische Wirtschaftsgemeinschaft
EEC / EC	European Economic Communities / European Communities
EG	Europäische Gemeinschaft

EGV	Vertrag zur Gründung der Europäischen Union
EL	Ergänzungslieferung
EU	Europäische Union
EU-Komm.	Kommission der Europäischen Gemeinschaften
EuG	Europäisches Gericht
EuGH	Europäischer Gerichtshof
EuR	Zeitschrift Europarecht
EUV	Vertrag über die Europäische Union
EuZW	Europäische Zeitschrift für Wirtschaftsrecht
EWGV	Vertrag über die Gründung der Europäischen Wirtschaftsgemeinschaft
f.	folgende
ff.	fortfolgende
Fn.	Fußnote
FTAIA	Foreign Trade Antitrust Improvements Act
FTC	Federal Trade Commission of the United States of America
FS	Festschrift
GATT	Allgemeines Zoll- und Handelsabkommen
GATS	Allgemeines Abkommen über den Handel mit Dienstleistungen
Gem.	Gemäß
GG	Grundgesetz für die Bundesrepublik Deutschland
GRUR Int.	Gewerbliche Rechtsschutz und Urheberrecht, Internationaler Teil
GWB	Gesetz gegen Wettbewerbsbeschränkungen
Hg.	Herausgeber
h.M.	herrschende Meinung
IAA	International Antitrust Authority
ICITO	Interim Commission for the International Trade Organization
ICN	International Competition Network
ICPAC	International Competition Policy Advisory Committee
ICPO	International Competition Policy Office
IIC	International Review of Intellectual Property and Competition Law
insb.	insbesondere
Int.	International
i.S.d.	im Sinne des / der
i.V.m.	in Verbindung mit
ITO	International Trade Organisation
IWF	Internationaler Währungsfonds
J.	Journal

JWT	Journal of World Trade
Komm.	Kommission
lit.	Buchstabe
LL	Leitlinien
MERCOSUR	Gemeinsamer Markt des Südens
Mitt.	Mitteilung
MoU	Memorandum of Understanding
MüKo	Münchener Kommentar
m.w.N.	mit weiteren Nachweisen
NAFTA	North American Free Trade Agreement
NJW	Neue juristische Wochenschrift
Nr.	Nummer
NZBau	Neue Zeitschrift für Baurecht und Vergaberecht
OECD	Organisation für wirtschaftliche Zusammenarbeit und Entwicklung
OEEC	Organisation für europäische wirtschaftliche Zusammenarbeit
O.J.	Official Journal (of the European Union)
Res.	Resolution
Rn.	Randnummer
Rs.	Rechtssache
Rspr.	Rechtsprechung
S.	Seite
SACU	South African Customs Union
SMC	Übereinkommen über Subventionen und Ausgleichsmaßnahmen
SMÜ	Übereinkommen über Schutzmaßnahmen
Slg.	Sammlung
sog.	sogenannte
STIC	Standard International Trade Classification
TRAMS	Abkommen über handelsbezogene Aspekte der wettbewerbsrechtlichen Maßnahmen
TRIMs	Abkommen über handelsbezogene Investitionsmaßnahmen
TRIPS	Übereinkommen über handelsbezogene Aspekte der Rechte des geistigen Eigentums
TTIP	The Transatlantic Trade and Investment Partnership
u.a.	unter anderem
UK	Vereinigte Königreich
UMSCA	United States-Mexico-Canada Agreement
UN	United Nations

UNCTAD	United Nations Conference on Trade and Development
Uni.	Universität
USA / US	Vereinigte Staaten von Amerika
usw.	und so weiter
UWG	Gesetz gegen den unlauteren Wettbewerb
v.	von / vom
vb.	verbundene
vgl.	vergleiche
VO	Verordnung
WAEMU	West African Economic and Monetary Union
WTO	Welthandelsorganisation
WTO-Ü	WTO-Übereinkommen
WuW	Wirtschaft und Wettbewerb
ZAöVR	Zeitschrift für ausländisches öffentliches Recht und Völkerrecht
z.B.	zum Beispiel
ZEW	Zentrum für Europäische Wirtschaftsforschung
ZWeR	Zeitschrift für Wettbewerbsrecht

Einleitung

I. Überblick

„*Wettbewerb ist eine staatliche Veranstaltung, da er seine Voraussetzungen nicht selbst schaffen und garantieren kann.*“[1] Diese von *Hopt* Mitte der 1980er Jahre aufgestellte These beansprucht auch heute noch vorbehaltlose Gültigkeit. Der Staat selbst muss die korrekten Ergebnisse des Wettbewerbs sicherstellen.[2]

Der Wettbewerb, Motor der sozialen Marktwirtschaft,[3] befindet sich im heutigen globalen Markt überall, wo die Wirtschaftssubjekte im Wirtschaftsleben handeln und bildet daher einen konstruktiven Bestandteil des globalen Wirtschaftssystems. Der Schutz dieses soziologischen Phänomens[4] ist die „*bewusste Aufgabe öffentlicher Wirtschaftspolitik*“[5] und ist daher allein durch staatlich erlassene Rechtsregeln realisierbar. Eine auf sich allein gestellte Marktwirtschaft würde keineswegs in der Lage sein, wirksam im Wettbewerb zu bestehen.[6] Ebendaher beinhaltet das Wettbewerbsrecht nach dem europäischen Begriff, (bzw. Antitrustrecht[7] nach dem US-amerikanischen Begriff) Regelungen, die den Wettbewerb auf den Märkten gegen die etwaigen staatlichen oder privaten Beschränkungen schützen und seine Entwicklung unterstützen. Die Wettbewerbsgesetze basieren auf der grundsätzlichen Annahme, dass, während ein freies Marktverhalten erwünscht wird, die Einmischung des Staates notwendig

---

1 *Hopt,* Wettbewerbsbeschränkungen und Verrechtlichung in: Kübler, Verrechtlichung von Wirtschaft, Arbeit und Soziale Solidarität, 1985, S. 229, 287.

2 *Miksch*, Wettbewerb als Aufgabe, 1947, S. 9.

3 *Pätzold/Baade,* Stabilisierungspolitik, 2012, S. 213; Bundeskartellamt, abrufbar unter: http://www.bundeskartellamt.de/DE/UeberUns/Bundeskartellamt/bundeskartellamt_node.html (3.2.2022).

4 *Schluep*, GRUR Int. 2 (1973), 446, 446.

5 *Müller-Armack,* Wirtschaftsordnung und Wirtschaftspolitik, 1976, S. 118.

6 Siehe Fn. oben.

7 Das Wort Antitrust hat sich aus der US-Trustbusting-Politik des späten 19. Jahrhunderts entwickelt, *Rubinfeld,* Antitrust Policy in: Smelser/Baltes, International Encyclopedia of Social and Behavioural Sciences, 2001, S. 553 f. Das Antitrust und der Wettbewerb werden in dieser Dissertation als Synonyme verwendet. Obwohl die beiden Begriffe, in der Regel, als Synonyme betrachtet werden, vermitteln sie eigentlich nicht genau das gleiche Konzept. Näher dazu siehe *Whitman*, Yale Law J. 117 (2007), 340, 372.

ist, um den Kompetenzdruck zwischen den Anbietern aufrechtzuerhalten und dadurch den Wettbewerb stärken zu können.[8] Daher schützen die Wettbewerbsregelungen durch die Beschränkung von freiem Verhalten der Staaten bzw. der anderen Marktakteure und deren Marktmacht, unter anderem auch die Interessen der Verbraucher und damit die Wohlfahrt.

Boisguilbert[9] ist einer der ersten Autoren, die im Jahr 1707 über den Begriff des Wettbewerbs – wenn auch nicht in seinem heutigen Sinn – schrieb. Auch bei *Quesnay*[10], der die positiven Auswirkungen des Wettbewerbs erwähnte, findet sich der Begriff wieder. Über die Schnittstelle zwischen internationalem Handel und Wettbewerbspolitik (konkreter: staatlichen Handelsmonopolen) beschäftigte sich erst *Smith*[11] 1776. Er vertritt die Auffassung, dass die Monopolmacht des *East Indian Company* sowohl Indien als auch dem UK schadete, und unterstreicht damit die Bedeutung des internationalen wettbewerbsfeindlichen Verhaltens für den Handel. Die Regelung des Wettbewerbs durch den Staat ist jedoch ein verhältnismäßig neues Thema für die meisten Länder auf der Welt. Die Idee, dass der Staat zum Schutz des Wettbewerbs auf den Märkten eingreifen sollte, ist demnach ein neueres Phänomen. Die ältesten bekannten staatlichen Wettbewerbsregelungen stammen aus dem Jahre 737 n. Chr. und wurden in China von der *Tang-Dynastie* verkündet.[12] Die Regelung des Wettbewerbs im heutigen Sinne hat jedoch bis zum 19. Jahrhundert, nämlich bis zur Schaffung des *Sherman Antitrust Act*,[13] nicht stattgefunden. Der *Sherman Antitrust Act*, das erste Wettbewerbsgesetz der USA, hat weltweit die Evolution und Entwicklung des modernen Wettbewerbsrechts inspiriert und hatte insbesondere auf die europäischen Wettbewerbsregeln einen maßgeblichen Einfluss. Von der

---

8 *Lloyd/Vautier*, International Trade and Competition Policy, CER, APEC and the WTO, 1997, S. 4.

9 *Boisguilbert,* Dissertation sur la Nature de la Richesse, de l'Argent et des Tribus, in: Daire, Économistes Financiers du XVIII Siècle, 1843, S. 158, 370 und 755.

10 *Quesnay*, J. de l'Agriculture, du Commerce et des Finances 2 (1765), 4-35.

11 *Smith*, An Inquiry into the Nature and Causes of the Wealth of Nations, 1986 (erstmal veröffentlicht am 1776).

12 Price-fixing wurde durch Art. 33 Tang-Code untersagt, *Taylor*, International Competition Law, 2006, S. 74; *Colino*, Vertical Agreements and Competition Law, 2010, S. 9.

13 15 U.S.C. §§ 1-7 (1890). Das erste geschriebene Wettbewerbsgesetz der Neuzeit wurde im Jahr vor der Verabschiedung des *Sherman Antitrust Act* in Kanada erlassen, *Fox/Healey*, Antitrust Law J. 79 (2014), 769, 770; Ausf. zur Entwicklung der US-Wettbewerbspolitik siehe *Lamaj*, European J. of Scientific Research 13 (2017), 154, 154 ff.

Verabschiedung des *Sherman Antitrust Act* im Jahr 1890 in den USA bis in die 1970er Jahre existierten Wettbewerbsgesetze nur in wenigen Industrieländen, namentlich in den USA, in Kanada und Australien.[14] Unmittelbar nach dem Zweiten Weltkrieg verabschiedeten einige westeuropäische Länder und Japan Wettbewerbsgesetze.[15] Der durch den Staat regulierte Wettbewerb ist somit auch in Europa eine vergleichsweise neue Erscheinung. Heute hat die Rolle des Staates auf dem Markt einen erheblichen Einfluss auf die Funktionsweisen des Wettbewerbs.

Aufgrund der (wirtschaftlichen) Globalisierung und der Handelsliberalisierung bewegt sich die Weltwirtschaft heute zu einem einheitlichen Markt hin. Als Folge dieser Bewegung hat sich auch der Wettbewerb seit Beginn der 1990er Jahre insbesondere aufgrund der Steigerung internationaler Wirtschaftsbeziehungen intensiviert. Dementsprechend haben auch wettbewerbsrechtliche Fragestellungen zunehmend an Bedeutung gewonnen, wobei der Prozess noch nicht abgeschlossen ist. Heute versuchen die Volkswirtschaften und Unternehmen, mit dem Wettbewerb aus dem Ausland zurechtzukommen. Das Wettbewerbsrecht ist daher kein reines nationales Recht mehr. Auch seiner Durchsetzung kommt eine internationale Dimension zu.[16] Beispiele hierfür sind die Untersuchung und Verfolgung von Preisfestsetzungs- und Marktaufteilungsvereinbarungen, die oft über nationale Grenzen hinausgehen, zahlreiche prominente Fälle von Missbrauch einer marktbeherrschenden Stellung in hochtechnologischen Netzwerkindustrien und große Unternehmenszusammenschlüsse, die oft von mehreren Gerichtsbarkeiten gleichzeitig geprüft werden müssen.

Auch wenn der verschärfte Wettbewerb zwischen den Marktteilnehmern allgemein als eines der besten Ergebnisse der wirtschaftlichen Globalisierung angesehen wird, fällt es den Staaten oft schwer, mit deren Folgen umzugehen und ihre Politik und die Gesetze an den volatilen internationalen Wettbewerb anzupassen. Daher schaffen in den letzten Jahrzehnten immer mehr Länder auf der ganzen Welt mit unterschiedlichem wirtschaftlichen Entwicklungsstand Wettbewerbsregelungen, um die Wettbewerbsordnung in ihrem Hoheitsgebiet

---

14 Siehe zum Beispiel https://www.australiancompetitionlaw.info/legislation/cca2010 (3.2.2022).

15 *Sweeney*, Giving Content and Effect to Competition Rules, in: Gillespie/Peerenboom, Regulation in Asia: Pushing Back on Globalization, 2009, S. 86 f.

16 Siehe für eine Zusammenfassung der Aktivitäten in verschiedenen Gerichtsbarkeiten DLA Piper, Cartel Enforcement Global Review 6/2017, abrufbar unter: https://www.dlapiper.com/~/media/Files/Insights/Publications/2017/06/3213720_Cartel_Enforcement_Global_Review_June_20177_V13.pd (3.2.2022).

sichern zu können. Dabei hat die Notwendigkeit, praktische Probleme zu lösen, zunächst zu einer Ausweitung des Begriffs der Extraterritorialität geführt, welche aber nun ihre Begrenztheit bewiesen hat. Das Dilemma der Staaten zwischen dem Ziel, die internationale Wettbewerbsfähigkeit ihrer nationalen Wirtschaft zu erhöhen und dem Ziel, den internationalen Wettbewerbsdruck zu reduzieren, hat die Staaten auf die Suche nach internationaler Zusammenarbeit, Harmonisierung und dadurch zum zunehmenden Abschluss bilateraler bzw. regionaler Wettbewerbsabkommen geführt. Diese bilateralen und regionalen Wettbewerbsregelungen finden freilich nur innerhalb ihrer territorialen Grenzen Anwendung. Außerhalb dieser Grenzen sind sie grundsätzlich wirkungslos. Dies zeigt, dass die nationalen, bilateralen und regionalen Regelungen in der heutigen globalen Welt für die Behandlung internationaler wettbewerbsrechtlicher Fragen oftmals nicht ausreichend sind. Gefragt sind heute globale Vereinbarungen, die die Handelshemmnisse beseitigen, einen fairen Wettbewerb ermöglichen und Mindeststandards garantieren.

Parallel zur Erweiterung des Marktzugangs und zum Wachstum der Investitionen im Ausland ist die Weltökonomie zu einer erneuten Erkenntnis bezüglich des internationalen Charakters der wettbewerbspolitischen Fragen gekommen. Im Bewusstsein der oben genannten Tatsachen und mit der Motivation, globale Wettbewerbsregeln zu schaffen, sind im Verlauf der Jahre erhebliche Anstrengungen und Schritte zu diesem Thema unternommen worden: Die Debatte, ob der Wettbewerb auf internationalen, interkontinentalen und globalen Märkten ein internationales wettbewerbspolitisches Regime erfordert, ist etwa 100 Jahre alt. Bereits im Jahr 1927 gab es einen Versuch zur Schaffung eines internationalen Wettbewerbsrechts im Rahmen des Völkerbunds. Die Notwendigkeit einer internationalen Wettbewerbsordnung wurde also schon damals erkannt. Die Havanna-Charta 1948 war der erste große Versuch, einen multilateralen Rahmen für Handel und Wettbewerb zu schaffen und enthielt Bestimmungen zur Begrenzung wettbewerbsbeschränkender Verhaltensweisen sowie zum Verbot von Kartellen und vertikalen Beschränkungen durch Monopole. Aufgrund des Widerstands zahlreicher Länder ist die Havanna-Charta, jedoch, nie in Kraft getreten.

Anfang der 1990er Jahre hat die EU das Thema eines verbindlichen multilateralen Wettbewerbsabkommens in Verbindung mit den Auswirkungen des Wettbewerbs auf den internationalen Handel wieder aufgenommen. Die EU bemühte sich, ein multilaterales Abkommen über das Wettbewerbsrecht in die Verhandlungen der Uruguay-Runde über das GATT aufzunehmen. Die Erforschung multilateraler Normen zur Durchsetzung des Wettbewerbs hat 1996 zur Schaffung eines Mandats der WTO geführt, um wettbewerbswidrige

Verhaltensweisen und ihre Wechselwirkung mit der Handelspolitik zu untersuchen. Aufgrund der Interrelation zwischen Handel und Wettbewerb wurde die Einführung wettbewerbsrechtlicher Regelungen in der WTO bis zur Streichung des Themas „Wettbewerbsrecht" von der Handelsagenda auf der fünften WTO-Ministerkonferenz 2003, intensiv diskutiert. Bislang waren also die Bemühungen um ein allgemeines Abkommen über die Wettbewerbspolitik im Rahmen des internationalen Handelssystems erfolglos.

Zurzeit existieren einige multilaterale *Soft-law-* und *Hard-law*-Wettbewerbsregelungen, verteilt in den Regelungen der verschiedenen internationalen Organisationen einschließlich der WTO. Während der Wettbewerb als solcher keinen aktiven Teil der WTO-Agenda darstellt, befassen sich die Bestimmungen einiger WTO-Abkommen mit bestimmten wettbewerbswidrigen Verhaltensweisen, welche unter anderem Gegenstand dieser Dissertation sind und weiter unten detailliert behandelt werden. In dieser Arbeit wird erörtert, ob bisherige *Soft-law-* und *Hard-law*-Wettbewerbsregelungen ausreichen, oder ob neue multilaterale Wettbewerbsregeln eingeführt werden müssen, ob und inwieweit die Regelungen der bereits bestehenden Institutionen, wie die der WTO, ausgebaut werden können und wie und unter wessen Leitung diese Durchführung womöglich erfolgen muss.

Zusammengefasst: Es gab schon lange einen Wettbewerb auf nationaler Ebene. Dementsprechend gab es nationale Wettbewerbsgesetze. Nun gibt es einen weltweiten Wettbewerb. Dementsprechend wird ein internationales Wettbewerbsrecht benötigt. Es gibt allerdings keinen Staat, der internationale Wettbewerbsregeln erlassen könnte, das heißt, dass für die Errichtung einer globalen multilateralen bzw. plurilateralen Wettbewerbsordnung internationale Rechtsetzungsformen erforscht werden müssen.[17] Dies veranlasst die vorliegende Dissertation, über die Notwendigkeit zusätzlicher Koordinierungsmechanismen nachzudenken, um den Herausforderungen einer zunehmend globalisierten und vernetzten Wirtschaft zu begegnen.

Aus den oben genannten Gründen hat sich die Internationalisierung des Wettbewerbsrechts zu einem viel diskutierten Thema mit gegenwärtiger Bedeutung entwickelt. Es ist daher zu erwarten, dass dieses Thema in den nächsten Jahren immer wieder Gegenstand heftiger Diskussionen sein wird.

---

17 *Fikentscher*, IIC 27 (1996), 755, 755.

II. Ziel der Untersuchung

Vor dem Hintergrund der soeben beschriebenen Problemstellung liegt das Ziel dieser Studie darin, die im Rahmen des WTO-Systems und der anderen großen internationalen Organisationen bestehenden internationalen Wettbewerbsregelungen zu ermitteln und in der Analyse, ob und inwieweit diese unter einem Dach vereinbart werden müssen bzw. können. Es wird untersucht, ob hierfür zusätzliche, neue wettbewerbsrechtliche Regelungen erforderlich sind und unter welcher internationalen Organisation dies sinnvollerweise geschehen soll, um eine neue globale Wettbewerbsordnung für die Weltwirtschaft zu schaffen.

In diesem Zusammenhang soll das zunehmende Bedürfnis einer Reform im Bereich der internationalen multilateralen Wettbewerbsordnung untersucht werden. Anknüpfend daran stellt sich die Frage nach der Notwendigkeit der Schaffung eines neuen Rechtsgebiets, namentlich dem „internationalen multilateralen Wettbewerbsrecht". Obwohl der Versuch für die Schaffung des internationalen Wettbewerbsrechts bereits in den 1920er Jahren begonnen hat, ist heute das internationale Wettbewerbsrecht wegen fehlender Aktionen in den einschlägigen internationalen Organisationen bzw. in der WTO und selbstverständlich auch wegen des Themas der Souveränität der Staaten immer noch kein selbstständiges Sachgebiet innerhalb des Wettbewerbsrechts.

Es wird sich weiterhin auf die Themen und Fragen rund um ein etwaiges zukünftiges Wettbewerbsrechtabkommen fokussiert und versucht, die Gründe für die Verabschiedung eines WTO-Abkommens über das Wettbewerbsrecht aufzuzeigen. Diese Dissertation weist insbesondere darauf hin, dass es in einer Reihe von WTO-Abkommen bereits Elemente der Wettbewerbspolitik gibt. Ferner befassen sich heute eine wachsende Zahl von bilateralen, regionalen und plurilateralen Abkommen mit dem Thema „Wettbewerb". Die Frage ist, ob und wie weit die WTO bei einer solchen Zusammenarbeit eine Rolle spielen könnte bzw. sollte.

Zusammengefasst erfüllt das Beantworten der folgenden Fragen das Ziel dieser Untersuchung;

- Warum ist eine globale Wettbewerbsordnung erforderlich? Was sind die Alternativen zu einer globalen Wettbewerbsordnung?
- Was sind die bisherigen Initiativen zur Schaffung einer globalen multilateralen Wettbewerbsordnung und ihre Ergebnisse? Welche verschiedenen internationalen Foren wurden dafür benutzt?

- Welche Organisation wäre das richtige Forum für die Verhandlung bzw. Verabschiedung eines etwaigen globalen Wettbewerbsabkommens und aus welchen Gründen?
- Was sind die zurzeit bestehenden multilateralen wettbewerbsrechtlichen Regelungen? Was ist der Beitrag der judikativen Quellen?
- Welche wesentlichen Vorschläge zur Aufnahme multilateraler Wettbewerbsregelungen wurden und werden diskutiert?
- Was wäre ein eigener Vorschlag für ein neues Regelungssystem bzw. für eine Reform im Bereich des internationalen Wettbewerbsrechts?

III. Stand der wissenschaftlichen Forschung

Die wissenschaftliche Diskussion zum Thema internationales Wettbewerbsrecht ist noch im Gange und in der Entwicklung. Im Rahmen der Diskussion über die internationalen Wettbewerbsregeln sind eine Reihe von Aufsätzen und monographischen Beiträgen erschienen, die sich mit der Internationalisierung des Wettbewerbsregimes beschäftigen. In den Veröffentlichungen geht es vor allem um den Status Quo und um die Frage, ob eine Notwendigkeit für internationale Wettbewerbsregeln besteht. Während einige Autoren extreme Positionen einnehmen – wie die Suffizienz der unilateralen Anwendung der nationalen Wettbewerbsrechte oder die Vollharmonisierung der nationalen Wettbewerbsrechte – haben mehrere Publikationen Vorschläge gemacht, wie man die ideale internationale Wettbewerbspolitik gestalten kann bzw. soll.

Zu den umfangreichsten und wichtigsten Veröffentlichungen zählen unter anderem „Competition Law and the World Trade Organisation: The Limits of Multilateralism" von *Kennedy*; „Competition Law in the WTO" von *Weinrauch*; „International Competition Law" von *Taylor* und „Die Globalisierung des Wettbewerbsrechts: Eine internationale Wettbewerbsordnung zwischen Kartell- und Welthandelsrecht" von *Bätge*.[18] Die meisten anderen Veröffentlichungen erfassen das Thema nicht umfassend und betrachten nur punktuelle Aspekte.

Kennedy bietet in „Competition Law and the World Trade Organisation: The Limits of Multilateralism" eine detaillierte Untersuchung der Schnittstelle zwischen Handels- und Wettbewerbspolitik dar und untersucht, wie diese Politik

---

18 *Kennedy*, Competition Law and the World Trade Organisation: The Limits of Multilateralism, 2001; *Weinrauch*, Competition Law in the WTO, 2004; *Taylor*, International Competition Law, 2006; *Bätge*, Globalisierung des Wettbewerbsrechts: Eine internationale Wettbewerbsordnung zwischen Kartell- und Welthandelsrecht, 2009.

von der WTO behandelt wurde. *Weinrauch* verfolgt in „Competition Law in the WTO“ einen deskriptiven Ansatz und stellt den aktuellen Stand des Wettbewerbsrechts auf nationaler und internationaler Ebene und sein Potential und rechtliche Ansätze zur zukünftigen Bewältigung internationaler Wettbewerbsprobleme dar. Sollte ein internationales Wettbewerbsabkommen in die WTO einbezogen werden? *Taylor* geht dieser Frage in „International Competition Law“ nach und argumentiert, dass ein solches Abkommen von Vorteil wäre.

Die genannten Veröffentlichungen stammen jedoch aus dem Jahr 2001, 2004 und 2006 und sind also veraltet bzw. umfassen nicht die neuesten Entwicklungen zum Thema sowie den im April 2019 vom ICN verabschiedeten multilateralen Rahmen für Verfahren zwischen den Kartellbehörden – *New Multilateral Framework on Procedures* – oder das im November 2018 abgeschlossene und das NAFTA ersetzende neue Abkommen USMCA. Darüber hinaus verfügten in den genannten Jahren viel weniger Staaten über eigene Wettbewerbsgesetze und Wettbewerbsbehörden.

Bätge beschäftigt sich in seiner Monographie „Die Globalisierung des Wettbewerbsrechts: Eine internationale Wettbewerbsordnung zwischen Kartell- und Welthandelsrecht“ mit der Internationalisierung der Wettbewerbspolitik, ihren Ursachen und Folgen sowie ihrem theoretischen Hintergrund. Er beschreibt die verschiedenen Versuche einer globalen Wettbewerbsordnung, die bisher unternommen worden sind. Behandelt werden auch die Lösungsansätze, die als Alternativen zur Globalisierung des Wettbewerbsrechts infrage kommen. Auch wenn die Monographie von *Bätge* neuer als die vorgenannten Publikationen ist (2009), ist sie auch nicht ganz aktuell und umfasst einige Themen nicht, die durch die vorliegende Dissertation behandelt werden, so wie einige regionale wettbewerbsrechtliche Abkommen wie ASEAN oder die Bewertung des ICN als das Verhandlungsforum einer etwaigen internationalen Wettbewerbsordnung oder die Entwicklungen, die nach 2009 eingetreten sind. Daher ist von einer Forschungslücke zum Thema „internationales Wettbewerbsrecht“ auszugehen, die durch die vorliegende Dissertation möglichst geschlossen werden soll.

Darüber hinaus sind, aufgrund der Internationalität des Themas und der Beteiligung verschiedener Länder weltweit, viele wichtige Publikationen über das Thema, insbesondere in den letzten Jahren, in englischer Sprache erfasst worden. Dementsprechend berücksichtigt die vorliegende Dissertation überwiegend internationale Quellen bzw. Literatur, darunter die US-amerikanische, englische, türkische und französische.

IV. Grenzen der Untersuchung

Das Wettbewerbsrecht ist ein herausforderndes Rechtsgebiet und multidisziplinärer Bereich: Es kann sowohl dem öffentlichen Recht als auch dem privaten Recht zugeordnet werden. Es hat daneben auch einen engen Zusammenhang zum Verbraucherschutzrecht. Das Wettbewerbsrecht ist zugleich ein Teil des Wirtschaftsrechts infolge der Wechselwirkung zwischen den beiden Bereichen.[19]

Der Gegenstand vorliegender Arbeit ist jedoch nicht das private Wettbewerbsrecht. Hier wird sich wegen des WTO-Bezugs lediglich mit dem öffentlichen Wettbewerbsrecht befasst. Das öffentliche Wettbewerbsrecht ist als ein Teilgebiet des öffentlichen Wirtschaftsrechts zu sehen. Bei dem öffentlichen Wettbewerbsrecht geht es um die Einwirkung der öffentlichen Hand bzw. der Hoheitsträger auf das Wettbewerbsverhältnis zwischen den Wirtschaftssubjekten durch Regelungen, das heißt, durch die öffentlich-wettbewerbsrechtlichen Regelungen wirkt der Staat als hoheitliche Hand auf das Verhältnis der Konkurrenten ein.[20] Andere Rechtsbereiche, die mit dem Wettbewerbsrecht in engem Zusammenhang stehen oder ökonomische Prinzipien bzw. (wirtschafts-)politische Erwägungen sind ebenfalls ausgeschlossen.

V. Gang der Darstellung

Diese Dissertation ist in drei Hauptteile untergegliedert:

- Um den Einstieg in die behandelte Thematik zu erleichtern, beginnen die Ausführungen zunächst mit Begriffsklärungen. Die im Mittelpunkt der Arbeit stehenden Begriffe des Wettbewerbs und Marktes werden im § 1 näher erklärt. Darauf folgend wird über die Funktionen des Wettbewerbs, die Wettbewerbstheorien und wettbewerbspolitische Leitbilder ein Überblick verschafft. Des Weiteren wird die Beschränkung des Wettbewerbs durch die privaten Parteien und den Staat erklärt. Im zweiten Kapitel werden die WTO, ihr Aufbau und die Ursprünge der WTO kurz untersucht. Da nicht alle WTO-Abkommen wettbewerbsrechtliche Bestimmungen aufweisen, werden hier lediglich die WTO-Abkommen behandelt, die einen wettbewerbsrechtlichen Bezug haben. Dies beinhaltet sieben WTO-Abkommen. Der erste Teil endet mit der Untersuchung der direkten Wirkung des WTO-Rechts,

19 Zu diesem Abs. *Korte* in: Kirchhof/Korte/Magen, Öffentliches Wettbewerbsrecht, 2014, S. 63 ff.

20 *Korte* in: Kirchhof/Korte/Magen, Öffentliches Wettbewerbsrecht, 2014, S. 63 ff.

der unmittelbaren Anwendbarkeit des WTO-Rechts, dem Unterschied zwischen den vorgenannten, der Rechtsverbindlichkeit des WTO-Rechts und der Durchsetzung der Berichte bzw. Beschlüsse der judikativen WTO-Organe. Für die Staaten stellen die genannten Begriffe Eckpunkte im Hinblick auf den Abschluss eines etwaigen internationalen Wettbewerbsabkommens unter dem WTO-Dach dar, da sie im Prinzip für alle Abkommen unter dem WTO-System gelten und daher eine wichtige Rolle bei einer etwaigen internationalen wettbewerbsrechtlichen Zusammenarbeit spielen.

- Im zweiten Teil sollen das internationale Regime zu dem Wettbewerbsrecht und die Rolle der WTO untersucht werden. Als Erstes soll unter § 3 die Notwendigkeit einer multilateralen Wettbewerbsordnung anhand der Darstellung der Triebkräfte wie die Globalisierung und Handelsliberalisierung geklärt werden. Dazu werden Problembeispiele, die den Status Quo betreffen dargestellt, wie zum Beispiel wettbewerbswidriges Verhalten auf multinationalen Märkten oder den Marktzugang beeinträchtigendes wettbewerbswidriges Verhalten. Dabei werden auch die zunehmenden internationalen wettbewerbsbeschränkenden Verhaltensweisen und die Auswirkung der Zunahme der Anzahl nationaler Wettbewerbsrechtssysteme auf das Entstehen des internationalen wettbewerbswidrigen Verhaltens betrachtet. Außerdem wird zum Meinungsstand über die Erforderlichkeit einer multilateralen Wettbewerbsordnung in verschiedenen Staaten wie die USA ein Überblick gegeben. Der § 4 befasst sich mit dem aktuellen Rechtsbestand hinsichtlich der multilateralen wettbewerbsrechtlichen Regeln. Dabei werden Wettbewerbsregeln innerhalb der WTO-Abkommen und Wettbewerbs-*Soft-law* in multilateralen Regelungen außerhalb der WTO, namentlich im ICN, in der OECD und in der UN untersucht. Ferner werden die wettbewerbsrechtlichen Konflikte zwischen den WTO-Mitgliedern, in denen die WTO-Wettbewerbsregeln durch das judikative WTO-Organ diskutiert wurden, dargestellt. Dabei werden auch die wettbewerbsrechtlichen WTO-Präzedenzfälle untersucht und die Beschlüsse und Berichte des judikativen WTO-Organs bewertet. Des Weiteren wird unter § 5 der potenzielle Beitrag der WTO-Rechtsprechung zur Entwicklung des internationalen Wettbewerbsrechts untersucht. Dabei wird auch die Legitimation des WTO-Streitbeilegungssystems, ein umstrittenes Thema, diskutiert. Anschließend werden unter dem § 6 die vorhandenen Alternativen zu globalen Wettbewerbsregelungen – darunter die Extraterritorialität, bilaterale und regionale Kooperationsabkommen bzw. die bestehenden Instrumente des GATT-WTO-Systems – dargestellt. Der Gegenstand des § 7 ist die Untersuchung der bisher unternommenen Versuche zur Schaffung einer globalen Wettbewerbsordnung unter die Initiativen unterschiedlicher internationaler Organisationen. Diese beinhalten die Initiativen unter dem UN-System, zum Beispiel die Havanna-Charta, unter dem WTO und Pre-WTO-System, zum Beispiel die Einrichtung einer WTO-Arbeitsgruppe für die Schnittstelle zwischen Handel und Wettbewerb (nachfolgend: WTO-Arbeitsgruppe) und unter den anderen internationalen Organisationen, wie die OECD-Empfehlungen. Bisher hat keine dieser Initiativen zu einem verbindlichen internationalen Rahmen geführt.

- Im dritten Teil werden unter § 8 bisherige Reformvorschläge im Bereich des internationalen Wettbewerbsrechts untersucht. Die Darstellung der Reformvorschläge beschränkt sich auf die wichtigsten Vorschläge zur Integration der Wettbewerbsregeln in das Welthandelssystem und beinhaltet, unter anderem, das DIAC, der *Van-Miert*-Bericht, *Scherer*'s Vorschlag und das dezentralisierte internationale Mehr-Ebenen-System des Wettbewerbsrechts von *Kerber* und *Budzinski*. Unter § 9 wird ein eigener Vorschlag für ein neues Regelungssystem bzw. eine Reform präsentiert. In diesem Abschnitt wird versucht, einen möglichst optimalen Inhalt für ein WTO-Wettbewerbsabkommen zu ermitteln. Außerdem werden die internationalen Foren – die OECD, die UN, das ICN und die WTO – auf ihre Eignung als Forum für die Verhandlung einer Wettbewerbsordnung überprüft und die Einrichtung einer etwaigen unabhängigen Organisation ausschließlich für internationales Wettbewerbsabkommen diskutiert. Dabei werden auch die Argumente der Gegner der Einbeziehung des Wettbewerbsrechts in die WTO, sowie die Abwesenheit nationaler Wettbewerbsrechte einiger WTO-Mitglieder und die Gegenargumente der Verfasserin präsentiert. Die Eignung des WTO-Streitbeilegungsmechanismus zur Beilegung wettbewerbsrechtlicher Fälle und die Eignung der Anwendung der WTO-Sanktionen auf das Wettbewerbsrecht stellen auch wichtige Themen dar, die unter § 9 diskutiert werden. Abschließend erfolgt im § 10 eine zusammenfassende Analyse der Befunde bzw. eine Zusammenfassung der Untersuchung der Verfasserin in Thesen.

1. Teil
Begriffsgrundlagen

§ 1. Grundideen des Wettbewerbs

I. Begriffsklärungen

Im Mittelpunkt dieser Dissertation stehen die Begriffe des Wettbewerbs und Marktes, die im Folgenden näher erklärt werden.

1. Markt

Der Definition des Begriffs „Markt“, welcher das Spielfeld des Wettbewerbs darstellt, kommt eine große Bedeutung zu: Er schafft einen Rahmen und eine Abgrenzung für die Wettbewerbsanalyse, und er ist maßgebend für die Bestimmung, ob das Verhalten eines Staates oder Unternehmens unter ein bestimmtes Übereinkommen oder eine Wettbewerbsvorschrift fällt.[21] Die Definition des Markts identifiziert die Produkte und Unternehmen, die miteinander konkurrieren oder konkurrieren könnten, da der Wettbewerb eines Markts bedarf.[22] Diese Definition ist zum Beispiel für die Analyse von bestimmten Marktverhaltensweisen unerlässlich. So führt beispielsweise eine enge Definition des Marktes eher zu einer Feststellung einer marktbeherrschenden Stellung, als eine breitere Definition.[23]

In der Betriebswirtschaftslehre versteht man unter einem Markt *„die Gesamtheit aller Gelegenheiten, bei denen bestimmte Güter an einen bestimmten Abnehmerkreis verkauft werden.“*[24] In der Volkswirtschaftslehre wird er definiert als „die Gesamtheit der ökonomischen Beziehungen zwischen einer Gruppe von Anbietern und Nachfragern.“[25] Demnach ist der Markt zunächst eine „soziale

---

21 OECD, Policy Roundtables, Market Definition, 2012, DAF/COMP(2012)19, Übersicht, abrufbar unter: http://www.oecd.org/daf/ competition/Marketdefinition2012.pdf (3.2.2022); Die Richtlinien der *Britische Office of Fair Trading* über die Marktdefinition, 2004, S. 3, abrufbar unter: https://www.gov.uk/government/uploads/system/uploads/attachment_data/file/284423/oft403.pdf (3.2.2022).

22 *Conrad*, Die Notwendigkeit, die Möglichkeit und die Grenzen einer internationalen Wettbewerbsordnung, 2005, S. 16.

23 OECD, Interim Report on Competition Policies, OECD/GD(94)64, 1994, S. 11; *Bigdeli/Rechsteiner* in: Wolfrum/Stoll/Feinäugle, WTO Trade in Services, 2008, S. 213, 214.

24 *Krelle*, Preistheorie, 1976, S. 4.

25 *Schneider*, Einführung in die Wirtschaftstheorie, 1960, S. 77. Vgl. *Köhler* in: Köhler/Bornkamm/Feddersen, UWG, 2020, Einleitung Rn. 1.8.: *„die Gesamtheit der wirtschaftlichen Beziehungen zwischen Anbietern und Nachfragern in Bezug auf ein bestimmtes Gut.“*

Konstruktion“[26] und umfasst jeden Kontext, innerhalb welcher Käufe und Verkäufe von Gütern und Dienstleistungen stattfinden.[27] Aus wettbewerbsrechtlicher Perspektive weist dieser Begriff zwei Dimensionen auf: relevanter Produktmarkt und räumlich relevanter Markt.[28] Die Dimension des relevanten Produktmarktes identifiziert die Produkte und die Dienstleistungen, die miteinander konkurrieren, während es bei dem räumlich relevanten Markt um die Identifizierung des geographischen Gebietes geht, innerhalb dessen ein Wettbewerb in dem relevanten Produktmarkt stattfindet.[29] Die EU-Kommission und das US-Justizministerium wenden unterschiedliche Kriterien an, um den relevanten Produktmarkt zu beschreiben.[30]

Das WTO-Panel (nachfolgend: Panel) beschrieb die allgemeine Bedeutung des Marktes als „*a place [...] with a demand for a commodity or service; a geographical area of demand for commodities or services; the area of economic activity in which buyers and sellers come together and the forces of supply and demand affect prices.*“[31] Im WTO-Recht ist jedoch keine eindeutige Definition des relevanten Marktes vorhanden.[32] Diese Frage ist allerdings in den GATT-Streitigkeiten

---

26 *Engel* in: Fuchs/Schwintowski/Zimmer, Wirtschafts- und Privatrecht im Spannungsfeld von Privatautonomie, Wettbewerb und Regulierung 2004, S. 127 ff.

27 *Pearce/Shaw/McAvinchey/Jalins/Eliott*, Macmillan Dictionary of Modern Economics, 1992, S. 266. Ein Markt wird geschafft jedes Mal, wenn potenziellen Verkäufern eines Produktes mit den potenziellen Käufern und den Täuschensmitteln in Verbindung gebracht werden, *Bannock/Baxter/Davis*, Dictionary of Economics, 1999, S. 262. Siehe auch EuGH 14.2.1978, Rs. 27/76, *United Brands Company,* Slg. 1978-00207. S. 207.

28 Diese Begriffe wurden zunächst durch den Obersten Gerichtshof der USA eingeführt, *US vs. Columbia Steel Co.*, 334 US 495, 508, 1948.

29 *Melischek*, The Relevant Market in International Economic Law, 2013, S. 29, 30.

30 Für die Anwendung des relevanten Marktes im EU-Recht siehe Bekanntmachung der Komm. über die Definition des relevanten Marktes i.S.d. Wettbewerbsrechts der Gemeinschaft ABl. C 372 v. 09.12.1997, S. 5-13. Für die Definition des relevanten Marktes im US-Recht siehe US-Justizministerium und FTC, Horizontal Merger Guidelines v. 19.8.2010, abrufbar unter: https://www.ftc.gov/sites/default/files/attachments/merger-review/100819hmg.pdf (3.2.2022); OECD, Roundtable on Market Definition, Note by the Delegation of the US, DAF/COMP/WD(2012)27.

31 Panelbericht, *US – Subsidies on Upland Cotton,* WT/DS267/R, Rn. 7.1236.

32 Die neueren Wettbewerbssysteme, so wie Indien, Barbados, Jamaika, beinhalten mehrere Begriffsdefinitionen als die älteren Wettbewerbssysteme, so wie Großbritannien, die USA und die EU, da sie Zugang zu Definitionen aus der Entscheidungspraxis in diesen Ländern haben. Siehe zum Beispiel das Wettbewerbsgesetz der Republik Indien, abrufbar unter: http://www.cci.gov.in/sites/default/files/cci_pdf/competitionact2012.pdf (3.2.2022).

über das Verbot der Diskriminierung bezüglich der Definition der „gleichartigen Ware“ und „unmittelbar konkurrierende oder substituierbar“ im ADA, SMÜ und GATS erkennbar.[33] Laut dem *Appellate Body* ist die Kreuzpreiselastizität der Nachfrage[34] ein Mittel zur Feststellung des relevanten Marktes und das Analysieren des Wettbewerbs in den relevanten Märkten eines der Mittel zur Identifizierung der unmittelbar konkurrierenden oder substituierbaren Waren.[35] Laut eines anderen Berichtes des *Appellate Body* ist die Nachfragesubstitution, mit anderen Worten, ob ein Verbraucher zwei Produkte als substituierbar betrachten würde, eine wesentliche Komponente für die Definition des Marktes.[36] Demnach führt der *Appellate Body* keine präzise Definition des Begriffs des relevanten Marktes ein, aber er stellt die wichtigen Elemente für seine Definition fest. Auch die Definition des räumlich relevanten Marktes ist entscheidend zum Beispiel bei der Feststellung, ob ein Unternehmen in einem bestimmten Markt über eine marktbeherrschende Stellung verfügt.

Das WTO-Recht behandelt diese Fragen nur dann, wenn sie von den WTO-Mitgliedern aufgeworfen werden, und zwar von Fall zu Fall, da die relevanten WTO-Abkommen keine Definition des Marktes enthalten. Erwähnenswert in diesem Zusammenhang ist die Feststellung des Panels im Fall *Korea – Taxes on Alcoholic Beverages*,[37] wonach die Definition des Marktes im Handelsrecht weiter gefasst sein kann als die im Wettbewerbsrecht, da das Handelsrecht die Wettbewerbschancen und das Wettbewerbsrecht die eigentlichen Mechanismen des Wettbewerbs schützen soll. Dieser Begriff muss in einem etwaigen wettbewerbsrechtlichen Reformprozess im WTO-Recht eindeutiger und präziser definiert werden, da es für die Feststellung der miteinander in Konkurrenz

---

33 *Bigdeli/Rechtsteiner* in: Wolfrum/Stoll/Feinäugle, Max Planck Commentaries on World Trade Law, 2008, S. 213.

34 Die Kreuzpreiselastizität der Nachfrage gibt die prozentuale Änderung der für eine Ware geforderten Menge als Folge der Preisänderung einer anderen Ware um ein Prozent an. *Herzog*, Dynamisches Pricing: Ertragswirkungen einer proaktiven Preispolitik, 2015, S. 53.

35 Bericht des Appellate Body, *Japan – Alcoholic Beverage II*, WT/DS8/AB/R, WT/DS10 /AB/R, WT/DS11/AB/R, Rn. 25.

36 Bericht des Appellate Body, *Mexico – Measures affecting Telecommunication Services* (nachfolgend: Mexico – Telecoms), WT/DS/204, Rn. 4. 151 und 7.152: *“[…] the notion of demand substitution […] whether a consumer would consider two products as “substitutable” is central to the […] market definition as it is used by competition authorities.”*

37 Panelbericht, *Korea – Taxes on Alcoholic Beverages*, WT/DS75/R, WT/DS84/R, Rn. 10.81.

stehenden Produkte bzw. für den Anwendungsbereich einiger Bestimmungen entscheidend ist.

2. Wettbewerb[38]

a. *Allgemeine Definition*

Im allgemeinen Sprachgebrauch wird der Begriff Wettbewerb wie folgt verstanden: „*Eine Veranstaltung, an der mehrere Personen, Gruppen oder Organisationen [...] im Rahmen einer bestimmten Aufgabenstellung oder Zielsetzung in dem Bestreben teilnehmen, die jeweils beste Leistung bzw. den größten Erfolg zu erzielen oder Sieger zu werden. Der Wettbewerb kann nicht nur als Vorgang aufgefasst werden (W.-Prozess), sondern auch als auf Rivalität beruhende Beziehung zwischen Personen, Gruppen oder Organisationen sowie als gesellschaftliches Ordnungsprinzip.*“[39]

b. *Wirtschaftswissenschaftliche Definition*

Weder im WTO-Recht noch im EU-Recht oder in deutschen Gesetzen findet sich eine Definition des Begriffs des Wettbewerbs. In diesem Zusammenhang wird in der Wissenschaft oft an die bekannten Definition von *von Hayek*[40] verwiesen, der der Wettbewerb als „*ein Verfahren zur Entdeckung von Tatsachen [...], die ohne sein Bestehen entweder unbekannt bleiben oder doch zumindest nicht genutzt werden würden*“ beschreibt, was der Ausdruck eines liberalen Marktkonzepts ist.[41]

Eine bekannte Bestimmung stammt von *Hoppmann*, der den Wettbewerb als ein komplexes System von Marktprozessen, wo jeder frei ist, daran teilzunehmen und nach eigenem Plan tätig zu werden, definiert.[42] Eine andere Definition findet sich in Leitlinien der britischen Kommission, wo er als ein Prozess

38 Der Synonyme des Wortes „Wettbewerb“ ist Konkurrenz, *Götz/Haensch/Wellmann*, Langenscheidt Großwörterbuch, 2010, S. 1252 oder Wettkampf, *Wahrig Redaktion*, Brockhaus Synonymwörterbuch, 2011, S. 952. Auf Französisch „concurrence“ und auf Lateinisch „concurrere“.

39 Brockhaus Enzyklopädie, 1994, S. 115.

40 *von Hayek*, Der Wettbewerb als Entdeckungsverfahren, in: *ders.*, Wirtschaftswissenschaftliche und wirtschaftsrechtliche Untersuchungen, Freiburger Studien, Gesammelte Aufsätze von F. A. von Hayek 1969, S. 249.

41 *Podszun*, in: Harte-Bavendamm/Henning-Bodewig, UWG, 2016, § 1 Rn. 77.

42 *Hoppmann*, Wirtschaftsordnung und Wettbewerb, 1988, S. 298.

der Rivalität zwischen den Unternehmen definiert wird, in dem sie den Kunden günstigere Konditionen anbieten, um die Kunden zu gewinnen.[43] Für *Olten* bedingt der Wettbewerb *„ein rivalisierendes Streben mehrerer Wirtschaftssubjekte [...] als Anbieter oder Nachfrager auf konkreten Märkten durch bestimmte Aktivitäten einen großen Erfolg [...] als die Rivalen zu erzielen. Dieses Rivalisieren der Wirtschaftssubjekte um vorteilhafte Ergebnisse, dass in der Regel zu Lasten der Konkurrenz geht, muss sich in dem Rahmen der gesetzlichen Ordnung [...] vollziehen.“*[44]

Die erste Bedingung des Wettbewerbs ist somit das Vorliegen eines Wettbewerbsverhältnisses, das heißt, das Vorliegen mindestens zweier Wettbewerber. Ein Wettbewerbsverhältnis wiederum setzt das Vorhandensein der Wettbewerbsfreiheit auf einem bestimmten Markt bzw. freien Marktzugang und freie Wirtschaftstätigkeit voraus. Wenn kein Wettbewerbsverhältnis existiert, kann man nicht von einem Wettbewerb reden, sondern von einem Monopol, das genau das Gegenteil von Wettbewerb ist.[45] Der Wettbewerb ist ein dynamischer Prozess und lebt von Vorstoß und Verfolgung:[46]

c. *Wettbewerbspolitik*

Die Wettbewerbspolitik, welche ein Teil der Wirtschaftspolitik ist, ist im Prinzip eine Ordnungspolitik und umfasst, in ihrer einfachsten Form, das Verbot und / oder die Regelung der wettbewerbsbeschränkenden Verhaltensweisen, verursacht durch die Unternehmen und im weiten Sinne das gesamte Spektrum staatlicher Maßnahmen, die zur Förderung wettbewerbsfähiger Marktstrukturen und Marktverhaltensweisen eingesetzt werden können, einschließlich aber

---

43 UK Competition Commission & Office of Fair Trading, Merger Assessment Guidelines, 9/2010, S. 19, abrufbar unter: https://www.gov.uk/government/uploads/system/uploads/attachment_data/file/284449/OFT1254.pdf (3.2.2022): *„a process of rivalry between firms seeking to win customers business over time by offering them a better deal.“*

44 *Olten*, Wettbewerbstheorie und Wettbewerbspolitik, 1998, S. 14. Für eine ähnliche Definition siehe *Conrad*, Die Notwendigkeit, die Möglichkeit und die Grenzen einer internationalen Wettbewerbsordnung, 2005, S. 23; *Rogall*, Volkswirtschaftslehre für Sozialwissenschaftler: Einführung in eine zukunftsfähige Wirtschaftslehre, 2013, S. 381.

45 Zu diesem Abs. vgl. *Pietzcker/Bretthauer* in: Stober/Paschke, Deutsches und Internationales Wirtschaftsrecht, 2017, Rn. 1420 und 1421.

46 *Korte*, Standortfaktor Öffentliches Recht: Integration und Wettbewerb in föderalen ntegration und Wettbewerb in föderalen Ordnungen am Beispiel der Gesetzgebung, insb. S.29.

nicht beschränkt auf ein umfassendes Wettbewerbsrecht.[47] In der Praxis regulieren viele Staaten, neben der Kontrolle wettbewerbsbeschränkender Verhaltensweisen auch die Fusionen und Übernahmen, die negative Auswirkungen auf den Wettbewerb haben können. Die Wettbewerbspolitik kann aber auch, wie erwähnt, eine Reihe anderer staatlicher Maßnahmen umfassen, die den Wettbewerb beeinträchtigen, so wie Politik des internationalen Handels, ausländische Investitionen, Lizenzen, usw.

Da der Fokus dieser Dissertation die internationale Dimension der Wettbewerbspolitik ist, insbesondere der Fall eines globalen Wettbewerbsabkommens, wird auf das Thema nationaler Wettbewerbspolitik der Staaten nicht näher eingegangen. Erwähnenswert ist jedoch, dass die Begriffe der Wettbewerbspolitik und die des Wettbewerbsrechts zum Teil austauschbar verwendet werden, auch wenn die Wettbewerbspolitik eine größere Reichweite bzw. einen größeren Umfang hat. In diesem Sinne umfasst die Wettbewerbspolitik das Wettbewerbsrecht, ist aber auch viel breiter als das Wettbewerbsrecht.[48]

---

47 *Mayer/Adam,* Europäische Integration: Einführung für Ökonomen, 2016, S. 133; *Münter,* Mikroökonomie, Wettbewerb und Strategisches Verhalten, 2018, S. 268; WTO-Arbeitsgruppe, Report of the Working Group on the Interaction between Trade and Competiton Policy, WT/WGTCP/2, S. 7 und 13; WTO-Arbeitsgruppe, Report on the Meeting of 27-28.11.1997, WT/WGTCP/M/3, S. 3.

48 *Gal/Fox,* Drafting Competition Law for Developing Jurisdictions: Learning from Experience, in: Gal/Bakhoum/Drexl/Fox/Gerber, The Economic Characteristics of Developing Jurisdictions: Their Implications, 2015, S. 269. Die OECD definiert die Wettbewerbspolitik als den Bestand an Gesetzen und Vorschriften, die die Geschäftspraktiken regeln. Weitere Definitionen der Wettbewerbspolitik in einigen Staaten umfassen alle staatlichen Politiken, die sich auf den Wettbewerb auswirken, wie Beihilfen und Subventionen für Unternehmen, Regelung der Preise und der Produktion v. Monopolen sowie Demonopolisierung. OECD, Interim Report on Competition Policies, OECD/GD(94)64, 1994, S. 8. OECD-Leitsätze für multinationale Unternehmen, 2011, Rn. 95: „*Wettbewerbsrecht bezieht sich sowohl auf gesetzliche Antitrust- als auch Antimonopol-Bestimmungen, die jeweils Aktionen untersagen, wie a) das Treffen wettbewerbswidriger Vereinbarungen, b) den Missbrauch von Marktmacht und marktbeherrschender Stellungen, c) die Erlangung v. Marktmacht oder einer marktbeherrschenden Stellung auf anderem Wege als durch effiziente Leistungen oder d) die erhebliche Schwächung des Wettbewerbs oder die deutliche Behinderung eines wirksamen Wettbewerbs durch Zusammenschlüsse und Übernahmen*“.

d. *Beschränkung des Wettbewerbs*

Ebenso wie der Begriff des Wettbewerbs existiert eine Definition des Begriffs der Wettbewerbsbeschränkung weder im WTO-Recht noch im EU-Recht bzw. im deutschen Recht. Der Wettbewerb wird jedoch offensichtlich beschränkt, entweder durch den Staat oder durch private Unternehmen, wenn er seine untengenannten Funktionen nicht mehr erfüllen kann.[49] Nach der Auffassung des EuGH führen Beeinträchtigungen des sog. Selbstständigkeitspostulats, wonach jedes Unternehmen sein Verhalten autonom zu bestimmen hat, zu Wettbewerbsbeschränkungen.[50] Dementsprechend ist eine Wettbewerbsbeschränkung, wie auch von *Emmerich* dargestellt, anzunehmen, wenn die *„Freiheit unternehmerischer Planung willkürlich eingeschränkt wird.“*[51] Die natürlichen Hindernisse, die vor dem Wettbewerb vorliegen, beschränken den Wettbewerb nicht.[52]

aa. *Private Wettbewerbsbeschränkungen*

Private Wettbewerbsbeschränkungen sind die Wettbewerbsbeschränkungen, die durch die Unternehmen (bzw. durch ihre Verhaltensweisen auf den Märkten) vorgenommen werden. Als wichtigstes Mittel der privaten Wettbewerbsbeschränkungen können unter anderem kollusives Verhalten zwischen mindestens zwei Unternehmen, sowie Kartelle, Fusionen und Missbrauch marktbeherrschender Stellung, dienen.[53] Die WTO-Abkommen beinhalten bis auf wenige

---

49 *Budzinski/Kerber*, Megafusionen, Wettbewerb und Globalisierung, 2003, S. 30. Ausf. zu den Funktionen des Wettbewerbs siehe § 1, II.

50 EuGH 16.12.1975, vb. Rs. 40 bis 48, 50, 54 bis 56, 111, 113 und 114-73, Suiker Unie, Slg. 1975, I-1663, Rn. 173-174.

51 *Emmerich/Lange*, Kartellrecht, 2018, S. 2.

52 *Hoppmann*, Theoretische und Institutionelle Grundlagen der Wirtschaftspolitik, 1966, S. 160: *„Solange lediglich natürliche Hindernisse vorliegen, ist der Wettbewerb zwar unvollkommen im Sinne einer Abweichung vom statischen Modell, aber er ist ein freier, unbeschrankter Wettbewerb“.*

53 *Matsushita/Schoenbaum/Mavroidis/Hahn*, The World Trade Organization, 2015, S. 787 f. Für die Definition des Kartells siehe *Cox*, Kartelle in: Cox/Jens/Market, Handbuch des Wettbewerbs, 1981, S. 230. Für eine Definition aus dem Jahr 1945 siehe *Hexner*, International Cartels, 1945, S. 24: *„A cartel is a voluntary, potentially impermanent, business relationship among a number of independent, private entrepreneurs, which through co-ordinated marketing significantly affects the market of a commodity or service.“* Britische *Competition and Markets Authority* definiert Kartell in seiner einfachsten Form als eine Absprache zwischen Unternehmen, um nicht miteinander im Wettbewerb zu stehen, abrufbar unter: https://www.gov.uk/cartels-confess-and-apply-for-leniency (3.2.2022). Für einen Rechtsvergleich der WTO siehe WTO, Provisions on Hard Core

Ausnahmen keine Vorschriften gegen die durch private Unternehmen verursachten Wettbewerbsbeschränkungen.

bb. Staatliche Wettbewerbsbeschränkungen

Wie auch von Klassikern erkannt wurde, ist der größte Feind des Wettbewerbs der Staat (und nicht die Unternehmen), sodass die wichtigste Voraussetzung für möglichst viel Wettbewerb die Beseitigung zahlreicher staatlicher Wettbewerbshindernisse ist.[54]

Im Gegensatz zu den privaten Wettbewerbsbeschränkungen erfolgt die Beeinträchtigung des Wettbewerbs bei den staatlichen Wettbewerbsbeschränkungen durch die Staaten. Ein Staat bzw. eine Regierung kann Unternehmen und Märkte auf verschiedene Weise beeinflussen, zum Beispiel durch Maßnahmen wie die Erhebung von Zöllen für ausländische Anbieter oder die Erhebung unterschiedlicher Gebühren für verschiedene Arten von wirtschaftlichen Aktivitäten über Steuergesetze oder durch den Erlass diskriminierender Gesetze und Verwaltungsentscheidungen für die Feststellung der Rechtsrahmen für die in ihren Märkten tätigen Unternehmen.[55] Diese Beispiele können auf das Fehlen von Gesetzen, die Ausnahmen vom Gesetz oder eine mangelnde Durchsetzung hindeuten.[56] Die Wettbewerbsbeschränkungen, die durch den Staat vorgenommen werden, zeigen sich somit in verschiedenen Formen, etwa in der Vergabe von Subventionen, durch Regelungen der Zölle, Monopolrechte, Marktzutrittsbeschränkungen und weitere Regelungsmaßnahmen. Dadurch wird die praktische Wirkung der Wettbewerbsregeln aufgehoben, wie bei den privaten Wettbewerbsbeschränkungen.

Die staatlichen Wettbewerbsbeschränkungen schränken die Freiheit der Unternehmen, miteinander im Wettbewerb zu bestehen,[57] ein, indem in den Wettbewerbsprozess durch die Regelungen des Staats eingegriffen wird. In diesen Fällen werden für die Unternehmen, denen beispielsweise eine staatliche Beihilfe gewährt wird, andere Wettbewerbsbedingungen geschaffen, damit diese

---

Cartels, WT/WGTCP/W/191, S. 2. Das Wort „Kartell" heißt auf Lateinisch Charta=Urkunde, auf Italienisch cartello=kleine Vereinbarung.

54 *Kapp*, Kartellrecht in der Unternehmenspraxis: Was Unternehmer und Manager wissen müssen, 2013, S. 25.

55 Vgl. *Emmert*, J. of Governance and Regulation 5 (2016), 67, 80.

56 Siehe Final Report of ICPAC to the Attorney General and Assistant Attorney General for Antitrust (nachfolgend: ICPAC-Bericht), 2000, S. 206, abrufbar unter: https://www.justice.gov/atr/final-report (3.2.2022).

57 *Matsushita/Schoenbaum/Mavroidis/Hahn*, The World Trade Organization, 2015, S. 587.

Unternehmen einen Wettbewerbsvorsprung haben und sich auf den Märkten einfacher als andere Unternehmen halten und überleben können.[58] In den Wettbewerbsprozess kann auch, wie erwähnt, in Form einer Versperrung des Marktzugangs eingegriffen werden, wenn die Nachfrage nur durch ein Staatsmonopol bedient wird.[59]

Die oben beschriebenen privaten Wettbewerbsbeschränkungen, die durch die Unternehmen verursacht werden, können auch mit der Unterstützung bzw. der Duldung der Staaten oder sogar durch die mangelnde oder diskriminierende Durchsetzung bzw. Vollstreckung der nationalen Kartellbehörde eintreten. Die Staaten können zum Beispiel für das Interesse einheimischer Industrie die Zuteilung der Märkte fördern oder die nationalen Wettbewerbsbehörden können einfach inaktiv bleiben. Danach sind mangelndes Recht, Ausnahmen zu den Wettbewerbsregeln oder mangelnde Durchsetzung des Rechts Beispiele einiger Gründe für die durch den Staat unterstützten oder tolerierten Wettbewerbsbeschränkungen. Diese sind weder bloß private noch bloß staatliche Wettbewerbsbeschränkungen. Sie werden teilweise als hybride Praktiken bezeichnet.[60]

Das WTO-Recht beinhaltet wesentliche Vorschriften gegen die staatlichen Wettbewerbsbeschränkungen, jedoch bis auf wenige Ausnahmen keine Vorschriften gegen die privaten Wettbewerbsbeschränkungen. Wie auch vom WTO-Panel dargestellt, bezieht sich der in den Texten der WTO-Abkommen verwendete Begriff der Maßnahme nur auf Politiken oder Maßnahmen von Regierungen, da es sich bei dem Übereinkommen zur Errichtung der WTO (nachfolgend: WTO-Ü) um ein internationales Abkommen handelt, bei dem nur nationale Regierungen und getrennte Zollgebiete unmittelbar Verpflichtungen unterliegen.[61] Es besteht jedoch eine Reihe von Fällen zwischen den WTO-Mitgliedern, bei denen etwas als private Maßnahme erscheint, dennoch einer Regierung zugerechnet werden kann, weil es eine staatliche Verbindung oder Unterstützung für diese Maßnahmen gibt.

---

58 *Budzinski/Kerber*, Megafusionen, Wettbewerb und Globalisierung, 2003, S. 31.

59 *Wiegert*, Transformation Wachstum und Wettbewerb in Rußland, 2003, S. 147 m.W.N.

60 Zu diesem Abs., ICPAC-Bericht, 2000, S. 204 f., abrufbar unter: https://www.justice.gov/atr/chapter-5 (3.2.2022). Bei hybriden Praktiken verschwimmt die Abgrenzung zwischen staatlichen und privaten Wettbewerbsbeschränkungen, *Fox*, J. of Int. Eco. Law 9 (2006), 271, 271.

61 Panelbericht, *Japan – Measures Affecting Consumer Photographic Film and Paper* (nachfolgend: Kodak – Fuji), WT/DS44/R, Rn. 10.52.

cc. Internationale Wettbewerbsbeschränkungen

Die internationale Natur der Wirtschaftstätigkeit läuft synchron mit der internationalen Natur der Wettbewerbsbeschränkungen. Vor dem Hintergrund immer globaler werdender Märkte und Wettbewerbs werden auch die Wettbewerbsbeschränkungen transnationaler. Die internationalen Wettbewerbsbeschränkungen können sowohl durch staatliche als auch durch private Verhaltensweisen verursacht werden. Der Unterschied zwischen den beiden liegt in der grenzübergreifenden Dimension der Wettbewerbsbeschränkungen. Die internationalen Wettbewerbsbeschränkungen sind dadurch gekennzeichnet, dass ihre Wirkungen außerhalb des Hoheitsgebiets eines Staates stattfinden.[62]

Internationale Kartelle, zum Beispiel in Form von *Hard-Core*-Kartellen, und internationale Fusionen zählen zu den wichtigsten Erscheinungsformen der internationalen Wettbewerbsbeschränkungen. Sie können zur Verlagerung von Wohlstand der Verbraucher eines Staates zu den Herstellern eines anderen Staates führen.[63] Internationale Kartelle können auch den grenzüberschreitenden Waren- und Dienstleistungsverkehr einschränken, wie die Fälle *Nationale Lead* und *Uranium cartel* in den USA und *Chininkartell*- und *Zuckerkartell* in der EU zeigen.[64] *Boeing – McDonnell Douglas, Sandos – Novartis,* und *GE – Honeywell* sind tatsächliche oder vorgeschlagene Fusionen der weltweit tätigen Unternehmen. In den 1970er und 1980er Jahren wies der Missbrauch seiner marktbeherrschenden Stellung von *IBM* bzw. in den 1990er Jahren der von *Microsoft* seiner marktbeherrschenden Stellung weltweit negative Auswirkungen auf. Beispielsweise hat in den Fällen *Thai-rubber-thread-Kartell* und *East-of-Burma-steel-Kartell* kein Staat mit einem ausgereiften System dagegen Maßnahmen ergriffen, da sie nicht beeinflusst waren.[65] Die bisherigen Ansätze zur Lösung

---

62 *Bätge*, Globalisierung des Wettbewerbsrechts: Eine internationale Wettbewerbsordnung zwischen Kartell- und Welthandelsrecht, 2009, S. 28.

63 *Andenas/Andersen*, Theory and Practice of Harmonisation, 2011, S. 330. Siehe auch The OECD International Cartels Database, abrufbar unter: https://qdd.oecd.org/subject.aspx?Subject=OECD_HIC (3.2.2022).

64 United States v. National Lead Co. 63 F. Supp. 513 (S.D.N.Y.); Uranium Antitrust Litigation, 480 F. Supp. 1138 (N.D. Ill. 1979). Ausf. dazu siehe *Pikna*, Case Western Reserve J of Int. Law 12 (1980), 591-639; EuGH 15.07.1970, Rs. 41/69, ACF Chemiefarma, Slg. 1970, I- 661; EuGH 16.12.1975, vb. Rs. 40 bis 48, 50, 54 bis 56, 111, 113 und 114-73, Suiker Unie, Slg. 1975, I-1663.

65 Dee-K Enterprises, Inc. v. Heveafil Sdn. Bhd., 299 F. 3d 281 (4th Cir. 2002); *Jenny,* A Tale of Three Cartels, Präsentation auf dem "Forum on International Competition Law" v. 7.2.2003, American Bar Association, Section of Antitrust Law, 2003.

der internationalen Wettbewerbsbeschränkungen werden im dritten Teil dieser Dissertation erklärt.

II. Funktionen des Wettbewerbs

Unter dem Begriff der Funktionen des Wettbewerbs sind die vom Wettbewerb erwarteten positiven Auswirkungen des Wettbewerbs zu verstehen.[66] Wie dargelegt von *Herdzina*, besteht ein Verhältnis zwischen den Funktionen des Wettbewerbs und den gesellschaftlichen Grundwerten.[67] Die Zuordnung der Funktionen des Wettbewerbs wird in der Literatur unterschiedlich gehandhabt. Dabei findet sich eine uneinheitliche Terminologie, auch wenn deren Inhalt gleich oder zumindest vergleichbar ist. Im Folgenden werden näher, aber ohne Zuordnung, die Funktionen des Wettbewerbs erläutert.

1. Freiheitsfunktion

Die Freiheitsfunktion des Wettbewerbs für die Verbraucher wird erfüllt, wenn auf einem Markt verschiedene Güterangebote, Leistungsangebote und Anbieter vorliegen, und wenn die Verbraucher die Freiheit haben, zwischen diesen auszuwählen (Wahlfreiheit).[68] Auf der anderen Seite haben die Unternehmen und natürliche Personen die Freiheit, an dem Handelsleben teilzunehmen bzw. besitzen eine wirtschaftliche Handlungsfreiheit und Entschließungsfreiheit (Angebotsfreiheit).[69] Damit, dass die Freiheitsfunktion des Wettbewerbs erfüllt werden kann, sollen die unangemessenen Einschränkungen der Handlungsfreiheit der Wirtschaftssubjekte untersagt werden.[70]

2. Kontrollfunktion

Der Wettbewerb begrenzt die wirtschaftliche Macht und kontrolliert das Marktverhalten des Unternehmens bzw. der Anbieter.[71] Er sorgt dafür, dass auf einem

66 *Emmerich/Lange*, Kartellrecht, 2018, S. 2.

67 *Herdzina*, Wettbewerbspolitik, 1999, S. 34.

68 *Olten*, Wettbewerbstheorie und Wettbewerbspolitik, 1998, S. 21. Siehe auch *Korte*, Standortfaktor Öffentliches Recht: Integration und Wettbewerb in föderalen ntegration und Wettbewerb in föderalen Ordnungen am Beispiel der Gesetzgebung, 2016, S. 97.

69 *Olten*, Wettbewerbstheorie und Wettbewerbspolitik, 1998, S. 21.

70 *Pätzold/Baade*, Stabilisierungspolitik, 2012, S. 213.

71 *Rogall*, Volkswirtschaftslehre für Sozialwissenschaftler: Einführung in eine zukunftsfähige Wirtschaftslehre, 2013, S. 381; *Herdzina*, Wettbewerbspolitik, 1999, S. 16 ff.

bestimmten Markt keiner die wirtschaftliche Macht ständig besitzt.[72] Das heißt, er stellt die Streuung von der Macht in der Wirtschaftsordnung sicher.[73]

3. Innovationsfunktion

Der Wettbewerb treibt die Innovation: Erstens zwingt er die Unternehmen, ihre Kosten zu reduzieren und zweitens fordert der Wettbewerb sie auf, bessere Produkte und Leistungen als ihre Wettbewerber zu produzieren und neue Produktionsmethoden herauszufinden.[74] Diesen Druck von besseren, neuen und kostengünstigeren Produkten und Leistungen zu entwickeln, fordert der technische Fortschritt und die Innovation.[75] Mit anderen Worten zwingt der Wettbewerb die Anbieter eines Produktes oder einer Dienstleistung zu Qualitätsverbesserungen, Preissenkungen und zu neuen technischen Fortschritten, die alle im Endeffekt die Innovation fördern. Die Innovationsfunktion stellt eine der wichtigsten Funktionen des Wettbewerbs dar. Der gesellschaftliche Grundwert, der mit dieser Funktion verbunden ist, ist der Wohlstand.[76]

4. Koordinations- und Anpassungsfunktion

Der Bedarf der Nachfrager auf dem Markt verändert sich häufig. Der Wettbewerb sorgt dafür, dass eine schnelle Anpassung zwischen dem Bedarf der Nachfrager und den produzierten Waren und Dienstleistungen koordiniert wird.[77] Beispielsweise: Übersteigt die Nachfrage das Angebot auf einem bestimmten Markt, steigt der Preis aufgrund des Wettbewerbs zwischen den Nachfragern bis Angebot und Nachfrage im Gleichgewicht stehen.[78] Wenn andererseits die Nachfrage geringer als das Angebot ist, zwingt dies die Anbieter zu Preissenkungen.[79]

---

72 *Kiefer/Steininger*, Medienökonomik, 2014, S. 105; *Conrad*, Die Notwendigkeit, die Möglichkeit und die Grenzen einer internationalen Wettbewerbsordnung, 2005, S. 25.

73 *Morasch*, Industrie und Wettbewerbspolitik: Zentralisierung oder Dezentralisierung, 2003, S. 46.

74 *Bechtold/Bosch*, GWB, 2018, Einführung Rn. 54; *Springer Fachmedien Wiesbaden*, Gabler Kompakt Lexikon Wirtschaft, 2013, S. 489.

75 *Conrad*, Die Notwendigkeit, die Möglichkeit und die Grenzen einer internationalen Wettbewerbsordnung, 2005, S. 25.

76 *Herdzina*, Wettbewerbspolitik, 1999, S. 34.

77 *Götting* in: Götting/Nordemann, UWG, 2016, Einleitung Rn. 29; *Conrad*, Die Notwendigkeit, die Möglichkeit und die Grenzen einer internationalen Wettbewerbsordnung, 2005, S. 24; *Olten*, Wettbewerbstheorie und Wettbewerbspolitik, 1998, S. 23.

78 *Götting* in: Götting/Nordemann, UWG, 2016, Einleitung Rn. 29.

79 Siehe Fn. oben.

Der Wettbewerb zwingt also die Anbieter zur schnellen Anpassung an die Änderungen auf den Märkten. Der mit dieser Funktion verbundene gesellschaftliche Grundwert ist der Wohlstand.[80]

5. Auslesefunktion

Die Auslesefunktion steht in engem Zusammenhang mit den letztgenannten zwei Funktionen. Die Anbieter, die auf die oben genannten Veränderungen, zum Beispiel die geänderten Nachfragewünsche oder Preissenkungen / Preiserhöhungen in einzelnen Sektoren, gar nicht oder langsam oder nicht flexibel reagieren, oder den bestehenden Leistungsstandards nicht erfüllen, werden entweder ihre Marktanteile verlieren oder aus dem Markt genommen.[81] Somit überstehen auf den Märkten nur die effizienten Unternehmen und Anbieter.[82] Die Auslesefunktion ermöglicht damit den Machtpositionsverlust durch den Wettbewerb.[83]

6. Verteilungsfunktion

Der durch die Verteilungsfunktion geschützte gesellschaftliche Grundwert ist die Gerechtigkeit bzw. leistungsgerechte Einkommen.[84] Der Wettbewerb beeinflusst die Einkommensverteilung, in dem die Einkommen in einer Ökonomie entsprechend Wettbewerbsfähigkeit und Leistungsvermögen der Anbieter verteilt werden.[85] Der Wettbewerb stellt demnach die Verteilungsgerechtigkeit sicher und sorgt dafür, dass nicht leistungsgerechte Einkommen abgebaut werden.

---

80 *Herdzina*, Wettbewerbspolitik, 1999, S. 34.

81 *Olten*, Wettbewerbstheorie und Wettbewerbspolitik, 1998, S. 26. *Olten* nennt es Anreiz- und Auslesefunktion. Jedoch weißt die Anreizfunktion die Merkmale der Innovationsfunktion auf.

82 *Bechtold/Bosch*, GWB, 2018, Einführung Rn. 54; *Olten*, Wettbewerbstheorie und Wettbewerbspolitik, 1998, S. 26; *Conrad* nennt es Sanktionsfunktion, in: Die Notwendigkeit, die Möglichkeit und die Grenzen einer internationalen Wettbewerbsordnung, 2005, S. 24.

83 *Emmerich/Lange*, Kartellrecht, 2018, S. 3: *„machtzerstörende Wirkung des Wettbewerbs"*.

84 *Herdzina*, Wettbewerbspolitik, 1999, S. 32 ff.

85 *Bechtold/Bosch*, GWB, 2018, Einführung Rn. 54; vgl. *Götting* in: Götting/Nordemann, UWG, 2016, Einleitung Rn. 32.

III. Wettbewerbstheorien und wettbewerbspolitische Leitbilder

Die Wettbewerbstheorien versuchen den Wettbewerb und den Wettbewerbsprozess zu definieren, zu begründen und einen Einblick über die funktionalen Bedingungen des Wettbewerbs zu geben.[86] Die wettbewerbspolitischen Leitbilder ergeben sich aus den Zielen einer Wettbewerbspolitik.[87] Sie stellen eine Verbindung zwischen der wirtschaftlichen Analyse des Wettbewerbs und der praktischen Umsetzung durch die Entscheidungsorgane her.[88] Jedoch ist in der Wissenschaft die Zuordnung wettbewerbspolitischer Leitbilder zu den Wettbewerbstheorien nicht einheitlich bzw. umstritten. Da ein vollständiger Überblick zu allen Wettbewerbstheorien und wettbewerbspolitischen Leitbildern (bzw. zu unterschiedlichen Ansätzen bezüglich der Zuordnung wettbewerbspolitischer Leitbilder zu den Wettbewerbstheorien) den Rahmen dieser Dissertation sprengen würde, wird im Folgenden in der gebotenen Kürze ein Überblick über die wesentlichen Wettbewerbskonzeptionen verschafft.

1. Klassische dynamische Wettbewerbstheorie

Die klassische Wettbewerbstheorie des 18./19. Jahrhunderts bildet den Kern aller liberalen wettbewerbspolitischen Leitbilder, mit Fokus auf den freien und dynamischen Wettbewerb.[89] Laut den Vertretern dieser Theorie, vor allem *Smith*,[90] ist der Wettbewerb ein dynamischer Prozess, der durch die Freiheit der Anbieter und Verbraucher entsteht, und ein Selbststeuerungsmechanismus (durch die *„invisible hand"*), wobei sowohl die staatliche Intervention als auch eine Wettbewerbspolitik unnötig sind.[91] Ein zentrales Element stellt die Freiheit

---

86 *Osterrieth/Schönig* in: Fezer/Büscher/Obergfell, Lauterkeitsrecht, 2016, Teil II S 1, Rn. 48.

87 *Olten*, Wettbewerbstheorie und Wettbewerbspolitik, 1998, S. 31.

88 *Brendel*, Wettbewerbspolitische Konzeptionen, in: Von Delhaes/Fehl, Dimensionen des Wettbewerbs: Seine Rolle in der Entstehung und Ausgestaltung, 2016, S. 80.

89 *Osterrieth/Schönig*, in: Fezer/Büscher/Obergfell, Lauterkeitsrecht, 2016, Teil II S 1, Rn. 49; *Leistner* in: Gloy/Loschelder/Danckwerts, Handbuch des Wettbewerbsrechts, 2019, § 4 Rn. 2.

90 Das Hauptwerk v. *Smith*, An Inquiry into the Nature and Causes of the Wealth of Nations, 1789.

91 *Leistner* in: Gloy/Loschelder/Danckwerts, Handbuch des Wettbewerbsrechts, 2019, § 4 Rn. 2; *Hönn/Karb*, Klausurenkurs im Wettbewerbs- und Kartellrecht, 2019, S. 42; *Osterrieth/Schönig*, in: Fezer/Büscher/Obergfell, Lauterkeitsrecht, 2016, Teil II S 1 Rn. 49 ff.

der Marktteilnehmer dar, an der Wirtschaft teilzunehmen.[92] Durch die Handlungs- und Wahlfreiheit der Wirtschaftssubjekte, sog. natürlicher Egoismus (das heißt durch Aktion und Reaktion) wird der Wohlstand besser als durch den Staat verschafft,[93] denn der Markt koordiniert bereits die Entscheidungen der Wirtschaftssubjekte, die Allokation der Ressourcen bzw. die Marktprozesse als eine unsichtbare Hand.[94]

2. Neoklassische statische Wettbewerbstheorie

Bei dieser Theorie, die im 19. Jahrhundert von *Marshall, Walras, Cassel* begründet worden ist,[95] wird die staatliche Wirtschaftspolitik, so wie in der klassischen Theorie, weiter als unnötig betrachtet. Jedoch wurde die oben erklärte dynamische Vorstellung des Wettbewerbs durch das statische Konzept ersetzt.[96] Im Mittelpunkt steht das Konzept der vollkommenen Konkurrenz, das durch die allgemeine Gleichgewichtstheorie gekennzeichnet ist.[97] Die wesentlichen Merkmale der vollständigen Konkurrenz sind: freie Konkurrenz, kein Eingriff durch den Staat, große Anzahl von Marktteilnehmern auf beiden Marktseiten, vollständige Transparenz der Märkte, freier Marktzutritt und -austritt, keine externen Effekte, autonome Entscheidungen und rationale Verhalten der Wirtschaftssubjekte, die Unfähigkeit der Wirtschaftssubjekte die Preise zu beeinflussen aufgrund ihrer großen Anzahl und hohen Reaktionsgeschwindigkeit (an Veränderungen).[98]

---

92 *Mohr*, Sicherung der Vertragsfreiheit durch Wettbewerbs- und Regelungsrecht: Domestizierung wirtschaftlicher Macht durch Inhaltskontrolle der Folgeverträge, 2015, S. 233.

93 *Olten*, Wettbewerbstheorie und Wettbewerbspolitik, 1998, S. 33.

94 *Bartling*, Leitbilder der Wettbewerbspolitik, 1980, S. 9; *Knieps*, Wettbewerbsökonomie, 2008, S. 67; *Piekenbrock/Hennig*, Einführung in die Volkswirtschaftslehre und Mikroökonomie, 2013, S. 59 ff.

95 *Piekenbrock/Hennig*, Einführung in die Volkswirtschaftslehre und Mikroökonomie, 2013, S. 71.

96 *Rogall*, Volkswirtschaftslehre für Sozialwissenschaftler: Einführung in eine zukunftsfähige Wirtschaftslehre, 2013, S. 384; *Bartling*, Leitbilder der Wettbewerbspolitik, 1980, S. 12 f.

97 *Osterrieth/Schönig* in: Fezer/Büscher/Obergfell, Lauterkeitsrecht, 2016, Teil II S 1 Rn. 53; *Leistner* in: Gloy/Loschelder/Danckwerts, Handbuch des Wettbewerbsrechts, 2019, § 4 Rn. 4.

98 *Schmidt/Haucap*, Wettbewerbspolitik und Kartellrecht: Eine interdisziplinäre Einführung, 2013, S. 8; *Osterrieth/Schönig* in: Fezer /Büscher/Obergfell, Lauterkeitsrecht, 2016, Teil II S 1 Rn. 54.

3. Ordoliberale Theorie des vollkommenen Wettbewerbs

Die Freiburger Schule, die die Grundlage des deutschen und europäischen Wettbewerbsrechts bildet,[99] wurde Anfang der 1930er Jahre von *Eucken*, *Böhm* und *Großmann-Doerth* gegründet. Im Zentrum der ordoliberalen Theorie steht die vollkommene Konkurrenz, in der das Konzept der Wettbewerbsfreiheit betont wird. Der Ausgangspunkt ist, dass eine funktionsfähige Wettbewerbsordnung und ein funktionsfähiges Preissystem sich nicht von selbst entwickeln können und dass ein staatlicher Eingriff in die Wettbewerbsordnung durch Wettbewerbsregeln erforderlich ist.[100] Durch diese Regeln sollen staatliche Subventionen, Monopole, das heißt, Machtkonzentrationen und Kartelle bzw. kollusives Verhalten usw. verboten werden, und unter anderem Vertragsfreiheit, Privateigentumsrechte, offene Märkte, Haftungsprinzip, Geldwertstabilisierungspolitik, eine konstante Wirtschaftspolitik, und die Einrichtung unabhängiger Wettbewerbsbehörden gewährleistet werden.[101]

4. Workable Competition

Ausgehend von der Unmöglichkeit des vollkommenen Wettbewerbs entwickelte *Clark*,[102] der Vertreter der Harvard-Schule, im Jahr 1940 die sog. Gegengift-Hypothese, wonach, wenn in einem Markt Unvollkommenheiten vorhanden sind, zusätzliche Unvollkommenheiten geschaffen werden müssen, sodass die Wettbewerbsergebnisse besser sind, die sog. *second best solution*. Vollkommene Konkurrenz sei ideal, aber nicht möglich. Im Jahr 1961 hat *Clark* seine Theorie weiterentwickelt – die sog. *first best solution* – wonach der Wettbewerb ein dynamischer Prozess ist und die Unvollkommenheiten nötig sind, für die Sicherstellung eines wirksamen Wettbewerbs.[103] Er betont

---

99 *Conrad*, Die Notwendigkeit, die Möglichkeit und die Grenzen einer internationalen Wettbewerbsordnung, 2005, S. 29.

100 *Podszun* in: Harte-Bavendamm/Henning-Bodewig, UWG, 2016, § 1 Rn. 79; *Conrad*, Die Notwendigkeit, die Möglichkeit und die Grenzen einer internationalen Wettbewerbsordnung, 2005, S. 29.

101 *Knieps*, Wettbewerbsökonomie, 2008, S. 69; *Olten*, Wettbewerbstheorie und Wettbewerbspolitik, 1998, S. 53 ff.

102 *Clark*, American Economic Review 30 (1940), Teil 1, 241-256; Kritisch zum Konzept „workable competition“ *Tolksdorf*, Ruinöser Wettbewerb, 1971, S. 16 f.

103 “*Eine Welt, in der das Verhalten vollkommen standardisiert ist, wäre reizlos, tot und letztlich für uns alle untragbar*.” *Clark*, Wettbewerb und Ziele der Wirtschaftspolitik in: Herdzina, Wettbewerbstheorie, 1975, S. 270.

hierbei die Nachteile des vollkommenen Marktes sowie die Abwesenheit der Innovationen.[104]

Der Vertreter der deutschen Variante der Theorie des *workable competition* ist *Kantzenbach*,[105] mit seiner Formulierung „funktionsfähiger Wettbewerb." Sein Ausgangspunkt sind die Funktionen des Wettbewerbs. Dabei unterscheidet er zwischen den statischen und den dynamischen Funktionen des Wettbewerbs: Der Wettbewerb sei nur dann funktionsfähig, wenn er die oben genannten Funktionen erfüllt. In einem zweiten Schritt unterscheidet er zwischen potenzieller und effektiver Wettbewerbsintensität. Es bestehe eine Kausalität zwischen der Wettbewerbsintensität und der Marktstruktur. Die optimale Wettbewerbsintensität benötige ein weites Oligopol und beschränke die Markttransparenz.[106]

5. Neuklassische freie Wettbewerbstheorie

Die neuklassische Wettbewerbstheorie ist mit dem Konzept des freien Wettbewerbs der klassischen Wettbewerbstheorie verbunden.[107] Die Wettbewerbsfreiheit steht im Zentrum dieser Theorie und wird als ein Wert an sich angesehen.[108] Nach *Hoppmann*, Vertreter der Theorie in Deutschland, ist der Wettbewerb frei und dynamisch, aber auch komplex und nicht voraussehbar.[109] Die staatliche

---

104 *Brendel* in: Von Delhaes/Fehl, Dimensionen des Wettbewerbs: Seine Rolle in der Entstehung und Ausgestaltung, 2016, S. 85.

105 *Kantzenbach*, Die Funktionsfähigkeit des Wettbewerbs, 1967, S. 12-49.

106 *Brendel* in: Von Delhaes/Fehl, Dimensionen des Wettbewerbs: Seine Rolle in der Entstehung und Ausgestaltung, 2016, S. 85 f. Oligopol ist eine Marktform, bei dem vielen Nachfrager wenigen Anbietern gegenüberstehen. In den weiten Oligopolen existieren mehrere Anbieter als in engen Oligopolen, *Wildmann*, Einführung in die Volkswirtschaftslehre, Mikroökonomie und Wettbewerbspolitik, 2014, Kapitel 12.7. Das Wort Oligopol stammt aus griechisch: *Olígos* heißt „wenig, gering" und *pōlein* heißt „verkaufen", *Streit*, Die Wirtschaft heute, 1980, S. 192. Das Konzept v. *Kantzenbach* wurde in der Literatur stark kritisiert, insb. v. *Hoppmann*, Das Konzept der optimalen Intensität, Jahrbücher für Nationalökonomie und Statistik, 179 (1966), 286-323.

107 *Sosnitza* in: Heermann/Schlingloff, MüKo zum Lauterkeitsrecht, 2020, Teil I Rn. 8. In einigen Quellen wird sie als *„neoklassisches Konzept des funktionsfähigen Wettbewerbs"* bezeichnet.

108 *Brendel* in: Von Delhaes/Fehl, Dimensionen des Wettbewerbs: Seine Rolle in der Entstehung und Ausgestaltung, 2016, S. 86 f.

109 *Knieps*, Wettbewerbsökonomie, 2008, S. 70 f. Diese Vorstellung des Wettbewerbs basiert auf dem Wettbewerbskonzept v. *von Hayek*, der den Wettbewerb als ein Entdeckungsverfahren bezeichnet, wobei man keine ex-ante Information über seine Ergebnisse haben kann, *von Hayek*, Der Wettbewerb als Entdeckungsverfahren, in:

Zwangsgewalt stelle den wichtigsten Grund der Wettbewerbsbeschränkungen dar.[110] Die Wettbewerbsfreiheit ist die Entschließungsfreiheit („Abwesenheit von Zwang durch Dritte") und Handlungsfreiheit („Abwesenheit von Beschränkungen des Tauschverkehrs durch Marktteilnehmer") und umfasst die Freiheit der Wettbewerber zum Vorstoß und Imitation und zur Auswahl der Marktpartner.[111] Allerdings, nur wenn der *Spirit of Competititon* vorhanden ist, führe die Wettbewerbsfreiheit zu den erwünschten und guten Marktergebnissen. Laut dieser Theorie ist der Markt ein System, das aus den spontan interagierenden Individuen und Unternehmen besteht und damit der Wettbewerb eine Ordnung, die spontan wächst.[112] Damit weist *Hoppmann* alle Theorien zurück, die den Wettbewerbsprozess voraussehen, also sowohl das neoklassische Modell als auch das Konzept des *workable competition.*[113]

6. Chicago School

Unter *Chicago School* wird der Wettbewerb als ein dynamischer Prozess angenommen.[114] Hier wird das Modell vollkommener Konkurrenz abgelehnt und stattdessen die neoklassische Theorie wieder aufgegriffen.[115] Nach den Vertretern dieser Schule, unter anderem *Bork, Posnar, Director*, ist das einzige Ziel des Wettbewerbs die Maximierung der Konsumentenwohlfahrt via allokativer und produktiver Effizienz.[116] Jeder Marktprozess, der die Wohlfahrt der Konsumenten erhöht, sei optimal.[117] Der staatliche Eingriff in die Marktstruktur und das

---

ders., Wirtschaftswissenschaftliche und wirtschaftsrechtliche Untersuchungen, Freiburger Studien, Gesammelte Aufsätze von F. A. von Hayek 1969, S. 249, 250.

110 *Hoppmann*, Fusionskontrolle, 1972, S. 14.

111 *Sosnitza* in: Heermann/Schlingloff, MüKo zum Lauterkeitsrecht, 2020, Teil I Rn. 8; *Springer Fachmedien Wiesbaden*, Gabler Kompakt Lexikon Wirtschaftspolitik, 2013, S. 446.

112 *Leistner* in: Gloy/Loschelder/Danckwerts, Wettbewerbsrecht, 2019, § 4 Rn. 8.

113 *Hoppmann*, Zeitschrift des Bernischen Juristenvereins 102 (1966), 249-273; *Sosnitza* in: Heermann/Schlingloff, MüKo zum Lauterkeitsrecht, 2020, Teil I Rn. 8; Kritisch zu diesem Ansatz, *Schmidt/Haucap*, Wettbewerbspolitik und Kartellrecht: Eine interdisziplinäre Einführung, 2013, S. 21 ff.

114 *Mohr*, Sicherung der Vertragsfreiheit durch Wettbewerbs- und Regelungsrecht: Domestizierung wirtschaftlicher Macht durch Inhaltskontrolle der Folgeverträge, 2015, S. 334.

115 *Mestmäcker/Schweitzer*, EU-Wettbewerbsrecht, 2014, § 3 Rn. 22-42.

116 *Bork*, The Antitrust Paradox, 1978, S. 107.

117 *Bork*, The Antitrust Paradox, 1978, S. 90 f: „*Antitrust litigation is not a process for deciding who should be rich or poor [...] It can only increase collective wealth by requiring*

Marktverhalten solle auf die Vermeidung wettbewerbsbeschränkender Verhaltensweise begrenzt werden.[118]

7. Der More Economic Approach

Der *More Economic Approach*, eine der jüngsten Entwicklungen in Europa, wird durch die EU-Kommission verfolgt und hat einen starken Einfluss auf die Auslegung europäischer Wettbewerbsregeln.[119] Er definiert sich als ein Ansatz, statt einer Theorie. Er ist kein geschlossenes Wettbewerbsmodell.[120]

Das Ziel der Annahme dieses neuen Ansatzes ist es, das europäische Wettbewerbsrecht besser mit dem heutigen wirtschaftlichen Denken in Einklang zu bringen.[121] Dabei werden die ökonomischen Modelle und Grundlagen berücksichtigt,[122] wobei im Vordergrund konkrete wirtschaftliche Betrachtungsweisen statt dogmatische Betrachtungsweisen stehen.[123] Ökonomische Modelle und Methoden werden zwecks der Analyse der Sachverhalte stärker angewendet.[124] Dieser Ansatz ermöglicht offene und differenziertere Einzelfallbetrachtung statt *Per-se*-Verbote.[125]

---

that any lawful products [...] be produced and sold under most favorable conditions for consumers".

118 *Schmidt/Haucap*, Wettbewerbspolitik und Kartellrecht: Eine interdisziplinäre Einführung, 2013, S. 23 ff. Ausf. dazu siehe *Olten*, Wettbewerbstheorie und Wettbewerbspolitik, 1998, S. 102 ff.

119 *Köhler* in: Köhler/Bornkamm/Feddersen, UWG, 2020, Einleitung Rn. 1.15a.

120 *Mestmäcker/Schweitzer*, EU-Wettbewerbsrecht, 2014, § 3 Rn. 45; *Glöckner*, Kartellrecht – Recht gegen Wettbewerbsbeschränkungen, 2017, Rn. 81.

121 Siehe die Mitt. der Komm. über die Anwendung der EG-Wettbewerbsregeln auf vertikale Beschränkungen, ABl. 1998 Nr. C 365/03: „*need for a more economics based approach*".

122 *Martinek*, Juris Monatszeitschrift 5, (12/2018), 447, 451.

123 *Schmidtchen*, Die Neue Wettbewerbspolitik auf dem Prüfstand, in: Oberender, Effizienz und Wettbewerb, 2005, S. 173.

124 *Sosnitza* in: Heermann/Schlingloff, MüKo zum Lauterkeitsrecht, 2020, Teil I Rn. 10.

125 *Sosnitza*, in: Heermann/Schlingloff, MüKo zum Lauterkeitsrecht, 2020, Teil I Rn. 10. Näher zum More Economic Approach siehe *Mohr*, Sicherung der Vertragsfreiheit durch Wettbewerbs- und Regelungsrecht: Domestizierung wirtschaftlicher Macht durch Inhaltskontrolle der Folgeverträge, 2015, S. 420 ff.; *Ewald* in: Wiedemann, Kartellrecht, 2020, § 7 Rn. 17-19.

8. Zwischenergebnis

Die unterschiedlichen nationalen Wettbewerbssysteme verwenden unterschiedliche Wettbewerbstheorien, die bezüglich ihrer Kompatibilität Probleme aufweisen. Keine der oben erklärten Wettbewerbstheorien betrachtet jedoch die internationale Dimension des Wettbewerbs, sondern lediglich die nationale. Daher dienen sie nicht als Vorbild für das internationale Wettbewerbsrecht. Das Regeln des Wettbewerbs auf der internationalen Ebene soll als Ziel das Vorliegen eines freien und dynamischen Wettbewerbs haben.

§ 2. Welthandelsorganisation

I. Aufbau

Die WTO, eine der wichtigsten zwischenstaatlichen Organisationen, ist die rechtliche und institutionelle Grundlage des multilateralen Handelssystems. Sie hat eine zentrale Stellung auf der Welt als eine Organisation für die Öffnung des Handels, ein Forum für Regierungen, um Handelsabkommen bzw. verbindliche Regeln für das wirtschaftliche Verhalten der Staaten auszuhandeln und ist ein Ort, an dem die Staaten Handelsstreitigkeiten schlichten können. Sie betreibt ein System von Handelsregeln und vertritt die Philosophie, dass ein freierer Handel der Weg zum wirtschaftlichen Fortschritt ist.[126] Daher nimmt sie einen einzigartigen Platz unter den internationalen Organisationen und Regelgremien ein und wird die „Verfassung des multilateralen Welthandels"[127] genannt. Die WTO-Abkommen stellen die Rechtsgrundlagen des internationalen Handels dar: Sie gewährleisten den Vertragsstaaten wichtige Handelsrechte und verpflichten die Regierungen, ihre Handelspolitik innerhalb der in den WTO-Abkommen vereinbarten Grenzen zu halten.[128]

Die Ursprünge der WTO gehen zurück auf das GATT 1947, welches im Oktober 1947 durch 23 Staaten als ein vorläufiges (siehe Art. 29 GATT 1947) multinationales Handelsabkommen abgeschlossen wurde.[129] Nach dem Scheitern der Havanna-Charta bzw. der ITO[130] verblieb das multilaterale Abkommen GATT

---

126 *Collins*, The World Trade Organisation, 2015, Introduction.

127 *Oppermann*, RIW, 41 (1995), 919, 925.

128 WTO, abrufbar unter: https://www.wto.org/english/thewto_e/whatis_e/who_we_are_e.htm (3.2.2022).

129 Allgemeines Zoll- und Handelsabkommen, Genf, 30.10.1947 BGBl. II 1951, S. 173. GATT 1947 hat 47 Jahre lang als eine Grundlage für den internationalen Handel bedient.

130 Havanna-Konferenz v. 21.11.1947 bis 24.3.1948. Am Ende der ersten Konferenz wurde Schlussakte für den Entwurf der Havanna-Charta unterzeichnet, UN Doc. E/Conf. 2/78, 24.3.1998, abrufbar unter: https://www.wto.org/english/docs_e/legal_e/havana_e.pdf (3.2.2022). Siehe auch Vorschlag zur Gründung der ITO, Proposals for Expansion of World Trade and Employment, Dep't St. Pub. Nr. 2411, Commercial Policy Series 79, 1945, abrufbar unter: https://fraser.stlouisfed.org/docs/historical/eccles/036_04_0003.pdf (3.2.2022). Näher zum Vorschlag siehe *Clayton*, Why and How We Came to Find Ourselves at the Havana Conference, Rede des Beraters des Außenministers v.

1947 als einziges Ergebnis der Verhandlungen. Nach dem Inkrafttreten des GATT 1947 wurden insgesamt acht Verhandlungsrunden geführt.[131] Im Zuge der sog. Uruguay-Runde[132] ist das WTO-Ü entstanden und mit Wirkung vom 1. Januar 1995 in Kraft getreten. Mit anderen Worten wurde die WTO durch das im Jahr 1994 unterzeichnete GATT-Abkommen gegründet. Somit wurde das GATT 1947 im Jahr 1996 beendet. Die Bestimmungen des GATT 1947 sowie alle im Rahmen des GATT 1947 geschlossenen Rechtsakte wurden jedoch in das GATT 1994 (nachfolgend: GATT) integriert. Das GATT, welches den Text des GATT 1947 einschließt, existiert heute als ein Anhang zu dem WTO-Ü.

Die WTO besitzt Völkerrechtspersönlichkeit und ist somit ein eigenständiges Völkerrechtssubjekt.[133] Derzeit hat die WTO insgesamt 164 Mitglieder (Stand Dezember 2021), von denen 117 Entwicklungsländer oder getrennte Zollgebiete sind.[134] Art. 4 WTO-Ü bestimmt die organisatorische Struktur der WTO. Die WTO erfüllt ihre Funktionen und Aufgaben über ihre Organe. Die wichtigsten Organe der WTO sind die Ministerkonferenz als oberstes Beschlussorgan in allen in den WTO-Abkommen genannten Angelegenheiten, der Allgemeine Rat mit Vertretern aller WTO-Mitglieder, der Generaldirektor und das Generalsekretariat (vgl. Art. 4 und 6 WTO-Ü), die Streitbeilegungsorgane und spezielle Räte sowie Ausschüsse und Arbeitsgruppen.[135]

15.6.1948 in Washington, Dep't St Bulletin 18 v. 27.6.1948, S. 825-827; *Bronz*, Harvard Law Review 62 (1949), 1089, 1090.

131 WTO, abrufbar unter: https://www.wto.org/english/thewto_e/whatis_e/tif_e/fact4_e.htm (3.2.2022).

132 Die Uruguay-Runde wurde 1986 im April 1994 in Marrakesch Marocco abgeschlossen. Final Act embodying the results of the Uruguay Round of Multilaterale Trade Negotiations, 15.4.1994, abrufbar unter: https://www.wto.org/gatt_docs/English/SULPDF/92160001.pdf (3.2.2022). Die WTO wurde mit dem Übereinkommen zur Errichtung der WTO errichtet, WTO-Ü v. 15.4.1994, BGBl. II/1994, S. 1625 ff., BGBl. 1994 11, S. 1453 (englisch), ABl. Nr. L 336 v. 23.12.1994, S. 3. Es ist in der Bundesrepublik Deutschland am 1.1.1958 in Kraft getreten.

133 *Krajewski*, Wirtschaftsvölkerrecht, 2017, S. 61.

134 Zuletzt beigetreten: Demokratische Volksrepublik Laos (2/2013), Tadschikistan (3/2013) Yemen (6/2014) Seychellen (4/2015) Kazakhstan (11/2015) Afghanistan (7/2016), WTO, abrufbar unter: https://www.wto.org/english/thewto_e/whatis_e/tif_e/org6_e.htm; https://www.wto.org/english/thewto_e/whatis_e/wto_dg_stat_e.htm (3.2.2022).

135 Ausf. zu den WTO-Organen, *Tietje* in: Prieß/Berrisch, WTO-Handbuch: World Trade Organisation, 2003, Rn. 16 ff.; *Schöbener/Herbst/Perkams*, Internationales Wirtschaftsrecht, 2010, S. 141; *Von Arnauld*, Völkerrecht, 2019, S. 477, 478; *Van den Bossche/Zdouc*, The Law and Policy of the World Trade Organization, 2017, S. 128 ff. Ausf. zu

II. Wettbewerbsrelevante WTO-Abkommen

Eine detaillierte Auseinandersetzung mit dem WTO-Recht, insbesondere allen WTO-Abkommen, würde den Rahmen der vorliegenden Arbeit sprengen. Jedoch ist ein kurzer Überblick über das WTO-System für ein Gesamtverständnis zweckmäßig und soll daher in gebotener Kürze erfolgen:

Das WTO-Recht besteht aus seinen sämtlichen Abkommen, die gem. Art. 2 WTO-Ü integraler Bestandteil des WTO-Ü sind, und bildet damit den Kern des internationalen Wirtschaftsrechts.[136] Die wichtigste Quelle des WTO-Rechts ist das WTO-Ü, also das Übereinkommen zur Errichtung der Welthandelsorganisation, das auch als völkerrechtliche „(Neben-)Verfassung“[137] bezeichnet wird. Die materiellen Verpflichtungen der WTO-Mitglieder ergeben sich aus den unten genannten WTO-Abkommen,[138] die auf die folgenden sechs Hauptgruppen verteilt sind:

---

der Ministerkonferenz siehe https://www.wto.org/english/thewto_e/minist_e/minist_e.htm (3.2.2022).

136 *Van Den Bossche/Zdouc,* The Law and Policy of the World Trade Organization, 2017, S. 78. Das WTO-Ü hat vier Anhänge (ABl EG Nr. L 336 v. 23.12.1994 S. 10): (i) Anhang 1: GATT 1994, Übereinkommen über die Landwirtschaft, Übereinkommen über die Anwendung gesundheitspolizeilicher und pflanzenschutzrechtlicher Maßnahmen, Übereinkommen über technische Handelshemmnisse, Übereinkommen über handelsbezogene Investitionsmaßnahmen, Übereinkommen zur Durchführung des Art. VI des Allgemeinen Zoll- und Handelsabkommens 1994, Übereinkommen zur Durchführung des Art. VII des Allgemeinen Zoll-und Handelsabkommens 1994, Übereinkommen über Kontrollen vor dem Versand, Übereinkommen über Ursprungsregeln, Übereinkommen über Einfuhrlizenzverfahren, Übereinkommen über Subventionen und Ausgleichsmaßnahmen, Übereinkommen über Schutzmaßnahmen, Allgemeines Abkommen über den Handel mit Dienstleistungen, Abkommen über handelsbezogene Aspekte der Rechte des geistigen Eigentums, (ii) Anhang 2: Vereinbarung über Regeln und Verfahren zur Streitbeilegung, (iii) Anhang 3: Handelspolitischer Prüfungsmechanismus. (iv) Anhang 4: Übereinkommen über das öffentliche Beschaffungswesen und Übereinkommen über den Handel mit Zivilluftfahrzeugen. In der folgenden Zeit wurden innerhalb der WTO weitere Abkommen geschlossen, darunter das Abkommen im Bereich der Finanzdienstleistungen und der Basistelekommunikation, abrufbar unter: https://www.wto.org/english/docs_e/legal_e/legal_e.htm (3.2.2022).

137 Ausf. dazu *Von Engelhardt,* Die Welthandelsorganisation (WTO) und demokratische Legitimität: Globale Ordnung zur Regelung wirtschaftlicher Interdependenzen und ihre Auswirkungen auf territorial organisierte Demokratie, 2016, S. 174 ff.

138 Multilateral Agreement on Trade in Goods, GATT Doc. MTN/FA II-AlA v. 15.12.1993, BGBl. 1994 II, S. 1442 ff. (englisch) bzw. 1624 ff. (deutsch); General Agreement on

- ein Rahmenabkommen, namentlich die WTO-Ü,
- Abkommen für jeden von der WTO erfassten drei Hauptbereichen des Handels, namentlich
    - GATT: Abkommen über den Warenverkehr (Anhang 1A),
    - GATS: Abkommen über den Handel mit Dienstleistungen (Anhang 1B),
    - TRIPS: Abkommen über geistiges Eigentum (Anhang 1C),
- DSU: Abkommen über die Regeln und Verfahren zur Streitbeilegung (Anhang 2) und
- Mechanismus zur Überprüfung der Handelspolitik (Anhang 3).

Die drei materiell-rechtlichen Säulen[139] der WTO, namentlich das GATT, GATS und TRIPS, werden querschnittsmäßig durch das Abkommen über die Regeln und Verfahren zur Streitbeilegung und den Mechanismus zur Überprüfung der Handelspolitik ergänzt, wobei das WTO-Ü selbst das Dach bildet.[140] Da nicht alle WTO-Abkommen einen Wettbewerbsbezug bzw. wettbewerbsrechtliche Bestimmungen aufweisen, werden hier lediglich die WTO-Abkommen behandelt, die einen wettbewerbsrechtlichen Bezug haben. Die einzelnen relevanten wettbewerbsrechtlichen Vorschriften dieser Abkommen werden in § 4 dieser Arbeit untersucht. Im Folgenden werden die einzelnen Abkommen, soweit sie für diese Arbeit relevant sind, näher behandelt.

1. Allgemeines Zoll- und Handelsabkommen

GATT ist eines der multilateralen Abkommen im Anhang zum WTO-Ü. Es befasst sich mit dem Abbau von Handelsschranken im grenzüberschreitenden Warenverkehr. Es besteht aus den Bestimmungen des GATT 1947, aus den im Rahmen des GATT 1947 geschlossenen Rechtsinstrumenten, aus den während

---

Trade in Services and Annexes, GATT Doc. MTN/FA II-AIB v. 15.12.1993, BGBl. 1994 II, S. 1473 ff. (englisch) bzw. 1643 ff. (deutsch); Agreement on Trade-Related Intellectual Property Rights, GATT Doc. MTN/FA II-AIC v. 15.12.1993, BGBl. 1994 II, S. 1566 ff. (englisch) bzw. 1730 ff. (deutsch); Understanding on Rules and Procedures Governing the Settlement of Disputes, GATT Doc. MTN/FA II-A2 v. 15.12.1993, BGBl. 1994 II, S. 1598 ff. bzw.1749 ff. (deutsch); Trade Policy Review Mechanisms, GATT Doc. MTN/FA II-A3 v. 15.12.1993.

139 *Oppermann*, RIW, 41 (1995), 919, 923; *Tietje*, Rechtschutz und Streitbeilegung in der Welthandelsorganisation, in: Ehlers/Schoch, Rechtsschutz im Öffentlichen Recht, 2009, S. 40.

140 *Rogmann* in: Wolffgang/Simonsen/Rogmann/Pietsch, AWR-Kommentar, 2020, B Rn. 27; *Tietje*, Fn. oben, S. 40.

der Uruguay-Runde geschlossenen Vereinbarungen über die Auslegung des GATT 1947 und aus dem Protokoll von Marrakesch über Zollzugeständnisse.[141] Bei dem GATT handelt es sich somit um ein zwischenstaatliches Abkommen, das sich ausschließlich mit dem Warenhandel befasst und darauf abzielt, den Warenhandel durch den Abbau von Zöllen und anderen Handelshemmnissen weiter zu liberalisieren und Diskriminierungen zu beseitigen. Materielle Kernpflichten des GATT sind die Grundsätze der Nichtdiskriminierung, nämlich das Meistbegünstigungsprinzip und die Inländerbehandlung, der Reziprozität und der Transparenz. Die Errichtung der Marktzutrittsschranken werden im GATT nicht verboten, sondern lediglich in der Form von Zöllen gem. Art. 2 und 11 GATT beschränkt.

2. Allgemeines Übereinkommen über den Handel mit Dienstleistungen

GATS ist das erste Abkommen über multilaterale und rechtlich durchsetzbare Regeln zur Liberalisierung des Dienstleistungshandels. Es gilt gem. Art. 1 Abs. 1 GATS für alle den Dienstleistungshandel beruhenden Maßnahmen der WTO-Mitglieder auf allen Ebenen von staatlichen und nichtstaatlichen Stellen bei der Ausübung übertragener Befugnisse, und für alle Dienstleistungsbereiche (zum Beispiel Finanzdienstleistungen, Telekommunikation usw.), mit Ausnahme der Dienstleistungen, die in Ausübung hoheitlicher Befugnisse erbracht werden und des Luftverkehrs.[142] Die allgemeinen Verpflichtungen, die für alle dem Handel mit Dienstleistungen betreffenden Maßnahmen gelten, sind gering: Viele Verpflichtungen gelten nur, wenn und soweit ein WTO-Mitglied beschlossen hat, spezifische Verpflichtungen für einen bestimmten Dienstleistungssektor einzugehen.[143] Die WTO-Mitglieder im GATS haben die Freiheit zu entscheiden, welche Sektoren sie für ausländische Dienstleistungsbringer bzw. den Wettbewerb in ihrem Hoheitsgebiet öffnen wollen.[144] Somit gelten die spezifischen

---

141 *Rogmann* in: Wolfgang/Simonsen/Rogmann/Pietsch, AWR-Kommentar, 2020, B Rn. 34.

142 *Krajewski*, Wirtschaftsvölkerrecht, 2017, S. 132 f.

143 *Krajewski* in: Ehlers/Fehling/Pünder, Besonderes Verwaltungsrecht, 2019, § 6 Rn. 11 ff. Zu allgemeinen Verpflichtungen gehören insb. die Grundsätze der Meistbegünstigung (Art. 2 GATS), der Transparenz (Art. 3 GATS) und die im Art. 4 GATS vorgesehene zunehmende Beteiligung der Entwicklungsländer.

144 *Fuchs/Tuerk*, Das Allgemeine Abkommen über den Handel mit Dienstleistungen (General Agreement on Trade in Services – GATS) und die derzeitigen GATS-Verhandlungen, Umweltforschungsplan des Bundesministeriums für Umwelt,

GATS-Verpflichtungen für die WTO-Mitglieder nur für die in der Liste der einzelnen Länder aufgeführten Leistungen.

3. Übereinkommen über handelsbezogene Aspekte der Rechte des geistigen Eigentums

TRIPS ist ein detailliertes und weitreichendes Mindeststandardabkommen,[145] welches den Mitgliedern die Gewährleistung eines umfassenderen Schutzes des geistigen Eigentums ermöglicht. Es schafft für die in den Geltungsbereich des Abkommens fallenden Gebiete ein Mindestschutz in Form multilateraler Mindestregeln, die jedes Mitglied für die anderen Mitglieder sicherstellen muss. Sollten sie dies nicht tun, können andere WTO-Mitglieder auf dieser Grundlage Forderungen im Wege des WTO-Streitbeilegungssystems einreichen. Den Mitgliedern steht es frei, die geeignete Methode zur Umsetzung der TRIPS-Bestimmungen in ihren nationalen Rechtsordnungen festzulegen, sofern das Meistbegünstigungs- und das Inländerprinzip eingehalten werden.[146] Darüber hinaus beinhaltet TRIPS auch zusätzliche Verpflichtungen, die gleichermaßen für alle WTO-Mitglieder gelten, wie Art. 41 TRIPS.[147]

Naturschutz und Reaktorsicherheit, Forschungsbericht Nr. 20019154, S. 6, abrufbar unter: https://www.umweltbundesamt.de/sites/default/files/medien/publikation/short/k2254.pdf (3.2.2022).

145 TRIPS sieht daher keine volle Harmonisierung nationaler Gesetze der WTO-Mitglieder vor. Die nationa len Gesetze über das geistige Eigentumsrecht können sehr unterschiedlich sein, da die Mindestanforderungen oft undefiniert sind und Raum für Unterschiede lassen, *Ho*, An Introduction to TRIPS, Loyola Uni. Chicago School of Law, Public Law & Legal Theory Research Paper, Nr. 2011-021, S. 57. Näher zum Thema, siehe *Grosse Ruse-Khan/Kur*, Enough is Enough – The Notion of Binding Ceilings in International Intellectual Property Protection, in: Kur/Levin, Intellectual Property Rights in a Fair World Trade System, 2011, S. 359-407. Nach *Collins* ist TRIPS ein gutes Beispiel für eine positive Harmonisierung, in: The World Trade Organisation, 2015, Kapitel 8. Nach *Rogmann* führt TRIPS zur weltweiten Harmonisierung nationaler Normen, in: Wolffgang/Simonsen /Rogmann/Pietsch, AWR-Kommentar, 2020, B Rn. 41.

146 *Von Arnauld*, Völkerrecht, 2019, S. 408.

147 Während die Industrieländer über eine Übergangsfrist v. einem Jahr verfügten, wurden im TRIPS für die Entwicklungsländer Übergangsfristen v. fünf bis elf Jahren vorgesehen, um sich in Übereinstimmung mit den Vorschriften zu bringen, Art. 65 TRIPS. Mit Beschluss v. 27.6.2002 (IP/C/25) wurde der Übergangszeitraum für die am wenigsten entwickelten Länder bis 2016 verlängert, abrufbar unter: https://www.wto.org/english/tratop_e/trips_e/art66_1_e.htm (3.2.2022).

4. Vereinbarung über Regeln und Verfahren zur Beilegung von Streitigkeiten

Das WTO-Streitbeilegungssystem, welches das *„erste weltweit obligatorische zwischenstaatliche Verfahren“*[148] ist, wurde im Rahmen des WTO-Abkommens während der Uruguay-Runde geschaffen. Das DSU enthält Regeln über die Verfahren für die Beilegung von Streitigkeiten unter den WTO-Mitgliedern, die für jedes Abkommen der Uruguay-Runde gelten. Die obligatorische Streitbeilegung stellt somit eine Voraussetzung für die WTO-Mitgliedschaft dar. Laut DSU existieren zwei Möglichkeiten zur Beilegung einer Streitigkeit, nachdem eine Beschwerde in der WTO eingereicht wurde: Die Parteien haben die Möglichkeit entweder eine einvernehmliche Lösung zu vereinbaren oder das WTO-Streitschlichtungsgremium trifft eine Entscheidung über den Streit, die für die Parteien verbindlich ist. Dabei ist es gem. Art. 3 Abs. 2 DSU verpflichtet, die Bestimmungen in Übereinstimmung mit den gewohnheitsrechtlichen Regeln des Völkerrechts auszulegen und anzuwenden. Der Streitbeilegungsmechanismus ist jedoch nur für solche Fälle zuständig, in denen es darum geht, dass die Maßnahme eines WTO-Mitglieds gegen das WTO-Recht verstößt oder darum, dass die aus dem WTO-Recht entstehenden Handelsvorteile beeinträchtigt wurden bzw. werden, Art. 1 Abs. 1 und Art. 3 Abs. 3 DSU.[149]

5. Übereinkommen zur Durchführung des Art. VI des Allgemeinen Zoll- und Handelsabkommens

Wie aus dem Namen des Übereinkommens hervorgeht, verdeutlicht und ergänzt das Übereinkommen zur Durchführung des Art. VI des Allgemeinen Zoll- und Handelsabkommens (nachfolgend: ADA) die Bestimmungen des Art. 6 GATT, welcher das Recht der WTO-Mitglieder vorsieht, Maßnahmen gegen Dumping in Form von Ausgleichszöllen zu ergreifen. Es ist somit die Konkretisierung des Art. 6 GATT.[150] Das ADA legt fest, ob und wie die WTO-Mitglieder gegen Dumping reagieren können. Es erlaubt den WTO-Mitgliedern, auf eine Weise zu reagieren, die unter normalen Umständen gegen bestimmte GATT-Grundsätze

148 *Hilf*, Streitbeilegung in Welthandelsorganisation, in: Marauhn, Streitbeilegung in den internationalen Wirtschaftsbeziehungen, 2005, S. 15 f.; BMWi, abrufbar unter: https://www.bmwi.de/Redaktion/DE/Art./Aussenwirtschaft/wto-beilegung-handelsstreitigkeiten.html (3.2.2022).

149 Siehe auch WTO, A Handbook on the WTO Dispute Settlement System, 2017, S. 6.

150 *Tietje* in: Tietje, Internationales Wirtschaftsrecht, 2015, S. 221.

verstoßen würde.[151] Es sieht einseitige Rechtsbehelfe vor, die ein WTO-Mitglied einlegen kann, nachdem es gem. Art. 3 ADA eine Untersuchung durchgeführt und festgestellt hat, dass Dumping durch ein Mitglied eine Schädigung der heimischen Industrie verursacht. Der zu erhebende Antidumpingzoll, im Anschluss eines Untersuchungsverfahrens, soll den Unterschied zwischen dem Normalpreis und dem Verkaufspreis ausgleichen.[152] Das ADA, das unten genannte SCM und das SMÜ bilden zusammen das Instrumentarium der sog. *Trade Remedies* der WTO-Rechtsordnung.[153]

6. Übereinkommen über Subventionen und Ausgleichsmaßnahmen

Das Übereinkommen über Subventionen und Ausgleichsmaßnahmen (nachfolgend: SCM) legt die Subventionen[154] und Ausgleichszölle in Art. 6 und 16 GATT fest und erweitert sie. Es sieht Disziplinen sowohl bei der Anwendung von Subventionen, die den Handel verzerren können, als auch bei der Anwendung von Ausgleichszöllen durch einzelne WTO-Mitglieder vor, um die Auswirkungen von Subventionen auszugleichen.[155] Es regelt also die Maßnahmen, die die WTO-Mitglieder einseitig ergreifen können, um den Auswirkungen von Subventionen entgegenzuwirken. Das SCM gilt jedoch lediglich für die Subventionen, die sich auf bestimmte Unternehmen oder Branchen beziehen, Art. 2 SCM. Es differenziert zwischen den verbotenen und anfechtbaren Subventionen. Gem. Art. 3 SCM sind die Subventionen, die sich auf Exporttätigkeit oder auf Vorrang der inländischen Waren gegenüber den ausländischen auswirken, verboten. Jede spezifische Subvention, die nicht unter eine spezifischere Bestimmung fällt, kann angefochten werden, falls sie sich negativ auf die Interessen anderer WTO-Mitglieder auswirkt, Art. 5 SCM. Ferner sieht das SCM Ausnahmebestimmungen für die am wenigsten entwickelten Länder und

151 *Kreuter-Kirchhof* in: Vitzthum/Proelß, Völkerrecht, 2019, S. 636.

152 *Tietje* in: Tietje, Internationales Wirtschaftsrecht, 2015, S. 221.

153 WTO, abrufbar unter: https://www.wto.org/english/thewto_e/minist_e/mc9_e/brief_adp_e.htm (3.2.2022).

154 „Subvention" leitet sich von dem lateinischen Wort „subvenire" ab und bedeutet „zu Hilfe Kommen" oder „unterstützen". Hier wird auf die Hilfe des Staates hingewiesen, *Gröpl* in: Kube/Mellinghoff/Morgenthaler/Palm/Puhl/Seiler, Leitgedanken des Rechts: Paul Kirchhof zum 70. Geburtstag, 2013, S. 1529.

155 WTO, abrufbar unter: https://www.wto.org/english/tratop_e/scm_e/scm_e.htm (3.2.2022).

für bestimmte Entwicklungsländer bezüglich der verbotenen Subventionen vor, Art. 27 SCM. Darüber hinaus kann ein WTO-Mitglied für die Aufhebung einer Subvention oder deren wettbewerbsverzerrender Effekte sich an das WTO-Streitbeilegungssystem wenden.[156]

7. Übereinkommen über Schutzmaßnahmen

Das Übereinkommen über Schutzmaßnahmen (nachfolgend: SMÜ) regelt die Anwendung der Schutzmaßnahmen nach Art. 19 GATT. Art. 19 GATT enthält bestimmte Maßnahmen, die von einem WTO-Mitglied ergriffen werden können, wenn aufgrund unvorhersehbarer Entwicklungen ein Produkt in größeren Mengen in das Hoheitsgebiet dieses WTO-Mitglieds eingeführt wird und, wenn es für die inländischen Erzeuger (gleichartiger oder unmittelbar konkurrierender Waren) dieses WTO-Mitglieds eine schwere Verletzung verursacht oder zu verursachen droht, gem. Art. 4 Abs. 2 (b) SMÜ. Zwischen dem Anstieg der Einfuhr und der schweren Verletzung oder der Gefahr einer schweren Verletzung soll also ein Kausalzusammenhang bestehen. Zu diesem Zweck verbietet Art. 11 Abs. 1 (b) SMÜ den Rückgriff auf Grauzonenmaßnahmen durch die WTO-Mitglieder, indem es die Anwendung freiwilliger Ausfuhrbeschränkungen, Absatzmarktabsprachen oder sonstigen ähnlichen Ausfuhrmaßnahmen oder einfuhrseitige Maßnahmen durch die WTO-Mitglieder untersagt. Die Schutzmaßnahme soll den Bestimmungen des Art. 19 GATT sowie SMÜ entsprechen und nur insoweit angewandt werden, als dies gem. Art. 5 SMÜ zur Vermeidung oder Beseitigung einer schweren Verletzung erforderlich ist.

8. Übereinkommen über das öffentliche Beschaffungswesen

Das Übereinkommen über das öffentliche Beschaffungswesen zählt zu den plurilateralen Übereinkommen, die in den Anhang 4 des WTO-Ü aufgenommen wurden.[157] Die Vertragsstaaten verpflichten sich damit, die Grundsätze der Inländerbehandlung und Meistbegünstigungsklausel gegenüber den Waren, Dienstleistungen und Lieferanten der anderen Vertragsstaaten zu befolgen, um

---

156 Ausf. zum SCM siehe UNCTAD, Dispute Settlement, World Trade Organisation, 3.7. Subsidies and Countervailing Measures, UNCTAD/EDM/Misc.232/Add.15; *Kreuter-Kirchhof*, in: Vitzthum/Proelß, Völkerrecht, 2019, S. 496 f.

157 Derzeit umfasst es 47 WTO-Mitglieder, *Anderson/Müller/Pelletier* in: Georgopoulos/Hoekman/Mavroidis, The Internalization of Government Procurement Regulation, 2017, S. 61.

einen fairen Wettbewerb um öffentliche Aufträge zu ermöglichen.[158] Das heißt, sie verpflichten sich, die Waren, Dienstleistungen oder Anbieter anderer Vertragsstaaten nicht ungünstiger zu behandeln als die inländischen.[159]

Das grundlegende Ziel des Übereinkommens ist die gegenseitige Eröffnung der Märkte für das öffentliche Beschaffungswesen unter den an dem Übereinkommen teilnehmenden WTO-Mitgliedern. Es erfordert die Sicherstellung der offenen, fairen und transparenten Wettbewerbsbedingungen im öffentlichen Beschaffungswesen und die Stärkung des internationalen Wettbewerbs.[160] Allerdings gilt dieses Übereinkommen nur für die Beschaffungstätigkeiten, die durch die unter dem Übereinkommen fallenden Einheiten bzw. Unternehmen durchgeführt werden, und nur für die durch die WTO-Mitglieder angegebenen Waren, Dienstleistungen und Baudienstleistungen, die über den festgestellten Schwellenwerten liegen, Art. 2.[161] Abweichende Bestimmungen für die Entwicklungsländer werden im Art. 5 des Übereinkommens vorgesehen.

III. Direkte Wirkung, unmittelbare Anwendbarkeit und Verbindlichkeit des WTO-Rechts

1. Direkte Wirkung des WTO-Rechts

Die Frage der direkten Wirkung – *direct effect* – des WTO-Rechts ist von der unmittelbaren Anwendbarkeit – *direct applicability* – des WTO-Rechts zu unterscheiden. Bei der unmittelbaren Anwendbarkeit des WTO-Rechts geht es um die Frage, ob die Erfüllung der Verpflichtungen aus dem WTO-Recht die Verabschiedung von einem weiteren (nationalen) Rechtsakt benötigt.[162] Bei der direkten Wirkung des WTO-Rechts geht es dagegen darum, ob eine Privatperson eine Klage vor den inländischen Gerichten eines Staates auf der Grundlage des WTO-Rechts erheben kann.[163] In der Literatur werden jedoch teilweise diese beiden Begriffe nicht einheitlich und gelegentlich als Synonyme verwendet.

---

158 *Blankart*, Öffentliche Finanzen in der Demokratie, 2017, S. 379.

159 *Weiß* in: Tietje, Internationales Wirtschaftsrecht, 2015, S. 255.

160 WTO, https://www.wto.org/english/tratop_e/gproc_e/gp_gpa_e.htm (3.2.2022).

161 Diese Angaben sind abrufbar unter: https://www.wto.org/english/tratop_e/gproc_e/gp_app_agree_e.htm (3.2.2022).

162 *Van den Bossche*, The Law and Policy of the World Trade Organization: Text, Cases and Materials, 2005, S. 68, Fn. 223.

163 *Lester/Mercurio/Davies*, World Trade Law, 2018, S. 112.

Das WTO-Recht enthält keine eindeutige Bestimmung über die Wirkung seiner materiellen Vorschriften, das heißt, jedem WTO-Mitglied steht es frei, über die direkte Wirkung des WTO-Rechts zu entscheiden. Die direkte Wirkung des WTO-Rechts ist in der Literatur umstritten.[164] Nach dem EuGH hat das WTO-Recht in der EU – mit zwei Ausnahmekonstellationen – keine direkte Wirkung.[165] Der EuGH stellte fest, dass das WTO-Recht aufgrund seiner Art und Struktur grundsätzlich nicht zu den Regeln gehört, nach denen der EuGH die Rechtmäßigkeit von Maßnahmen der EU-Organe überprüfen soll.[166] Dies wurde mit den Argumenten der Nicht-Reziprozität und einer möglichen vorübergehenden Nicht-Konformität des EU-Rechts mit dem WTO-Recht

---

164 Die Unterstützer direkter Wirkung des WTO-Rechts sind zum Beispiel *Tumlir* und *Petersmann. Tumlir*, Jahrbuch für die Ordnung von Wirtschaft und Gesellschaft 34 (1983), 71, 82; *Petersmann*, EuZW 11 (1997), 325, 330. Dagegen kritisiert *Jackson* eine derartige direkte Wirkung des WTO-Rechts, indem er auf mögliche Gefähren für die Demokratie hinweist, in: AJIL 86 (1992), 310, 315-319. *Eeckhout* vertritt eine vermittelnde Ansicht: Während er die direkte Wirkung des WTO-Rechts ablehnt, erklärt er jedoch, dass den DSB-Beschlüssen eine inländische Wirkung verliehen werden soll, in: Common Market Law Review 34 (1997), 11, 53. Es gibt keine Anwort auf die Frage der direkten Wirkung des WTO-Rechts in den WTO-Abkommen. Dies wurde auch in einem Panelbericht festgestellt. Siehe *US – Sections 301-310 of the Trade Act of 1974*, WT/DS152/R, Rn. 7.72.

165 *Weiß* in: Grabitz//Hilf/Nettesheim, Das Recht der EU, 2020, Art. 207 AEUV Rn. 200 ff. Die zwei Ausnahmekonstellationen seien nach dem EuGH (i) die Fälle, in denen das Sekundärrecht explizit auf spezifische Vorschriften des WTO-Abkommens hinweist und (ii) die Fälle, in denen das EU-Recht ausdrücklich eine unter dem WTO-Recht eingegangene internationale Verpflichtung der EU umsetzt, EuGH 22.6.1989, 70/87, Fediol, Slg. 1989, I-178, Rn. 32; EuGH 7.7.1991, C-69/89, Nakajima, Slg. 1991, I-2069, Rn. 31.

166 Zum GATT 1947 siehe EuGH 12.12.1972, Rs. 21/72-24/72, International Fruit Company, Slg. 1972, 1219, Rn. 27. Zum WTO-Recht, EuGH 23.11.1999, Rs. C-149/96, Portugal/Rat, Slg. 1999, I-08395, ECLI:EU:C:1999:574, Rn. 45-47, bestätigt in EuGH 2.5.2001, Rs. C-307/99, OGT Fruchthandelsgesellschaft, Slg. 2001, I-3159, Rn. 24. Ausf. zum Thema und zur Begründung des EuGH siehe *Callies/Ruffert/Hahn*, EUV/AEUV, 2016, AEUV Art. 207 Rn. 174 ff. Diese Rspr. hat der EuGH auch für die unmittelbare Anwendbarkeit der DSB-Beschlüsse übernommen. EuGH 1.3.2005, C-377/02, van Parys, Slg. 2005, I-1465, Rn. 41 ff. Näher zur unmittelbaren Anwendbarkeit der DSB-Beschlüsse siehe *Callies/Ruffert/Hahn*, EUV/AEUV, 2016, AEUV Art. 207 Rn. 179 ff. EuGH wird in der Literatur dadurch kritisiert, dass es die Rechtsverbindlichkeit der WTO-Streitbeilegungsentscheidungen infrage stellt, *Krajewski*, Wirtschaftsvölkerrecht, 2017, S. 83.

begründet. Das bedeutet, dass sich, im Prinzip, vor den nationalen Gerichten der EU-Mitgliedstaaten bzw. Deutschland weder auf das WTO-Recht noch auf die Entscheidungen des DSB berufen werden kann.[167] Auch die USA haben die direkte Wirkung der WTO-Abkommen und der Berichte bzw. Beschlüsse des DSB auf das US-Recht verneint.[168] Derzeit verweigern die größten Volkswirtschaften der Welt die Anerkennung der direkten Wirkung des WTO-Rechts, darunter auch, die EU und Japan.[169]

2. Unmittelbare Anwendbarkeit des WTO-Rechts

Wie ausgeführt, geht es bei der unmittelbaren Anwendbarkeit des WTO-Rechts um die Frage, ob die Erfüllung der Verpflichtungen aus den materiellen Vorschriften des WTO-Rechts die Verabschiedung von einem weiteren (nationalen) Rechtsakt benötigt. Das WTO-Recht enthält keine eindeutige Bestimmung über die unmittelbare Anwendbarkeit seiner materiellen Vorschriften.[170] Nach der Auffassung des EuGH ist die Vorschrift von einem mit Drittländern abgeschlossenen Abkommen nur dann unmittelbar anwendbar, *„wenn sie unter Berücksichtigung ihres Wortlauts und im Hinblick auf den Sinn und Zweck des Abkommens eine klare und eindeutige Verpflichtung enthält, deren Erfüllung oder deren Wirkungen nicht vom Erlass eines weiteren (Rechts)Aktes abhängt.“*[171] Da das WTO-Ü und seine sämtlichen Abkommen völkerrechtliche Verträge sind und es sich bei dem WTO-Recht um völkerrechtliche Normen handelt, können die Bestimmungen des WTO-Rechts lediglich durch die Umsetzung in die nationalen Rechte der Vertragsstaaten Geltung erlangen. Letztendlich sind die WTO-Mitglieder, gem. Art. 16 Abs. 4 WTO-Ü dazu verpflichtet, ihre Rechtsvorschriften den wirtschaftsvölkerrechtlichen Erforderungen anzupassen.[172] Wie ein bestimmtes Mitglied das WTO-Recht in sein nationales System einbezieht,

---

167 *Krajewski*, Wirtschaftsvölkerrecht, 2017, S. 83. So auch *Reusch*, Die Legitimation des WTO-Streitbeilegung, 2007, S. 87.

168 Ausf. dazu *Matsushita/Schoenbaum/Mavroidis/Hahn*, The World Trade Organization, 2015, S. 44 f.

169 Für die Staaten, die dem WTO-Recht eine direkte Wirkung verleihen, siehe *George/Orova*, A WTO Guide for Global Business, 2002, S. 398.

170 *Matsushita/Schoenbaum/Mavroidis/Hahn*, The World Trade Organization: Law, 2015, S. 38.

171 EuGH 30.09.1987 Rs. 12/86, Demirel/Schwaebisch Gmünd, Slg. 1987-03719, Rn. 14.

172 *Rogmann* in: Wolffgang/Simonsen/Rogmann/Pietsch, AWR-Kommentar, 2020, C Rn. 50.

hängt von seinen Rechtsvorschriften und einer Reihe politischer Erwägungen ab. Zum Beispiel wurde in Deutschland das WTO-Ü in das nationale Recht durch die Zustimmung des Bundesrates am 29. Januar 1994 und des Bundestages am 8. Juli 1994 umgesetzt.[173]

3. Verbindlichkeit des WTO-Rechts

Das WTO-Recht besteht aus 16 multilateralen und zwei plurilateralen Abkommen. Während die multilateralen WTO-Abkommen für alle WTO-Mitglieder verbindlich sind, sind die plurilateralen Abkommen nur für die unterzeichnenden Mitglieder, mit anderen Worten, nur für die ihnen ausdrücklich beigetretenen WTO-Mitglieder verbindlich. Dies bedeutet, dass außer dem Übereinkommen über das öffentliche Beschaffungswesen und Übereinkommen über den Handel mit Zivilluftfahrzeugen alle WTO-Abkommen für die WTO-Mitglieder grundsätzlich rechtsverbindlich sind und; dass die WTO-Mitglieder die Verpflichtung haben, ihre Rechtsordnungen an diese anzupassen.

Zur Klärung der Frage der Rechtsverbindlichkeit und Durchsetzung der Berichte bzw. Beschlüsse des DSB: Sie sind ebenso rechtsverbindlich für alle WTO-Mitglieder; sie können jedoch nicht von der WTO durchgesetzt werden, da die WTO über keine angemessene Exekutivbefugnis verfügt.[174] Art. 21 und 22 DSU konkretisieren die Rechtsfolgen im Falle eines durch das DSB bestätigten Verstoßes gegen die WTO-Bestimmungen. Danach kann die Beschwerdeführerin, wenn das verstoßende WTO-Mitglied eine vom DSB getroffene Entscheidung nicht innerhalb einer angemessenen Frist umsetzt, vom DSB beispielsweise zur Verhängung der Handelssanktionen ermächtigt werden.[175]

173 BGBl. 1994 II, S. 1625.

174 *Joerges/Petersmann*, Constitutionalism, Multilevel Trade Governance and Social Regulation, 2006, S. 497.

175 Bericht des Appellate Body, *EC – Bed Linen*, WT/DS141/AB/RW, Rn. 93: "*A Member that does not comply with the recommendations and rulings adopted by the DSB [...] must face the consequences set out in Art. 22.1, relating to compensation and suspension of concessions*".

2. Teil
Internationales Regime des Wettbewerbsrechts und die Rolle der WTO

§ 3. Die Erforderlichkeit einer multilateralen Wettbewerbsordnung

Im Folgenden soll untersucht werden, ob und warum eine multilaterale Wettbewerbsordnung notwendig ist. Insbesondere wird auf die Problembeispiele mit dem Status Quo eingegangen und das Meinungsspektrum einzelner Staaten erläutert.

I. Ausgangspunkte

1. Globalisierung

In den letzten drei Jahrzehnten hat die Welt eine beispiellose ökonomische Integration erlebt: Der dramatische Anstieg des Welthandels und der ausländischen Direktinvestitionen, die Integration der Kapitelmärkte, der zunehmende Zugang der Unternehmen in die internationalen Märkte sind nur einige Beispiele von vielen. Die genannten Beispiele sind unter anderem das Resultat der Globalisierung.

Globalisierung wird als „ein dynamischer Prozess, der die wirtschaftliche Vernetzung der Welt durch den zunehmenden Austausch von Gütern, Dienstleistungen, Kapital und Arbeitskräften vorantreibt, die wirtschaftliche Bedeutung nationaler Grenzen ständig verringert und den internationalen Wettbewerb intensiviert“ beschrieben.[176] Sie bezieht sich auf die wachsende Interdependenz der Länder, die aus der zunehmenden Integration des Handels, der Finanzen, Ideen und Bevölkerungen in einem weltweiten Marktplatz resultiert.

Das beschriebene *economic Phenomenon*,[177] die Globalisierung, hat selbstverständlich auch zu einem Konflikt zwischen einerseits der politischen Souveränität und andererseits der grenzüberschreitenden Integration geführt. Infolgedessen stimmen die Realitäten immer weniger mit den nationalen Gesetzen überein, die im Endeffekt ein Ungleichgewicht zwischen den wirtschaftlichen und den

---

176 *Koch*, Globalisierung: Wirtschaft und Politik, 2017, S. 10. Dieser Begriff wurde erst im Jahr 1983 durch *Levitt* benutzt, in: Harvard Business Review 61 (1983), 92, 92 ff.

177 OECD, Globalisation, What Opportunities and Challenges for Governments, OCDE/GD (96)64, S. 3: “*As an economic phenomenon, globalisation is manifested in a shift from a world of distinct national economies to a global economy in which production is internationalised and financial capital flows freely and instantly between countries*”.

politischen Strukturen der Staaten verursachen. Früher war die Grenze zwischen nationaler und internationaler Politik klar abgesteckt. Heute ist diese aufgrund der Globalisierung und seiner Auswirkungen verschwommen. So kann eine Angelegenheit, die traditionell als reserviert in der nationalen Kategorie angesehen wird, heute Auswirkungen auf andere Staaten haben.

Aus einer wettbewerbsrechtlichen Perspektive bedeutet Globalisierung, dass alles, was unter einer Jurisdiktion geschieht, einen Effekt auf die anderen Rechtssysteme hat.[178] In Bezug auf die Wettbewerbspolitik hat die Globalisierung somit die traditionelle Rolle der nationalen Wirtschaften infrage gestellt und zu einer Debatte über die Grenzen nationaler Politik sowie über die Vor- und Nachteile alternativer Modelle geführt. Sie hat die Frage aufgeworfen, ob internationale Wettbewerbsregeln zum Schutz des Wettbewerbs erforderlich sind. Dies liegt daran, dass die Globalisierung sich die Kooperationsmöglichkeiten zwischen den Unternehmen bzw. Personen aus unterschiedlichen Ländern erweitert hat bzw. weiter erweitert. Parallel dazu nehmen aber auch die Interessenkonflikte zwischen unterschiedlichen Marktakteuren zu. Das heißt, die Globalisierung intensiviert den Wettbewerb zwischen den internationalen Marktakteuren.[179] Je intensiver der Wettbewerb zwischen den Marktakteuren auf den (internationalen) Märkten ist, desto höher ist das Risiko bzw. die Wahrscheinlichkeit zur Beschränkung des Wettbewerbs vorhanden. Also ist die Intensivierung und der Anstieg des Wettbewerbs auf internationalen Märkten ein positiver Nebeneffekt der Globalisierung, sofern er mit den richtigen Instrumenten behandelt wird.

Insbesondere hat der technologische Wandel die Weltwirtschaft schrittweise integriert und den Tod der räumlichen Distanz[180] verursacht, was heute häufig als Globalisierung bezeichnet wird. Auch wenn die Globalisierung viele positive Auswirkungen hat und allgemein angenommen wird, dass sie die Lebensstandards verbessert hat, wirft sie zusammen mit wirtschaftlicher Interdependenz in mehreren Bereichen auch Probleme auf. Ein solcher Bereich ist das Wettbewerbsrecht und die Wettbewerbspolitik, welche in den internationalen wirtschaftspolitischen Diskussionen einen prominenten Platz erlangt haben.

---

178 *Stiglitz*, Towards a Broader View of Competition Policy, in: Bonakele/Fox/Mncube, Competition Policy for the New Era, 2017, S. 14.

179 *Eickhof*, Globalisierung, Institutioneller Wettbewerb und Nationale Wirtschaftspolitik, Wirtschaftsdienst 83 (2003), 369, 369.

180 *Cairncross*, The Death of Distance, 2001.

2. Liberalisierung des Welthandels

Liberalisierung des Welthandels meint den Prozess der Erleichterung, Verbesserung und Intensivierung des Handels zwischen zwei oder mehreren Staaten durch bilaterale oder multilaterale Abkommen, in denen zum Beispiel die Markteintrittsbarrieren beseitigt werden, die Grenzen geöffnet werden und ein vereinigter und vereinheitlichter Weltmarkt geschafft wird.[181]

Seit dem Entstehen des GATT 1947 hat das Welthandelssystem acht Verhandlungsrunden multilateraler Handelsliberalisierung erlebt. Dabei hat insbesondere die WTO durch das Untersagen oder durch das Einschränken der Regierungspolitik ihrer Mitglieder, die zwischen den nationalen und internationalen Anbietern von Gütern und Dienstleistungen diskriminieren, eine führende Rolle gespielt. Als Folge dieser Entwicklungen haben die meisten Länder, darunter auch viele Entwicklungsländer, ihren nationalen Markt für den grenzüberschreitenden Handel und für die grenzüberschreitende Investition geöffnet, um ihr ökonomisches Wachstum zu verbessern.

Die Vereinfachung des Importverfahrens, die Reduzierung oder Beseitigung mengenmäßiger Beschränkungen und die Rationalisierung der Zollstrukturen sind dabei die am weitesten verbreiteten Reformen.

Die Erweiterung der relevanten geographischen Märkte infolge der sinkenden Kosten grenzüberschreitender Tätigkeiten, die Absenkung des Konzentrationsgrads auf inländische Märkte aufgrund der gestiegenen Exportmöglichkeiten, die Senkung der Preise und die dadurch stimulierte Innovation und der verstärkte Wettbewerb zählen zu den Auswirkungen der Handelsliberalisierung auf dem Wettbewerb. Infolgedessen haben die wirtschaftlichen Beziehungen zwischen den Marktakteuren aus unterschiedlichen Ländern zugenommen und sie haben sich intensiviert. Daraus sind sowohl mehrere und vorteilhaftere Kooperationsmöglichkeiten als auch verstärkter Wettbewerb, mehrere Konflikte und Wettbewerbsbeschränkungen entstanden. Daraus folgt, dass je mehr der Handel liberalisiert wird, desto mehr Wettbewerb entstehen wird; je mehr Wettbewerb vorhanden ist, desto mehr Möglichkeiten bestehen zu seiner Beschränkung. Denn, je mehr Marktakteure aus der ganzen Welt involviert werden, desto mehr werden unterschiedliche Verhaltensweisen, die den Wettbewerb verzerren können, durchgeführt.

Abschließend ist zu erwähnen, dass die Vorstellung, dass Handelspolitik und Wettbewerbspolitik miteinander verbunden sind, nicht neu ist. Nach dem

181 *Weinrauch*, Competition Law in the WTO, 2004, S. 68.

Abbau von Handelshemmnissen durch die multilateralen Verhandlungsrunden sind neue Beschränkungen bzw. wettbewerbspolitische Barrieren, wie Kartelle, in den Vordergrund gerückt. Auch die internationalen Handelsorganisationen haben sich nach der Handelsliberalisierung ebenfalls der Wettbewerbspolitik zugewandt. So haben beispielsweise die WTO-Mitglieder auf der ersten WTO-Ministerkonferenz im Dezember 1996 die Bedeutung der Wettbewerbspolitik hervorgehoben, indem eine WTO-Arbeitsgruppe für die Untersuchung des Verhältnisses zwischen Wettbewerb und Handel eingerichtet wurde.[182]

Darüber hinaus richtete auch die OECD ihre Aufmerksamkeit auf das Zusammenspiel von Handels- und Wettbewerbspolitik, und setzte eine gemeinsame OECD-Gruppe für Handel und Wettbewerb im Jahr 1996 ein, um das Verständnis bezüglich der Fragen an der Schnittstelle zwischen Handel und Wettbewerb zu vertiefen.

3. Internationale wettbewerbsbeschränkende Verhaltensweise

Die zunehmende Handelsliberalisierung und Globalisierung verleiht – neben dem Handel und den Wirtschaftsbeziehungen – auch den Wettbewerbsbeschränkungen einen zunehmend grenzüberschreitenden Charakter. Aufgrund der Beteiligung von multinationalen Unternehmen am Wirtschaftsverkehr entfällt nun auch bei Wettbewerbsbeschränkungen eine grenzüberschreitende Wirkung.

Die Weltwirtschaft hat in den letzten Jahren eine Vervielfachung internationaler Kartelle, Fusionen und der Monopolisierung durch multinationale Unternehmen erfahren. Insbesondere seit den 1990er Jahren wird eine signifikante Zunahme internationaler Kartelle beobachtet. Zum Beispiel wurde zwischen 1990–2003 von mehr als 150 internationalen Kartellen berichtet, mit der Beteiligung von Unternehmen aus ca. 30 unterschiedlichen Nationen.[183] Allein in der EU hat sich die Zahl der Kartelluntersuchungen unter Beteiligung internationaler Teilnehmer zwischen 1990–2014 um mehr als 450 Prozent erhöht.[184] Folglich

---

182 Siehe § 7, II.

183 *Connor*, Private International Cartels: Effectiveness, Welfare, and Anticartel Enforcement, Working Paper 03-12, 11/2003, Purdue Universität, Department of Agricultural Economics, abrufbar unter: https://www.researchgate.net/publication/5218804_Private_International_Cartels_Effectiveness_Welfare_and_Anticartel_Enforcement (3.2.2022). Das Vitaminkartell ist ein gutes Beispiel für ein internationales Kartell, EU-Komm., Entscheidung v. 22.11.2001, ABl. 2003 L 6/1, Vitamine.

184 OECD, International Cooperation in Competition Law Enforcement, C/MIN(2014)17, 2014, S. 4.

wurden bzw. werden die Instrumente nationaler Wettbewerbspolitik immer unzureichender und funktionsschwächer, um die internationalen Wettbewerbsbeschränkungen behandeln zu können. Die potenziellen Lösungen der grenzüberschreitenden Wettbewerbsbeschränkungen stoßen in der Praxis sowohl auf rechtliche als auch auf tatsächliche Schwierigkeiten. Ferner fallen aufgrund ihrer internationalen Dimensionen die wettbewerbsbeschränkenden Verhaltensweisen zunehmend unter die Jurisdiktion mehrerer Länder. Unternehmen werden oft mit Wettbewerbsverfahren von mehreren Ländern konfrontiert, welches die Transaktions- und Verwaltungskosten erhöht: Zudem müssen sie Informationen in mehreren Sprachen einreichen und Information über verschiedene Rechtssysteme erhalten und die damit verbundenen Kosten tragen.[185]

Infolge der Globalisierung der Märkte sind auch die Fusions- und Übernahmeaktivitäten zwischen Unternehmen aus unterschiedlichen Ländern, insbesondere seit Mitte der 1990er Jahre, dramatisch gestiegen.[186] Dieses Wachstum ist zum Teil das Resultat des Strebens der Unternehmen nach Stärkung ihrer Wettbewerbspositionen durch das Zusammenführen ihrer Mächte.[187] Sicherlich bringt diese Entwicklung auch verschiedene Probleme mit sich. So kann beispielsweise ein Unternehmen, das eine internationale Fusion plant, wegen rechtlicher Unterschiede in der Wettbewerbspolitik der Regierungen, mit uneinheitlichen und zum Teil widersprüchlichen Verpflichtungen konfrontiert werden.

Auch die Bemühungen der Wettbewerbsbehörden werden in vielerlei Hinsicht doppelt durchgeführt, da mehrere Länder das gleiche wettbewerbswidrige Verhalten einzeln überprüfen.[188] Wie bereits erwähnt, beanspruchen die

---

185 *Budzinski*, International Antitrust Instutitions, in: Blair/Sokol, The Oxford Handbook of International Antitrust Economics, 2015, S. 122 f.

186 Siehe zu den aktuellen Angaben, Institute for Merger and Acquisition and Alliances, abrufbar unter: https://imaa-institute.org/mergers-and-acquisitions-statistics/ (3.2.2022). Vgl. hierzu *Pryor*, J. of Eco. Issues 35 (2001), 825-840; *Budzinski*, The International Competition Network as an International Merger Control Institution, in: Chen, International Institutions and Multinational Enterprises, 2004, S. 64-90.

187 *Sherman*, Mergers and Acquisitions from A to Z, 2018, S. 10 f.

188 EU-Komm., Entscheidung v. 3.7.2001, ABl. 2004 Nr. L 48/1, *GE – Honeywell*. Die EU-Komm. hat die Fusion v. *GE – Honeywell* abgelehnt, obwohl dieser bereits v. den US-Kartellbehörden erlaubt wurde. *Gilette*'s Übernahme v. *Wilkinson Sword* musste v. 14 Behörden genehmigt werden, siehe auch US-Bureau of National Affairs, OECD Committee Lacks Enthusiasm for Draft International Antitrust Code, Antitrust and Trade Regulation Reports 65, v. 16.12.1993, S. 771.

Gerichte aus unterschiedlichen Ländern in manchen Fusion-Fällen die Zuständigkeit für sich, was Raum für widersprüchliche Entscheidungen zwischen verschiedenen Jurisdiktionen schafft. Auch der *Google*-Prozess im Jahr 2013, an dem die USA, die EU, Indien, Argentinien, Brasilien und Taiwan beteiligt waren, hat gezeigt, dass der Wettbewerb nicht mehr lediglich anhand nationaler Fakten zu bewerten ist. So haben beispielsweise die nationalen Wettbewerbsbehörden der USA die Fusion der US-Flugzeughersteller *Boeing* und *McDonnell Douglas* genehmigt, obwohl die EU-Kommission befürchtete, dass die Fusion den Wettbewerb in Europa verringern und *Airbus*, den europäischen Konkurrenten von *Boeing*, negativ beeinflussen würde.[189] Ein weiteres Beispiel stellt der Fall *Samsung-Seagate* dar: Die Wettbewerbsbehörden der USA und der EU haben die Transaktion vorbehaltlos genehmigt, während China von *Seagate* verlangte, das Samsung-Geschäft getrennt zu halten und nach einem Jahr die Aufhebung der separaten Verpflichtungen zu beantragen.[190]

Erwähnung verdient auch die Fusion zwischen zwei Unternehmen mit Sitz in den USA, *Intel* und *McAfee*: Die EU hat die Genehmigung des Zusammenschlusses von der Bedingung abhängig gemacht, dass die Wettbewerber nicht daran gehindert werden, IT-Sicherheitsprodukte anzubieten, die mit Intel-Einheiten kompatibel sind.[191]

In einer durch die OECD durchgeführten Studie wird ausgeführt, dass die Meinungsverschiedenheiten der unterschiedlichen Jurisdiktionen mindestens drei Gründe haben: (i) die Anwendung unterschiedlicher materieller Regeln, (ii) das Vorhandensein von wesentlich unterschiedlichen Wettbewerbsbedingungen und (iii) die Unterschiede in den gesammelten Beweisen und deren Interpretation.[192] Dies bedeutet, dass die an der Fusion beteiligten Unternehmen ständig

---

189 Erklärung des Vorsitzenden *Pitofsky* und der Kommissar *Steiger*, *Starek* III und *Varney* zur Genehmigung der Fusion *Boeing – McDonnell*, Douglas Corp. v. 1.7.1997, Nr. 971-0051, abrufbar unter: https://www.ftc.gov/public-statements/1997/07/statement-chairman-robert-pitofsky-commissioners-janet-d-steiger-roscoe-b (3.2.2022).

190 Siehe die Ankündigung des Chinesischen Handelsministeriums Nr. 43 v. 20.10.2015, abrufbar unter: http://english.mofcom.gov.cn/article/policyrelease/buwei/201510/20151001148014.shtml (3.2.2022). Siehe auch *Clarke*, International Merger Policy, 2014, S. 130.

191 EU-Komm., 2011/C 098/01. Siehe auch die Presse-Mitt. der EU-Komm. v. 26.1.2011 IP/11/70, abrufbar unter: http://europa.eu/rapid/press-release_IP-11-70_en.htm (3.2.2022).

192 OECD, International Cooperation in Competition Law Enforcement, C/MIN(2014)17, Mai 2014, S. 4, abrufbar unter: https://www.oecd.org/mcm/C-MIN(2014)17-ENG.pdf (3.2.2022).

Gesetze und Regelungen unterschiedlicher Länder berücksichtigen, ihre Handlungen sich danach richten und zusätzliche Kosten für die Anforderungen mehr als einer Wettbewerbsbehörde einkalkulieren müssen.

Zudem machen sich die Auswirkungen und Nebeneffekte der Fusionen und anderer wettbewerbsbeschränkenden Verhaltensweisen über den Sitzstaat beteiligter Unternehmen hinaus bemerkbar: Eine internationale Fusion kann in allen Ländern, in denen die an einer Fusion beteiligten Unternehmen tätig sind, eine Auswirkung auf den Wettbewerb auf den Märkten haben, zum Beispiel die Verringerung des Wettbewerbs durch den Auf- oder Ausbau einer marktbeherrschenden Stellung nach einer internationalen Fusion.[193]

4. Zunahme der Anzahl nationaler wettbewerbsrechtlicher Ordnungen

Neben den oben genannten wesentlichen Gründen bestehen auch andere zur Erforderlichkeit einer globalen Wettbewerbsordnung. Vor dem Zweiten Weltkrieg hatten nur, eingangs erwähnt, ein paar Staaten Wettbewerbsgesetze, namentlich die USA, Kanada und Australien. Ende der 1970er Jahre verfügten nur neun Staaten über ein Wettbewerbsrecht, und nur sechs von ihnen verfügten über eine Wettbewerbsbehörde.[194] Im Jahr 1996 hatten 70 Staaten Wettbewerbsgesetze: Dieses umfasste 86 Prozent des Welthandels.[195] Diese Zahl ist im Jahr 2004 um 101 und im Jahr 2011 um 118 gestiegen.[196] Im Jahr 2010 verfügten etwa 135 Jurisdiktionen über ein Wettbewerbsrecht.[197] Nach einer im 2018 aufgeführten UN-Studie haben bis zum Jahr 2018 circa 140 Staaten Wettbewerbsgesetze erlassen.[198] Nunmehr erlassen immer mehr Länder auf der Welt Kartell- bzw. Wettbewerbsgesetze, was das gegenwärtige Wettbewerbssystem

---

193 *Utton*, International Competition Policy: Maintaining Open Markets in Global Economy, 2006, S. 73.

194 Für die Zahlangaben, OECD, International Cooperation in Competition Law Enforcement, C/MIN(2014)17, 2014, S. 22, Für die Liste der Webseiten weltweiter Wettbewerbsbehörde siehe https://www.justice.gov/atr/antitrust-sites-worldwide (3.2.2022).

195 *Palim*, Antitrust Bulletin 43 (1998), 105, 109. Die Zahlangaben der unterschiedlichen Autoren sind nicht einheitlich.

196 *Kronthaler/Johannes*, Antitrust Bulletin 52 (2007), 137-168.

197 *Bradford/Chilton/Megaw/Sokol*, J. of Emperical Legal Studies 16 (2019), S. 411, 412.

198 UNCTAD, New ways in which the United Nations could address the crisis of multilateralism and trade and its development machinery, as well as what the contribution of UNCTAD would be, TD/B/65(1)/2, 2018, S. 11.

noch komplizierter macht und zum Teil zum Wettbewerb der Wettbewerbsordnungen[199] führt. Unterschiedliche und unkoordinierte Wettbewerbsgesetze haben internationale nachteilige Auswirkungen und führen auch, wie erwähnt, zu mehrfach geführten wettbewerbsrechtlichen Verfahren und zu unterschiedlichen Beschlüssen bzw. zu Entscheidungen unterschiedlicher Länder.[200]

5. Digitalisierung

Die aus der Digitalisierung resultierenden Veränderungen betreffen auch die internationale Wettbewerbspolitik. Der Wettbewerb auf den Online-Märkten ist von Natur aus global und geographisch nur durch die Grenzen des Internetzugangs begrenzt. Das Geschäftsverhalten der Unternehmen wie *Google, Facebook Amazon, Apple* und anderen lässt sich nur schwer auf ein bestimmtes nationales Territorium eingrenzen. Dementsprechend ist die internationale Marktmacht dieser Unternehmen oft höher als in der traditionellen Offline-Welt. Auch diese Entwicklungen beeinflussen die Wirksamkeit der nationalen Wettbewerbspolitik gegenüber etwaigen internationalen wettbewerbswidrigen Verhaltensweisen.[201]

II. Problembeispiele mit dem Status Quo

Da unterschiedliche Staaten widersprüchliche oder gar nicht existierende Wettbewerbsgesetze haben können, wirft das derzeitige System mehrere Probleme im Kontext des internationalen Wettbewerbs auf.[202] Einige der wettbewerbszerstörenden Verhalten, die den multinational tätigen Unternehmen im derzeitigen System zur Verfügung stehen, sind weiter unten aufgeführt.

1. Wettbewerbswidriges Verhalten auf multinationalen Märkten

Das wettbewerbswidrige Verhalten eines Anbieters auf multinationalen Märkten ist fähig, die Verbraucher in verschiedenen Ländern gleichzeitig zu verletzen. So leiden beispielsweise bei einem Unternehmen in einer Monopolsituation

199 *Bätge*, Wettbewerb der Wettbewerbsordnungen, 2009.

200 *Budzinski*, International Antitrust Instutitions, in: Blair/Sokol, The Oxford Handbook of International Antitrust Economics, 2015, S. 119 ff.

201 Zu diesem Abs., *Budzinski*, The Economics of International Competition Policy: New Challenges in the Light of Digitization?, Technische Uni. Ilmenau Economics Discussion Papers, 26 (2020), Nr. 135, S. 3, abrufbar unter: https://www.tu-ilmenau.de/fileadmin/media/wth/Diskussionspapier_Nr_135.pdf (3.2.2022).

202 *Mitchell*, World Competition 24 (2001), 343, 347.

die Verbraucher aller Länder, in denen dieses Monopol-Unternehmen tätig ist, unter den aus seinem wettbewerbswidrigen Verhalten resultierenden höheren Preisen. Darüber hinaus können auch andere auf dem Markt tätige Anbieter durch dieses wettbewerbswidrige Verhalten ausgeschlossen oder eingeschränkt werden. So kann der Eintritt neuer Wettbewerber in die Märkte, in denen das Monopol-Unternehmen tätig ist, verhindert werden.[203]

2. Das sich auf die ausländischen Märkte auswirkende wettbewerbswidrige Verhalten

Als ein Beispiel für ein wettbewerbswidriges Verhalten, das sich in dem derzeitigen System auf die Märkte anderer Ländern auswirkt, kann Folgendes genannt werden: Ein marktbeherrschendes Unternehmen kann seine Stärke und seine durch seine inländische Monopolstellung erworbenen Ressourcen nutzen, um zu versuchen, zum Beispiel via Verdrängungspreise,[204] auf einem anderen Markt ein Monopol zu schaffen.[205] Damit können die Tätigkeiten auf dem Auslandsmarkt mit den auf dem Inlandsmarkt erhaltenen Monopolvorteilen subventioniert werden.[206]

Als ein weiteres Beispiel sind hier die Exportkartelle[207] zu erwähnen, bei denen die Verbraucher im Ausland mit höheren Preisen konfrontiert werden. Darüber hinaus wirken sie sich auf das Handelsvolumen der von dem Exportkartell erfassten Ware oder Dienstleistungen nachteilig aus. In beiden Fällen kann es für die betroffenen Marktteilnehmer schwierig sein, im Heimatland der marktbeherrschenden Unternehmen Abhilfe zu schaffen, da die Exportkartelle in manchen Staaten von den Wettbewerbsgesetzen freigestellt sind und die

---

203 Zu diesem Abs., *Mitchell*, World Competition, 24 (2001), 343, 347.

204 Der Marktteilnehmer setzt seine Produkte unter den Kosten fest, um Wettbewerber auf dem ausländischen Markt zu eliminieren. Sobald die Wettbewerber eliminiert sind, erhöht er die Preise über das hinaus, was es ursprünglich auf dem Wettbewerbsmarkt gewesen wäre, *Mitchell*, World Competition 24 (2001), 343, 348 f.

205 *Campbell/Rowley/Trebilock*, International Trade Law and Regulation 1 (1995), 167, 174.

206 *Mitchell*, World Competition 24 (2001), 343, 348 f.

207 Exportkartelle sind Vereinbarungen zwischen nationalen Unternehmen, deren Ziel es ist, den Wettbewerb auf den Auslandsmärkten durch Festsetzung eines Ausfuhrpreises oder Aufteilung dieser Märkte einzuschränken, *Bätge*, Globalisierung des Wettbewerbsrechts: Eine internationale Wettbewerbsordnung zwischen Kartell- und Welthandelsrecht, 2009, S. 104.

Wettbewerbsregelungen einiger Staaten es nicht zulassen, dass Unternehmen mit Sitz im Ausland in ihrem Hoheitsgebiet Klagen erheben.[208]

3. Den Marktzugang beeinträchtigendes wettbewerbswidriges Verhalten

In dem derzeitigen System kann in einem Land das wettbewerbswidrige Verhalten inländischer Anbieter den Marktzugang für ausländische Wettbewerber beeinträchtigen.[209] Eine derartige Barriere könnte zum Beispiel durch eine vertikale Beschränkung oder Kontrolle (durch ein marktbeherrschendes Unternehmen) errichtet werden.[210] Die Beschränkung des Marktzugangs ist das Gegenteil von Handelsliberalisierung, welche im Wesentlichen eine Änderung der Marktzugangsvorschriften in Richtung einer eintrittsfreundlicheren Regelung ist.[211] Daher ist so eine etwaige Marktverhaltensweise auch mit dem Hauptziel der WTO nicht vereinbar. In diesem Fall überschneiden sich Handels- und Wettbewerbspolitik eines Staates, indem der Marktzugang durch das wettbewerbswidrige Verhalten inländischer Anbieter für ausländische Anbieter beschränkt wird.[212]

III. Meinungsstand

Über die Notwendigkeit einer internationalen Wettbewerbsordnung herrschen in verschiedenen Staaten unterschiedliche, aber dynamische Ansichten, die auch von dem politischen Geschehen abhängig sind. Die EU und Japan gehören zu den führenden Befürwortern der Notwendigkeit einer internationalen Wettbewerbsordnung. Die EU hat sich eine Zeit lang für die Integration der Wettbewerbspolitik in die internationalen Institutionen eingesetzt. Auch die Anstrengungen für die Einbeziehung des Wettbewerbsrechts in die WTO begannen unter Leitung der EU Mitte der 1990er Jahre. Im Jahr 2000 legte die EU ein Positionspapier[213]

---

208 Zu diesem Abs., *Mitchell*, World Competition 24 (2001), 347 und 348.

209 *Damro*, Linking Competition Policy and Trade, in: Hocking/McGuire, Trade Politics, 2004, S. 196.

210 *Mitchell*, World Competition 24 (2001), 347, 349.

211 *Finger/Künnecke*, International Handbook of Network Industries, 2011, S. 35.

212 *Damro*, Linking Competition Policy and Trade, in: Hocking/McGuire, Trade Politics, 2004, S. 196.

213 *Monti*, European commentator for Competition Policy, A Global Competition Policy?, Ansprache auf der Konferenz zum Europäischen Wettbewerbstag, 17.9.2002, abrufbar unter: http://europa.eu/rapid/press-release_SPEECH-02-399_en.htm (3.2.2022).

vor, in dem sie ihren Standpunkt zum Verhältnis zwischen internationalem Handel und Wettbewerbspolitik klarstellte. In diesem Papier sprach sich die EU für ein verbindliches WTO-Rahmenabkommen zur Wettbewerbspolitik aus, indem sie insbesondere für eine internationale Zusammenarbeit plädierte. Sie schlugen auch die Option vor, innerhalb der WTO einen Ausschuss für Wettbewerbspolitik einzurichten, der prüfen soll, wie eine größere Konvergenz erreicht werden kann. Neben der EU befürworteten Korea und Kanada die Idee einer Einbindung des Wettbewerbsrechts in den WTO-Rahmen.[214]

Viele Entwicklungsländer dagegen widersprechen einer internationalen multilateralen Wettbewerbsordnung, unter anderem aufgrund der Abwesenheit ihrer eigenen Wettbewerbsgesetze und der Angst vor den durch die stärkeren Ökonomien der Welt ausgewählten Wettbewerbssystemen.[215] Außerdem bestand in den Entwicklungsländern die Befürchtung, dass eine allgemeine Wettbewerbspolitik von den Industrieländern zur Öffnung ihrer Märkte genutzt werden würde.[216] Sie argumentierten, dass sie zu wenig Erfahrung mit dem Wettbewerbsrecht haben, dass sie nicht in der Lage sind, die regulatorische Belastung und die Befolgungskosten eines multilateralen Rahmens zum Wettbewerbsrecht zu bewältigen und dass der Aufbau eines ganzen Wettbewerbsnetzes nach den WTO-Standards sich als sehr kostspielig erweisen würde.[217]

Die USA, der Ablehner der Havanna-Charta und das Kartellabkommensentwurf von dem ECOSOC, waren in den 1990er Jahren immer noch gegen eine internationale multilaterale Wettbewerbsordnung. Im März 2017 wurde durch eine US-Expertengruppe ein aus zwölf Empfehlungen bestehender Bericht für internationale Wettbewerbspolitik veröffentlicht.[218] Die Empfehlungen weisen darauf hin, dass nun auch die USA auf der Suche nach den neuen und effektiveren Lösungen sind.

Siehe auch WTO-Arbeitsgruppe, Communication from the EC and its Members, WT/WGTCP/W/152.

214 *Bradford*, Harvard Int. Law J. 48 (2007), 383, 407.

215 *Krajewski*, Wirtschaftsvölkerrecht, 2017, S. 239; *Gerber*, Global Competition: Law, Markets, and Globalization, 2012, S. 106 f.

216 *Sweeney*, Sydney Law Review 30 (2008), 209, 221.

217 *Do*, Manchester J. Int. Eco. Law 8 (2011), 18, 18; *Do*, ZWeR (2) 2011, 133, 134.

218 Siehe hierzu § 7, II.

IV. Zwischenergebnis

Der Globalisierungsprozess zusammen mit der Digitalisierung, der Politik nationaler Regierungen mit der Öffnung der Grenzen für ausländische Händler und die Schaffung internationaler und regionaler Organisationen, die Abschwächung der Handelsbarrieren und Zollverzerrungen sowie die Liberalisierung des Kapitalverkehrs haben zur Ausweitung grenzüberschreitender Geschäfte geführt. Die oben erwähnten Faktoren haben die Bedeutung des Wettbewerbsrechts auf internationaler Ebene unterstrichen. Die Globalisierung hat demnach nicht nur zu einer Internationalisierung des Wettbewerbs geführt, sondern auch zu einer Internationalisierung der Beschränkungen, denen er unterliegt.

Auch wenn die Unternehmen bzw. Transaktionen international bzw. multinational sind, sind die Wettbewerbsgesetze und Wettbewerbsbehörden in erster Linie national. Daher fällt es den Staaten oft schwer, mit den Folgen der wirtschaftlichen Globalisierung umzugehen und ihre nationale Politik und Gesetze an den neuen und sich schnell verändernden internationalen Wettbewerb anzupassen. Heute kann sich das wettbewerbswidrige Verhalten eines Anbieters nachteilig auf die Anbieter in anderen Staaten auswirken, wie zum Beispiel die Fähigkeit eines Monopol-Unternehmens durch sein wettbewerbswidriges Verhalten die Preise in den anderen Staaten zu erhöhen, in denen es tätig ist. Abschließend macht auch die ständig zunehmende Zahl der Jurisdiktionen mit einer Wettbewerbsordnung deutlich, dass eine globale Zusammenarbeit erforderlich ist.

§ 4. Rechtsbestand – Gesetzliche Quellen

In diesem Abschnitt sollen die wettbewerbsrechtlichen Regeln, die bereits unter unterschiedlichen internationalen Organisationen bestehen, untersucht werden. Dazu gehören die Wettbewerbsregeln in den verschiedenen WTO-Abkommen und Wettbewerbs-*Soft-Law* in den anderen multilateralen Regelungen außerhalb der WTO.

I. Wettbewerbsregeln innerhalb der WTO-Abkommen

Der Vorgänger der WTO, das GATT, beinhaltet keine wettbewerbsrechtlichen Regeln. Erst nach der Uruguay-Runde wurde eine Reihe von Bestimmungen, die einen Wettbewerbsbezug haben, in das WTO-Recht erfolgreich eingeleitet. Jedoch gibt es heute im WTO-Recht immer noch keine allgemeine Wettbewerbsregelung. Nach dem WTO-Recht liegt die Wettbewerbspolitik der WTO-Mitglieder unter den Grundprinzipien des WTO-Rechts, solange sie den internationalen Handel beeinträchtigen.[219] Zurzeit existieren im WTO-Recht einige Vorschriften, die mittelbar oder unmittelbar wettbewerbsbeschränkende Verhaltensweisen regulieren und die in folgende drei Gruppen untergliedert werden können:

- Negative Vorschriften, die die WTO-Mitglieder zur Verhinderung bestimmten wettbewerbsbeschränkenden Verhaltens durch die Unternehmen verpflichten,
- Positive Vorschriften, die die WTO-Mitglieder zur Sicherstellung des wettbewerbsfördernden Verhaltens der Unternehmen verpflichten und
- Ermächtigungsvorschriften, die bestimmte wettbewerbsbeschränkende Verhaltensweisen hervorheben und die es den WTO-Mitgliedern ermöglichen, Maßnahmen zu ergreifen.[220]

---

219 *Koul*, Guide to the WTO and GATT, 2018, S. 582.

220 *Fox/Treibilcock*, The Design of Competition Law Institutions, 2013, S. 454; *Nihoul/Skoczny*, Procedural Fairness in Competition Proceedings, 2015, S. 111. *Alvarez-Jimenez* schlägt die folgende Klassifizierung der WTO-Wettbewerbsregeln vor: (i) wettbewerbs- freundliche Bestimmungen (ii) obligatorische Bestimmungen und (iii) anspornende Bestimmungen in: Northwestern J. of Int. Law & Business 24 (2004), 441, 492.

Die wettbewerbsrechtlichen WTO-Vorschriften sind in unterschiedlichen WTO-Abkommen verteilt, ohne dass sie innerhalb eines einheitlichen Rahmens in einen Gesetzeskorpus integriert worden sind. Sie sind *„punktueller Art. Ein in sich geschlossener Regelungsansatz lässt sich darin nicht erkennen.“*[221] Die WTO-Bestimmungen, in denen die Rolle der Wettbewerbspolitik im Rahmen des multilateralen Handelssystems bereits anerkannt wurde, werden weiter unten erörtert.

1. Wettbewerbsregeln im primären WTO-Recht

a. Allgemeines Zoll und Handelsabkommen

Zunächst ist daran zu erinnern, dass das GATT sich ausschließlich mit staatlichen Politiken bzw. Maßnahmen befasst. Privates wettbewerbsbeschränkendes Verhalten wird daher von dem GATT nicht erfasst. Die vorrangigen Ziele des GATT sind, wie bereits erwähnt, die Liberalisierung des Handels, die Reduzierung der Hindernisse auf den Märkten der WTO-Mitglieder und die Erleichterung des Marktzugangs. Somit fördert das GATT auch den Wettbewerb zwischen den nationalen Märkten der WTO-Mitglieder. Die bereits bestehenden wettbewerbsbezogenen Bestimmungen des GATT werden nachstehend erläutert.

aa. Art. 6 GATT – Antidumping- und Ausgleichszölle

Die Antidumping-Bestimmungen des WTO-Rechts werden im Art. 6 GATT und im ADA reguliert. Ein Dumping im Sinne des WTO-Rechts liegt vor, wenn der Exportpreis von einem Produkt niedriger als sein Verkaufspreis in dem Exportland ist.[222] Art. 6 GATT sieht die Rechte der WTO-Mitglieder vor, Antidumping-Maßnahmen zu ergreifen, in den Fällen, in denen das Dumping die inländische Industrie im Hoheitsgebiet des Importlands beschädigt. So ist Art. 6 GATT auf jede spezifische Maßnahme gegen Dumping anwendbar[223] und ermöglicht den WTO-Mitgliedern – unter bestimmten Voraussetzungen – gegen Dumping vorzugehen. Es ist darauf hinzuweisen, dass das Dumping im

---

221 *Bätge*, Globalisierung des Wettbewerbsrechts: Eine internationale Wettbewerbsordnung zwischen Kartell- und Welthandelsrecht, 2009, S. 235.

222 *Terhechte* in: Schmidt/Wollenschläger, Kompendium Öffentliches Wirtschaftsrecht, 2019, S. 154; *Jackson*, The World Trading System: Law and Policy of Inteernational Economic Relations, 1997, S. 251. Die nachteilige Wirkung v. Dumping ist umstritten, *Kerr/Loppacher*, JWT 38 (2004), 211, 214.

223 Panelbericht, *US – Anti-Dumping Act of 1916*, WT/DS136/R, Rn. 118.

WTO-Recht als solches nicht untersagt wird, sondern es werden nur Maßnahmen gegen das Dumping erlaubt.[224]

Die Voraussetzungen zur Feststellung, ob eine Ware gedumpt wurde, werden im ADA näher ausgeführt. Bei einem Antidumping-Verfahren im Rahmen des WTO-Rechts wird festgestellt, ob der exportierende Staat die gleiche Ware für niedrigere Preise als der Heimatmarkt des exportierenden Staates verkauft (Preisvergleich) und dadurch die Hersteller und die Ökonomie des importierenden Staates schädigt.[225] In so einer Situation liegt der Verkaufspreis des Produkts auf dem Einfuhrmarkt niedriger als die Produktionskosten im Ausfuhrland und daher befinden sich die „gleichartigen Produkte“ (Art. 2 Abs. 2 ADA) im Einfuhrmarkt in einer ungerechten Situation. Wenn Dumping festgestellt wird, dann kann der importierende Staat (Antidumping-)Zölle auf das Einführen dieser Waren erheben.

Art. 6 und Art. 16 GATT liefern die Rechtsgrundlagen eines Staates für die Verletzung der Pflicht zur Nichtdiskriminierung.[226] So stellt Art. 6 GATT eine Ausnahme vom Grundsatz der Nichtdiskriminierung dar, da Antidumping-Regelungen es den Ländern ermöglichen, selektiv Sanktionen gegen Unternehmen aus verschiedenen Ländern zu verhängen.[227]

(1) US – Anti-Dumping Act of 1916

Die zentrale Frage des Falls US – *Anti-Dumping Act of 1916* war, ob eine US-Regelung, der *Anti-Dumping Act* der USA, gegen die Antidumping-Vorschrift im Art. 6 GATT verstößt. Diese Regelung ermöglichte es, Strafverfahren und Zivilverfahren gegen die Importeure einzuleiten, die häufig oder systematisch ausländische Waren in die USA zu Preisen eingeführt oder verkauft haben, die wesentlich niedriger waren als die Preise, zu denen dieselben Produkte auf einem relevanten ausländischen Markt verkauft wurden. Die EU und Japan machten geltend, dass die oben genannte US-Regelung einen Verstoß gegen die Verpflichtungen der USA aus den WTO-Abkommen darstelle. Ein solcher

224 *Matsushita/Schoenbaum/Mavroidis/Hahn*, The World Trade Organization, 2015, S. 401; *Gramlich*, Internationales Wirtschaftsrecht, 2004, S. 193.

225 *Kreuter-Kirchhof* in: Vitzthum/Proelß, Völkerrecht, 2019, S. 495.

226 *Lorenzmeier*, Völkerrecht, 2016, S. 139.

227 *Taylor*, International Competition Law, 2006, S. 268. Die Daseinsberechtigung des Art. 6 GATT resultiert daraus, dass viele Länder erklärten, sie würden das GATT ohne einen solchen sofortigen Schutz vor unfairem Handelsverhalten nicht unterzeichnen.

Verstoß sei insbesondere gegen Art. 6 GATT gegeben, wonach durch die WTO-Mitglieder als Maßnahme gegen Dumping nur Antidumpingzölle getroffen werden könnten.

Die EU nennt zwei Kriterien dafür, ob der *Anti-Dumping Act* der USA Art. 6 GATT und dem ADA unterliegt.[228] Zum einen sei maßgeblich, ob sich das Gesetz seinem Inhalt nach gegen die importierten Produkte richte, zum anderen, ob es das geregelte Verhalten als Preisdiskriminierung in der Form von niedrigeren Preisen auf dem Markt des importierenden Staates beschreibe. Daher gelte für den *Anti-Dumping Act* Art. 6 GATT und das ADA und er stelle ein geeignetes Instrument zur Beeinträchtigung des Wettbewerbs dar. Ferner könne dieses Gesetz die Anwendung des Art. 6 GATT und des ADA nicht dadurch entziehen, dass es häufige oder systematische Verhaltensweisen oder das Vorliegen bestimmter Absichten verlange.

Nach Auffassung der USA sei der *Anti-Dumping Act* kein Antidumping-Gesetz im Sinne des Art. 6 GATT bzw. ADA, sondern eine *predatory pricing statute* mit wettbewerbsrechtlichen Zielen bzw. ein Kartellgesetz, das keine Dumping-Praktiken abdecke. Sein Gegenstand sei eng mit den Wettbewerbsregeln hinsichtlich Prädation verwandt. Es sei für die Bekämpfung der internationalen Preisdiskriminierung geschaffen und richte sich auf eine ganz andere Verhaltensweise als die, die der Gegenstand des Art. 6 GATT und ADA sei.[229]

Das Panel und *Appellate Body* haben sich der Ansicht der EU angeschlossen und festgestellt, dass der *Anti-Dumping Act* der USA im Sinne des Art. 6 GATT gilt und daher den Anforderungen des Art. 6 GATT entsprechen muss. Zudem seien gem. Art. 18 Abs. 1 GATT Antidumpingzölle die einzigen nach dem WTO-Recht zulässigen Rechtsmittel. Da aber der *Anti-Dumping Act* als Maßnahme gegen Dumping, anstatt Antidumpingzoll, Strafverfahren und dreifach Schadenersatzhandlung vorsehe und da die in dem vorstehenden *Act* vorgesehenen Sanktionen über den Katalog von Schutzmaßnahmen des WTO-Rechts hinausgingen, sei der *Anti-Dumping Act* unvereinbar mit GATT. Aus der Sicht des *Appellate Body* sei es keine kartellrechtliche Gesetzgebung im Gegensatz zu der Auffassung von der USA, auch wenn der *Anti-Dumping Act* typische kartellrechtliche Tatbestände beinhalte.[230] Zu dem Argument der USA, dass es sich

---

228 Panelbericht, *US – Anti-Dumping Act of 1916*, WT/DS136/R, Rn. 3.82, 3.83, 3.84. Siehe auch Presse-Mitt. der EU IP/00/317, 3/2000, abrufbar unter: http://europa.eu/rapid/press-release_IP-00-317_de.htm (3.2.2022).

229 Panelbericht, *US – Anti-Dumping Act of 1916*, WT/DS136/R, Rn. 3. 86.

230 Bericht des Appellate Body, *US -Anti-Dumping Act of 1916*, WT/DS136/AB/R, WT/DS162/AB/R, 28.8.2000, Rn. 103 ff., 131 f.

bei dem *Anti-Dumping Act* um eine diskretionäre Gesetzgebung handele, die, sofern sie nicht angewendet würde, nicht gegen Art. 6 GATT verstoßen würde, erklärte das Panel, dass die von den USA genutzte Diskretion hier keine Rolle spiele. Daraufhin haben die USA im Jahr 2004 ihren nationalen *Anti-Dumping Act* abgeschafft.

(2) Bewertung

Mit dieser Entscheidung ist ein neuer Ansatz hinsichtlich wettbewerbsrechtlicher Probleme geschaffen worden. Eine Entscheidung mit der Begründung des WTO-Rechts bzw. der wettbewerbsbezogenen WTO-Bestimmungen gerade gegen die USA zu treffen und dadurch die USA dazu zwingen, ihre nationalen Rechtsvorschriften zu ändern, ist ein bedeutender Meilenstein für ein zukünftiges Wettbewerbsabkommen innerhalb der WTO.

Ein weiterer wichtiger Punkt ist, dass obwohl die USA und die EU bzw. Japan bilaterale wettbewerbsrechtliche Kooperationsabkommen haben, sind sie das Risiko eingegangen, diese bilaterale Kooperation für zukünftige Probleme zu gefährden und haben den Streit vor das Panel gestellt, anstatt eine Lösung innerhalb des bilateralen Kooperationsrahmens zu suchen. Dies ist insbesondere unter der Berücksichtigung, dass die EU und Japan beide stark die Integration eines globalen Wettbewerbsabkommens in der WTO unterstützt haben, nicht verwunderlich. Dieser Bericht wurde auch in der Literatur als eine Erfolgshoffnung angesehen.[231] Dieser Auffassung ist zuzustimmen: Die Entscheidung gegen die USA, dass der *Anti-Dumping Act* der USA im Sinne des Art. 6 GATT gilt und daher den Anforderungen des Art. 6 GATT entsprechen muss, ist aus vorgenannten Gründen zutreffend.

bb. Art. 11 GATT – Allgemeine Beseitigung von Mengenbeschränkungen

Art. 11 Abs. 1 GATT enthält eine negative Verpflichtung für die WTO-Mitglieder, die grundsätzlich mengenmäßige Beschränkungen für den Import und Export von Waren verbietet. Die Vorschrift untersagt jede Maßnahme, die den Import oder den Export von Waren einschränkt.

Grundsätzlich bleiben die Verhaltensweisen privater Unternehmen außerhalb des Anwendungsbereichs der WTO-Abkommen bzw. des GATT.[232] Es kann aber eine graue Zone existieren, in der die Staaten ohne, dass sie etwas tun, zu dem vom GATT untersagten Ergebnis – zum Beispiel das den Import oder

---

231 *Alvarez-Jimenez,* Northwestern J. of Int. Law & Business 24 (2004), 441, 441 f.

232 *Dabbah,* The Internationalisation of Antitrust Policy, 2003, S. 224.

Export beschränkende wettbewerbswidrige Verhalten der Unternehmen - beitragen könnten.[233] Dies wurde im Panelbericht bezüglich des Falls *Japan - Trade in Semi-Conductors*[234] bestätigt, in dem das Panel zu dem Schluss kam, dass die WTO-Mitglieder für die scheinbare Verhaltensweise der privaten Unternehmen verantwortlich gemacht werden können, wenn sie die Entstehung bzw. den Eintritt dieser Verhaltensweise beeinflusst haben. Im Schrifttum wurde bzw. wird diskutiert, ob die Toleranz der Staaten bezüglich eines privaten wettbewerbswidrigen Verhaltens als eine Einschränkung („*restriction*") im Sinne dieser Bestimmung zu verstehen ist. Zum Beispiel ist nach *Hoekman / Mavroidis*[235] die Bedeutung der „Einschränkung" weiter als Gesetz, Regulation oder Anforderung zu verstehen.

Das Panel hat jedoch im Fall *Argentinien - Bovine Hides and Leather* festgestellt, dass Art. 11 Abs. 1 GATT die WTO-Mitglieder zur Untersuchung der Kartelle und Verhinderung deren Funktionen als Exportkartelle nicht verpflichtet.[236]

---

233 *Weinrauch*, Competition Law in the WTO, 2004, S. 135. Siehe auch den Fall *Kodak - Fuji*, siehe § 4, I.

234 GATT-Panel-Bericht, *Japan - Trade in Semi-Conductors*, L/6309, 4.5.1998, 35S/116, 153-5, Rn. 106, 108 und 109: *"The Panel then examined the contention of the Japanese Government that the measures complained of were not restrictions within the meaning of Art. XI:1 because they were not legally binding or mandatory [...] the Panel noted that Art. XI:1 [...] did not refer to laws or regulations but more broadly to measures. This wording indicated clearly that any measure instituted or maintained by a contracting party, which restricted the exportation or sale for export of products was covered by this provision, irrespective of the legal status of the measure [...] not all non-mandatory requests could be regarded as measures within the meaning of Art. XI:1. [...] The task of the Panel was to determine whether the measures [...] constitute a contravention of Art. XI. [...] the Panel considered that [...] sufficient incentives or disincentives existed for non-mandatory measures to take effect. [...] the measures to restrict export of semi-conductors at prices below company-specific costs was essentially dependent on Government action or intervention. [...] if these two criteria were met, the measures would be operating in a manner equivalent to mandatory requirements such that the difference between the measures and mandatory requirements was only one of form and not of substance, [...] they fell within the range of measures covered by Art. XI.1."*

235 *Hoekman/Mavroidis*, Economic Development Competition Policy and the World Trade Organisation, World Bank Policy Research Paper Nr. 2917, 10/2002, S. 15 f., veröffentlicht auch in: JWT 37 (2003), 1-27.

236 Panelbericht, *Argentina - Bovine Hides Leather and the Import of Finished Leather*, WT/DS155/R, Rn. 11.52: *"[...] there is no obligation under Art. XI for a Member [...] to assume a full 'due diligence' burden to investigate and prevent cartels from functioning as private export restrictions"*.

In diesem Fall geht es um die Behauptung der EG, dass Argentinien ein *De-facto*-Exportverbot für rohe und halb gegerbte Rinderhäute aufrechterhält, das insbesondere durch die von den argentinischen Behörden der argentinischen Gerbereiindustrie erteilte Genehmigung zur Teilnahme an den Zollkontrollverfahren vor der Ausfuhr umgesetzt wird. Die EG ersuchte das Panel, dieses Ausfuhrverbot als Verstoß gegen Art. 11 Abs. 1 des GATT zu betrachten. Die EG brachte vor, dass der Zugang des Vertreters zu vertraulichen Informationen durch ein Kartell in der Gerbereibranche eine Ausfuhrbeschränkung für Rinderhäute darstelle. Das Panel stellte fest, dass um das Vorliegen einer privaten wettbewerbsbeschränkenden Praxis nachzuweisen, die Beweise zunächst zu der Schlussfolgerung führen müssen, dass die gegebene Praxis vorliegt und zweitens andere vernünftige Alternativen ausschließen, die die Existenz der privaten Praxis infrage stellen. Auf dieser Grundlage stellte das Panel fest, dass es keine ausreichenden Beweise für die Existenz des Kartells in der Gerbereibranche gibt. In diesem Sinne erklärte das Panel, dass der Beweis für die argentinische Beteiligung an dem Kartell notwendig sei – ein Beweis, der von der EG nicht vorgelegt wurde – und kam zu dem Schluss, dass der Kausalzusammenhang zwischen dem Kartell, der Resolution und der Exportbeschränkung nicht demonstriert wurde. Mithin ist es nach den geltenden Bestimmungen aktueller WTO-Abkommen nicht einfach, ein WTO-Mitglied für die wettbewerbsbeschränkenden Verhaltensweisen ihrer nationalen privaten Unternehmen bzw. private Exportkartelle im Rahmen des GATT bzw. Art. 11 Abs. 1 GATT verantwortlich zu machen.[237]

Die soeben genannten Panelberichte widersprechen sich allerdings zum Teil: In dem ersten Fall wurde die Verantwortung der WTO-Mitglieder durch das Panel weit und in dem zweiten Fall eng ausgelegt. Es ist aber angebracht, die Toleranz eines WTO-Mitglieds bezüglich der durch GATT ungewollten bzw. untersagten Ergebnisse, als Beitrag zu den untersagten Ergebnissen anzusehen, da die in Rede stehende Bestimmung keine aktive Beteiligung des Staates benötigt, sondern jegliches Verhalten bzw. jegliche Unterlassung des Staates, das bzw. die zu der Beibehaltung der untersagten Ergebnisse führen kann. Nach *Weinrauch* könnte auch die unzulängliche Durchsetzung des nationalen Wettbewerbsrechts, die zu einer Einschränkung des Handels führt, unter diese Kategorie fallen.[238] Allerdings muss nach gegenwärtigem Stand in Anbetracht der Schwierigkeiten, bezüglich des Nachweises, die Unterlassung bzw. Toleranz des Staates von Fall zu Fall entschieden werden.

---

237 *Hudec*, New England Law Review 34 (1999), 79, 96-98.
238 *Weinrauch*, Competition Law in the WTO, 2004, S. 135.

cc. Art. 16 GATT – Subventionen

Das EU-Recht behandelt das Thema der Subventionen unter einem Kapitel neben den anderen wettbewerbsrechtlichen Themen, wie das Kartellrecht, anders als das WTO-Recht. Subventionen und Ausgleichsmaßnahmen werden im GATT in unterschiedlichen Vorschriften reguliert: Art. 6, Art. 16 GATT und das SCM, das Art 16 GATT konkretisiert. Art. 16 GATT unterscheidet sich zum einen zwischen den inländischen und Exportsubventionen und zum anderen zwischen den primären und nicht primären Exportsubventionen und verbietet alle Subventionen, die die Preise nicht primärer Subventionen reduzieren. Die inländischen Subventionen werden dagegen nicht untersagt. Auch die Exportsubventionen für die primären Güter sind in der Regel mit Art. 16 GATT vereinbar. Demnach werden im WTO-Recht bestimmte Subventionen als solche nicht untersagt, sondern es werden nur Maßnahmen gegen diese Subventionen erlaubt.[239] Das Panel stellte in *US – Upland Cotton*[240] fest, dass der Text von Art. 16 Abs. 3 GATT selbst darauf hinweist, dass die Bestimmung auf Exportsubventionen beschränkt ist und nicht die Rechte und Pflichten der WTO-Mitglieder im Zusammenhang mit anderen Arten von Subventionen behandelt.

Art. 16 GATT, sowie Art. 6 GATT (Dumping), liefern die Rechtsgrundlagen eines Staates für die Verletzung gegen den Grundsatz der Nichtdiskriminierung.[241] In der WTO-Subventionsregel wird, anders als bei der EU-Subventionsregel, auf die Behebung von externen Auswirkungen der Subventionen abgestellt.[242] Die Logik hinter dieser Bestimmung ist die Verhinderung eines Wettbewerbsvorteils ausländischer Anbieter gegen die inländischen Anbieter und dadurch die Verhinderung einer Wettbewerbsverzerrung.

dd. Art. 23 Abs. 1 GATT – Wahrung der Konzessionen und Begünstigungen

Art. 23 Abs. 1 (a), (b) und (c) GATT, wie aufgeführt, legen Gründe für eine Anklage vor der WTO dar: Danach kann ein WTO-Mitglied in bestimmten Fällen eine Minderung der ihm zustehenden Vorteile aus dem GATT durch ein anderes WTO-Mitglied vor dem DSB geltend machen. Dabei kann die Ursache der behaupteten Benachteiligung im Folgenden liegen: (i) in einer Verletzung

239 *Gramlich*, Internationales Wirtschaftsrecht, 2004, S. 193.

240 Panelbericht, *US – Upland Cotton*, WT/DS267/R, Rn. 7.997.

241 *Lorenzmeier*, Völkerrecht, 2016, S. 139.

242 *Von Engelhardt*, Die Welthandelsorganisation (WTO) und demokratische Legitimität: Globale Ordnung zur Regelung wirtschaftlicher Interdependenzen und ihre Auswirkungen auf territorial organisierte Demokratie, 2016, S. 246.

der GATT-Vorschriften, (ii) in den Maßnahmen eines anderen WTO-Mitglieds, die nicht ausdrücklich gegen dem GATT verstoßen oder (iii) in irgendeiner anderen Sachlage.

Art. 23 Abs. 1 (b) GATT legt drei Elemente fest, die eine beschwerdeführende Partei nachweisen muss: (i) Anwendung einer Maßnahme durch ein WTO-Mitglied (ii) einen aus dem betreffenden Abkommen entstehenden Vorteil und (iii) Aufhebung oder Beeinträchtigung dieses Vorteils als Ergebnis der Anwendung der Maßnahme.[243]

In der Literatur wird die Ansicht vertreten, dass Art. 23 GATT Abs. 1 (b) eine Alternative zu einer multilateralen Wettbewerbsordnung darstellt. Dafür solle das DSB oder der Allgemeine Rat der WTO die GATT-Grundsätze der Meistbegünstigung und der Inländerbehandlung angesichts der Wettbewerbspolitik rechtlich auslegen und bestimmen, ob die Anwendung einer Maßnahme durch ein WTO-Mitglied die einem anderen WTO-Mitglied aus dem GATT zukommenden Vorteil unter dem Art. 23 Abs. 1 (b) GATT zunichtemache bzw. gefährde oder die Erreichung eines Zieles des GATT behindere.[244] Es wird davon ausgegangen, dass auch wenn die Maßnahme eines WTO-Mitglieds keine Verletzung des Abkommens darstellt, sie trotzdem die Entstehung der von dem Abkommen erwarteten Vorteile behindern könnte.[245]

Diese Vorschrift kann lediglich auf bestimmte Wettbewerbsbeschränkungen angewandt werden.[246] Der unten erklärte Fall zeigt, dass das Konzept der Nichtverletzungsklage nicht unbedingt eine zureichende Lösung für internationale wettbewerbsrechtliche Probleme bietet.

(1) Japan – Measures Affecting Consumer Photographic Film and Paper

Im Jahr 1995 hat das US-Unternehmen *Kodak Film* eine Beschwerde bei der *United States Trade Representative* eingereicht mit der Behauptung, dass die Toleranz von Japan gegen die systematische wettbewerbsbeschränkende Verhaltensweise des japanischen Unternehmens *Fuji Photo Film* einen Verstoß gegen Art. 301 US-Handelsgesetz darstelle. Die USA leiteten daraufhin ein Streitbeilegungsverfahren gegenüber Japan vor der WTO ein und machten im Wesentlichem geltend, zusätzlich zu der oben genannten Verletzungsklage, dass Japan Maßnahmen ergriffen habe, die die früheren Zollzugeständnisse, die Japan den

243 Panelbericht, *Kodak – Fuji*, WT/DS44/R, Rn. 10.41.

244 *Hudec*, New England Law Review 34 (1999), 79, 89.

245 Siehe Fn. oben.

246 Siehe § 6, IV.

USA gegenüber gemacht hatte, gem. Art. 23 Abs. 1 (b) GATT zunichtemache oder beeinträchtigte.[247]

Da es sich bei beiden Unternehmen – *Kodak Film* und *Fuji Photo Film* – um Privatunternehmen handelt, konnte das Panel nicht aufgefordert werden, über ihr Verhalten oder die Auswirkungen ihres Verhaltens auf den Wettbewerb zu entscheiden. Die USA haben daher versucht, den angeblichen Beitrag der japanischen Regierung auf das private Verhalten zu beweisen.[248] Bei der Prüfung der Klage gem. Art. 23 Abs. 1 (b) GATT stellte das Panel fest, dass die USA Folgendes nachweisen mussten:

- die Anwendung einer Maßnahme durch Japan,
- einen Vorteil, der sich aus einem WTO-Abkommen ergibt, in diesem Fall aus dem GATT (Laut der USA ist ihr aus dem GATT ergebender Vorteil ein verbesserter Marktzugang),
- die Aufhebung oder Beeinträchtigung dieses Vorteils durch die Anwendung der Maßnahme durch Japan, das heißt, ein Kausalzusammenhang zwischen der Maßnahme und der Aufhebung oder Beeinträchtigung des Vorteils (es müsse also durch die USA nachgewiesen werden, dass die Wettbewerbsposition ausländischer Produkte durch die Anwendung der Maßnahme gestört wird, die nicht vernünftigerweise erwartet wurde).[249]

In seiner Prüfung hat das Panel eine weite Auslegung des Wortes „Maßnahme“ angenommen. Es führte aus, dass die verbesserten Wettbewerbschancen, die ein WTO-Mitglied berechtigterweise von einem Zollzugeständnis erwarte, auch durch Maßnahmen im Einklang mit dem GATT zunichtegemacht werden könnten, wobei aber Zollzugeständnisse nie als Garantie für das Handelsvolumen angesehen würden. Das Panel kam letztendlich zu dem Schluss, dass die USA nicht nachgewiesen haben, dass die von den USA genannten japanischen Maßnahmen die den USA im Sinne des Art. 23 Abs. 1 (b) GATT zustehenden Vorteile zunichtegemacht oder beeinträchtigt hätten. Es ist hier wichtig anzumerken, dass das Panel akzeptiert hat, dass die Industriepolitik eines WTO-Mitglieds unter bestimmten Umständen das Wettbewerbsverhältnis zwischen

---

247 Panelbericht, *Kodak – Fuji*, WT/DS44/R, Rn. 1.2.

248 *Lloyd/Vautier*, Promoting Competition in Global Markets: A Multinational Approach, 1999, S. 175.

249 Panelbericht, *Kodak – Fuji*, WT/DS44/R, Rn. 10.62 und 10.82.

den inländischen und den ausländischen Produkten in einer Weise stören kann, die zu einem Klagegrund gem. Art. 23 Abs. 1 (b) GATT führen kann.[250]

(2) Bewertung

Der Fall *Kodak – Fuji* stellt den ersten bedeutenden, aber letztlich erfolglosen Versuch zum Brückenschlag zwischen Wettbewerb und Handel dar.[251] Er ist der erste Fall, in dem ein WTO-Mitglied versucht hat, privates wettbewerbswidriges Verhalten im Rahmen der allgemeinen WTO-Verpflichtungen anzufechten. Ferner wurde bis zu diesem Fall die Nichtverletzungsklausel nie zur Umsetzung wettbewerbspolitischer Entscheidungen der WTO-Mitglieder herangezogen.[252] Er ist somit auch der erste Fall in der WTO, bei dem dieser Ansatz verwendet wurde. Zudem ist er ein gutes Beispiel dafür, wie die nationale Wettbewerbspolitik den Zugang zu einem ausländischen Markt verhindert.

Der Fall *Kodak – Fuji* hat die grundlegende Frage aufgeworfen, ob ein WTO-Mitglied die Vorteile eines anderen WTO-Mitglieds zunichtemachen, oder verringern kann, ohne dass es seine Verpflichtungen unter dem WTO-Recht verletzt. Das Panel hat wegen der oben genannten Gründen gegen die USA entschieden. Aber auch wenn das Panel der Ansicht wäre, dass die Vorteile der USA durch Japan zunichtegemacht oder beeinträchtigt würden, ohne dabei einen Verstoß gegen die WTO-Vorschriften darzustellen, könnte das Panel trotzdem nicht zum Nachteil von Japan entscheiden, wenn Japan argumentiert hätte, dass die Nichtverletzungsbestimmungen im WTO-Recht dieses Problem nicht direkt adressieren und dass es bei der Entscheidung seiner Innenpolitik frei sei, solange es seine Verpflichtungen aus internationalen Abkommen bzw. WTO-Abkommen einhalte.[253]

Eine andere schwierige Frage für das Panel war, ob eine private wettbewerbswidrige Verhaltensweise, die unter staatlicher Billigung ausgeübt wurde, von den WTO-Abkommen erfasst wird.[254] Das Ergebnis macht deutlich, dass nach dem derzeitigen WTO-Regime die Nicht-Durchsetzung bestehender

250 Zu diesem Abs., Panelbericht, *Kodak – Fuji*, WT/DS44/R, Rn. 10.35 und 10.38 m.w.N. auf GATT-Panelbericht, *EEC – Oilseeds*, L/6627, BISD 37S/86, Rn. 144.

251 *Weiss* in: Meessen/Bungenberg/Puttler, Economic Law as an Economic Good: It's Rule Function and Its Tool Funktion, 2009, S. 262.

252 Vgl. *Matsushita/Schoenbaum/Mavroidis/Hahn*, The World Trade Organization, 2015, S. 803.

253 *Cho*, Harward Int. Law J. 39 (1998), 311, 313.

254 *Matsushita/Schoenbaum/Mavroidis/Hahn*, The World Trade Organization, 2015, S. 803.

Wettbewerbsgesetze durch die Regierungen oder ihre Toleranz für die privaten Verhaltensweisen nicht als Maßnahmen im Sinne des WTO-Rechts gelten.[255] Dieser Panelbericht zeigt, dass es bei der Anwendung des Grundsatzes der Inländerbehandlung bezüglich des privaten wettbewerbswidrigen Verhaltens Schwierigkeiten gibt. Der bloße Umstand, dass die USA keine ausdrücklichen Vorwürfe zum wettbewerbswidrigen Verhalten gemacht haben, legt nahe, dass in Ermangelung eines WTO-Wettbewerbsrechtsabkommens jeder WTO-Fall so angefochten werden müsste, dass der Schwerpunkt auf den zugrunde liegenden staatlichen Maßnahmen und nicht auf privatem wettbewerbswidrigem Verhalten liegen sollte.[256]

Wie unten dargelegt, wird durch manche Autoren die Nichtverletzungsklage gem. Art. 23 Abs. 1 (b) GATT als eine Alternative für ein globales Wettbewerbsabkommen angesehen.[257] Der Panelbericht im vorliegenden Fall zeigt jedoch, dass das Konzept der Nichtverletzungsklage keine hinreichende Lösung für internationale wettbewerbsrechtliche Fragen bietet und daher keine Alternative für ein globales WTO-Wettbewerbsabkommen darstellt. Erforderlich sind vielmehr ausdrückliche Regeln, die eine Verpflichtung der WTO-Mitglieder zur Gewährleistung der Freiheit ihrer nationalen Märkte und dem Schutz vor der Einschränkung durch privates Verhalten, vorsehen, welches sich einschränkend auf den Handel und Wettbewerb auswirkt.[258]

Zusammenfassend lässt sich sagen, dass mit zunehmender Interdependenz der Weltwirtschaft die Innenpolitiken der Staaten auch bezüglich des Wettbewerbsrechts eine noch größere internationale Tragweite haben werden. Neuartige Ansprüche der Staaten gegeneinander sind zu erwarten. Mangels relevanter Regeln wird es in Zukunft noch schwieriger für das Panel und für den *Appellate Body* über diese Ansprüche eine Entscheidung zu treffen. Nach den geltenden WTO-Regelungen würden jedoch diese wahrscheinlich im Rahmen der Nichtverletzungsklage gem. Art. 23 Abs. 1 (b) bewertet werden.

Der Fall *EC – Measures Affecting Asbestos and Asbestos-Containing Products*, in dem die Anwendung des Art. 23 Abs. 1 (b) GATT auf wettbewerbsbezogene Fälle diskutiert wurde und welcher die Auffassung des *Appellate Body* bei

---

255 Siehe Fn. oben, S. 804.

256 *Taylor*, International Competition Law, 2006, S. 197.

257 Siehe § 6, IV.

258 *Matsushita/Schoenbaum/Mavroidis/Hahn*, The World Trade Organization, 2015, S. 804.

Kodak – Fuji bestätigt, hat gezeigt, dass der Anwendungsbereich dieser Bestimmung im Zusammenhang mit Wettbewerbsfragen äußerst begrenzt ist.[259]

ee. Die anderen wettbewerbsbezogenen Vorschriften des GATT

Art. 1, 2, 3 und 17 GATT machen die Schaffung gleicher Wettbewerbsbedingungen für Waren unabhängig von ihrem Ursprung. Art. 1 GATT enthält die sog. Meistbegünstigungsklausel, die nachstehend erläutert wird. Art. 2 Abs. 1 GATT, der den Marktzugang reguliert, verbietet die Erhöhung der Zölle nach ihrem ausgehandelten Abbau und ungünstigere Behandlung anderer WTO-Mitglieder als dies auf den Listen der Zollzugeständnisse vorgesehen wird. Art. 2 Abs. 4 GATT verpflichtet die WTO-Mitglieder, diskriminierende Verhaltensweisen privater bzw. öffentlicher Importmonopole effektiv zu verbieten.[260] Art. 3 GATT, der den Grundsatz der Inländerbehandlung vorsieht, verpflichtet die WTO-Mitglieder, ausländischen Produkten eine Inländerbehandlung bzw. eine Gewährleistung gleicher Wettbewerbsbedingungen einzuräumen.[261]

Der *Appellate Body* hat im Fall *Canada – Periodicals*[262] festgestellt, dass der grundlegende Zweck von Art. 3 GATT darin besteht, die Gleichheit von Wettbewerbsbedingungen zwischen importierten und gleichartigen einheimischen Produkten zu gewährleisten. Im Fall *Argentina – Bovine Hides Leather*[263] hat das Panel unter Bezugnahme auf die oben erwähnten Feststellungen des *Appellate Body* erklärt, dass Art. 3 Abs. 2 Satz 1 GATT sich nicht mit Steuern oder Änderungen als solchen oder den politischen Zielen, die die Mitglieder damit verfolgen, sondern mit ihren wirtschaftlichen Auswirkungen auf die Wettbewerbschancen importierter und gleichartiger einheimischer Produkte befasst. Die Vorschrift verbietet demnach die benachteiligende Behandlung ausländischer Produkte als gleichartige Waren mit inländischem Ursprung in Bezug auf

---

259 Bericht des Appellate Body, *EC – Measures Affecting Asbestos and Asbestos-Containing Products*, WT/DS135/AB/R, Rn. 186: *"Like the panel in [...] 'Japan – Film', we consider that the remedy in Art. XXIII:1(b) should be approached with caution and should remain an exceptional remedy."*

260 *Kennedy*, Competition Law and the World Trade Organisation: The Limits of Multilateralism, 2001, § 3 Rn. 3.011 ff.

261 GATT-Panelbericht, *Japan – Customs Duties, Taxes and Labelling Practices on Imported Wines and Alcoholic Beverages*, BISD 34S/83, Rn. 5.5(b).

262 Bericht des Appellate Body, *Canada – Certain Measures Concerning Periodicals*, WT/DS31/AB/R, S. 18.

263 Panelbericht, *Argentina – Bovine Hides Leather and the Import of Finished Leather*, WT/DS155/R, Rn. 11.182.

alle Gesetzesbestimmungen, Verwaltungsanordnungen oder Vorschriften bzw., dass sie einen Wettbewerbsnachteil gegenüber den inländischen Produkten erleiden.[264] Der Ausdrücke „Gesetzesbestimmungen, Verwaltungsanordnungen oder Vorschriften" umfassen auch die nationalen Wettbewerbsrechte der WTO-Mitglieder. Nach *Ehlermann / Ehring*[265] unterliegen derzeit die Gesetze der WTO-Mitglieder dem WTO-Streitbeilegungssystem. Es sei möglich, dass ein Wettbewerbsgesetz an sich gegen Art. 3 Abs. 4 GATT verstoße. Danach solle die Anwendung des Art. 3 Abs. 4 GATT auf *de jure* Diskriminierungen problemlos sein - jedoch könne seine Anwendung auf *de facto* Diskriminierungen problematisch sein.

Die soeben genannten Bestimmungen lassen erkennen, dass den WTO-Mitgliedern bezüglich der Regelung ihrer Märkte ein unbeschränkter Ermessensspielraum eingeräumt wird, vorausgesetzt, dass die nationalen Rechtsvorschriften in einer nichtdiskriminierenden Weise angewandt werden.[266] Mithin verstoßen die WTO-Mitglieder nicht gegen die GATT-Bestimmungen, solange sie ihre nationalen Wettbewerbsregelungen in einer diskriminierungsfreien Weise anwenden. Ob und in welcher Form bzw. in welchem Umfang die WTO-Mitglieder über eigene Wettbewerbsgesetze verfügen bzw. diese durchgesetzt werden können, ist nicht von großer Bedeutung.

In dem oben behandelten Fall *Kodak - Fuji* haben die USA, zusätzlich zu der Nichtverletzungsklage gem. Art. 23 Abs. 1 GATT, geltend gemacht, dass Japan durch ungünstigere Behandlung ausländischer Produkte aus den USA gegen Art. 4 Abs. 3 GATT bzw. dem Grundsatz der Inländerbehandlung verstoßen hat. Laut dem Panel mussten die USA die Existenz der folgenden Punkte nachweisen: (i) ein Gesetz, eine Verordnung oder eine Vorschrift, die den internen Verkauf, das Anbieten oder den Vertrieb von importiertem ausländischem Produkt betrifft, und (ii) eine Behandlung, die in Bezug auf das Gesetz, die Verordnung

---

264 Eine Reihe v. wettbewerbspolitischen Fällen, in denen den Verstoß bestimmter Maßnahmen gegen Art. 3 GATT geltend gemacht wurde, wurde dem GATT-Panel vorgelegt. In Bezug auf Maßnahmen, die den Vertrieb importierter Produkte beeinträchtigen, kam ein Panelbericht zum Schluss, dass eine US-Anforderung, importiertes Bier und Wein nur über staatliche Großhändler oder andere Zwischenhändler zu verkaufen, gegen Art. 3 Abs. 4 GATT verstößt, da einige inländische ähnliche Produkte direkt an den Einzelhändler verkauft werden durften, GATT-Panelbericht, *US - Measures Affecting Alcoholic and Malt Beverages*, DS32/R, 39S/206.

265 *Ehlermann/Ehring*, Fordham International Law J. 26 (2002), 1505, 1523.

266 *Mavroidis/Van Siclen*, JWT 31 (1997), 5, 8.

oder die Vorschrift gewährt wird und die für die ausländischen Produkte weniger günstig ist als für ähnliche inländische Produkte.[267]

Bezüglich des ersten Punktes hat das Panel festgestellt, dass die von den USA behaupteten Maßnahmen (auch wenn nicht alle) der Definition von Gesetzen, Verordnungen oder Anforderungen im Sinne von Art. 3 Abs. 4 GATT entsprechen. Bezüglich des zweiten Punktes kam das Panel zu dem Ergebnis, dass die USA nicht nachgewiesen habe, dass die von den USA genannten japanischen angeblichen „Maßnahmen" eine ungünstigere Behandlung importierter fotografischer Filme und Papiere im Sinne des Art. 3 Abs. 4 GATT vorsehen. Dabei hat das Panel darauf hingewiesen, dass Art. 3 GATT die WTO-Mitglieder zur Schaffung gleicher Wettbewerbsbedingungen für ausländische und inländische Produkte verpflichtet. Das Panel führte weiter aus, dass der Ausdruck *„nicht weniger günstige Behandlung"* in Art. 3 Abs. 4 GATT eine wirksame Chancengleichheit für ausländische Produkte fordere, in Bezug auf die Anwendung von Gesetzen, Verordnungen und Anforderungen, die den internen Verkauf, das Anbieten zum Verkauf, den Kauf, die Beförderung, den Vertrieb oder die Verwendung von Produkten betreffen.

Im Endeffekt existierten laut dem Panel keine staatlichen Maßnahmen, die den Zugang der USA zum japanischen Markt einschränkten. Das Panel hat letztendlich festgestellt, dass keine Diskriminierung zwischen den ausländischen und inländischen Produkten stattgefunden habe.[268] Dieser Fall zeigt, dass die Anwendung des Grundsatzes der Inländerbehandlung auf dem privaten Marktverhalten nicht immer erfolgreich ist, insbesondere wenn keine *De-jure*-Diskriminierung vorgenommen wird.

Im Fall *Japan – Taxes on Alcoholic Beverages*[269] hat der Appellate Body festgestellt, dass der Zweck des Art. 3 GATT in der Sicherstellung des Schutzes einheimischer Produkte durch die Nicht-Anwendung interner Maßnahmen auf importierte oder einheimische Produkte besteht. Zu diesem Zweck verpflichte Art. 3 GATT die WTO-Mitglieder für gleiche Wettbewerbsbedingungen für importierte Produkte im Vergleich zu einheimischen Produkten zu sorgen. Die Absicht der Verfasser des Abkommens bestand eindeutig darin, die importierten

---

267 Panelbericht, *Kodak – Fuji*, WT/DS44/R, Rn. 10.369.

268 Panelbericht, *Kodak – Fuji*, WT/DS44/R, Rn. 10.373, 10.376, 10.377, 10.379, 10.381, 10.382, 10. 403.

269 Panelbericht, *Japan – Alcoholic Beverages II*, WT/DS8/AB/R, WT/DS10/AB/R, WT/DS11/AB/R, Rn. 109.

Produkte wie gleichartige einheimische Produkte gleichzubehandeln, sobald sie durch den Zoll abgefertigt worden sind.

Art. 17 Abs. 1 GATT verpflichtet auch die staatlichen Handelsunternehmen den Grundsatz der Nichtdiskriminierung zu beachten. Art. 17 Abs. 1 (b) GATT verpflichtet diese Unternehmen, den Unternehmen der anderen WTO-Mitglieder alle Möglichkeiten anzubieten, sich an Käufen oder Verkäufen unter den Bedingungen des freien Wettbewerbs zu beteiligen.

Im Fall *Canada – Measures Relating to Exports of Wheat and Treatment of Imported Grain*[270] hat das Panel festgestellt, dass Art. 17 Abs. 1 GATT darauf abzielt, bestimmte Arten von diskriminierendem Verhalten zu verhindern und, dass es keine Grundlage für eine Auslegung dieser Bestimmung gibt, die den staatlichen Unternehmen umfassende wettbewerbsrechtliche Verpflichtungen auferlegt. Demnach wird die Verpflichtung der Staaten unter dem Art. 17 GATS von einer wettbewerbsrechtlichen Perspektive eng ausgelegt.

b. Allgemeines Abkommen über den Handel mit Dienstleistungen

Es ist im GATS explizit anerkannt, dass die Regeln zur Handelsliberalisierung durch Vorschriften ergänzt werden sollen, die den Marktzugang vor wettbewerbsbeschränkenden Verhaltensweisen schützen.[271] Ferner werden im GATS bilaterale Kooperationen zwischen WTO-Mitgliedern durch die Vorschriften, die einen Wettbewerbsbezug haben, unterstützt.

aa. Art. 8 GATS – Monopole und Dienstleistungserbringer mit ausschließlichen Rechten

Art. 8 Abs. 1 GATS ist als eine negative Vorschrift anzusehen. Sie verlangt von jedem WTO-Mitglied, sicherzustellen, dass die Monopollieferanten in dem Territorium des WTO-Mitglieds bei der Erbringung der Dienstleistungen nicht in einer Weise handeln, die mit Inländerbehandlungs- bzw. anderen GATS-Verpflichtungen unvereinbar ist. Damit verpflichten sich die WTO-Mitglieder, Maßnahmen für die Verhinderung wettbewerbsbeschränkender Verhaltensweisen der Monopollieferanten ihres Staates zu treffen.

Art. 8 Abs. 2 GATS verpflichtet die WTO-Mitglieder zu der Gewährleistung, dass ihre Monopolanbieter ihre Monopolstellungen dann nicht missbrauchen

---

270 Bericht des Appellate Body, *Canada – Measures Relating to Exports of Wheat and Treatment of Imported Grain*, WT/DS276/AB /R, Rn. 145.

271 OECD, Complementarities between Trade and Competition Policies, COM/TD/DAFFE/CLP(98)98/FINAL, 1999, S. 9.

werden, wenn ihre Monopolanbieter bei der Erbringung einer Dienstleistung *„in einem Bereich, in dem er keine Monopolstellung hat“* und die *„den spezifischen Bindungen des Mitglieds“* unterliegt, im Wettbewerb stehen. Demnach verlangt die Bestimmung die Durchsetzung der Wettbewerbsregelungen der WTO-Mitglieder in vorangestellten Fällen. Nach *Weinrauch* könne die Nicht-Anwendung nationaler Wettbewerbsregelungen in den vorangestellten Fällen einen Verstoß gegen GATT darstellen.[272] Jedoch verfügten – insbesondere als GATS in Kraft getreten ist – nicht alle WTO-Mitglieder über eigene Wettbewerbsregelungen. Da es nicht möglich ist, lediglich die WTO-Mitglieder, die über nationale Wettbewerbsgesetze verfügen, im Rahmen des Art. 8 Abs. 2 GATT verantwortlich zu machen, ist diese Auslegung fraglich.

Der Fokus auf Monopollieferanten in Art. 8 GATS hat eine offenkundige Verbindung zur Wettbewerbspolitik, besonders unter Berücksichtigung des Art. 9 GATS, der ausdrücklich anerkennt, dass manche Verhaltensweisen der Dienstleistungsanbieter den Wettbewerb und damit den Handel beeinträchtigen können. Trotz seines klaren Wortlautes wurde bisher kein Fall vor das Panel gebracht, der mit dieser Vorschrift in Zusammenhang steht (Stand Dezember 2021).

bb. Art. 9 GATS – Geschäftspraktiken

Das GATS erkennt in Art. 9 an, dass einige Verhaltensweisen den (internationalen) Wettbewerb bzw. den Dienstleistungshandel einschränken können. Diese Vorschrift ist eine der wenigen WTO-Vorschriften, die ausdrücklich die privaten wettbewerbsbeschränkenden Verhaltensweisen der Unternehmen einschließt und auch auf diese anwendbar ist.[273] Es gibt also im WTO-Recht im Bereich des Dienstleistungshandels die Möglichkeit zur Beseitigung des wettbewerbsbeschränkenden Verhaltens privater Dienstleistungserbringer, wenn deren Marktverhalten den Wettbewerb beschränkt. Trotz seines eindeutigen Wortlautes wurde aber bisher kein Fall bezüglich des privaten Verhaltens der Unternehmen eines WTO-Mitglieds von den WTO-Mitgliedern vor das Panel gebracht (Stand Dezember 2021).

Durch diese Bestimmung werden den WTO-Mitgliedern keine Verpflichtungen bezüglich des Umfangs bzw. des Inhalts oder der Durchsetzung des Wettbewerbsrechts auferlegt. Es wird jedoch in Art. 9 Abs. 2 GATT eine Möglichkeit zum Informationsaustausch zwischen den WTO-Mitgliedern vorgesehen. Demnach sollte ein WTO-Mitglied auf Anfrage das ersuchende WTO-Mitglied

---

272 *Weinrauch*, Competition Law in the WTO, 2004, S. 141.
273 *Terhechte* in: Hilf/Oeter, WTO-Recht, 2010, S. 656.

über das Thema unterrichten. Informationen können unter zwei Voraussetzungen ausgetauscht werden: (i) die nationalen Regelungen des ersuchten WTO-Mitglieds sollen dies ermöglichen (ii) die weitergegebenen Informationen sollen durch das ersuchende WTO-Mitglied vertraulich behandelt werden. Selbst wenn diese zwei Bedingungen erfüllt sind, können die WTO-Mitglieder unter den im Art. 3 GATS genannten Voraussetzungen den Austausch vertraulicher Informationen verweigern.

Ferner wird im Art. 9 Abs. 2 GATS für die Vermeidung wettbewerbsbeschränkender Verhaltensweisen ein Konsultationsverfahren vorgesehen.[274] Die Vorschrift stellt ein gutes Beispiel einer WTO-Vorschrift dar, die für die Lösung wettbewerbsrechtlicher Probleme zwischen den WTO-Mitgliedern eine internationale Zusammenarbeit fordert. Allerdings scheint die Förderung zwischenstaatlicher Konsultationen für die Lösung wettbewerbsrechtlicher Probleme, nicht ausreichend zu sein, insbesondere unter Berücksichtigung bereits existierender Kooperationsabkommen zwischen vielen Staaten, die größtenteils auch WTO-Mitglieder sind. Um eine effektive Lösung zu erreichen, könnte anstatt einer Förderung internationaler Konsultationen, zum Beispiel die Verhaltensweise, die den Wettbewerb bzw. den Dienstleistungshandel beschränken, definiert werden und eine Sanktion gegen diese Verhaltensweise vorgesehen werden. Bis heute wurde dem Panel kein Konflikt vorgelegt, in dem diese Vorschrift diskutiert wurde (Stand Dezember 2021).

cc. Übereinkommen über Basistelekommunikationsdienste 1997

Ein weiteres wichtiges Beispiel ist das sog. Referenzpapier, welches einen Bestandteil des GATS darstellt. Das Referenzpapier soll Fälle erfassen, bei denen die Dienstleistungen öffentlicher Telekommunikationsnetze überwiegend nur durch eine begrenzte Anzahl von Anbietern erbracht worden sind. Diese Situation wird selbstverständlich als eine Behinderung des Marktzugangs und des Wettbewerbs betrachtet. Diese Bestimmung ist eine der wenigen, bei denen

---

274 Laut *Kearns* sollen die WTO-Mitglieder zwecks Verstärkung der Wirksamkeit des Konsultationsverfahrens nach Art. 9 GATS, ein *Distribution Services Reference Paper on Regulatory Principles* verabschieden, in dem sie zustimmen, solche Streitigkeiten einem *Ad-hoc*-Panel, der sich aus den Wettbewerbspolitikern zusammensetzt, vorzulegen, für die unverbindliche Feststellung, ob eine Maßnahme bzw. Untätigkeit nationaler Wettbewerbsbehörden die inländischen Verbraucher beschädigt und den Markteintritt für ausländische Hersteller beschränkt. Diese Feststellung würde Information über die Auswirkungen der Wettbewerbspolitik eines Staates liefern, in: Uni. of Pennsylvania J. of Int. Eco. Law 22 (2001), 285, 286.

das wettbewerbsbeschränkende Verhalten privater Unternehmen ausdrücklich untersagt wird.

In dem Abschnitt 5 (a) des Referenzpapiers handelt es sich um eine positive Vorschrift. Er sieht vor, dass jedes WTO-Mitglied sicherstellen muss, dass jedem Dienstleistungserbringer eines anderen WTO-Mitglieds zu angemessenen und nichtdiskriminierenden Bedingungen das Recht auf Zugang und Benutzung von öffentlichen Fernmeldenetzen und -diensten, für die Erbringung der in der Liste des betreffenden Mitglieds angeführten Dienstleistungen eingeräumt wird.

Ferner lässt das Referenzpapier wettbewerbspolitische Verpflichtungen für den Telekommunikationssektor in das GATS einfließen. Mit anderen Worten nehmen die WTO-Mitglieder mit dem Referenzpapier wettbewerbspolitische Grundsätze in ihre Verpflichtungslisten auf. Abschnitt 1 (1) mit der Überschrift „Verhinderung der wettbewerbsbeschränkenden Verhaltensweise in Telekommunikation" fordert, dass die WTO-Mitglieder Maßnahmen ergreifen, um die Unternehmen von der Weiterführung oder Gründung von wettbewerbsbeschränkenden Verhaltensweisen abzuhalten. Abschnitt 1 (2), welcher ebenfalls eine positive Vorschrift darstellt, listet die im Abschnitt 1 (1) beschriebenen Verhaltensweisen auf, darunter die Gründung wettbewerbsbehindernder Quersubventionierungen, der Gebrauch der von den Mitbewerbern erhaltenen Informationen mit wettbewerbsbeschränkenden Ergebnissen und nicht zu der Zurverfügungstellung relevanter Information zu den Einrichtungen, die für die Erbringung der Leistungen notwendig sind.

In der Literatur wurden wettbewerbsrechtliche Vorschriften des sog. Referenzpapiers positiv aufgenommen. Es wurde sogar von manchen als höchstwertige multilaterale Wettbewerbsregelung genannt.[275] Teilweise wird das Telekommunikationsrecht der WTO sogar als Vorbild von einem zukünftigen WTO-Wettbewerbsabkommen gesehen.[276]

(1) Mexico – Measures affecting Telecommunication Services

Der Fall *Mexico – Telecoms*,[277] der erste Wettbewerbsfall der WTO, betrifft die mexikanischen Rechtsvorschriften, die die Erbringung von

---

275 *Sullivan*, Southwestern J. of Law Trade in the Americas United States 6 (1999), 63, 78 („*the most significant multilaterale antitrust regime ever undertaken*").

276 Für eine Diskussion siehe *Bronckers*, The WTO Reference Paper on Telecommunications: A Model for WTO Competition Law?, in: Bronckers/Quick New Directions in International Economic Law: Essays in Honor of John J. Jackson, 2000, S. 371 ff.

277 Panelbericht, *Mexico – Telecoms*, WT/DS204/R. Ausf. dazu siehe, *Wellenius/Galarza/Guermazi*, Telecommunications and the WTO: The Case of Mexico, World Bank

Telekommunikationsdienstleistungen regeln. Nach mexikanischem Recht hat der größte Anbieter von ausgehenden Anrufen in einem bestimmten internationalen Markt das ausschließliche Recht, die Bedingungen für die Beendigung von Auslandsgesprächen in Mexiko auszuhandeln, die für jeden Anbieter zwischen Mexiko und diesem internationalen Markt gelten. Mexiko ist jedoch unter Art. 16 (Marktzugang), Art. 17 (Inländerbehandlung) und Art. 18 (zusätzliche Verpflichtungen inklusive des sog. Referenzpapiers) GATS, telekommunikative Verpflichtungen eingegangen, wonach Mexiko sich zur Sicherstellung der kostenorientierten Zusammenschaltung, Verhinderung wettbewerbsbeschränkender Verhaltensweise und Zugangsgewährung auf mexikanische Netzwerke für die ausländischen Dienstleistungserbringer verpflichtet hat.[278] Im Jahr 2000 haben die USA aufgrund unterschiedlicher Behandlung der US-Telekommunikationsanbieter in dem mexikanischen Markt im Rahmen ihrer Maßnahmen in Bezug auf den Handel mit Telekommunikationsdiensten das Panel ersucht, die mexikanischen Rechtsvorschriften zu verändern, sodass der Zugang auf den mexikanischen Markt und gleichberechtigte Nutzung des Netzwerks für die US-Dienstleistungserbringer gewährt wird. Die in Rede stehenden Maßnahmen waren Mexikos nationale Rechtsvorschriften, die die Erbringung von Telekommunikationsdienstleistungen regeln, und die Bundeswettbewerbsgesetze. Die in Rede stehenden Leistungen waren bestimmte Telekommunikationsdienstleistungen, zum Beispiel der durch die US-Anbieter belieferte öffentliche Sprachtelefondienst, leitungsvermittelte Datenübertragung und Faksimiledienste. Die USA ersuchten das Panel, Folgendes zu entscheiden:

- Die Unterlassung Mexikos, sicherzustellen, dass *Telmex* den US-Basis-Telekommunikationsanbietern grenzüberschreitend eine Zusammenschaltung zu kostenorientierten, angemessenen Tarifen und Bedingungen anbietet, steht

Policy Research Working Paper Nr. 3759, 2005; *Ortiz Mena/Rodriguez*, Telecommunications Policy 29 (2005), 429, 443 ff.; *Fox*, J. of Int. Eco. Law 9 (2006), 271-292; *Neven/Mavroidis*, World Trade Review 5 (2006), 271-296; *Sidak/Singer*, Federal Communications Law J. 57 (2004), 1-48; *Marsden*, Competition Law Insight 3 (2004), 3-9. Eine Zusammenfassung der wichtigsten Schlussfolgerungen des Panels ist abrufbar unter: https://www.wto.org/english/tratop_e/dispu_e/cases_e/1pagesum_e/ds204sum_e.pdf (3.2.2022).

278 Panelbericht, *Mexico – Telecoms*, WT/DS204/R, Rn. 2.22. Abschnitt 1 (1) des Referenzpapiers für den Telekommunikationssektor fordert, dass die WTO-Mitglieder Maßnahmen ergreifen, um die Unternehmen der Weiterführung oder Gründung v. wettbewerbsbeschränkenden Verhaltensweise abzuhalten.

im Widerspruch zu seinen Verpflichtungen gem. den Abschnitten 2.1 und 2.2 des sog. Referenzpapiers,

- Die Unterlassung Mexikos, Maßnahmen zur Verhinderung wettbewerbswidriger Verhaltensweisen von *Telmex* zu treffen, widerspricht seinen Verpflichtungen aus dem Abschnitt 1.1 des sog. Referenzpapiers und die mexikanischen Regeln ermächtigen *Telmex*, ein Kartell zu betreiben, um Tarife für die internationale Zusammenschaltung festzulegen. Die USA argumentierten, dass der Begriff „wettbewerbswidrige Verhaltensweisen" zumindest die Verhaltensweisen umfasst, die üblicherweise nach nationalem Recht verboten sind: Missbrauch der marktbeherrschenden Stellung, Monopolisierung und Kartellbildung,
- Die Unterlassung Mexikos, den US-Basis-Telekommunikationsanbietern einen diskriminierungsfreien Zugang zu öffentlichen Telekommunikationsnetzen und -diensten und deren Nutzung zu gewährleisten, ist unvereinbar mit seinen Verpflichtungen aus den Abschnitten 5 (a) und (b) des GATS-Anhangs über Telekommunikation.

Mexiko dagegen hat argumentiert, dass seine Verpflichtungen aus dem sog. Referenzpapier lediglich für Angelegenheiten innerhalb seiner Grenze gelten und nicht für Dienstleistungen, die im Rahmen einer Rechnungslegungsregelung erbracht werden. Mexiko behauptete jedenfalls, Maßnahmen zur Verhinderung wettbewerbswidrigen Verhaltens ergriffen zu haben und, dass das nach mexikanischem Recht gesetzlich vorgeschriebene Verhalten keine wettbewerbswidrige Verhaltensweise darstellen könne. Nach Angaben Mexikos zielen die internationalen Regeln über den Fernverkehr (*Long Distance Rules*) auf einen verstärkten Wettbewerb ab, indem sie ausländische Marktteilnehmer daran hindern, ihren mexikanischen Tochtergesellschaften Preise vorzuschreiben. Mexiko hat auch die Behauptungen zurückgewiesen, dass *Telmex* ein Hauptanbieter sei und, dass die Tarife nicht kostenorientiert und angemessen seien.

Das Panel hat größtenteils die Ansprüche der USA bestätigt. Im Wesentlichen musste das Panel in diesem Fall feststellen, ob die durch die mexikanischen Gesetze bestimmte Verhaltensweise eine illegale Verhaltensweise unter dem WTO-Recht darstellt. Obwohl das WTO-Recht keine Definition der wettbewerbsbeschränkenden Verhaltensweise vorsieht, ist das Panel zu dem Schluss gekommen, dass die Verhaltensweisen, die den Unternehmen durch nationale Rechtsvorschriften vorgeschrieben sind, verbotene wettbewerbsbeschränkende Verhaltensweisen darstellen können[279] und dass Mexiko wettbewerbsbeschränkende

279 Nach dem EU-Recht gelten Art. 101 und 102 AEUV *„nur für wettbewerbswidrige*

Verhaltensweisen auf dem mexikanischen Markt nicht verhindern konnte, in dem der Beitritt ausländischer Wettbewerber auf dem mexikanischen Markt beeinträchtigt wurde. Das Panel hat seine Argumentation mit dem ausdrücklichen Wortlaut und dem Ziel des Übereinkommens über Basistelekommunikationsdienste gestützt. Laut dem Panel sei die Liste wettbewerbsbeschränkender Verhaltensweisen im Abschnitt 1.2. des sog. Referenzpapiers nicht abschließend. Diese Liste solle die horizontalen Vereinbarungen zur Festsetzung von Preisen und zur Aufteilung von Märkten auch enthalten. Mexiko hat auf sein Berufungsrecht verzichtet und sich entschieden, dem Panelbericht zu folgen.

Dieser Panelbericht wurde in der Literatur zum Teil kritisiert. Zum Beispiel haben, nach *Marsden,*[280] die WTO-Mitglieder durch die Unterzeichnung dieses Übereinkommens nicht zugestimmt, dass das Kartellverbot eine WTO-Verpflichtung ist. Das Panel habe hier eine neue WTO-Verpflichtung geschaffen, obwohl es keine Verpflichtungen bzw. Rechte in den WTO-Abkommen hinzuzufügen bzw. zu entfernen dürfe. Trotzdem habe das Panel eine weite Auslegung des Begriffes „wettbewerbsbeschränkende Verhaltensweise" angewandt. Ferner hat *Marsden* eine neue Voraussetzung der Verfahrensfähigkeit vor dem DSB vorgeschlagen, wonach ein Beweis dafür von dem sich beschwerenden WTO-Mitglied verlangt werden solle, dass durch die Maßnahme der Marktzugang verhindert und der Wettbewerb erheblich verringert werde.

Auch *Bronkers / Larouche*[281] identifizierten eine Reihe von Mängeln und Missverständnissen in der weiten Auslegung der Kartellklausel des sog. Referenzpapiers durch das Panel. Allerdings habe dieser Panelbericht dennoch dazu beigetragen, das Eis zu brechen, indem er dieses kontroverse Thema aufgegriffen hat. Ebenfalls weisen *Neven / Mavroidis*[282] darauf hin, dass das

---

Verhaltensweisen, die die Unternehmen aus eigener Initiative an den Tag legen. Wird den Unternehmen ein wettbewerbswidriges Verhalten durch nationale Rechtsvorschriften vorgeschrieben oder bilden diese einen rechtlichen Rahmen, der selbst jede Möglichkeit für ein Wettbewerbsverhalten ihrerseits ausschließt, so sind die Art. 85 und 86 [jetzt 101 und 102 AEUV] nicht anwendbar." In einem solchen Fall findet die Wettbewerbsbeschränkung ihre Ursache nicht, wie diese Vorschriften voraussetzen, in selbständigen Verhaltensweisen der Unternehmen, EuGH 11.11.1997, vb. Rs. C-359/95 P und C-379/95 P, Kommission und France/Ladbroke Racing, [1997] ECR I-6265, Rn. 33.

280 *Marsden*, Competition Law Insight 3 (2004), 3-9.

281 *Bronkers/Larouche*, Telecommunications Services, in: Macrory/Appleton/Plumber, The World Trade Organisation: Legal Economic and Politcal Analaysis, The Agreement on Preshipment Inspection, 2005, S. 999-1013.

282 *Neven/Mavroidis*, World Trade Review 5 (2006), 271, insb. 290-291.

Nichtvorhandensein eines eindeutigen Verweises auf Kartelle im sog. Referenzpapier die Absicht widerspiegele, die WTO nicht an der Durchsetzung dieser wettbewerbswidrigen Verhaltensweisen zu beteiligen. Einige äußerten ihre Besorgnis über die Gefahr einer Schwächung der Legitimität der WTO durch Lücken zwischen der Schlussfolgerung und der Begründung des Panels.[283] Im Gegensatz dazu bewertete *Fox*[284] den Panelbericht als einen schlafenden Sieg, da er die Notwendigkeit hervorhebe, die Herausforderungen der sog. hybriden Wettbewerbsbeschränkungen anzugehen. Eine weitere Kritik betraf die Verwendung von Wörterbüchern durch das Panel für die Beschreibung einiger Begriffe.[285]

Der Bericht des Panels ist auf drei wesentliche Elemente ausgerichtet: (i) Ist *Telmex* ein Hauptanbieter in Mexiko? (ii) Liegt eine wettbewerbsbeschränkende Verhaltensweise vor? (iii) Hat Mexiko angemessene Maßnahmen gegen die Weiterführung oder Gründung dieser wettbewerbsbeschränkenden Verhaltensweise getroffen?

Zur Beantwortung der ersten Frage muss zunächst der relevante Markt bestimmt werden. Zudem muss festgestellt werden, ob *Telmex* als Hauptanbieter in diesem relevanten Markt agiert. Die USA haben den relevanten Markt mit dem Begriff „substituierbare Produkte" definiert. Hier hat sich das Panel zutreffend dem Standpunkt der USA angeschlossen. Ein Hauptanbieter ist nach dem sog. Referenzpapier, *„ein Anbieter, der die Bedingungen für eine Beteiligung an dem relevanten Markt für Basistelekommunikationsdienste hinsichtlich des Preises und der Erbringung wesentlich beeinflussen kann, und zwar durch die Kontrolle über wesentliche Einrichtungen oder die Ausnutzung seiner Marktstellung."* Ferner bietet Art. 13 mexikanischer internationaler Regeln über den Fernverkehr den Betreibern mit größtem Marktanteil die Möglichkeit, eine Quote zu verhandeln. Angesichts der genannten Bestimmungen ist *Telmex* in der Lage, Auswirkung auf den relevanten Markt zu haben. Somit ist *Telmex* in Mexiko ein Hauptanbieter.

Bezüglich der zweiten Frage, ob der Hauptanbieter in Mexiko (*Telmex*) eine wettbewerbsbeschränkende Verhaltensweise vorgenommen hat, sieht der Abschnitt 1 (2) des Referenzpapiers eine nichterschöpfende Liste wettbewerbsbeschränkender Verhaltensweisen vor, aber keine Definition der

---

283 *Singh*, The Telmex Dispute at the WTO, in: Kariyawasam, The WTO, Intellectual Property, E-Commerce and The Internet, 2009, S. 296-310.

284 *Fox*, J. of Int. Eco. Law 9 (2006), 271, 271 ff.

285 *Marsden*, Competition Law Insight, 3 (2004), 3, 5 f.; *Sidak/Singer*, Fed. Comm. L. J. 57 (2004), 1, 7.

wettbewerbsbeschränkenden Verhaltensweisen. Deswegen hat das Panel eine eigene Definition geschaffen, wobei es auf die nationalen Rechtsvorschriften der WTO-Mitglieder zurückgegriffen hat. Die Bestrebungen der WTO-Arbeitsgruppe und eine OECD-Empfehlung wurden auch in der Beschreibung[286] des Panels erwähnt. Diesbezüglich ist festzustellen, dass das Panel auf OECD-Empfehlungen für die Auslegung des Verbots von wettbewerbswidrigen Verhaltensweisen verwies, das in Mexikos Verpflichtungsliste im Rahmen des GATS festgelegt ist. Nach den mexikanischen Bestimmungen musste der mexikanische Betreiber mit größtem ausgehenden Verkehr über eine internationale Verbindung (*Telmex*) erst eine Einigungsquote verhandeln und zweitens unter anderem den Verkehr von den anderen Anbietern abhängig davon annehmen, ob das Verhältnis des eingehenden Verkehrs das Verhältnis des ausgehenden Verkehrs übersteigt oder unterschreitet. Nach der Ansicht der USA weisen die Einigungsquote, die den Preis beeinträchtigt, und das verhältnismäßige Rücknahmesystem, das die Marktanteile zuweist, die typischen Merkmale eines Kartells auf. Dieser Auffassung hat sich das Panel angeschlossen. Die zweite Frage wurde damit ebenfalls durch das Panel zutreffend bejaht.

Hinsichtlich der dritten Frage, ob Mexiko angemessene Maßnahmen gegen die Weiterführung oder Gründung wettbewerbsbeschränkender Verhaltensweisen getroffen hat bzw. ob Mexiko seine Verpflichtungen unter den WTO-Abkommen erfüllt hat, kann festgestellt werden, dass die Bestimmungen des sog. Referenzpapiers fordern, dass die WTO-Mitglieder Maßnahmen ergreifen,

---

286 Panelbericht, *Mexico – Telecoms, WT/DS204/*R, Rn. 7.237: „*[...] Reference Paper commitments [...] supports our conclusion that the term 'anti-competitive practices', in addition to the examples [...] in Section 1.2, includes horizontal price-fixing and market-sharing agreements [...] Reference Paper commitments shows that Members recognised that the telecommunications sector was characterised by monopolies or market dominance in many cases. Removing market access and national treatment barriers was not deemed sufficient to ensure the effective realisation of market access commitments in basic telecommunications services [...] many Members agreed to additional commitments to implement a pro-competitive regulatory framework designed to prevent continued monopoly behaviour, particularly by former monopoly operators, and abuse of dominance by these or any other major suppliers. Members wished to ensure that market access and national treatment commitments would not be undermined by anti-competitive behaviour by monopolies or dominant suppliers [...] Mexico's Reference Paper commitment to the prevention of 'anti-competitive practices' by majorsuppliers has to be read in this light.*“ Siehe auch OECD Recommendation concerning Effective Action Against Hardcore Cartels, C(98)35/FINAL – C/M(98)7/PROV.

um die Unternehmen von der Weiterführung oder Gründung wettbewerbsbeschränkender Verhaltensweisen abzuhalten. Nach den USA sind die mexikanischen Bestimmungen selbst von wettbewerbsbeschränkendem Charakter. Demgegenüber hat Mexiko vorgebracht, dass sie nicht *per se* wettbewerbsbeschränkend seien, sondern *rule of reason*[287] entsprechen. Auch dieses Argument wurde durch das Panel zutreffend zurückgewiesen.

(2) Bewertung

Die Begründung[288] des Panels ist von Bedeutung zum besseren Verständnis dessen, wie die wettbewerbsrechtlichen Probleme durch das DSB behandelt wurden, das angeblich für Wettbewerbsangelegenheiten nicht zuständig ist. Entgegen der Auffassung von *Marsden* kann festgestellt werden, dass das DSB das einzige Organ in der WTO ist, das die (wettbewerbsrechtlichen) Vorschriften auslegen und Klarheit bringen kann. Das DSB funktioniert unter der WTO in einer ähnlichen Weise – auch wenn nicht genau in der gleichen Weise wie das EuG bzw. der EuGH unter den Regelungen des AEUV. Somit sind seine Beschlüsse bzw. Berichte als vergleichbar zu *case-law* des EuG bzw. EuGH zu sehen. Außerdem

---

287 Eine durch das US-*Supreme Court* entwickelte Lehre im Fall *Standard Oil Co. / New Jersey v. US*, 221 U.S, 31 S. Ct. 502 (1911). *Rule of reason* ist ein rechtlicher Ansatz, wonach die wettbewerbsfördernden Merkmale einer wettbewerbsbeschränkenden Verhaltensweise gegen ihre wettbewerbswidrigen Auswirkungen geprüft wird, um zu entscheiden, ob die Verhaltensweise verboten werden soll oder nicht, *Khemani/Shapiro*, Glossary of Industrial Organisation Economics and Competition Law, OECD, 1993, abrufbar unter: http://www.oecd.org/regreform/sectors/2376087.pdf (3.2.2022).

288 Panelbericht, *Mexico – Telecoms*, WTIDS204/R, Rn. 7.244: "*The Panel [...] is aware that, pursuant to doctrines applicable under the competition laws of some Members, a firm complying with a specific legislative requirement of such a Member [...] may be immunised from being found in violation of the general domestic competition law, [...] in most jurisdictions, domestic legislatures have the legislative power to limit the scope of competition legislation. International commitments made under the GATS for the purpose of preventing suppliers [...] from engaging in or continuing anti-competitive practices are [...] designed to limit the regulatory powers of WTO Members. Reference Paper commitments [...] are international obligations owed to all other Members of the WTO in all areas of the relevant GATS commitments. In accordance with [...] Art. 27 of the Vienna Convention, a requirement imposed by a Member on a major supplier under its internal law cannot unilaterally erode its international commitments [...] to prevent major suppliers from continuing anti-competitive practices. The pro-competitive obligations in Section 1 of the Reference Paper do not reserve any such unilateral right of WTO Members to maintain anti-competitive measures.*"

ist es in diesem Fall klar, dass Mexiko zu dem privaten Kartell Mexikos führenden Telekomdiensteanbieter durch staatliche Regelungen beigetragen hat, obwohl die WTO-Bestimmungen die WTO-Mitglieder zu der Aufrechterhaltung und der Durchsetzung der Wettbewerbsgesetze verpflichten.[289]

Der Fall *Mexico – Telecoms* hat gezeigt, dass das DSB in Anwesenheit materieller Bestimmungen (in diesem Fall des GATS und des sog. Referenzpapiers) die Macht besitzt, einen wettbewerbsrechtlichen Rahmen über die nationalen Wettbewerbsgesetze der WTO-Mitglieder zu schaffen und erforderlichenfalls die WTO-Mitglieder zur Änderung ihrer nationalen Gesetze zu „zwingen". Wichtig ist ferner Art. 27 Wiener Übereinkommen über das Recht der Verträge.[290] Danach stellen die Bestimmungen eines nationalen Rechts keine Rechtfertigung für die Nichterfüllung eines zwischenstaatlichen Vertrages dar. Auch der *Appellate Body* vertritt die Auffassung, dass das WTO-Recht nicht isoliert von dem internationalen Recht auszulegen ist.[291]

dd. Die anderen wettbewerbsbezogenen Vorschriften des GATS

Neben den wichtigsten wettbewerbsbezogenen GATS-Vorschriften verdienen auch die Art. 7, 15, 16 und 17 GATS Erwähnung. Art. 7 Abs. 1 GATS erlaubt den WTO-Mitgliedern gegenseitige Anerkennung zum Beispiel von Qualifikationen oder Lizenzen anderer WTO-Mitglieder. Das hier verfolgte Ziel ist die Verwendung oben genannter Punkte zu verhindern, als im Sinne einer Barriere für ausländische Dienstleistungserbringer.

Durch den Art. 15 GATS erkennen die WTO-Mitglieder die etwaigen negativen Auswirkungen der Subventionen auf den Dienstleistungshandel an. Zudem sieht Art. 15 GATS, aufgrund etwaiger Subventionen anderer WTO-Mitglieder ein Konsultationsverfahren und ein System zum Informationsaustausch über alle Subventionen im Dienstleistungshandel vor. Damit werden die negativen Auswirkungen der Subventionen nicht nur im GATT, sondern auch im GATS anerkannt.

Art. 16 GATS begrenzt die Möglichkeit eines Staates, der eine Verpflichtung bezüglich des Markteintritts eingegangen ist, zur Einschränkung der Anzahl der Dienstleistungsanbieter auf dem Markt. Danach ist ein WTO-Mitglied verpflichtet, Dienstleistungen und Dienstleistungserbringern anderer WTO-Mitglieder

289 So auch *Fox*, J. of Int. Eco. Law 9 (2006) 271, 271 ff.

290 Wiener Übereinkommen über das Recht der Verträge v. 23.6.1969, BGBl. 1985 II, 927.

291 Bericht des Appellate Body, *US – Standards for Reformulated and Conventional Gasoline*, WT/DS2/AB/R, S. 16.

eine mit der Behandlung anderer WTO-Mitglieder vergleichbaren Behandlung zu gewähren. Diese Bestimmung ist der Ausdruck des Grundsatzes der Nichtdiskriminierung.[292]

Art. 17 GATS ist ebenso der Ausdruck des Inländerbehandlungsprinzips, indem er vorsieht, dass den ausländischen Dienstleistungserbringern eine Behandlung gewährt werden muss, die derjenigen zumindest vergleichbar ist, die den inländischen Dienstleistungserbringern gewährt wird. Der Anwendungsbereich der Vorschrift umfasst jede diskriminierende Maßnahme gegen Dienstleistungserbringer.[293] Das Panel hat auch im Fall *China - Publications and Audiovisual Products*[294] festgestellt, dass die Behandlung anhand der Wettbewerbsbedingungen zwischen gleichartigen Dienstleistungen und Dienstleistungserbringern zu beurteilen ist. Eine Maßnahme, die ausländischen Dienstleistungserbringern die Erbringung einer Dienstleistung verbietet, die aber von dem gleichartigen inländischen Dienstleistungserbringer erbracht werden kann, stellt keine Inländerbehandlung dar; denn sie nimmt dem ausländischen Dienstleistungserbringer jede Möglichkeit, mit gleichartigen inländischen Dienstleistungserbringern zu konkurrieren. Wie vom Panel festgestellt, ändert eine solche Behandlung die Wettbewerbsbedingungen auf radikalste Weise, indem sie den gesamten Wettbewerb des ausländischen Dienstleisters in Bezug auf die fragliche Dienstleistung ausschließt. Daraus ergebe sich das anzuwendende Kriterium, dass es keine Änderung bzw. Anpassung der Wettbewerbsbedingungen zugunsten von eigenen gleichartigen Dienstleistungen oder Dienstleistungserbringern gibt.

c. *Übereinkommen über handelsbezogene Aspekte der Rechte des geistigen Eigentums*

Die Wettbewerbspolitik in geistigen Eigentumsrechten war ein wichtiges Anliegen auch für die WTO-Arbeitsgruppe.[295] Die Notwendigkeit für weitere Arbeit zur Förderung eines gemeinsamen Vorgehens unter den WTO-Mitgliedern wurde bereits in den Unterlagen der WTO-Arbeitsgruppe anerkannt. Jedoch werden die wettbewerbsrechtlichen Bestimmungen in TRIPS von vielen als „Fremdkörper“ gesehen. Begründet wird dies damit, dass wettbewerbsrechtliche

---

292 Bericht des Appellate Body, *US - Gambling*, WT/DS285/AB/R, Rn. 214.

293 Panelbericht, *China - Electronic Payment Services*, WT/DS413/10, Rn. 7.652.

294 Panelbericht, *China - Publications and Audiovisual Products*, WT/DS363/R, Rn. 7.978-7.979.

295 Siehe Bericht der WTO-Arbeitsgruppe, WT/WGTCP/2.

Bestimmungen im TRIPS bzw. in den Bestimmungen zum Schutz des geistigen Eigentums keinerlei Verbindungen haben.[296] Jedoch besteht zwischen diesen beiden Rechtsbereichen ein spannendes Verhältnis, da sie sich sowohl ergänzen als auch ihre Interessen in Konflikt geraten können.[297] Das geistige Eigentumsrecht beschränkt auf einer Seite den Wettbewerb, auf der anderen Seite verstärkt es ihn, indem es die Innovation unterstützt.[298] Daher ist die Beachtung des Themas des Wettbewerbs im TRIPS angemessen.

TRIPS bietet den WTO-Mitgliedern einen weiten Spielraum bei der von den WTO-Mitgliedern zu verfolgenden Wettbewerbspolitik, sprich für die Durchsetzung des Wettbewerbsrechts im Hinblick auf wettbewerbswidrige Lizenzpraktiken und -bedingungen.[299] Somit sind die wettbewerbsrechtlichen TRIPS-Bestimmungen (insbesondere Art. 40 TRIPS) nicht präskriptiv, sondern permissiv mit der Ausnahme des im Art. 40 Abs. 3 TRIPS vorgesehenen Rechts auf Konsultationen.[300] Bisher wurde keine Streitigkeit, die die wettbewerbsrechtlichen TRIPS-Bestimmungen betrifft, vor das Panel gebracht (Stand Februar 2021).

aa. Art. 8 Abs. 2 TRIPS – Grundsätze

Art. 8 Abs. 2 TRIPS erkennt ausdrücklich an, dass geistige Eigentumsrechte den Rechteinhabern eine Marktmacht verleihen, welche von dem Rechteinhaber missbraucht werden kann und dass dieses missbräuchliche Verhalten den Wettbewerb beeinträchtigen bzw. auf dem internationalen Handel nachteilige Auswirkungen haben kann. So bestätigt Art. 8 Abs. 2 TRIPS die Notwendigkeit der durch die WTO-Mitglieder zu treffenden Maßnahmen, zwecks Verhinderung

---

296 So zum Beispiel *Drexl*, Perspektiven eines Weltkartellrechts, ZEW Vorträge und Berichte Nr. 97, 1998, S. 7, 24; *Weiss*, Fordham Int. Law J. 23 (2000), 250, 266; *Fikentscher*, GRUR Int. 44 (1995), 529, 534.

297 *Kolstad*, Competition Law and Intellectual Property Rights: Outline of an Economic Based Approach in: Drexl, Research Handbook on Intellectual Property and Competition Law, 2008, S. 8 f.

298 OECD Policy Roundtables Competition Policy and Intellectual Property Rights, DAFFE/CLP(98) 18, 1997, Executive Summary.

299 *Abbott*, J. of Int. Eco. Law 7 (2004), 687, 691.

300 *Anderson*, Competition Policy and the TRIPS Agreement: More Guidance Needed? Where Might We Look? What Insights from Policy Evolution at the National Level?, Präsentation auf dem WIPO-Symposium über Geistiges Eigentum und Wettbewerbspolitik, Genf, 11.5.2010, abrufbar unter: https://www.wipo.int/export/sites/www/meetings/en/2010/wipo_ipcp_ge_10/presentations/anderson.pdf (3.2.2022).

des Missbrauchs geistiger Eigentumsrechte durch die Rechtsinhaber oder der Maßnahmen, die den Handel beeinträchtigen oder sich auf den internationalen Technologietransfer negativ auswirken. Die Voraussetzung dafür ist, dass sie im Einklang mit den Bestimmungen dieses Abkommens stehen. Der letztgenannte Ausdruck macht deutlich, dass die Bestimmung keine generelle Ausnahmeklausel darstellt.[301]

bb. Art. 31/k TRIPS – Sonstige Benutzung ohne Zustimmung des Rechtsinhabers

Im TRIPS sind auch wettbewerbspolitische Vorschriften bezüglich der Zweckslizenzen von Patenten vorhanden. Art. 31 TRIPS legt die durch die WTO-Mitglieder einzuhaltenden Bedingungen bei der Erteilung von Lizenzen fest. Jedoch sieht Art. 31/k TRIPS eine Ausnahme vor, nach der die WTO-Mitglieder zur Anwendung der Bedingungen in Art. 31/b und f TRIPS nicht verpflichtet sind, wenn die Zweckslizenz für die Abstellung einer (von einem Gerichts- oder Verwaltungsverfahren festgestellten) wettbewerbswidrigen Praktik gewährleistet wird. Nach diesen Bedingungen muss zum einen nachgewiesen werden, dass derjenige, der die Nutzung plant, sich darum bemüht hat, die Zustimmung des Rechtsinhabers zu erhalten. Diese Bemühungen müssen erfolglos geblieben sein. Zum anderen ist erforderlich, dass die Erlaubnis für die Benutzung des Patents vorwiegend der Versorgung des Binnenmarktes des WTO-Mitglieds, das sie zulässt, dienen soll. Diese Ausnahme ermöglicht somit die Nutzung eines geistigen Eigentumsrechts ohne die Zustimmung seines Rechtsinhabers, wenn eine solche Nutzung zur Beseitigung einer wettbewerbsbeschränkenden Verhaltensweise notwendig ist.

Diese wettbewerbsbeschränkende Verhaltensweise muss in einem Gerichts- oder Verwaltungsverfahren als wettbewerbswidrig eingestuft worden sein. Die Bestimmung erkennt damit die Notwendigkeit an, wettbewerbswidrige Verhaltensweisen zu beseitigen.[302] Die im Art. 31/k TRIPS vorgesehene Maßnahme bringt auch den Willen der WTO-Mitglieder zum Ausdruck, auf den Märkten einen effektiven Wettbewerb zu schaffen. Bestimmungen dieser Art,

---

301 *Kennedy*, Competition Law and the World Trade Organisation: The Limits of Multilateralism, 2001, § 3 Rn. 3.053.

302 *Ullrich/Hilty/Lamping/Drexl*, TRIPS Plus 20, 2016, S. 519; *Rodrigues*, The General Exception Clauses of the TRIPS Agreement: Promoting Sustainable Development, 2016, S. 68.

mit Ausnahmen und gegebenenfalls Sanktionen, sind genau das, was für die Bekämpfung eines wettbewerbsbeschränkenden Verhaltens auf den Märkten notwendig ist.

cc. Art. 40 TRIPS – Kontrolle wettbewerbswidriger Praktiken in vertraglichen Lizenzen

Art. 40 TRIPS, der laut der oben genannten Einstufung eine Ermächtigungsvorschrift ist, beschäftigt sich mit der Bekämpfung des wettbewerbsbeschränkenden Verhaltens in vertraglichen Lizenzen. Er knüpft an Art. 8 Abs. 2 TRIPS an, der festlegt, dass geeignete Maßnahmen erforderlich sein können, um den Missbrauch geistiger Eigentumsrechte zu verhindern.[303] Im gleichen Sinne wie Art. 8 TRIPS, jedoch mit Fokus auf die spezifische Frage der Lizenzpraktiken, erkennt Art. 40 TRIPS an, dass geistige Eigentumsrechte den Rechteinhabern eine Marktmacht verleihen, welche von dem Rechteinhaber missbraucht werden und damit den Wettbewerb beeinträchtigen kann. Gem. Art. 40 Abs. 1 TRIPS mit der Überschrift „Kontrolle wettbewerbsbeschränkender Praktiken bei vertraglichen Lizenzen“ erkennen die WTO-Mitglieder die möglichen nachteiligen Auswirkungen bestimmter Verhaltensweisen oder Bedingungen auf den Handel und den Transfer bzw. die Verbreitung der Technologie, bei der Vergabe von Lizenzen für Rechte des geistigen Eigentums an.

Um dieses Problem anzugehen, berechtigt Art. 40 Abs. 2 TRIPS die WTO-Mitglieder, Maßnahmen zur Verhinderung des wettbewerbswidrigen Missbrauchs von Rechten des geistigen Eigentums zu ergreifen bzw. in ihren nationalen Gesetzen frei zu bestimmen, welche Lizenzpraktiken und -bedingungen einen Missbrauch geistiger Eigentumsrechte darstellen und eine negative Auswirkung auf den Wettbewerb haben könnten. Die Bestimmung beinhaltet ferner eine Auflistung von Beispielen mit Verhaltensweisen, die als Missbrauch klassifiziert werden können.

Art. 40 Abs. 3 und 4 TRIPS legen Verfahrensregeln im Hinblick auf internationale Zusammenarbeit bei wettbewerbswidrigen Verhaltensweisen fest und sehen eine *Positive Comity* vor: Art. 40 Abs. 3 TRIPS sieht ein Konsultationsverfahren vor. Zur Illustration: Ein Schutzrechtsinhaber, der in Mitglied A ansässig ist, hat in seinen Lizenzverträgen wettbewerbsbeschränkende Vorschriften eingeführt und diese Vorschriften haben eine negative Auswirkung auf den Wettbewerb in Mitglied B. Dann kann das Mitglied B ein Konsultationsverfahren einleiten. In diesem Fall soll das Mitglied A dem Mitglied B öffentlich

303 *Götting* in: Tietje, Internationales Wirtschaftsrecht, 2015, S. 630 f.

verfügbare, nichtvertrauliche Informationen zur Verfügung stellen. Das Ziel des Konsultationsverfahrens ist die Erleichterung der Informationsübergabe an die zuständigen Behörden der WTO-Mitglieder.[304]

Bei den wettbewerbsrechtlichen Vorschriften des TRIPS sind einige Punkte noch klärungs- und verbesserungswürdig. Zum Beispiel fehlt es in den relevanten Vorschriften an einer Grundlage zur Bestimmung einer wettbewerbsbeschränkenden Verhaltensweise.[305] Außerdem existiert keine vollständige Liste der potenziell wettbewerbsbeschränkenden Verhaltensweisen. Darüber hinaus liefern die Bestimmungen wenig Hinweis über mögliche Abhilfemaßnahmen. Sie räumen den WTO-Mitgliedern einen großen Spielraum hinsichtlich der zu treffenden Maßnahmen ein.[306] Darum ist es unwahrscheinlich, dass aus der Anwendung dieser Bestimmungen einheitliche Praktiken resultieren.[307]

dd. Die anderen wettbewerbsbezogenen Vorschriften des TRIPS

In Fällen von eingetragenen Marken gewährt Art. 16 TRIPS dem Inhaber einer eingetragenen Marke das ausschließliche Recht, alle Dritten daran zu hindern, identische oder ähnliche Zeichen für Waren oder Dienstleistungen zu verwenden, die identisch oder ähnlich mit denen sind, für die die Marke eingetragen ist. Das Ziel ist hier die Verhinderung einer Verwechslung zwischen den Waren bzw. Dienstleistungen.[308] Dies spiegelt einen Grundgedanken eines fairen Wettbewerbs und des Verbraucherschutzes wider.[309]

---

304 *Arena*, The Role of GAL Standards in Juris-Generative Interactions between Global Antitrust Institutions in the Light of the Mexico, Telecoms Case, IRPA-Research Paper, GAL Series 3/2013, S. 11.

305 *Anderson*, Competition Policy and Intellectual Property in the WTO, in: Drexl, Research Handbook on Intellectual Property and Competition Law, 2008, S. 451 ff.

306 *Van Uytsel*, Kyushu Uni. Legal Research Bulletin 1 (2011), Online-Ausgabe, abrufbar unter: http://www.law.kyushu-u.ac.jp/programsinenglish/researchbulletin/html/publication-articles/2011/04/ (3.2.2022).

307 Siehe Fn. oben.

308 Panelbericht, *EC – Trademarks and Geographical Indications (Australia)*, WT/DS290/R, Rn. 7.691.

309 *Kennedy*, Competition Law and the WTO: The Limits of Multilateralism, 2001, § 3 Rn. 3.056.

2. Wettbewerbsregeln im sekundären WTO-Recht

a. *Übereinkommen zur Durchführung des Art. VI des Allgemeinen Zoll- und Handelsabkommens*

Das ADA vervollständigt und präzisiert die ausgeführten Antidumpingbestimmung des Art. 6 GATT.[310] ADA muss in Verbindung mit Art. 6 GATT gelesen werden. Sie ermöglichen den WTO-Mitgliedern, gegen Dumping Maßnahmen zu ergreifen und dabei so zu handeln, dass sie unter normalen Umständen gegen die GATT-Grundsätze verstoßen würden. Antidumpingmaßnahmen umfassen die Erhebung von Sonderzöllen bei dem Import eines bestimmten Produkts für bestimmte Exportländer.[311] Ziel hier ist es, den Preis näher zu dem inländischen Preis bzw. dem „Normalwert" zu bringen, um faire Wettbewerbsbedingungen zwischen den ausländischen und inländischen Anbietern herzustellen und so die Wettbewerbsverzerrung auszugleichen.[312]

Wie dargestellt, ist im WTO-Recht Dumping als solches nicht verboten: Das ADA reguliert nicht die Verhaltensweise der Unternehmen, die das Dumping betreiben; es reguliert lediglich die Verhaltensweise der Staaten gegen Dumping und wie die WTO-Mitglieder gegen Dumping reagieren können. Wie erwähnt, reguliert das WTO-Recht nicht private, sondern staatliche Verhaltensweisen. Damit ein WTO-Mitglied gegen Dumping vorgehen kann, ohne damit gegen die GATT-Grundsätze zu verstoßen, muss es zum einen nachweisen, dass das Dumping tatsächlich stattfindet, zum anderen, dass dies die inländische Industrie schädigt. Zudem wird gem. Art. 5 und 6 ADA die Höhe des Dumpings berechnet. Damit wird bestimmt, wie weit der Exportpreis unter dem inländischen Preis liegt.[313]

Für den Nachweis der Schädigung inländischer Industrie ist gem. Art. 3 ADA eine ausführliche Prüfung erforderlich. Der Wettbewerb zwischen den ausländischen und inländischen Produkten ist nach Art. 3 Abs. 5 ADA explizit als ein relevanter Faktor zur Feststellung der Schädigung genannt. Liegt nach Prüfung sowohl Dumping als auch Schädigung der Industrie vor, kann sich

---

310 Bericht des Appellate Body, *US – Antidumping Act of 1916*, Rn. 118.

311 WTO, https://www.wto.org/english/thewto_e/whatis_e/tif_e/agrm8_e.htm (3.2.2022).

312 *Conrad*, JWT 36 (2002), 563, 563.

313 *Krajweski*, Wirtschaftsvölkerrecht, 2017, S. 137 ff.; *Terhechte* in: Schmidt/Wollenschläger, Kompendium Öffentliches Wirtschaftsrecht, 2019, S. 154. Siehe auch WTO, abrufbar unter: https://www.wto.org/english/tratop_e/adp_e/adp_e.htm; https://www.wto.org/english/thewto_e/whatis_e/tif_e/agrm8_e.htm (3.2.2022).

das exportierende Unternehmen verpflichten, seine Preise zu erhöhen, um den zusätzlichen Exportzoll zu vermeiden.

Mehr als 20 Prozent der beim DSB eingereichten Konsultationsanträge bezogen sich auf ADA.[314] In dem oben genannten Fall *US – Anti-dumping Act of 1916* bestätigte der *Appellate Body* die Feststellungen des Panels, weil der *US Anti-dumping Act* die Voraussetzungen für die Einführung von Antidumpingmaßnahmen im Einklang mit den Bestimmungen von Art. 6 GATT und dem ADA (insbesondere Art. 1) nicht erfüllte. Folglich mussten die USA aufgrund ihrer Verpflichtungen unter Art. 6 GATT bzw. ADA ihre nationale Gesetzgebung ändern.

b. Übereinkommen über Subventionen und Ausgleichsmaßnahmen

Das SMC regelt die Zulässigkeit bestimmter Arten von Subventionen und erlaubt es den WTO-Mitgliedern, Maßnahmen gegen subventionierte Importe zu ergreifen. Art. 6 Abs. 3 GATT erfasst neben dem Dumping in Art. 6 Abs. 1 und 2 GATT auch Subventionen. Wie das Dumping sind auch die Subventionen in einem separaten WTO-Abkommen präzisiert worden. Im SMC werden auch die in Art. 16 GATT angesprochenen Subventionen reguliert und konkretisiert.

Der erste Teil des SMC enthält die Definition des Subventionsbegriffs[315] und die Erläuterung der Spezifität. Gem. Art. 1 SCM muss eine Subvention im Sinne des WTO-Rechts kumulativ die folgenden drei Elemente enthalten: (i) finanzielle Beteiligung (ii) einer Regierung oder öffentlichen Einrichtung, (iii) die einen Vorteil gewährt.[316] Obwohl die Definition des Subventionsbegriffs im Rahmen der WTO weitgehend dem Begriff „staatliche Beihilfen" im EU-Recht ähnelt, sind die EU-Subventionsvorschriften viel strenger als die WTO-Subventionsvorschriften (Vgl. Art. 107 AEUV mit Art. 3 SCM). Subventionen

---

314 *Terhechte* in: Schmidt/Wollenschläger, Kompendium Öffentliches Wirtschaftsrecht, 2019, S. 154.

315 Bericht des Appellate Body, *US – Tax Treatment for Foreign Sales Corporations*, WT/DS108/AB/R, Rn. 93: *"Art. 1.1 sets forth the general definition of the term 'subsidy', which applies 'for the purpose of this Agreement'. This definition [...] applies wherever the word 'subsidy' occurs throughout the SCM Agreement and conditions the application of the provisions of that Agreement".*

316 Bericht des Appellate Body, *Brazil – Export Financing Programme for Aircraft*, WT/DS46/AB/R, Rn. 157: *"We see the issues and the respective definitions of a 'financial contribution' and a 'benefit' as two separate legal elements in Art. 1.1 of the SCM Agreement, which together determine whether a subsidy exists [...]".*

sind im WTO-Recht grundsätzlich erlaubt, während die EU-Regeln Subventionen als grundsätzlich illegal betrachten.

Im Fall *Korea – Commercial Vessels*[317] argumentierte die EG, dass die Export-Import-Bank von Korea eine öffentliche Einrichtung sei. Dies begründete sie unter anderem damit, dass die Bank auf Grundlage eines öffentlichen Statuts gegründet wurde. Dieser übertrage der koreanischen Regierung die Kontrolle über ihre Entscheidungen. Das Panel stimmte mit der EG darin überein, dass die Export-Import-Bank von Korea eine öffentliche Einrichtung sei, weil sie von der Regierung (oder anderen öffentlichen Körperschaften) kontrolliert werde. Jedoch hob der *Appellate Body* in *US – Anti-Dumping and Countervailing Duties (China)* die Feststellung des Panels auf, dass der Begriff der öffentlichen Einrichtung in Art. 1 Abs. 1 SCM *„jede von einer Regierung kontrollierte Einrichtung"* bedeute, und stellte stattdessen fest, dass der Begriff der öffentlichen Einrichtung im Zusammenhang mit Art. 1 Abs. 1 SCM nur solche Einrichtungen umfasse, die staatliche Gewalt besitzen, ausüben oder mit ihr ausgestattet sind.[318]

Das SCM begründet zwei grundlegende Kategorien von Subventionen: (i) verbotene Subventionen und (ii) anfechtbare Subventionen. Die ursprünglich vorgesehene Kategorie der nicht anfechtbaren Subventionen ist entfallen. Demnach unterliegen nur bestimmte Subventionen dem SMC.

Der zweite Teil des SMC listet die verbotenen Subventionen im Art. 3 SMC auf, insbesondere Export- und Einfuhrsubstitutionssubventionen. Im *Canada – Aircraft*[319] stellte der *Appellate Body* fest, dass die Gewährung von Subventionen nach dem SCM an sich nicht verboten ist und dass sie auch nicht ohne weiteres mit diesem Übereinkommen unvereinbar sind. Der *Appellate Body* fügte hinzu, dass lediglich Export- und Einfuhrsubstitutionssubventionen unter dem SCM *per se* verboten sind. Art. 3 SMC verbiete nicht die Subventionierung der inländischen Produktion *per se*, sondern vielmehr die Gewährung von Subventionen, die davon abhängig sind, dass der Subventionsempfänger inländische Waren anstelle von eingeführten Waren verwendet.[320] Zum Nachweis des Vorliegens einer Exportsubvention muss (i) das Bestehen einer Subvention und

---

317 Panelbericht, *Korea – Commercial vessels*, WT/DS273/R, Rn. 7.50.

318 Bericht des Appellate Body, *US – Anti-Dumping and Countervailing Duties (China)*, WT/DS379/AB/R, Rn. 317, 318.

319 Bericht des Appellate Body, *Canada – Measures Affecting the Export of Civilian Aircraft*, WT/DS70 /AB/RW, Rn. 47: *"granting of subsidies is not, in and of itself, prohibited under the SCM Agreement; nor does the granting of subsidies constitute [...] an inconsistency with that Agreement"*.

320 Bericht des Appellate Body, *US – Tax Incentives*, WT/DS487/AB/R, Rn. 5.15.

(ii) die Bedingtheit dieser Subvention bei der Ausfuhrleistung nachgewiesen werden.[321] Art. 4 SMC sieht multilaterale Rechtsbehelfe gegen die verbotenen Subventionen vor.

Der dritte Teil des SMC listet die anfechtbaren Subventionen auf. Diese sind gem. Art. 5 SMC grundsätzlich erlaubt, so lange sich durch ihre Verwendung keine nachteiligen Auswirkungen auf die Interessen anderer Mitglieder ergeben. Alle spezifischen Subventionen können gem. Art. 7 SMC angefochten werden, es sei denn, sie fallen unter eine spezifischere Bestimmung.[322]

Die WTO-Mitglieder haben also bei einer verbotenen bzw. anfechtbaren Subvention zwei Möglichkeiten: (i) Erhebung der Ausgleichszölle bzw. Besteuerung des Einführens subventionierter Ware oder (ii) Einleitung eines Streitbeilegungsverfahrens bei der WTO.[323] Die Ausgleichszölle sind Handelsschutzinstrumente, deren Hauptziel darin besteht, den Marktpreis subventionierter Waren wieder auf das Niveau anzuheben, welches er ohne Subventionen gehabt hätte.[324] Beispielsweise hat die EU-Kommission im August 2019 vorläufige Strafzölle auf Biodiesel-Importe aus Indonesien erhoben. Die Ausgleichszölle in einer Höhe von 8 bis 18 Prozent sollen wieder gleiche Wettbewerbsbedingungen für die europäischen Biodieselhersteller schaffen.[325] Auf diese Weise werden wieder gleiche Wettbewerbsbedingungen für inländische Hersteller und ihre Konkurrenten geschaffen.

Damit ein WTO-Mitglied Ausgleichszölle einführen kann, muss es gem. Art. 15 Abs. 5 SMC erst nachweisen, dass bestimmte Einfuhren subventioniert werden und dass dies der einheimischen Industrie schadet. Mit dem oben genannten Art. 3 Abs. 5 ADA vergleichbar verlangt auch Art. 15 Abs. 5 SMC bei

---

321 Siehe Panelbericht, *US – FSC (Art. 21.5-EC)*, WT/DS108/RW, Rn. 8.54-8.55 "Conditional" oder "dependent for its existence on something else"; Panelbericht, *Canada – Aircraft Credits and Guarantees*, WT/DS222/R, Rn. 7.16.

322 *Bungenberg* in: Immenga/Mestmäcker, Kommentar zum Deutschen und Europäischen Fusionskontrolle, 2016, 1. Teil VI. Abschnitt Rn. 246.

323 *Terhechte*, in: Schmidt/Wollenschläger, Kompendium Öffentliches Wirtschaftsrecht, 2019, S. 155.

324 EU-Komm., Trade Defence Instruments: Anti-Dumping – Anti-Subsidy, 2018, S. 5, abrufbar unter: https://trade.ec.europa.eu/doclib/docs/2018/may/tradoc_156892.pdf (3.2.2022); vgl. EU-Komm., abrufbar unter: https://ec.europa.eu/trade/policy/accessing-markets/trade-defence/actions-against-imports-into-the-eu/anti-subsidy/ (3.2.2022).

325 Siehe EU-Komm., abrufbar unter: https://ec.europa.eu/germany/news/20190813-biodieselimporte-indonesien_de (3.2.2022).

der Feststellung der Schädigung inländischer Industrie unter anderem die Prüfung des Wettbewerbs zwischen den ausländischen und inländischen Erzeugern.

Die Ausgleichszölle ähneln den Antidumpingzöllen: Beide dienen dazu, den Inlandspreis für importierte Waren zu erhöhen, die als künstlich niedrig angesehen werden und als Folge einer unfairen Verhaltensweise entstanden sind.[326] Dies zeigt, dass die WTO einen fairen Wettbewerb unterstützt, indem sie ihren Mitgliedern ermöglicht, Gegenmaßnahmen für die Wiederherstellung eines fairen Wettbewerbs zu ergreifen und die Industrien zu schützen, die durch die importierten Waren geschädigt werden.

Im Fall *Civilian Aircraft*[327] stellte sich die Frage, ob die Einrichtung eines staatlichen Finanzplans in einem WTO-Mitglied, die nicht zu einer direkten Übertragung von Finanzmitteln von dem Staat auf eine private Einrichtung führt, als Subvention im Sinne des Art. 1 Abs. 1 SMC qualifiziert werden kann. Bezüglich der Frage, ob nur eine direkte staatliche Intervention auf dem Markt in den Anwendungsbereich des SCM fällt, hat der *Appellate Body* festgestellt, dass allein von Bedeutung ist, ob ein Vorteil für eine private Partei besteht.

Nach einem anderen Bericht des *Appellate Body* im Fall *Brazil – Export Financing Programme for Aircraft*[328] ändert der Umstand, dass ein WTO-Mitglied nach seinem nationalen Recht vertraglich verpflichtet ist, eine Subvention zu gewähren, nichts an deren Verpflichtung gem. Art. 4 Abs. 7 SCM, eine rechtswidrige Subvention zurückzuziehen. Im Fall *Leather Case*[329] wurde die Bedeutung des Art. 4 Abs. 7 SCM diskutiert. Dieser sieht die Rücknahme der Subvention vor. Das Panel kam unter Bezugnahme auf das Auswirkungsprinzip zu dem Ergebnis, dass der Begriff „Rücknahme der Subvention" nicht nur auf prospektive Maßnahmen beschränkt ist, sondern auch die Rückzahlung der verbotenen Subvention umfassen kann. Dieser Bericht führte zu einer intensiven Diskussion zwischen den WTO-Mitgliedern.[330]

---

326 *Bhalla*, International Business, 2013, S. 120.

327 Bericht des Appellate Body, *Canada – Measures Affecting the Export of Civilian Aircraft*, WT/DS70/AB/R, Rn. 154.

328 Bericht des Appellate Body, *Brazil – Export Financing Programme for Aircraft (Art. 21.5 – Canada)*, WT/DS46/AB/RW, Rn. 46.

329 Bericht des Appellate Body, *Australia – Subsidies Provided to Producers and Exporters of Automotive Leather – (Art. 21.5 – US)*, WT/DS126/RW, Rn. 6.39.

330 Siehe die Diskussion im DSB, WTO-Appellate Body, Sitzungsprotokoll v. 11.2.2000, WT/DSB/M/75 v. 7.3.2000. Siehe auch *Goh/Ziegler*, J. of Int. Eco. Law 6 (2003), 545, 564.

Ein weiterer erwähnenswerter Fall ist *US – Byrd Amendment*.[331] Er betrifft eine US-Rechtsvorschrift, wonach die US-Zollbehörden verpflichtet sind, die aus einer Antidumping- oder Ausgleichsanordnung erhobenen Zölle an die betroffenen inländischen Hersteller weiterzuleiten. Der *Appellate Body* hielt dieses System für eine unzulässige Maßnahme gegen eine Subvention oder Dumping, die gegen Art. 32 Abs. 1 SCM und Art. 18 Abs. 1 ADA verstößt. Das Panel ging noch einen Schritt weiter und stellte fest, dass *Byrd Amendment* eine spezifische negative Auswirkung auf die Wettbewerbsbeziehung zwischen einheimischen Produkten und gedumpten (oder subventionierten) Produkten hat. Diese Feststellung über die Auswirkungen auf den Wettbewerb wurde in der Literatur kritisiert: Es sei keine solide wirtschaftliche Analyse durchgeführt worden.[332] In Anbetracht der Tatsache, dass der Zweck der Maßnahmen gegen Dumping oder Subventionen die Wiederherstellung gleicher Wettbewerbsbedingungen ist, stellt die Überkompensation der US-Staatsangehörigen einen Verstoß gegen die Verpflichtungen aus SCM und ADA dar.

c. Weitere Vorschriften im WTO-Recht mit Wettbewerbsbezug

Ausdrücklich Bezug genommen wird noch in einer Reihe weiterer WTO-Abkommen auf die privaten Marktverhalten, die den Wettbewerb auf den Märkten beschränken können. Zu nennen sind: SMÜ, TRIMs, SMC, Übereinkommen über Kontrolle vor dem Versand, Übereinkommen über technische Handelshemmnisse und plurilaterales Übereinkommen über das öffentliche Beschaffungswesen.

aa. Art. 11 Abs. 1 Übereinkommen über Schutzmaßnahmen

In der Präambel des SMÜ wird ausdrücklich anerkannt, dass der Wettbewerb auf den internationalen Märkten verstärkt werden muss. Im Fall *US – Lamb*[333] bezog sich das Panel für die Definition des Begriffs "inländischer Industrie" nach Art. 4 Abs. 1 (c) SMÜ auf Ziel und Zweck des SMÜ, nämlich auf die Stärkung des Wettbewerbs. Ferner sieht Art. 11 Abs. 1 (b) SMÜ vor, dass ein WTO-Mitglied *„freiwillige Ausfuhrbeschränkungen, Absatzmarktabsprachen oder sonstige ähnliche*

---

331 Panelbericht, *US – Continued Dumping and Subsidy Offset Act of 2000*, WT/DS217/R, WT/DS234/R; Bericht des Appellate Body, *US – Continued Dumping and Subsidy Offset Act of 2000*, WT/DS217/AB /R, WT/DS234/AB/R.

332 *Horn/Mavroidis*, The American Law Institute Reporters Studies on WTO Law: Legal and Economic Analysis, 2007, S. 629, 633.

333 Panelbericht, *US – Lamb*, WT/DS177/R, WT/DS178/R, Rn. 7.76 and 7.77.

ausfuhr- oder einfuhrseitige Maßnahmen" weder anstrebt noch vornimmt oder aufrechterhält. Die Fußnote der Vorschrift enthält Beispiele für vergleichbare Maßnahmen, wie etwa Ausfuhreinschränkungsmaßnahmen. Theoretisch könnten Exportkartelle mit staatlicher Beteiligung unter dieser Vorschrift fallen. Wie bei dem Art. 11 GATT stellt sich jedoch auch hier die Frage, ob die Toleranz eines Staates gegen freiwillige Einfuhr- und Ausfuhrbeschränkungen unter dieser Bestimmung fällt.[334] Auch diese Frage würde voraussichtlich durch das DSB verneint werden, mit der Begründung, dass die WTO-Abkommen den WTO-Mitgliedern zur Untersuchung der wettbewerbsbeschränkenden Verhaltensweise in ihrem Hoheitsgebiet nicht verpflichtet.

Das Verbot wettbewerbsbeschränkender staatlicher Maßnahmen in Art. 11 Abs. 1 (b) SMÜ wird durch das Umgehungsverbot des Art. 11 SMÜ gestützt. Diese verlangt, dass WTO-Mitglieder die Annahme oder Aufrechterhaltung von nichtstaatlichen Maßnahmen, die den in Abs. 1 genannten gleichwertig sind, durch öffentliche oder private Unternehmen weder fördern noch unterstützen dürfen.[335] Hier handelt es sich um eine negative Verpflichtung der WTO-Mitglieder. Es fehlt in der Vorschrift jedoch eine Klarstellung, welche Art motivierender oder unterstützender Verhaltensweise ein Verstoß gegen die Vorschrift darstellt.[336] Im Fall *Japan – Semi-conductors*[337] hat das Panel das Argument Japans zurückgewiesen, dass die verwaltungstechnische Richtlinie durch die Regierung für japanische Halbleiterhersteller nicht unter Art. 11 SMÜ fällt, weil er nicht rechtsverbindlich oder obligatorisch sei. Eine staatliche nichtverbindliche Richtlinie wurde also vom Panel zu unrecht als nicht motivierend oder nicht unterstützend angenommen. So stellt dies eine fehlerhafte Auslegung der Vorschrift durch das Panel dar.

bb. Art. 9 TRIMs

Art. 9 TRIMs sieht spätestens fünf Jahre nach dem Inkrafttreten des TRIMs eine Überprüfung vor. Im Rahmen dieser Überprüfung soll der Rat für Handel mit Waren in Erwägung ziehen, ob TRIMs durch wettbewerbsrechtliche Vorschriften

---

334 Siehe § 4, I.

335 *Fox/Trebilcock*, The Design of Competition Law Institutions: Global Norms, Local Choice, 2013, S. 458.

336 OECD, Competition Elements in International Trade Agreements, COM/TD/DAFFE/CLP(98)26/FINAL, 1999, S. 12; *Kennedy*, Competition Law and the World Trade Organisation: The Limits of Multilateralism, 2001, § 3 Rn. 3.094.

337 Siehe § 4, I.

ergänzt werden sollte. Im Jahr 1999[338] hat der WTO-Rat für Handel mit Waren nach dieser Vorschrift die Überprüfung über die Funktionsweise des TRIMs eingeleitet. Die Ergänzung des TRIMs durch wettbewerbsrechtliche Bestimmungen musste geprüft werden. Jedoch ist so eine Prüfung nicht erfolgt. Es wurde vereinbart, dass auf diese Angelegenheit auf der ersten Sitzung im Jahr 2000 zurückgekommen wird. Diese Bestimmung wird heute immer noch als Beweis des Bewusstseins von der Wechselwirkung zwischen Wettbewerbsrecht und TRIMs angesehen.[339]

cc. Art. 2 Übereinkommen über Kontrolle vor dem Versand

Das Übereinkommen über Kontrolle vor dem Versand reguliert die Tätigkeiten der Vorversandkontrollunternehmen. Art. 2 Abs. 20 des Übereinkommens nimmt auf den Wettbewerb ausdrücklich Bezug, indem es bestimmt, dass bei der Überprüfung des Ausfuhrpreises einer Ware die Vorversandkontrollunternehmen die Preise der identischen oder ähnlichen Waren als Vergleichsbasis nehmen sollen, die zur Ausfuhr aus demselben Ausfuhrland zur ungefähr gleichen Zeit und unter wettbewerbsfähigen und vergleichbaren Verkaufsbedingungen angeboten werden.

dd. Übereinkommen über technische Handelshemmnisse

Dieses Übereinkommen stellt ein multilaterales Instrument zur Behandlung von handelsbezogenen Regelungsmaßnahmen dar und teilt viele ihrer Grundprinzipien anderer WTO-Abkommen, darunter auch der Grundsatz der Nichtdiskriminierung und Transparenz. In diesem Übereinkommen wird die Verwendung internationaler Normen nachdrücklich gefördert aufgrund des Umstandes, dass die technischen Anforderungen von Markt zu Markt unterschiedlich sind und daher die Händler je nach dem Markt, in den sie eintreten möchten, stets unterschiedliche technische Anforderungen berücksichtigen müssen.[340] Dies könnte einen wirksamen Wettbewerb und den internationalen Handel behindern.

Es ist gängige Praxis, dass sich die Regierungen auf diese Maßnahmen stützen, um die Ziele öffentlicher Ordnung zu erreichen. Sie werden jedoch gelegentlich dazu eingesetzt, um inländische Erzeuger vor ausländischem Wettbewerb

338 WTO-Rat für Handel mit Waren, Protokolle der Sitzung v. 15.10.1999, G/C/M/41, S. 10, 11.

339 *Matsushita/Schoenbaum/Mavroidis/Hahn,* The World Trade Organization, 2015, S. 794.

340 Siehe Fn. oben.

zu schützen. In diesem Zusammenhang ist die Förderung des Grundsatzes der Nichtdiskriminierung wichtig, um sicherzustellen, dass die Vorschriften nicht dazu verwendet werden, inländische Erzeuger vor ausländischem Wettbewerb zu schützen.[341]

ee. Übereinkommen über das öffentliche Beschaffungswesen

Der Wettbewerb ist eines der wesentlichen Ziele nationaler Beschaffungssysteme.[342] Die Förderung eines wirksamen Wettbewerbs zwischen den alternativen Lieferanten und Anbietern und die Korrektheit des administrativen Prozesses sind zwei wichtige Voraussetzungen für die Sicherung des effizienten Funktionierens öffentlicher Beschaffungsmärkte.[343] Das Übereinkommen über das öffentliche Beschaffungswesen sorgt für Transparenz im öffentlichen Beschaffungswesen und gewährt ausländischen Anbietern Marktzugang. Dadurch werden die Möglichkeiten, durch Wettbewerb ein gutes Preis-Leistungs-Verhältnis zu erzielen, erheblich erweitert.[344] Es handelt sich hierbei um die Verhinderung möglicher Absprachen zwischen den alternativen Anbietern, die Beseitigung der Barrieren, die einen wirksamen Wettbewerb behindern bzw. die Beseitigung der Korruption, die zum Beispiel durch Angebotsabsprachen eine Verfälschung der Wettbewerbsprozesse verursacht.[345]

Das Übereinkommen zielt auf die Verhinderung der diskriminierenden Verhaltensweise bei den öffentlichen Beschaffungswesen und die Förderung des Wettbewerbs.[346] Die Wettbewerbspolitik spielt daher auch in dem

---

341 Zu diesem Abs., *Villarreal*, International Standardization and the Agreement on Technical Barriers to Trade, 2018, S. 109 ff.; *Fox/Trebilcock*, The Design of Competition Law Institutions: Global Norms, Local Choice, 2013, S. 458; WTO, WTO Agreement Series: Technical Barriers to Trade, S. 16 und 22, abrufbar unter: https://www.wto.org/english/res_e/publications_e/tbttotrade_e.pdf (3.2.2022).

342 *Schooner*, Public Procurement Law Review 11 (2002), 103, 103 f.

343 *Anderson/Kovacic*, Public Procurement Law Review 18 (2009) 67, 68.

344 *Anderson/Müller*, Georgetown J. of Int. Law 48 (2017), 949, 997.

345 *Jenny*, Competition and Anti-Corruption Considerations in Public Procurement, in: OECD, Fighting Corruption and Promoting Integrity in Public Procurement, 2005, Kapitel 3, S. 29-32.

346 "*While the focus [of the Agreement on Government Procurement] might appear to be on securing access to the government's business for foreign companies, the effect just as surely will be to secure the benefits of competition for the procuring government itself [...] its ultimate purpose has everything to do with competition.*" Wood (ehemaliger stellvertretender US-Außenminister für Antitrustrecht), The WTO Agreement on Government Procurement: An Antitrust Perspective, in: Hoekman/Mavroidis, Law

Übereinkommen über das öffentliche Beschaffungswesen eine komplementäre Rolle. Das Übereinkommen selbst sieht jedoch keine umfangreichen Wettbewerbsvorschriften zur Bekämpfung der Angebotsabsprachen vor. Es erhöht vielmehr sowohl die Anzahl der potenziellen Wettbewerber für Einzelbeschaffungen als auch deren Vielfalt durch die Beseitigung der Bedingungen, die die Absprachen zwischen den Anbietern - zum Beispiel Marktabschottungen oder Beschränkung der Beteiligungen - erleichtern.[347] Auf den Wettbewerb wird im Übereinkommen ausdrücklich in Art. 10 Abs. 1 bezuggenommen, der die Ausschreibungsverfahren regelt, um einen effektiven internationalen Wettbewerb und gerechte Chancen für Lieferanten oder Dienstleister zu gewährleisten. Aufeinander abgestimmte Angebote und fehlender Wettbewerb zwischen den Anbietern werden von Art. 15 erfasst.[348]

Im Fall *Norway - Procurement*[349] kam das Panel zu dem Schluss, dass die norwegische Regierung bei der Durchführung der fraglichen Beschaffung ihre Verpflichtungen aus dem Übereinkommen über das öffentliche Beschaffungswesen nicht eingehalten hatte, da die einmalige Ausschreibung der fraglichen Beschaffung unter dem Übereinkommen nicht gerechtfertigt war.

3. Wettbewerbsbezogene Grundsätze des WTO-Systems

Der Grundsatz der Nichtdiskriminierung, der sowohl den Grundsatz der Inländerbehandlung als auch den Grundsatz der Meistbegünstigung beinhaltet, hat eine grundrechtliche aber auch eine wettbewerbspolitische Basis.[350] Diese Grundsätze, die die Grundlage der WTO bilden, unterstützen das Funktionieren unparteiischer wettbewerbspolitischer Systeme.[351] Auch die Mehrheit der regionalen Handelsabkommen mit wettbewerbspolitischen Kapiteln enthält den Grundsatz der Nichtdiskriminierung.

---

and Policy in Public Purchasing, 1997, Kapitel 14. Siehe auch Präamble des revidierten Wortlauts des Übereinkommens über das öffentliche Beschaffungswesen, GPA/W/297 v. 11.12.2006.

347 *Anderson/Müller*, Georgetown J. of Int. Law 48 (2017), 949, 997; *Anderson/Kovacic*, Public Procurement Law Review 18 (2009), 67-101.

348 Siehe auch *Bätge*, Globalisierung des Wettbewerbsrechts: Eine internationale Wettbewerbsordnung zwischen Kartell- und Welthandelsrecht, 2009, S. 226.

349 GATT-Panelbericht, *Norway - Procurement of Toll Collection Equipment for the City of Trondheim*, GPR.DS2/R, Rn. 5.1.

350 *Hauser*, Aussenwirtschaft 56 (2001), 7, 13.

351 ICPAC-Bericht, 2000, S. 260, siehe Fn. 56.

a. Der Grundsatz der Meistbegünstigung

Der Grundsatz der Meistbegünstigung, der in Art. 1 GATT, Art. 2 GATS, Art. 4 TRIPS enthalten ist und als das erste grundlegende Element des Grundsatzes der Nichtdiskriminierung anzusehen ist, setzt wie bereits ausgeführt voraus, dass ein WTO-Mitglied Drittstaaten keine günstigeren Konditionen als einem WTO-Mitglied gewährt. Danach müssen alle Handelsvorteile, die einem Land eingeräumt werden, auch allen anderen WTO-Mitgliedern gewährt werden. Somit ist durch diesen Grundsatz die Schaffung eines Rechtes für Drittstaaten, die WTO-Mitglieder sind, möglich. Dieser Grundsatz soll für die Waren und Dienstleistungen unterschiedlicher WTO-Mitglieder gleiche Wettbewerbsbedingungen garantieren.[352] Nach dem *Appellate Body* ist die Gleichstellung der Wettbewerbsbedingungen im weiten Sinne zu verstehen und umfasst sowohl *De-jure-* als auch *De-facto*-Diskriminierungen.[353]

b. Der Grundsatz der Inländerbehandlung

Der Grundsatz der Inländerbehandlung, der einer der Grundpfeiler des WTO-Systems darstellt, findet sich sowohl in den Art. 3 GATT, Art. 7 GATS, Art. 3 TRIPS als auch im sekundären WTO-Recht wieder. Er ist das zweite grundlegende Element des Nichtdiskriminierungsgrundsatzes. Das Ziel des Inländerbehandlungsprinzips ist die Schaffung einer Wettbewerbsgleichheit zwischen den inländischen und ausländischen Produkten bzw. Unternehmen anderer WTO-Mitgliedern.[354] Dies ist jedoch nur dann möglich, wenn den ausländischen Anbietern der Marktzugang frei steht. GATT sieht diesbezüglich in seinen Art. 2 und 11 weiter vor, dass es Marktzutrittsbeschränkungen nur in Form von Zöllen geben kann.

---

352 *Telli*, Devletler Hukuku Açısından Uluslararası Ticaret ve Kurumlaşması, Banka ve Ticaret Araştırma Enstitüsü, 1991, S. 91-92; *Matsushita*, Washington Uni. Global Studies Law Review 3 (2004), 363, 366.

353 Bericht des Appellate Body, *EC – Regime for the Importation, Sale and Distribution of Bananas*, WT/DS27/AB/R, Rn. 233 f.

354 *Telli*, Devletler Hukuku Açısından Uluslararası Ticaret ve Kurumlaşması, Banka ve Ticaret Araştırma Enstitüsü, S. 116 und 119; *Matsushita*, Washington University Global Studies Law Review 3 (2004), 363-385. Bericht des Appellate Body, *Japan – Taxes on Alcoholic Beverages*, Wt/DS8/AB/R, Wt/DS10/AB/R, Wt/DS11/AB/R, S. 16; Bericht des Appellate Body, *Korea – Taxes on Alcoholic Beverages*, Wt/DS75/AB/R, Wt/DS84/AB/R, Rn. 120.

Laut dem Art. 3 Abs. 4 GATT genießen alle von einem Mitglied zu einem anderen WTO-Mitglied importierten Waren vor Gesetzen und Regelungen keine ungünstigere Behandlung als gleichartige inländische Waren. Der Ausdruck „Gesetze und Regelungen" meint dabei irgendein Gesetz oder irgendeine Regelung, die die Wettbewerbsbedingungen zwischen den inländischen und ausländischen Produkten negativ beeinflussen können.[355]

In einem Bericht des WTO-Sekretariats aus 1999 wurde dies wie folgt zusammengefasst: Der Grundsatz der Inländerbehandlung besteht im Wesentlichen in dem Verlangen, dass ein WTO-Mitglied die Waren, Dienstleistungen oder Personen des anderen WTO-Mitglieds nicht im Vergleich zu seinen eigenen Waren oder Dienstleistungen oder Staatsangehörigen im Wettbewerb benachteiligt.[356] Diese Auslegung wurde sowohl durch das Panel als auch den *Appellate Body* oft bestätigt, so wie im Fall *Korea – Taxes on Alcoholic Beverages*,[357] wonach als Zweck des Art. 3 GATT die Aufrechterhaltung gleicher Wettbewerbsbedingungen für ausländische und inländische Produkte festgestellt wurde. Folglich verpflichtet Art. 3 GATT die WTO-Mitglieder zur Schaffung gleicher Wettbewerbsbedingungen für importierte Produkte im Vergleich zu Inlandsprodukten.[358]

4. Zwischenergebnis

Im WTO-Recht lassen sich unterschiedliche Arten wettbewerbsrechtlicher Regelungen erkennen. Darunter befinden sich erstens Regelungen, die die Staaten zu wettbewerbsförderlichem Verhalten privater Unternehmen verpflichten (Art. 6 GATS und das sog. Referenzpapier). Zweitens finden sich dort solche Regelungen, die die Staaten zur Verhinderung wettbewerbsbeschränkender Verhaltensweise der Monopol- und Staatshandelsunternehmen verpflichten (Art. 8 GATS, Art. 17 GATT, das sog. Referenzpapier).

---

355 GATT-Panelbericht, *Italian Discrimination against Imported Agricultural Machinery*, BISD 7S/60, L/833, 23.10.1958, Rn. 12.

356 WTO-Arbeitsgruppe, The Fundamental WTO Principles of National Treatment, Most-Favoured-Nation Treatment and Transparency, Background Note by the Secretariat, WT/WGTCP/W/114, S. 4.

357 Panelbericht, *Korea – Taxes on Alcoholic Beverages*, WT/DS75/R, WT/DS84/R; Bericht des Appellate Body, *Korea – Taxes on Alcoholic Beverages*, WT/DS75/AB/R, WT/DS84/AB/R, Rn. 127.

358 Panelbericht, *Japan – Taxes on Alcoholic Beverages II*, WT/DS8/R, WT/DS10/R, WT/DS11/R; Bericht des Appellate Body, WT/DS8/AB/R, WT/DS10/AB/R, WT/DS11/AB/R, S. 16.

Drittens findet sich darunter die Nichtverletzungsbeschwerde, ein Institut, das eigentlich nicht explizit für wettbewerbsrechtliche Konflikte entwickelt worden ist, welches aber dennoch beim Vorliegen der Voraussetzungen einberufen werden kann.[359] Eine vierte Art von Regelungen betreffen die Kooperationspflichten (Art. 40 Abs. 3 und 4 TRIPS, Art. 9 GATS). Regelungen, die eine Erlaubnis zu Maßnahmen gegen wettbewerbsbeschränkende Verhaltensweisen vorsehen (Art. 8, 31, und 40 TRIPS); und die die Staaten zum Erlass von Maßnahmen berechtigen, aber nicht verpflichten, stellen eine fünfte Regelungsart dar.

Als sechste Regelungsart kann der oben genannte wettbewerbspolitische Prüfauftrag (Art. 9 TRIMS) angesehen werden, der grundsätzlich keine konkrete wettbewerbspolitische Verpflichtung enthält. Die Erlaubnis zur Annahme handelspolitischer Gegenmaßnahmen (Art. 6 GATT) und andere Bestimmungen mit einem Wettbewerbsbezug können als achte und letzte Art wettbewerbsrechtlicher Regelungen klassifiziert werden.[360]

Da aber das Hauptziel oben genannter WTO-Abkommen das Regeln des internationalen Handels ist, enthalten sie keine umfangreichen wettbewerbsrechtlichen Vorschriften. Die bereits in den unterschiedlichen WTO-Abkommen existierenden wettbewerbsrechtlichen Vorschriften verfügen größtenteils über keine Sanktionsbefugnisse. Stattdessen unterstützen sie meistens die internationale Zusammenarbeit der WTO-Mitglieder. Jedoch stellt dabei die einfache Konsultation zwischen den WTO-Mitgliedern nur eine untergeordnete Möglichkeit zur Vermeidung wettbewerbsbeschränkender Verhaltensweisen dar, da viele WTO-Mitglieder bereits Vertragsparteien bilateraler bzw. regionaler Kooperationsabkommen sind und eine zwischenstaatliche Zusammenarbeit auch im Rahmen dieser Kooperationsabkommen vorgenommen werden kann. Die WTO könnte effizientere Lösungen als ein einfaches Konsultationsverfahren unter Berücksichtigung ihrer Organe, ihres Streitbeilegungssystems und ihrer universellen Gültigkeit bieten. Anstatt des Konsultationsverfahrens könnte zum Beispiel eine Sanktion für die Durchführung wettbewerbsbeschränkender Verhaltensweisen vorgesehen werden, so wie im Art. 31/k TRIPS, was viel effektiver wäre. Auch wenn die wettbewerbsbezogenen WTO-Bestimmungen in der Tat schwach bzw. unzureichend erscheinen mögen, muss dennoch zugegeben werden, dass einige davon Elemente beinhalten, die unter Umständen aktiviert werden können, wie zum Beispiel Art. 23 Abs. 1 (b) GATT.

---

359 Siehe § 6, IV.

360 Zu diesem Abs., *Bätge*, Globalisierung des Wettbewerbsrechts: Eine internationale Wettbewerbsordnung zwischen Kartell- und Welthandelsrecht, 2009, S. 195-235.

Abschließend befasst sich das WTO-Recht mehr mit dem Marktzugang als mit dem Marktverhalten. Es verpflichtet die WTO-Mitglieder auch nicht, den Schutz des Wettbewerbs zu gewährleisten.

II. Wettbewerbs-*Soft-Law* in multilateralen Regelungen außerhalb der WTO

1. Organisation for Economic Co-operation and Development

Der OECD-Rat verabschiedet seit 1967[361] eine Reihe von rechtlich unverbindlichen, aber ethisch bindenden Empfehlungen zu Wettbewerbsrecht und -politik.[362] Diese richten sich hauptsächlich an die Regierungen der OECD-Mitgliedstaaten (und nicht an die Unternehmen). Bei solchen Empfehlungen handelt es sich etwa um die Empfehlungen zur Zusammenarbeit bei den Wettbewerbsbeschränkungen, die eine Auswirkung auf den internationalen Handel haben. Die erste Empfehlung für die Zusammenarbeit zwischen den Wettbewerbsbehörden der OECD-Mitgliedstaaten enthält viele Grundsätze, so wie den Austausch von Informationen, die Koordinierung bei Parallelverfahren und *Positive Comity.*

---

361 OECD, Recommendation of the Council concerning Co-Operation between Member Countries on Anticompetitive Practices Affecting International Trade [C(67)53(Final)], 1967. Dies ist das erste auf internationaler Ebene verabschiedete Dokument, das als Grundlage für die Zusammenarbeit in der Fusionskontrolle und in Kartellfällen zwischen Staaten diente und das mehrmals aktualisiert wurde.

362 Die Auflistung der OECD-Empfehlungen und *Best Practices* über den Wettbewerb ist abrufbar unter: http://www.oecd.org/daf/competition/recommendations.htm (3.2.2022): OECD Recommendation on Competition Policy and Exempted or Regulated Sectors, C(79)155/FINAL, 1979; OECD, Recommendation concerning Merger Review, C 2005 34/Final, 2005; OECD, Best Practices on Information Exchange, 2005; OECD Guiding Principles for Regulatory Quality and Performance, 2005; OECD, Recommendation on Competition Assessment, 2009; OECD, Recommendation concerning Structural Separation in Regulated Industries, v. Rat genehmigt am 26.4.2001 [C(2001)78/FINAL – C/M(2001)9/PROV], geändert am 13.12.2011 – [C(2011)13 – C(2011)135/CORR1 – C/M(2011)20/PROV] und am 23.2.2016 [C(2016)11 – C/M(2016)3]; OECD, Recommendation on Fighting Bid Rigging in Public Procurement, 2009; OECD Recommendation concerning International Co-operation on Competition Investigations and Proceedings, C(2014)108 – C/M(2014) 10, 2014; OECD, Recommendation concerning Effective Action Against Hard Core Cartels, C(98) 35/FINAL – C/M(98)7/PROV ersetzt durch OECD/LEGAL/0452, 2019.

Im Jahr 1976 wurde von OECD-Mitgliedstaaten die OECD-Erklärung über internationale Investitionen und multinationale Unternehmen verabschiedet, die als Bestandteil auch die Leitsätze für multinationale Unternehmen beinhaltete. Auch wenn sie lediglich einen *Soft-Law*-Charakter hat, stellt sie den *„einzigen multilateral vereinbarten und umfassenden Kodex für verantwortungsvolles unternehmerisches Handeln“*[363] dar. Außerdem verabschiedet die *Competition Committee* regelmäßig *best practices*.[364]

a. Recommendation on Competition Policy and Exempted or Regulated Sectors

Die im Jahr 1979 erlassene Empfehlung wurde angenommen, als nur wenige Staaten über Wettbewerbsgesetze verfügten. Das Hauptziel der Empfehlung besteht darin, die Anzahl der von der wettbewerbsrechtlichen Prüfung ausgenommenen Sektoren zu begrenzen. Sie fordert die Regierungen auf, die nationalen Wettbewerbsbehörden zu ermächtigen, ihre Stellungnahmen wirksam darzulegen und am Rechtsetzungsprozess teilzunehmen. Sie drängt die Staaten, die wettbewerbsrechtlichen Regelungen und ihre Ausnahmen regelmäßig zu prüfen, um beurteilen zu können, ob die ursprünglichen Gegebenheiten, aus denen die genannten Regulationen hervorgegangen sind, weiterhin gültig sind und ob und wieweit diese Regulationen ihre Ziele erreicht haben, ob es sinnvoller wäre, dieselben Ziele durch andere Formen staatlicher Intervention, die den Wettbewerb weniger einschränken, zu erreichen.

b. Recommendation concerning Merger Review

Die Empfehlung zur Fusionskontrolle enthält eine Reihe allgemeiner Grundsätze für die Gestaltung des Fusionskontrollsystems. Sie soll zu einer stärkeren Konvergenz der Fusionskontrollverfahren, einschließlich der Zusammenarbeit zwischen den Wettbewerbsbehörden, beitragen und dazu dienen, die Verfahren zur Prüfung von Fusionen effektiver zu gestalten und den Wettbewerbsbehörden und fusionierenden Parteien helfen, unnötige Kosten bei multinationalen Transaktionen zu vermeiden. Danach soll ein Fusion-Überprüfungsverfahren über die Auswirkungen der Fusionen auf den Wettbewerb ausreichende Information ermöglichen. Die Entscheidung über Fusionen soll in einer angemessenen und bestimmbaren Frist getroffen werden. Ferner weist die Empfehlung auf

363 OECD-Leitsätze für multinationale Unternehmen, 2011, Vorwort.
364 Siehe OECD, http://www.oecd.org/daf/competition/roundtables.htm (3.2.2022).

die Transparenz, öffentliche Zugänglichkeit und regelmäßige Überprüfung der Fusionsregeln, die eine Verfahrensfairness sicherstellen, sowie die Bedeutung der Inländerbehandlung und des Schutzes vertraulicher Informationen, hin.

c. *Best Practices on Information Exchange*

Best Practices on Information Exchange enthalten detaillierte Richtlinien für das Verfahren des Informationsaustauschs zwischen den nationalen Wettbewerbsbehörden bei Ermittlungen gegen *Hard-Core*-Kartelle. Hier wird die Vereinfachung und Beschleunigung des Informationsaustauschs zwischen Wettbewerbsbehörden empfohlen. Dabei erkennt die OECD das Recht eines Staates an, die angeforderten Informationen nicht oder nur unter Einschränkung bereitzustellen. Sie beinhalten weiter Empfehlungen hinsichtlich der Bestimmungen über die Vertraulichkeit, Verwendung und Offenlegung von Informationen in der anfordernden Jurisdiktion und der Transparenz.

d. *Guiding Principles for Regulatory Quality and Performance*

Diese Leitlinien sind Teil einer umfassenderen OECD-Agenda zur Reform der Regulierung und nicht wettbewerbsspezifisch. Sie stellen Grundsätze darüber vor, wie eine Regulierungsreform durchgeführt werden sollte. Unter anderem wird die Verstärkung der Wettbewerbspolitik, die Beseitigung sektoreller Erfassungslücken im Geltungsbereich des Wettbewerbsrechts, die rigorose Durchsetzung des Wettbewerbsrechts, wenn wettbewerbsbeschränkende Verhaltensweisen eine Reform gefährden, und die Nutzung wirksamer Instrumente, so wie Kronzeugenbestimmungen,[365] empfohlen. Darüber hinaus werden die Staaten zur Sicherstellung, einer Begrenzung der regulatorischen Wettbewerbsbeschränkungen, die den Zugang, Austritt bzw. die Produktion und Preispolitik beschränken, angehalten.

---

365 Für die EU-Kronzeugenregelung siehe Mitt. der Komm. über den Erlass und die Ermäßigung v. Geldbußen in Kartellsachen, ABl. C. 298/11 v. 8.12.2006. Danach werden die Geldbußen, die unter normalen Umständen gegen die Unternehmen verhängt worden wären, erlassen oder ermäßigt, wenn die Unternehmen der EU-Komm. bei der Aufdeckung und bei dem Nachweisen eines Kartells helfen. Für den Erlass der Geldbuße muss ein Unternehmen Informationen und Beweise bringen, die der EU-Komm. nicht zur Verfügung stehen. Der Erlass oder die Ermäßigung der Geldbuße ist wie eine Belohnung für die Unternehmen zu sehen, welche als Gegenleistung für ihre Mithilfe geleistet wird, um den Unternehmen Anreiz für eine Kooperation zu bieten.

e. *Recommendation on Competition Assessment*

Der Hintergrund dieser Empfehlung ist der Grundgedanke, dass die wettbewerbsrechtliche Bewertung staatlicher Regelungen ein wichtiger Schritt für die Beseitigung der Wettbewerbsbeschränkungen ist. Dementsprechend wird den Staaten Folgendes empfohlen: (i) die Ermittlung dieser Vorschriften (ii) die Überprüfung der wettbewerbsbeschränkenden öffentlichen Politik bzw. die Überprüfung von staatlichen Maßnahmen und (iii) die Entwicklung der alternativen Politiken, die sich weniger auf den Wettbewerb auswirken.

f. *Recommendation concerning Structural Separation in Regulated Industries*

Die Empfehlung ruft die Staaten dazu auf, die strukturelle Trennung der Unternehmen, die in den durch den Staat regulierten Bereichen Dienstleistungen und Produkte bieten, zu berücksichtigen. Eine strukturelle Trennung kann erforderlich sein, um den Markteintritt von Wettbewerbern nicht zu behindern. Es wird empfohlen, Kosten und Vorteile der strukturellen und verhaltensbezogenen Maßnahmen zu bewerten, besonders im Rahmen der Privatisierung, Liberalisierung und Regelungsreform.

g. *Recommendation on Fighting Bid Rigging in Public Procurement*

Zentraler Bestandteil dieser Empfehlung ist der im Jahr 2009 von der OECD erstellte Leitfaden zur Bekämpfung von Angebotsabsprachen im öffentlichen Beschaffungswesen. Die Empfehlung fordert eine Verbesserung der Beschaffungsgesetze und ihrer Durchsetzung. Darüber hinaus werden auch verschiedene Formen der Angebotsabsprachen erklärt, darunter höhere Scheinangebote, Angebotsausschaltung und Angebotswechsel. Ferner wird die Intensivierung des Bieter-Wettbewerbs empfohlen. Hierzu zählt unter anderem die Reduzierung der Kommunikationsmöglichkeiten der Bieter miteinander, die Transparenz und die elektronischen Bietersysteme. Sie weist weiter auf die Verbesserung der Maßnahmen zur Aufdeckung der Angebotsabsprachen, unabhängige Überprüfung der Angebotsbeschreibungen und Schaffung eines engen Austauschs zwischen den Vergabestellen und den Wettbewerbsbehörden hin.[366]

---

366 Zu diesem Abs., *Stein/Huttenlauch*, NZBau 12 (2016), 728-734.

h. Recommendation concerning International Co-operation on Competition Investigations and Proceedings

Diese Empfehlung, die erst im Jahr 1967 verabschiedet und danach mehrfach aktualisiert worden ist, fordert die Staaten zur Weiterentwicklung ihrer Wettbewerbsgesetze auf und für übliche Verfahrensweisen zu sorgen sowie die zwischenbehördliche Kooperation voranzutreiben. Sie enthält zwei Abschnitte. Zum einen den Abschnitt, der die Schaffung nationaler Regeln für einen reibungslosen Austausch vertraulicher Informationen fördert, ohne vorherige Zustimmung der Informationsquelle zu sorgen. Zum anderen einen Abschnitt, der eine Kooperation in Form von Amtshilfe im Rahmen der Untersuchungen fördert, einschließlich der Ausführung der Überfälle und der Zeugenanhörung im Auftrag einer anderen Wettbewerbsbehörde.[367]

i. Recommendation concerning Effective Action against Hard Core Cartels

Die ursprünglich im Jahr 1998 veröffentlichte und im Jahr 2019 überarbeitete Empfehlung über die *Hard-Core*-Kartellen betrifft die den Wettbewerb intensiv beschränkenden Vereinbarungen zwischen Unternehmen so wie die horizontalen Preisabsprachen und Marktaufteilungen. Hingegen fallen aus dem Anwendungsbereich dieser Empfehlung andere wettbewerbsbeschränkenden Vereinbarungen heraus, so wie nationale Ausnahmen und Importboykotte, die den Wettbewerb in anderen Staaten beeinträchtigen. Die Empfehlung legt Mindeststandards in Bezug auf die Bekämpfung von *Hard-Core*-Kartellen. Den Staaten wird empfohlen, *Hard-Core*-Kartelle für illegal zu erklären und den Opfern von Kartellen eine Entschädigung zu bieten. Es wird ferner die Einführung von Kronzeugenprogrammen, die Einsetzung proaktiver Kartellerkennungsinstrumente, die Einleitung der Kartelluntersuchungen, wobei Garantien zum Schutz der Anonymität der Informanten geboten werden, empfohlen. Darüber hinaus werden die Staaten angehalten: (i) die Zusammenarbeit ihrer Wettbewerbsbehörden mit anderen öffentlichen Einrichtungen zu ermöglichen und Garantien zum Schutz vor unangemessener Offenlegung zu gewährleisten, (ii) frühzeitige Fallbewältigungsinstrumente wie Klageverhandlungen und Vergleiche zu ermöglichen, (iii) die Bemühungen der Wettbewerbsbehörden zu unterstützen und (iv) Ausnahmen einzuschränken bzw. transparent zu machen und wirksame Sanktionen vorzusehen.

---

367 Siehe *Sanglard*, Die Volkwirtschaft 87 (11/2014), 38, 40.

j. Bewertung

Die meisten OECD-Empfehlungen befassen sich mit verfahrenstechnischen Aspekten der Zusammenarbeit oder der aktiven Einbeziehung der nationalen Wettbewerbsbehörden in den Gesetzgebungsprozess und nicht so sehr mit dem Inhalt. Im letzteren Bereich ist es schwieriger, einen Konsens zu erzielen als in Bezug auf die Zusammenarbeit. Die Empfehlungen betreffen im Allgemeinen Fragen, bei denen ein Kompromiss relativ leicht zu erreichen ist. Der OECD-Rat hat beispielsweise Empfehlungen zu *Hard-Core*-Kartellen angenommen, aber es existiert keine spezifische Empfehlung zu anderen Arten wettbewerbswidriger Verhaltensweisen.

2. International Competition Network

Das ICN, das sich ausschließlich mit dem Thema Wettbewerbsrecht befasst[368] und weitaus das größte Wettbewerbsnetzwerk ist,[369] wurde mit Unterstützung der USA am 25. Oktober 2001 eingerichtet.[370] Das ICN ist eine virtuelle Organisation ohne eigene Rechtspersönlichkeit.[371] Seine Mitglieder sind anstatt der Staaten die nationalen Wettbewerbsbehörden.[372] Das Leitbild des ICN besteht darin, sich für die Annahme der Normen und der Verfahren in der Wettbewerbspolitik auf der ganzen Welt einzusetzen, Vorschläge für verfahrenstechnische und inhaltliche Konvergenz zu formulieren und eine wirksame internationale Zusammenarbeit zu erleichtern.[373] Die Tätigkeit der Organisation erstreckt sich auf viele Bereiche, darunter die Prüfung von Fusionen, die

---

368 *Jakob/Held* in: von der Groeben/Schwarze/Hatje, Europäisches Unionsrecht, 2015, Nach Art. 109 AEUV Rn. 10.

369 Zurzeit hat das ICN über 130 Mitgliedbehörde, abrufbar unter: http://www.bundeskartellamt.de/DE/Internationales/InternationalCompetitionNetwork/internationalcompetitionnetwork_node.html (3.2.2022).

370 Memorandum on the Establishment and Operation of the International Competition Network, abrufbar unter: http://www.internationalcompetitionnetwork.otg/mou.pdf (3.2.2022).

371 *Jakob/Held* in: von der Groeben/Schwarze/Hatje, Europäisches Unionsrecht, 2015, Nach Art. 109 AEUV, Rn. 12; *Ezrachi,* Research Handbook on International Competition Law, 2012, S. 75; *Dowdle/Gillespie/Maher,* Asian Capitalism and the Regulation of Competition: Pushing Back on Globalization, 2013, S. 57.

372 *Jakob/Held* in: von der Groeben/Schwarze/Hatje, Europäisches Unionsrecht, 2015, Rn. 10.

373 ICN, abrufbar unter: http://www.internationalcompetitionnetwork.org/about.aspx (3.2.2022).

Durchsetzung von Anti-Kartellvorschriften, die Befürwortung des Wettbewerbs und die Umsetzung der Wettbewerbspolitik. Die Arbeitsergebnisse reichen von *recommended practices*,[374] Handbüchern zur Fallbearbeitung und Durchsetzung, Berichten, Gesetzes- und Regelvorlagen, Datenbanken, bis hin zu Toolkits und Workshops. Platzgründe erlauben vorliegend keine detaillierte Erläuterung über jede einzelne ICN-Empfehlung. Im Folgenden wird einen Überblick über die vordergründigen Themen des ICN gegeben. Eine ganz aktuelle Entwicklung ist die Annahme der *New Multilateral Framework on Procedures* durch das ICN.

a. *New Multilateral Framework on Procedures*

Im April 2019 verabschiedete das ICN einen multilateralen Rahmen für Verfahren zwischen den Kartellbehörden weltweit. Er basiert auf den Prinzipien des *Multilateral Framework on Procedures in Competition Law Investigation and Enforcement* der US-*Antitrust Division* aus Juni 2018.[375] Er steht allen nationalen, supranationalen und zollgebietsspezifischen Wettbewerbsbehörden auf der ganzen Welt zur Verfügung, unabhängig davon, ob sie ICN-Mitglied sind oder nicht. Er enthält Grundsätze, wie etwa die Nichtdiskriminierung, Transparenz und Vorhersehbarkeit, ordnungsgemäße Benachrichtigung, Zugang zu Informationen, rechtzeitiges Engagement und Gelegenheit zur Verteidigung, rechtzeitige Beilegung von Verfahren, Schutz der Vertraulichkeit, Vermeidung von Interessenkonflikten und öffentlicher Zugang zu Entscheidungen sowie Verfügbarkeit einer unabhängigen Überprüfung von Durchsetzungsentscheidungen.

---

374 Siehe ICN, Recommended Practices for Merger Notification and Review Procedures: ICN, Recommended Practices for Merger Analysis; ICN Recommended Practices on Competition Assessment; ICN, Predatory Pricing Analysis pursuant to Unilateral Conduct, Recommended Practices; ICN, State-Created Monopolies Analysis Pursuant to Unilateral Conduct Laws; ICN Unilateral Conduct Working Group, Dominance / Substantial Market Power Analysis Pursuant to Unilateral Conduct Laws, Recommended Practices. Die Liste der ICN-Empfehlungen ist abrufbar unter: https://www.internationalcompetitionnetwork.org/working-groups/icn-operations/icn-recs/ (3.2.2022).

375 Siehe US-Justizministerium, https://www.justice.gov/opa/speech/assistant-attorney-general-makan-delrahim-delivers-remarks-global-antitrust-enforcement; https://www.justice.gov/opa/pr/new-multilateral-framework-procedures-approved-international-competition-network und https://www.justice.gov/opa/press-release/file/1151631/download (3.2.2022.)

b. *Recommended Practices for Merger Notification and Review Procedures*

Diese Empfehlung behandelt die verfahrensrechtlichen Aspekte der Fusionsanmeldung und -überprüfung und befasst sich mit Themen so wie dem Zeitpunkt der Fusionsmeldung, Fristen oder Befugnisse der Wettbewerbsbehörde. Es wird empfohlen, nur die Transaktionen, die fähig sind, die Marktstruktur wesentlich zu verändern, zu berücksichtigen. Die ersten Meldepflichten sollten sich auf die für die Prüfung der Zuständigkeitsschwellen erforderlichen Informationen beschränken. Dabei sollten unnötige Kosten und Belastungen vermieden werden. Ferner wird auf die Bedeutung der verfahrensrechtlichen Fairness, der ausreichenden und rechtzeitigen Information, der Transparenz, des Vertraulichkeitsgrundsatzes, der öffentlichen Zugänglichkeit der (nichtvertraulichen) Information, auf die Zusammenarbeit der Wettbewerbsbehörden und auf die Möglichkeit zur Überprüfung der Entscheidungen der Wettbewerbsbehörde durch ein separates Schiedsgericht hingewiesen.

c. *Recommended Practices for Merger Analysis*

Diese Empfehlung behandelt die inhaltlichen Aspekte einer Fusionsanalyse und umfasst die Punkte, etwa die der rechtlichen Rahmenbedingungen, der Definition des Marktes, des Gebrauchs der Marktanteile, der Schwellenwerte und Vermutungen. Danach soll eine Fusionsanalyse nur solche Fusionen identifizieren, die den Wettbewerb erheblich beeinträchtigen könnten. Weiterhin werden Empfehlungen über die Wettbewerbsfolgenanalyse gegeben, deren Ziel die Feststellung ist, ob eine Fusion den Wettbewerb beeinträchtigen könnte, bzw. für die fusionierten Unternehmen eine Marktmacht schafft oder verbessert. Dabei soll geprüft werden, ob eine Fusion zu wettbewerbswidrigen einseitigen oder koordinierten Auswirkungen führen wird.

d. *Recommended Practices on Competition Assessment*

Die *recommended practices* zur Wettbewerbsbeurteilung sollen den Wettbewerbsbehörden bzw. den anderen staatlichen Stellen eine Orientierung hinsichtlich des wettbewerbsrechtlichen Bewertungsprozesses bieten und diese fördern. Sie beinhalten Empfehlungen zu allgemeinen Rahmenbedingungen des Bewertungsprozesses, solche wie die Schaffung eines positiven Umfelds für den Bewertungsprozess, die Transparenz des Verfahrens für die Durchführung der Bewertungen, die Politikauswahl bei der Bewertung, die Bewertung möglicher

Wirkungen auf den Wettbewerb und die Durchführung einer wettbewerbsrechtlichen Beurteilung.

e. *Predatory Pricing Analysis Pursuant to Unilateral Conduct Laws*

Das ICN empfiehlt folgende Verfahren für die Bewertung des Verdrängungswettbewerbs im Rahmen einseitiger Verhaltensregeln: Die Nutzung eines fest analytischen Rahmens; die Bewertung des relevanten Marktes zur Feststellung, ob die angeblichen Handlungen geeignet sind, den Wettbewerbsprozess zu verzerren; die Aufstellung einer Theorie des Schadens für den Test einseitigen Verhaltens; die Verwendung eines *Price-Cost*-Tests zur Feststellung, ob die Preisgestaltung fähig ist, effiziente Wettbewerber auszuschließen; die frühzeitige Feststellung, ob die Preise Wettbewerbsnachteile verursachen können; die Bewertung der Wettbewerbsbeeinträchtigung.

f. *State-Created Monopolies Analysis Pursuant to Unilateral Conduct Laws*

Das Ziel dieser Leitlinien besteht darin, die Interessen und Bedürfnisse der Wettbewerbsbehörden in Entwicklungsländern zu berücksichtigen, die häufig mit einseitigen Verhaltensweisen konfrontiert sind, die staatliche oder staatlich geschaffene Monopole oder privatisierte Unternehmen betreffen, die marktbeherrschend sind oder über erhebliche Marktmacht verfügen. Die natürlichen Monopole werden davon nicht erfasst. Danach sollen die Wettbewerbsbehörden den Wettbewerb durch Durchsetzungsmaßnahmen gegen wettbewerbsbeschränkendes einseitiges Verhalten von staatlich geschaffenen Monopolen schützen bzw. fördern und diese wie Privatunternehmen behandeln, indem sie eine Standard-Kartellanalyse verwenden, um ihre Marktmacht zu bewerten. Darüberhinaus werden Empfehlungen hinsichtlich der Rolle der Wettbewerbsbehörden zur Wettbewerbsvertretung vor der Regierung gegeben, etwa an der Planung einer Liberalisierung mitzuwirken.

g. *Dominance / Substantial Market Power Analysis Pursuant to Unilateral Conduct Laws*

Diese *best practices* dienen zur Beurteilung von Dominanz und erheblicher Marktmacht. Sie beziehen sich auf (i) den allgemeinen Rahmen, (ii) die Bewertungskriterien (wie zum Beispiel Marktanteile, Marktanteil *safe-harbours* / Indikatoren, Zugangsanalyse,), (iii) Dominanz / erhebliche Marktmachtbewertung in kleinen und / oder isolierten Wirtschaften und (iv) Transparenz und Vertraulichkeitsprinzip.

h. Andere Empfehlungen des ICN

Die anderen Empfehlungen des ICN umfassen Leitsätze für die Meldung und Überprüfung von Fusionen, Leitsätze zum Ermittlungsprozess, Leitsätze für verfahrensrechtliche Fairness bei der Durchsetzung der Wettbewerbsbehörden, Marktstudienleitsätze, den praktischen Leitfaden für die internationale Zusammenarbeit bei der Durchsetzung von Fusionen, das Modell des Verzichts auf Vertraulichkeit bei Fusionen, Feststellungen im Zusammenhang mit der technischen Unterstützung für neuere Wettbewerbsbehörden sowie empfohlene Praktiken über die Rolle des Wettbewerbs im Telekommunikationsdienst.

i. OECD / ICN Report on International Co-operation in Competition Enforcement

Eine aktuelle Entwicklung stellt der von dem ICN und der OECD erstellte erste gemeinsame Bericht aus dem Jahr 2021 dar.[376] Die wichtigsten Herausforderungen, die die internationale Zusammenarbeit bei der Durchsetzung von Gesetzen einschränken, werden in dem Bericht identifiziert: (i) rechtliche Beschränkungen, insbesondere in Bezug auf vertraulichen Informationsaustausch, Rechtshilfe und verstärkte Zusammenarbeit (ii) Ressourcen (iii) Koordinierung / Zeitplanung (iv) Vertrauen und Gegenseitigkeit und (iv) praktische Fragen wie Sprache, Zeit usw.

Der Bericht enthält auch Vorschläge für künftige Schwerpunktbereiche. Dazu gehören: (i) Entwicklung weiterer Arbeitsprodukte und Netzwerke für die Zusammenarbeit bei der Durchsetzung von Gesetzen, (ii) Verbesserung von Transparenz und Vertrauen, (iii) Bereitstellung politischer und praktischer Unterstützung für die weitere Entwicklung einer wirksamen regionalen Zusammenarbeit bei der Durchsetzung des Wettbewerbsrechts und (iv) Beseitigung von materiellen und rechtlichen Hindernissen für die Zusammenarbeit.

---

376 Siehe https://www.internationalcompetitionnetwork.org/wp-content/uploads/2021/01/OECD-ICN-Report-on-International-Co-operation-in-Competition-Enforcement.pdf (3.2.2022).

j. Bewertung

Wie ausgeführt, fokussieren sich die Empfehlungen des ICN auf die Themen Fusionen, Monopole und Regelungen in bestimmten Sektoren, nicht jedoch auf das Thema der Subventionen, welches auch ein Teil des Wettbewerbsrechts ist. Die vom ICN erlassenen Empfehlungen und Leitlinien sind für die Wettbewerbsbehörde und Regierungen nicht rechtsverbindlich. Sie sind weitgehend verfahrensbezogen und informativ (wie zum Beispiel Kapazitätsaufbau in Wettbewerbsbehörden in Entwicklungsländern oder *competition advocacy*). Die Empfehlungen sind meistens ausführlich verfasst. Der Detaillierungsgrad der Empfehlungen würde zum Inhalt eines etwaigen globalen Abkommens nicht passen. Jedoch ist das Vorliegen dieser detaillierten Empfehlungen für die Staaten, die neue Wettbewerbsgesetze erlassen möchten oder schon bestehende Wettbewerbsgesetze weiter entwickeln möchten, vorteilhaft. Sie können bei der Ausarbeitung der nationalen Gesetze genutzt werden.

III. Ergebnis

Aus der oben vorgenommenen Untersuchung ergibt sich, dass bis in die 1980er Jahre die UN und die OECD die einzigen zwei Einrichtungen waren, die sich mit Fragen der Wettbewerbspolitik und des -rechts befassten. In den 1990er Jahren mit der Gründung der WTO und im Jahr 2001 mit der Gründung des ICN sind heute insgesamt vier internationale Organisationen tätig, die sich intensiv mit dem Thema Wettbewerbspolitik befassen. Jedoch sind die außerhalb der WTO veröffentlichten Empfehlungen, Leitfäden und Leitlinien für die Staaten, wie dargestellt, rechtlich unverbindlich und im besten und günstigsten Fall nur moralisch bindend. Auch die Nicht-Mitglieder der infrage stehenden Organisationen sind eingeladen, sich den Empfehlungen, Leitfäden und Leitlinien anzuschließen. Dies wird auch auf der offiziellen Webseite der OECD ausdrücklich genannt. Den Mitglied- und Nicht-Mitgliedstaaten steht es jedoch frei, sich den Empfehlungen, Leitfäden und Leitlinien nicht anzuschließen und einen anderen Weg für die Behandlung internationaler wettbewerbsrechtlicher Probleme zu wählen. Mit der lediglich moralischen Verpflichtung muss keine Wirkungslosigkeit des *Soft Law* einhergehen. Jedoch ist die Wahl einer „Empfehlung" als Rechtsinstrument zur Behandlung dieses Themas, anstelle eines „Beschlusses" oder „International Agreeement", der für die OECD-Mitglieder rechtsverbindlich ist, bemerkenswert.

Die innerhalb der WTO regulierten wettbewerbsbezogenen Regelungen sind dagegen für alle WTO-Mitglieder rechtlich bindend, auch wenn sie in unterschiedlichen Abkommen verteilt sind und nicht in einem einzigen Abkommen zusammengefasst sind. Verstöße der WTO-Mitglieder gegen die WTO-Verpflichtungen können vor das DSB gebracht werden. Die Mitglieder können unter Umständen dazu aufgefordert werden, ihre nationalen Gesetze mit dem WTO-Verpflichtungen in Einklang zu bringen und gegebenenfalls zu ändern.

§ 5. Der potenzielle Beitrag der WTO-Rechtsprechung zur Entwicklung des internationalen Wettbewerbsrechts

I. Einführung

Die WTO-Wettbewerbsrechtsprechung im Sinne dieser Dissertation bezieht sich auf Berichte und Beschlüsse des Panels und des *Appellate Body*, die einen wettbewerbsrechtlichen Bezug haben. Gemeint sind solche Berichte und Beschlüsse des DSB, bei denen

- die WTO-Mitglieder zur Verhinderung bestimmter wettbewerbsbeschränkender Verhaltensweisen gezwungen sind,
- die WTO-Mitglieder verpflichtet sind, für die Abmilderung der Auswirkungen bestimmter wettbewerbsbeschränkender Verhaltensweisen zu sorgen,
- die WTO-Mitglieder sich zur Sicherstellung verpflichten, dass die privaten Unternehmen in ihrem Hoheitsgebiet sich WTO-rechtsgemäß verhalten werden, zum Beispiel die Telekommunikationsfälle,
- das WTO-Recht ein wettbewerbsrechtliches innenpolitisches Thema umfasst.[377]

Zusammengefasst umfasst die WTO-Wettbewerbsrechtsprechung alle Berichte und Beschlüsse des Panels und des *Appellate Body*, bei denen die Existenz von zumindest einer wettbewerbsbeschränkenden Verhaltensweise, das Fehlen eines durch das WTO-Recht vorgesehenen privaten Wettbewerbsverhaltens oder bestimmte Themen, die in den Geltungsbereich des nationalen Wettbewerbsrechts fallen, diskutiert werden.[378]

Wie ausgeführt, schafft das WTO-Recht keine Verpflichtungen für private Personen oder Unternehmen. Daher stützen sich die Berichte bzw. Beschlüsse des Panels bzw. *Appellate Body* auf die Feststellung, dass ein WTO-Mitglied gegen das WTO-Recht verstoßen hat und es sich dabei nicht um eine private Person oder ein privates Unternehmen handelt. Dies hat aber zur Folge, dass das in Rede stehende private Marktverhalten, das gegen das WTO-Recht verstoßen hat, durch die Umsetzung der Berichte und Beschlüsse des judikativen

377 Vgl. *Alvarez-Jimenez*, Northwestern J. of Int. Law & Business 24 (2004), 441, 442.
378 Siehe Fn. oben.

WTO-Organs geändert werden soll. Somit haben diese Berichte und Beschlüsse, wenn auch nur mittelbar, eine Auswirkung auch auf privates Marktverhalten.

Der Begriff „Wettbewerb" wurde in den Panelberichten ab dem Jahr 1973 im Rahmen des Art. 1, 3, 6, und 17 GATT 1947 genutzt.[379] Ab dem Jahr 1983 wurden die wettbewerbsbeschränkenden Verhaltensweisen Staatsangehöriger der Mitglieder in den Panelberichten berücksichtigt.[380] Zum Beispiel hat Kanada im Fall *Newsprint*[381] vorgebracht, dass die Entscheidung der EU über die Begrenzung des Exports bezüglich der Zeitungspapiere die kanadischen Exporteure an der Beteiligung an dem Wettbewerb hindere.

Die wettbewerbsrechtliche WTO-Rechtsprechung entstand erstmals mit der Entscheidung des Panels im Fall *Kodak – Fuji* und setzte sich mit den Berichten des Panels und des *Appellate Body* in *US Anti – Dumping Act of 1916* und dem Panelbericht in *Argentina – Bovine Hides Leather* fort.[382] In diesem Kontext soll im Folgenden erst ein höchst kontroverses Thema, die Legitimation des WTO-Streitbeilegungsverfahrens, untersucht werden.

II. WTO-Streitbeilegungssystem – kurze Übersicht

Das im Jahr 1995 eingeführte WTO-Streitbeilegungssystem wurde von *Renato Ruggiero*, ehemaliger Generaldirektor der WTO, mit den folgenden Worten beschrieben:

> *"One success that stands out above all the rest is the strengthening of the dispute settlement mechanism. This is the heart of the WTO system. Not only has it proved to be credible and effective with dealing with the disputes, it has helped resolve a significant number of disputes at consultation stage. Furthermore, developing countries have become major users of the system, a sign of their confidence in it which was not so apparent under the old system."*[383]

Das System wird oft als „*der Juwel in der Krone*" bezeichnet, was auch von *Lamy*, damaliger Generaldirektor der WTO, bestätigt wurde.[384] Die Beschreibungen

---

379 Panelbericht, *Royaume Uni – Contingents dollar*, 30.7.1973, L/3891 20S/36.

380 *Thiébaut*, Revue du Marché Commun et de l'Union Européenne Nr. 425, 1999, 121-127 und Nr. 429, 1999, 401-413.

381 GATT-Panelbericht, *EU – Newsprint*, 20.8.1984, L/5690 31S/114.

382 Siehe § 4.

383 Aussage v. *Ruggiero* (WTO-Generaldirektor) in dem Bericht v. 30.9.1996, WTO Focus, Newsletter, 7-8/1996, S. 7; abrufbar unter: https://www.wto.org/spanish/res_s/focus_s/focus12_e.pdf (3.2.2022).

384 WTO, Presse-Mitt. v. 6.8.2009, WTO Disputes Reach 400 Mark, PRESS/578, abrufbar unter: https://www.wto.org/english/news_e/pres09_e/pr578_e.htm (3.2.2022).

weisen auf die verstärkte Legalisierung des WTO-Streitbeilegungssystems im Vergleich zu seinem Vorgänger GATT hin. Seit 1995 wurden 607 Streitfälle vor das WTO-Streitbeilegungsorgan gebracht (Stand: Dezember 2021).[385]

Das WTO-Streitbeilegungssystem, welches seine Grundlage im DSU findet, unterscheidet die WTO von den meisten anderen internationalen Organisationen dadurch, dass das DSB wirtschaftliche Gegenmaßnahmen gegen eine Regierung, die ihren WTO-Verpflichtungen nicht nachkommt, genehmigen kann. Das Streitbeilegungssystem der WTO ist, wie erwähnt, das erste obligatorische Verfahren zur Schlichtung zwischenstaatlicher Fälle innerhalb einer internationalen Organisation. Es wird teilweise als gerichtliches Verfahren bzw. internationales Handelsgericht angesehen.[386] Teilweise wird es als gerichtsähnliches System eingeordnet.[387] Letzterer Auffassung ist zuzustimmen: Das WTO-Streitbeilegungsverfahren ist in dem Art. 1 DSU unter dem WTO-System als ein gerichtsähnliches Verfahren charakterisiert worden. Durch die WTO wurde ein internationales gerichtshofsähnliches Organ eingerichtet, durch das über einen Streit zwischen ihren Mitgliedern entschieden wird. Diese gerichtsähnliche Struktur ist mit hoher Autorität ausgestattet, sodass es für die WTO-Mitglieder schwierig ist, eine abweichende Entscheidung zu treffen und zu rechtfertigen.[388]

Nach Art. 6 Abs. 1 DSU hat das WTO-Streitbeilegungssystem eine obligatorische Zuständigkeit („*shall*"). Die WTO-Mitglieder haben sich im Rahmen WTO-Ü bzw. Art. 23 Abs. 1 DSB darauf geeinigt, ausschließlich das WTO-Streitbeilegungssystem zu nutzen, um ihre WTO-bezogenen Handelsstreitigkeiten mit anderen WTO-Mitgliedern beizulegen („*shall have recourse to*"). Sollten

---

385 WTO, abrufbar unter: https://www.wto.org/english/tratop_e/dispu_e/dispu_e.htm (3.2.2022).

386 *Matsushita*, DePaul Law Review 44 (1995), 1097, 1100, Fn. 31. So auch *Lock*, Das Verhältnis zwischen dem EuGH und internationalen Gerichten, 2010, S. 15.

387 *Bacchus*, Texas Int. Law J. 39 (2004), 401, 408: "*The Appellate Body is not [...] part of the global 'judiciary' that is confronting 'globalization.' We are not 'judges' on the Appellate Body. We are not part of a 'judicial' system. WTO dispute settlement is, technically, a 'quasi-judicial' system.*" So auch *Reusch*, Legitimation des WTO-Streitbeilegungsverfahrens, 2007, S. 12; *Dolle*, Streitbeilegung in Freihandelsabkommen, 2015, S. 296; *Mestmäcker/Schweitzer*, Europäisches Wettbewerbsrecht, 2014, § 34 Rn. 32; *Athen/Dörr* in: Grabitz/Hilf/Nettesheim, Das Recht der Europäischen Union, AEUV Art. 344 Rn 13; *Herrmann/Guilliard* in: Krenzler/Herrmann/Niestedt, EU-Außenwirtschafts- und Zollrecht, 2020, 130. Einleitung zur vertraglichen Handelspolitik Rn. 40.

388 Siehe zum Beispiel der Fall *US – Anti-Dumping Act of 1916* unter § 4, I.

sie dies nicht tun, unterliegen sie der Streitbeilegung der WTO. Die durch das DSB angenommenen Beschlüsse und Berichte sind für die WTO-Mitglieder rechtsverbindlich. Sollten sie sich nicht an die durch das DSB angenommenen Beschlüsse und Berichte halten, müssen sie mit Sanktionen rechnen, so wie dem Verlust der Vorteile früherer Handelszugeständnisse anderer WTO-Mitglieder, was sie zur Einhaltung der Beschlüsse und Berichte des WTO-Streitbeilegungssystems auffordert.

Darüber hinaus kann das WTO-Streitbeilegungsverfahren nur von den WTO-Mitgliedern und in der Regel nur gegen staatliche Maßnahmen eröffnet werden, wenn ihre Vorteile aus den WTO-Abkommen durch die Maßnahme eines anderen WTO-Mitglieds beeinträchtigt werden oder wenn eine Streitigkeit hinsichtlich der Auslegung oder des Betriebs eines WTO-Abkommens gem. Art. 3 Abs. 3 DSU entsteht und wenn bilaterale Verhandlungsversuche nach Art. 4 Abs. 2 und 7 DSU erfolglos geblieben sind. Die einem WTO-Mitglied zuzurechnenden Maßnahmen sind die Handlungen bzw. die Tätigkeiten aller staatlichen Organe auf allen regionalen Ebenen und sonstigen Untergliederungen der Regierungen, unabhängig davon, ob diese geschrieben oder ungeschrieben sind.[389]

Das System, wie unten näher erklärt, fordert die WTO-Mitglieder auf, ihre Streitigkeiten durch Konsultationen beizulegen, Art. 4 DSU. Sollte dies nicht funktionieren, dann können die WTO-Mitglieder im Rahmen des Art. 4 Abs. 7 DSU den WTO-Streitbeilegungsmechanismus einleiten, der die Möglichkeit eines Panelberichts und der Berufung des Panels einschließt, Art. 17 DSU. Die Entscheidungen der zuständigen Organe gehen von der Auslegung der WTO-Abkommen und der individuellen Verpflichtungen der WTO-Mitglieder aus. Die WTO-Mitglieder sind völkerrechtlich verpflichtet ihre nationalen Rechtsvorschriften in Abstimmung mit dem WTO-Recht zu bringen bzw. die Entscheidungen des DSB in ihrer nationalen Gesetzgebung umzusetzen, Art. 16 Abs. 4 WTO-Ü.

1. Die Streitbeilegungsorgane der WTO

Das WTO-Recht kennt im Wesentlichen drei Organe der Streitbeilegung.

389 WTO, A Handbook on the WTO Dispute Settlement System, 2017, S. 40, 42.

a. Streitbeilegungsgremium

Das DSB, das sich aus als DSB tagenden Vertretern aller Mitglieder der WTO zusammensetzt, hat die Aufgaben, unter anderem das Streitbeilegungsverfahren durchzuführen, die Streitigkeiten zwischen den WTO-Mitgliedern zu überwachen, Panels einzusetzen, Berichte des Panels und des *Appellate Body* anzunehmen, Umsetzung von Entscheidungen zu überwachen und gegebenenfalls die Aussetzung von Konzessionen gem. Art. 2 DSU zu genehmigen. Auch die Festlegung der von dem DSB als notwendig erachteten Verfahrensregeln fällt in die Zuständigkeit des DSB.[390] Außerdem bietet das DSB ein Forum für die WTO-Mitglieder, ihre Meinungen zu vertreten, Stellungnahmen über die in den Berichten festgehaltenen rechtlichen Auslegungen und Begründungen des Panels und *Appellate Body* einzuräumen.[391] Es funktioniert auf der Basis des negativen Konsens, das heißt, das DSB darf gem. Art. 17 Abs. 14 DSU die Annahme der Berichte des Panels und des *Appellate Body* nur dann verweigern, wenn alle Mitglieder des DSB damit einverstanden sind.

b. Panel

Die Panels sind gerichtsähnliche Organe, die die Streitigkeiten zwischen den WTO-Mitgliedern im ersten Rechtszug regeln.[392] Nach Art. 8 Abs. 1 DSU bestehen die Panels aus den auf *Ad-hoc*-Grundlage ausgewählten unabhängigen Experten bzw. aus hochqualifizierten Einzelpersonen, die auf dem Bereich des internationalen Handelsrechts anerkannt sind und die unabhängig von jeglichem Staat oder Organisation handeln. Dies bedeutet, dass für jeden Streit ein anderes Panel ausgewählt wird, also dass kein ständiges Panel bei der WTO vorhanden ist.[393] Am Ende eines Streitbeilegungsverfahrens erstellt das Panel einen „Bericht" (nicht als „Entscheidung" bezeichnet).

Art. 17 DSU bestätigt die Zuständigkeit der Panels für die Entwicklung von Rechtsauslegungen. Die Aufgaben des Panels sind unter dem Art. 11 DSU zu finden. Die Auswahl der Panelmitglieder erfolgt durch die Streitparteien, Art. 8 DSU.

---

390 Ein guter Bespiel ist die Festlegung der Fristen, die im DSU nicht vorgesehen werden, *Müller-Holyst*, The WTO Dispute Settlement Body in: Marceau, A History of Law and Lawyers in the GATT/WTO: The Development of the Rule of Law in the Multilateral Trading System, 2015, S. 265.

391 *Palmeter/Mavroidis*, Dispute Settlement in the World Trade Organization: Practice and Procedure, 2004, S. 15; *Müller-Holyst*, siehe Fn. oben.

392 WTO, A Handbook on the WTO Dispute Settlement System, 2017, S. 29.

393 *Weiss* in: Tietje, Internationales Wirtschaftsrecht, 2015, S. 903.

Jedoch, nach dem Art. 8 Abs. 4, 5 und 6 DSU kommt dem Sekretariat hinsichtlich der Nominierung der Panelmitglieder ein Vorschlagsrecht zu, diese wählt es aus einer Liste aus. Dies gibt Anlass zur Kritik an dessen Legitimation aufgrund der Einflussmöglichkeit des Sekretariats auf die Entwicklung des Rechts.[394] Gem. Art. 8 Abs. 6 DSU dürfen die Panelmitglieder aus zwingenden Gründen zurückgewiesen werden. Auf Antrag eines Entwicklungslandes, das eine Streitpartei ist, muss ein Panelmitglied aus einem Entwicklungsland stammen, Art. 8 Abs. 10 DSU. Diese Vorschrift stellt ein gutes Beispiel für die besondere und differenzierte Behandlung der Entwicklungsländer im WTO-System dar.

c. *Appellate Body*

Die Schaffung des *Appellate Body* stellt eine der wesentlichsten Änderungen im Rahmen der WTO gegenüber dem GATT-Streitbeilegungsverfahren 1947 dar. Der *Appellate Body* ist das *„ständige Rechtsmittelgremium“* des WTO-Streitbeilegungsmechanismus.[395] Er stellt *„keine zweite Tatsacheninstanz“*[396] dar, sondern eine völkerrechtliche Revisionsinstanz,[397] anders gesagt die letzte Rechtsinstanz für die Auslegung der WTO-Abkommen.[398] Der *Appellate Body* setzt sich aus sieben hoch qualifizierten Personen zusammen, die für vier Jahre vom DSB ernannt werden, gem. Art. 2 Abs. 4 und Art. 19 Abs. 1 und 3 DSU.[399]

---

394 *Reusch,* Die Legitimation des WTO-Streitbeilegungsverfahrens, 2007, S. 201.

395 *Schöbener/Herbst/Perkams*, Internationales Wirtschaftsrecht, 2010, S. 213.

396 *Schroeder/Schonard*, RIW 9 (2001), 658, 658.

397 *Tietje,* Ein internationales Handels- und Investitionsgericht für CETA (und TTIP)?, Policy Papers on Transnational Economic Law, 3/2015, Nr. 42, S. 9, abrufbar unter: http://telc.jura.uni-halle.de/sites/default/files/PolicyPaper/PolicyPaper_No42.pdf (3.2.2022). Der Unterschied zu einer echten Revisionsinstanz, dass ihr die Möglichkeit einer Züruckweisung fehlt, *Herrmann/Guilliard* in: Krenzler/Herrmann/Niestedt, EU-Außenwirtschafts- und Zollrecht, 2020, 130. Einleitung zur vertraglichen Handelspolitik Rn. 40.

398 Ausf. dazu *Kelly*, Northwestern J. of Int. Law & Business 22 (2002), 353, 353 ff. Laut *Weiler* ist der *Appellate Body* ein Gericht, in: JWT 35 (2001), 191, 200. Auch *Reusch* bezeichnet lediglich der *Appellate Body* als ein Gericht in: Legitimation des WTO-Streitbeilegungsverfahrens, 2007, S. 116 ff.

399 Seit Juli 2017 haben die USA die Ernennung neuer Mitglieder blockiert, was zu einer steigenden Zahl offener Stellen geführt hat. Gegenwärtig ist der *Appellate Body* auf weniger als sieben Personen reduziert. Die Kritik der USA beziehen sich u.a. auf die Rechtzeitigkeit der Berichte, die Befolgung der Präzedenzfälle, die Nichteinhaltung der Amtszeitbeschränkungen der Mitglieder des *Appellate Body.* Ausf. dazu siehe *Lehne*, Crisis at the WTO: Is the Blocking of Appointments to the WTO Appellate

Er ist also, im Gegensatz zum Panel, ein ständiges Organ der WTO und damit eine dauerhafte Einrichtung.

Gem. Art. 17 Abs. 3 DSU sollen den Mitgliedern des *Appellate Body* Personen angehören, die über ausgewiesene juristische Fachkenntnisse und Kompetenz im jeweiligen Fachgebiet verfügen. Sie sollen keiner Regierung nahestehen. Die Hauptaufgabe des *Appellate Body* ist die Überprüfung rechtlicher Aspekte der Panelberichte, falls und wenn sie angerufen werden, gem. Art. 16 und 17 DSU, die Gewährleistung einheitlicher Anwendung und der Interpretation des WTO-Rechts und dadurch die „*Schaffung von Sicherheit und Vorhersehbarkeit in dem multilateralen Handelssystem*", gem. Art. 3 Abs. 2 DSU.

2. Streitbeilegungsverfahren

Das Streitbeilegungsverfahren der WTO umfasst vier Phasen: (i) das Konsultationsverfahren, (ii) die Beurteilung durch die Panels, (iii) erforderlichenfalls Rechtsmittelverfahren vor dem *Appellate Body* und (iv) das Implementierungsverfahren, also die Umsetzung der Beschlüsse und Berichte.[400]

Das Konsultationsverfahren ist – soweit nichts anderes durch die Parteien nach Art. 25 Abs. 2 DSU bestimmt wird – nach dem Art. 4 DSU eine rechtliche Voraussetzung,[401] um eine Streitigkeit im Rahmen des Streitbeilegungssystems der WTO schlichten zu können. Die Einsetzung eines Panels, welche nach Art. 6 Abs. 1 DSU vom DSB nur durch Konsens abgelehnt werden kann, kann nur von den WTO-Mitgliedern und erst dann beantragt werden, wenn eine Streitigkeit gem. Art. 4 Abs. 7 DSU nicht innerhalb von sechzig Tagen durch Konsultationen beigelegt wird. Dies bedeutet, dass weder dem WTO-Sekretariat von Amts wegen noch den Wirtschaftsteilnehmern das Recht zur Einleitung eines Panelverfahrens zukommt. Solange gem. Art. 16 Abs. 4 DSU der Panelbericht nicht einstimmig abgelehnt oder kein Rechtsmittel von der unterliegenden Partei eingelegt wird, wird der Panelbericht durch den DSB angenommen. Die Berichte des Panels und *Appellate Body* haben keine Rechtskraft, es sei denn, sie werden

---

Body by the United States Legally Justified?, 2019, S. 15 ff. Trotzdem wurden im Jahr 2018 mehr Konsultationsanträge eingereicht als in jedem anderen Jahr seit 1998, siehe WTO, abrufbar unter: https://www.wto.org/english/tratop_e/dispu_e/dispustats_e.htm (3.2.2022). Dies deutet darauf hin, dass die WTO-Mitglieder das Streitbeilegungssystem weiterhin als ein wirksames Instrument zur Beilegung v. Streitigkeiten betrachten.

400 *Weiss* in: Tietje, Internationales Wirtschaftsrecht, 2015, S. 899 f.

401 Bericht des Appellate Body, *USA – Upland Cotton*, WT/DS267/AB/R, Rn. 287.

vom DSB angenommen.[402] Gegen die Panelberichte kann Berufung vor dem *Appellate Body* eingelegt werden. Das DSB kann die durch den Panelbericht behandelten Rechtsfragen, Rechtsansichten des Panels und rechtliche Auslegung der WTO-Vorschriften gem. Art. 17 Abs. 6 DSU durch das Panel prüfen.[403] Auf diese Weise werden die Panelberichte durch eine höhere Instanz rechtlich kontrolliert.

Die Streitparteien sind gehalten, eine WTO-rechtskonforme Situation herbeizuführen bzw. die Berichte und Beschlüsse des DSB sofort oder in einem angemessenen Zeitraum gem. Art. 21 Abs. 1 und 3 DSU umzusetzen. Sollte die Umsetzung nicht in diesem Zeitraum stattfinden, kommt dem Beschwerdeführer das Recht zu, nach Art. 22 Abs. 2 DSU bis zur endgültigen Erfüllung eine Kompensation zu verlangen. Dabei kann das DSB bei Nichteinhaltung der infrage stehenden Berichte und Beschlüsse für die obsiegende Partei eine Genehmigung zur Aussetzung von Handelszugeständnissen nach Art. 2 und 22 Abs. 3 (b), (c) DSU erteilen.

III. Legitimation des WTO-Streitbeilegungsverfahrens

Legitimation lässt sich beschreiben als ein Vorgang der Rechtfertigung der Autorität.[404] Er wird auch als eine Eigenschaft definiert, die Menschen (oder Staaten) dazu bringt, Autorität unabhängig von Zwang, Eigeninteresse oder rationaler Überzeugung zu akzeptieren – wegen des allgemeinen Sinns, dass die Autorität gerechtfertigt ist.[405]

Legitimität bietet eine theoretische Perspektive, mit der die Arbeit internationaler Gerichte bzw. gerichtsähnlicher Systeme bewertet werden kann.[406] Wenn es ihnen an gerechtfertigter Autorität mangelt, wird auch ihre Interpretation des WTO-Rechts hinterfragt. Wenn aber die Autorität bzw. Berechtigung gerechtfertigt ist, gelten auch diese internationalen Gerichte als gerechtfertigt.[407]

---

402 *Pauwelyn*, Who Decides Matters: The Legitimacy Capital of WTO Adjudicators versus ICSID Arbitrators, in: *Cohen/Grossman/Follesdal/Ulfstein*, Legitimacy and International Courts, 2018, S. 225.

403 *Van den Bossche/Zdouc*, The Law and Policy of the World Trade Organization, 2017, S. 237 ff.

404 *Bodansky*, AJIL 93 (1999), 596, 601. Siehe auch *Reusch*, Legitimation des WTO-Streitbeilegungsverfahrens, 2007, S. 36 m.w.N.

405 *Bodansky*, AJIL 93 (1999), 596, 600.

406 *Cohen/Grossman/Follesdal/Ulfstein*, Legitimacy and International Courts, A Framework in: *Cohen /Grossman/Follesdal/Ulfstein*, Legitimacy and International Courts, 2018, S. 2.

407 *Grossmann*, The George Washington Int. Law Review 41 (2009), 107, 107 und 115.

Zusammengefasst lässt sich sagen, dass die legitime Autorität eine gerechtfertigte Autorität ist.[408] Wie *Weber* betonte, je mehr eine Institution als legitim wahrgenommen wird, desto stabiler und effektiver wird sie sein.[409] Eine Reihe von Faktoren tragen zur Legitimität des WTO-Streitbeilegungsverfahrens bei, die im Folgenden erläutert werden.

1. Institutionelle Legitimation des WTO-Streitbeilegungsverfahrens

a. Input-Legitimation

Die Input-Legitimation enthält zwei Aspekte: Der erste Aspekt betrifft die völkerrechtliche Ebene, welche für den Abschluss eines Abkommens (DSU) den Konsens der Vertragsstaaten (WTO-Mitglieder) benötigt. Hier ist auch der Ablauf der Abkommensverhandlungen wichtig.[410] Bei den Verhandlungen der Uruguay-Runde hat das DSU sogar von den Entwicklungsländern große Zustimmung erhalten.[411]

Der zweite Aspekt der Input-Legitimation betrifft die innerstaatliche Ebene, welche mit der demokratischen Rückanbindung der Regierungen zu bewerten ist. Dies bedeutet, dass der völkerrechtliche Konsensus der Regierung nur dann gültig ist, wenn die politische Herrschaftsgewalt der Regierung sich von dem Volk herleitet und rechtfertigt. Bekanntermaßen wurden die Verhandlungen der Uruguay-Runde bzw. die Verhandlungen des DSU nicht durch ein vom Volk gewähltes Parlament, sondern durch die Exekutive in Form von Diplomaten und Experten geführt. Die Kommunikation zwischen den Verhandlungsführern und den nationalen Öffentlichkeiten war eher schwach. Die Öffentlichkeit wurde von den Verhandlungsabläufen ausgeschlossen. In vielen Staaten wurde das Volk auch nicht über den Verlauf bzw. die Verhandlungsoptionen ausreichend informiert. Diese fehlende Transparenz während der Verhandlungsabläufe schadet der Input-Legitimation völkerrechtlicher Verträge bzw. des DSU. Ferner ist die Legitimationskraft des Ratifikationsverfahrens des DSU schwach, da das Parlament das DSU entweder im Ganzen akzeptieren oder ablehnen und

408 *Bodansky*, AJIL 93 (1999), 596, 601.

409 *Weber*, Economy and Society in: Roth/Wittich, Economy and Society, 1978, S. 31.

410 *Krajewski*, JWT 35 (2001), 167, 168 ff.

411 Zu diesem Abs., *Reusch*, Legitimation des WTO-Streitbeilegungsverfahrens, 2007, S. 130 und 135.

keine Modifikationen vornehmen kann. Aus den oben genannten Gründen zeigt sich die Input-Legitimation insbesondere auf innerstaatlicher Ebene schwach.[412]

b. Output-Legitimation

Die Output-Legitimation betrifft die Frage, ob es zur friedlichen Streitbeilegung, Stabilität, Rechtssicherheit, Zuverlässigkeit und Berechenbarkeit der Welthandelsordnung beiträgt. Die vom judikativen WTO-Organ erlassenen Beschlüsse und Berichte tragen zur Auslegung und Konkretisierung der WTO-Vorschriften bei, welche im Endeffekt zur Rechtssicherheit und Berechenbarkeit des WTO-Rechts führt. Auch die vor dem DSB vorgelegten Beschwerden reflektieren das Vertrauen der WTO-Mitglieder an das WTO-Streitbeilegungsverfahren, wenngleich ein bilaterales Wettbewerbsabkommen zwischen den Streitparteien existiert.[413]

Aus den oben genannten Gründen ist die Output-Legitimation des WTO-Streitbeilegungsverfahrens stark geprägt. Auch nach der h.M. ist der WTO-Streitbeilegungsmechanismus effektiv.[414] Er wird sogar von manchen als zu stark betrachtet.[415]

2. Rationell-prozedurale Legitimation des WTO-Streitbeilegungsverfahrens

a. Personell-organisatorische Legitimation

Personell-organisatorische Legitimation eines gerichtlichen bzw. gerichtsähnlichen Verfahrens betrifft die Selektion (die demokratische Rückanbindung

---

412 Zu diesem Abs. und ausf. zur Input-Legitimation, *Reusch*, Legitimation des WTO-Streitbeilegungsverfahrens, 2007, S. 130 ff., 173 und 276.

413 Zu diesem Abs., *Reusch*, Legitimation des WTO-Streitbeilegungsverfahrens, 2007, S. 276 f. und 172. Siehe zum Beispiel Fall *US – Anti-Dumping Act of 1916*, WT/DS136/R.

414 Zum Beispiel *Steger*, The Struggle for Legitimacy in The WTO, in: Steger, Peace through Trade: Building the World Trade Organisation, 2004, S. 111-112; *Bäumler* in: Krenzler/Herrmann/Niestedt, EU-Außenwirtschafts- und Zollrecht, 2020, 131a Rn. 206.

415 *Lamy*, The Multilateral Trading System and Global Governance, Speech/01/587 v. 27.8.2001: „*The WTO has a [...] very strong (some would say too strong) dispute settlement system, but its rule-making machinery is heavy-handed and indeed sometimes chaotic decisions reached by consensus [...].*" abrufbar unter: http://europa.eu/rapid/press-release_SPEECH-01-587_en.htm (3.2.2022).

der Ernennung) und Kontrolle der Organe, die die Entscheidungen treffen, ihre Rechtsstellung sowie Selbstständigkeit, Unvoreingenommenheit, Kompetenz und Zuständigkeit. Die Repräsentativität der Mitglieder des Panels und des *Appellate Body*, ihre Bestellung, Beteiligungsmöglichkeiten dritter und Einhaltung rechtsstaatlicher Verfahrensgrundsätze sind weitere Punkte zu berücksichtigen.[416]

Die oben genannten Merkmale sollen im Hinblick auf die Entscheidungsträger der WTO untersucht werden: Der Prozessablauf findet unter Ausschluss sowohl politischer WTO-Organe als auch der WTO-Mitglieder statt. Obwohl das WTO-Sekretariat gem. Art. 27 DSU dazu verpflichtet ist, das Panel zu unterstützen, bleibt die organisatorische Unabhängigkeit des WTO-Streitbeilegungsverfahrens unberührt, da gem. Art. 6 Abs. 4 Satz 2 WTO-Ü die Entgegennahme und die Einholung der Instruktionen von keinem WTO-Mitglied erlaubt ist und da zwischen dem *Appellate Body* und dem WTO-Sekretariat sowieso eine sehr begrenzte Zusammenarbeit stattfindet.[417]

Die persönliche Unabhängigkeit der WTO-Entscheidungsträger wird in den Art. 8 Abs. 9, 11, 17, Art. 18 Abs. 1 und Art. 17 Abs. 3 und 8 DSU sichergestellt. Diese legen fest, dass die Panelmitglieder dem Panel lediglich in persönlicher Eigenschaft und nicht als Vertreter einer Regierung oder Organisation dienen. Außerdem wird festgestellt, dass die WTO-Mitglieder den Panelmitgliedern gem. Art. 8 Abs. 9 Satz 1 und 2 DSU keine Weisungen erteilen dürfen oder versuchen, sie zu beeinflussen, dass die WTO-Mitglieder gem. Art. 18 Abs. 1 DSU keine einseitigen Mitteilungen über Fälle an das Panel oder den *Appellate Body* geben können, dass die Mitglieder des *Appellate Body* gem. Art. 17 Abs. 3 Satz 2 DSU von den Regierungen unabhängig sein sollen, und dass die finanzielle Selbstständigkeit der WTO-Entscheidungsträger gem. Art. 8 Abs. 11 und Art. 17 Abs. 8 DSU durch die WTO gewährt wird.

Ein zutreffend kritisierter Punkt ist, dass die Panelmitglieder gem. Art. 8 Abs. 4 DSU nur für einen bestimmten Fall ausgewählt werden. Die Schaffung von ständigen Panels anstelle des derzeitigen Systems von *Ad-hoc*-Panels ist seit der Einführung von Panels in das GATT-System ein stets wiederkehrendes

416 Zu diesem Abs., *Reusch*, Legitimation des WTO-Streitbeilegungsverfahrens, 2007, S. 175, 180-182, 194-200.

417 Zu diesem Abs., *Reusch*, Legitimation des WTO-Streitbeilegungsverfahrens, 2007, S. 182, 183.

Thema.[418] Dieser Auffassung ist zuzustimmen: Ein ständiges Panel würde dazu beitragen, bessere und einheitlichere Beschlüsse zu treffen.

Hinsichtlich der sachlichen Unabhängigkeit ist in der WTO bisher nur ein Fall bekannt, in dem die WTO-Mitglieder Druck auf das *Appellate Body* ausgeübt, die Entscheidungsträger heftig kritisiert und Beschwerde eingereicht haben.[419]

Art. 8 Abs. 2 DSU klärt die Frage der Unparteilichkeit, in dem es die erforderlichen Voraussetzungen bei der Selektion der Panelmitglieder feststellt, etwa die Unparteilichkeit, ein weitgefächerter fachlicher Hintergrund und eine umfangreiche Erfahrung. Ferner sind die Panelmitglieder nach Art. 3 Abs. 1 und Art. 6 *Rules of Conduct*[420] verpflichtet, dem DSB alle Gegebenheiten aufzuzeigen, die diese Eigenschaften gefährden könnten. Sie dürfen gem. Art. 8 Abs. 3 DSU in der Regel auch kein Mitglied eines Panels sein, das sich mit einem Fall im Zusammenhang mit ihrem Land befasst. Die Schaffung eines ständigen Panels würde auch Zweifel an der Unparteilichkeit der Panelmitglieder beseitigen.

Anhand der im Art. 8 Abs. 2 und Art. 17 Abs. 3 DSU festgestellten Voraussetzungen zur Auswahl der Mitglieder des Panels und *Appellate Body* stellt das Thema der Kompetenz kein Problem dar. Ebenso kann hinsichtlich der Frage demokratischer Rückanbindung festgestellt werden, dass wegen der oben erklärten Art und Weise der Ernennung der Mitglieder des Panels und des *Appellate Body*, zwischen den Staatsangehörigen der WTO-Mitglieder und den WTO-Entscheidungsträgern ein Legitimationszusammenhang vorhanden ist.[421]

Was die Repräsentativität betrifft, verlangt das DSU, dass in einem Streit, bei dem es sich bei einer Streitpartei um ein Entwicklungsland handelt, auf Antrag des Entwicklungslandes ein Panelmitglied aus einem Entwicklungsland stammen muss. In der Praxis strebt das WTO-Sekretariat an, einen geographisch

---

418 *Jackson*, JWT 13 (1979), 1-21. Die EU und zahlreiche Autoren in der Wissenschaft haben ihre Zustimmung für ein ständiges Panel zum Ausdruck gebracht, WTO, Communication from the EC and its Member States to the Improvement of the WTO Dispute Settlement Understanding, TN/DS/W/1; *Busch/Pelc*, J. of Int. Eco. Law 12 (2009), 579-594; *Cottier*, J. of Int. Eco. Law 6 (2003), 187-202; *Davey*, J. of Int. Eco. Law 6 (2003), 177-186.

419 Siehe WTO, Communication from the Appellate Body, *EC – Measures Affecting Asbestos and Asbestos Containing Products*, WT/DS135/9.

420 WTO, Rules of Conduct for The Understanding on Rules and Procedures Governing the Settlement of Disputes, WT/DSB/RC/1.

421 Ausf. dazu, *Reusch*, Legitimation des WTO-Streitbeilegungsverfahrens, 2007, S. 198, 199.

ausgeglichenen Vorschlag vorzulegen.[422] Für die Mitglieder des *Appellate Body* ordnet das DSU gem. Art. 17 Abs. 3 DSU an, dass die Mitgliedschaft des *Appellate Body* der Mitgliedschaft der WTO entsprechen soll.[423] Bisher wurden jedoch keine Staatsangehörige der am wenigsten entwickelten Länder als Mitglieder des *Appellate Body* berufen.[424]

b. Sachliche Legitimation

Sachliche Legitimation betrifft die Rechtsbindung der WTO-Entscheidungsträger, die Durchsetzung rechtsstaatlicher Verfahrensgrundsätze sowie die Beteiligungsmöglichkeiten Dritter. Bei der Interpretation der WTO-Abkommen stellen das Panel und der *Appellate Body* auf den Wortlaut der WTO-Abkommen und den Willen der WTO-Mitglieder ab. Die Zulassung von *amici curiae* durch den *Appellate Body* hat die Beteiligungsmöglichkeiten Dritter erweitert und die Zulassung der Rechtsbeistände durch das eben genannte WTO-Streitbeilegungsverfahren zu dem gerichtlichen Verfahren nähergebracht.[425]

Hinsichtlich der Umsetzung rechtsstaatlicher Verfahrensgrundsätze liegen Probleme insbesondere bei der Verwirklichung des Öffentlichkeitsgrundsatzes und des Grundsatzes der Waffengleichheit vor: Die Öffentlichkeit wird zu den mündlichen Verhandlungen des Panels und des *Appellate Body* nicht zugelassen und die eingereichten Dokumente sind vertraulich, vgl. Art. 4 Abs. 6 und Art. 17 Abs. 10 DSU.[426] Dem Verfahren fehlt es demnach an Transparenz. Darüber hinaus fehlen vielen Entwicklungsländern die notwendigen finanziellen und technischen Mittel für eine faire Beurteilung und Verhandlung vor den Rechtsprechungsorganen.[427] Teilweise unterlassen sie auch aus wirtschaftspolitischen

---

422 *Shoyer*, J. of Int. Eco. Law 6 (2003), 203, 204.

423 Für die jüngsten Änderungsvorschläge siehe WTO, Communication from the EU, China, Canada, India, Norway, New Zealand, Switzerland, Australia, Republic of Korea, Iceland, Singapore and Mexico to the General Council, WT/GC/W/752.

424 Ausf. zu den Mitgliedern des *Appellate Body* siehe https://www.wto.org/english/tratop_e/dispu_e/ab_members_descrp_e.htm (3.2.2022).

425 Zu diesem Abs., *Reusch*, Legitimation des WTO-Streitbeilegungsverfahrens, 2007, S. 202 und 235. Die Rolle der *amici curiae* (friend of the court briefs) ist wegen der staatlichen Art der Fälle im WTO-System umstritten, *Van den Bossche/Zdouc,* The Law and Policy of the World Trade Organization, 2017, S. 261 f.

426 Kritisch auch *Nihoul/Skoczny*, Procedural Fairness in Competition Proceedings, 2015, S. 136.

427 *Benedek*, Zeitschrift für Europarechtliche Studien (2000), 41, 56; *Reusch*, Legitimation des WTO-Streitbeilegungsverfahrens, 2007, S. 277; *Stoll*, ZaöRV 57 (1997), 83, 134;

oder ökonomischen Gründen die Einleitung eines Streitbeilegungsverfahrens.[428] Die Stellung der Entwicklungsländer im Streitbeilegungsverfahren könnte mithin verbessert werden.

3. Ergebnis

Legitimität und Legalität stehen in einem engen Zusammenhang. Legitimität unterscheidet sich von der Legalität dadurch, dass wenn etwas legal ist, es im internationalen öffentlichen Recht von Staaten als nicht legitim anerkannt werden könnte.[429] Demnach ist Legalität ohne Legitimität möglich, umgekehrt jedoch nicht.

Die Legitimität des WTO-Streitbeilegungsverfahrens wird häufig aus unterschiedlichen Gründen kritisiert. Die häufig wechselnden Panelmitglieder und das dadurch erschwerte Wachstum der Fachkenntnisse und Erfahrungen, sowie die Einflussmöglichkeiten der WTO-Mitglieder auf die Bestellung der Panelmitglieder stellen die Hauptkritikpunkte dar.[430]

Die Legitimität des WTO-Streitbeilegungsverfahrens ist hinsichtlich vieler wichtiger Aspekte stark genug. Jedoch ist sie wegen einzelner Punkte, zum Beispiel wegen der Politik der „verschlossenen Türen" im Sinne einer fehlenden Transparenz oder auch wegen der ständig wechselnden Panelmitglieder und der Mitwirkung des vom Volk gewählten Parlaments auf die Verhandlungen des DSU, gefährdet. Transparente Verfahrensregeln, die Stärkung der Position der Entwicklungsländer und die Einrichtung eines ständigen Panels sind unter anderem mögliche Lösungen für die weitere Verstärkung der Legitimation des WTO-Streitbeilegungsmechanismus.

Die oben ausgeführten schwachen Punkte bezüglich der institutionellen Legitimation gelten jedoch nicht nur für das WTO-Streitbeilegungsverfahren, sondern auch für die anderen völkerrechtlichen Verträge und die im Rahmen dessen entstehenden etwaigen judikativen Organe. In diesem Zusammenhang sollen die problematischen Punkte bezüglich der Legitimation völkerrechtlicher Verträge

---

Senti, Die WTO auf dem Weg nach Katar: Anstehende Probleme – Neue Herausforderungen, HWWA Diskussionspapier, 2011, Nr. 135, Hamburg Institute of Int. Eco., S. 17.

428 Siehe Fn oben.

429 Zur Legitimität und Legalität im Allgemeinen siehe *Cottier*, The Legitimacy of WTO Law, in: Yueh, The Law and Economics of Globalisation: New Challenges for a World in Flux, 2009, S. 11 ff.

430 *Reusch*, Legitimation des WTO-Streitbeilegungsverfahrens, 2007, S. 201.

nicht nur der WTO bzw. dem DSU zugeschrieben werden. Denn jede andere internationale Organisation, innerhalb derer ein globales Wettbewerbsabkommen mit einem obligatorischen Streitbeilegungsverfahren ausgehandelt werden kann, kann mit ähnlichen Problemen konfrontiert werden (mit der etwaigen Ausnahme des Problems der *Ad-hoc*-Panelmitglieder) etwa mit der Durchführung der Abkommensverhandlungen durch Ministerialbeamten, anstatt durch das vom Volk gewählten Parlament oder das Hindernis des Parlaments zur Modifikation des Abkommens. Die letztgenannten Probleme resultieren nicht aus den Regeln oder der Struktur der WTO, sondern aus den nationalen Präferenzen der WTO-Mitglieder. Die Modifikation völkerrechtlicher Verträge durch das Parlament sowie eine aktivere Beteiligung der Vertreter des Volkes kann nur durch den betreffenden Staat gewährleistet werden. Die Lösung dieses Problems und eine Verbesserung des aktuellen Zustandes liegen bei der Änderung des Innenmechanismus der Staaten.

Jedoch könnten das Thema eines ständigen Panels und die damit verbundenen Probleme[431] durch unwesentliche Änderungen des WTO-Streitbeilegungsverfahrens beseitigt werden. Diese Punkte dürfen als solche, bei der Auswahl des Forums für ein globales Wettbewerbsabkommen für die WTO keinen Nachteil mit sich bringen. Die Lösung schwacher Legitimationspunkte liegt bei der Änderung der nationalen Verfahren zur Gesetzgebung in einigen Ländern und bei den Verbesserungen im Rahmen des DSB.

Es besteht dennoch die Möglichkeit, eine supranationale WTO-Wettbewerbskommission bzw. ein separates Panel einzurichten und ein vergleichbares Modell zum EU-Modell zu schaffen. Wird dieser Weg eingeschlagen, dann sollte die einzurichtende supranationale WTO-Wettbewerbskommission mit weniger Rechten als die EU-Kommission ausgestattet werden. So dürfte die supranationale WTO-Wettbewerbskommission zum Beispiel über kein Recht auf Klage der WTO-Mitglieder verfügen. Sie könnte jedoch bei der Koordination und Zusammenarbeit nationaler Wettbewerbsbehörden der Vertragsstaaten eine

431 Nach *Cottier* sind die Panels oft nicht zufriedenstellend mit der wirtschaftlichen Argumentation umgegangen, indem sie verweigert haben, sich v. unabhängigen Wirtschaftsexperten beraten zu lassen. Dieser Ansatz gefährde die politische Legitimität des Streitbeilegungssystems. Eine gründlichere Beschäftigung des Panels mit wirtschaftlichen Fakten, unterstützt v. unabhängigen Experten würde zur Verringerung des Legitimationsdefizits beitragen, in: J. of Int. Eco. Law 14 (2011), 295, 295 ff. Es ist nicht möglich, mit der Auffassung v. *Cottier* vollständig einverstanden zu sein: Sollte das Panel sich v. externen Experten beraten lassen, könnte dies wegen ihres Einflusses auf die Entwicklung des Rechts kritisiert werden.

führende Rolle spielen. Falls auch ein separates Panel eingerichtet wird, könnte sichergestellt werden, dass den oben genannten Kritikpunkten abgeholfen wird.

§ 6. Vorhandene Alternativen zu globalen Wettbewerbsregeln

Unter dem § 6 soll geprüft werden, ob die schon im geltenden *Hard Law* existierenden Alternativen zu multilateralen Wettbewerbsregeln für die Lösung der unter dem § 3 festgestellten wettbewerbsrechtlichen Fragen sich als ausreichend erwiesen haben. Hier sollen auch die im Laufe der Zeit durch die Staaten verwendeten Mittel geprüft werden. Diese Mittel stellen heute die Alternativen einer globalen Wettbewerbsordnung dar. Es geht somit auch um die tatsächliche Behandlung der Wettbewerbsfragen einzelner Staaten, obwohl sie sich der Notwendigkeit zwischenstaatlicher Wettbewerbsregeln bewusst sind.

I. Unilaterale Anwendung des nationalen Wettbewerbsrechts der Staaten

Die unilaterale (bzw. extraterritoriale) Anwendung eines nationalen Wettbewerbsrechts ist in seiner einfachsten Form die einseitige Ausübung staatlicher Rechtsgewalt über seine Territorialgrenzen hinaus nach den völkerrechtlichen Grundsätzen.[432] In der Regel gelten nationale Gesetze der Staaten nur für Verhaltensweisen, die in dem Land stattfinden, in dem sie erlassen werden: Sie verlieren aufgrund des Gleichheitsgedankens und des Respekts vor der Souveränität der anderen Staaten ihre Kraft und Gültigkeit an internationalen Grenzen.[433] Dieses Konzept wird als Territorialitätsprinzip bezeichnet und gilt grundsätzlich für alle nationalen Gesetze der Staaten.[434] Ausnahmsweise werden

---

432 UNCTAD, Review of the experience gained so far in enforcement cooperation, including at the regional level, TD/B/C.I/CLP/10, 2011, S. 5. Extraterritorialität ist die Behauptung der Rechtsgewalt eines Staates über seine Grenzen hinaus nach den Grundsätzen des Völkerrechts. Das Wort „extraterritorial" bedeutet außerhalb des Landes. Die nationale Wettbewerbsordnung findet somit außerhalb dieses Staates Anwendung.

433 *Dolzer*, Extraterritoriale Anwendung von nationalem Recht aus der Sicht des Völkerrechts, in: Stiftung Gesellschaft für Rechtspolitik, Jahrbuch Bitburger Gespräche, 2003, S. 71. Für staatliche Hoheitsakte gilt der Grundsatz der Territorialität, welche im Fall *Lotus* durch Int. Gerichtshof anerkannt worden ist, siehe S.S. Lotus, Frankreich v. Türkei, P.C.I.J. (ser. A) Nr. 10, 7.9.1927, Rn. 45 und 46.

434 Siehe Fn. oben.

nationale Gesetze extraterritorial angewandt. Das Scheitern der Versuche nach dem Zweiten Weltkrieg, eine globale Wettbewerbsordnung zu schaffen, veranlasste einige Staaten, sich auf die extraterritoriale Durchsetzung ihrer nationalen Wettbewerbsgesetze zu verlassen, um die negativen inländischen Auswirkungen wettbewerbswidrigen Verhaltens ausländischer Marktteilnehmer bekämpfen zu können. So ist es in den USA, der EU und anderen Ländern, die durch internationale Wettbewerbsbeschränkungen verletzt wurden, zur weitverbreiteten Praxis geworden, ihre nationalen Wettbewerbsgesetze extraterritorial anzuwenden. Die unilaterale extraterritoriale Anwendung der nationalen Wettbewerbsrechtsordnungen stellt somit für die Staaten die erste Alternative zu global vereinbarten Wettbewerbsregeln dar.

Extraterritoriale Rechtsanwendung meint also die Übersteigung des Anwendungsbereichs und des Geltungsbereichs des Rechts.[435] Dabei sind zwei Aspekte zu beachten: (i) Sieht das nationale Recht des betroffenen Staates die Erstreckung des nationalen Wettbewerbsrechts vor und wenn ja, (ii) ob dies binnen völkerrechtlicher Grenzen bleibt.[436] Daraus ergibt sich, dass die Staaten unter bestimmten Bedingungen die Macht ihrer Rechtsordnungen gegen die Wettbewerbsbeschränkungen über ihr Staatsgebiet hinaus tragen können, vorausgesetzt, dass diese Gesetze durch eines der folgenden Prinzipien gerechtfertigt werden können: (i) dem Territorialitätsprinzip (Anknüpfung an den Handlungsort – Ausschließliche Anwendung des nationalen Wettbewerbsrechts des Veranlassungsstaates),[437] (ii) dem Auswirkungsprinzip (Anknüpfung an den Auswirkungsort)[438] (iii) dem

435 *Lehman*, in: Säcker/Rixecker/Oetker/Limperg, MüKo zum BGB, 2021, Teil 12 Rn. 115.

436 *Meng*, ZaöRV 41 (1981), 469, 470.

437 Nach dem Territorialitätsprinzip ist "ein sich in einem bestimmten Staatsgebiet ereignender Sachverhalt nach dem dort geltenden Recht durch die dort zuständigen Behörden zu beurteilen", *Merkli/Batliner/Batliner*, Internationales Verwaltungsrecht: Das Territorialitätsprinzip und seine Ausnahmen, S. 3, abrufbar unter: https://www.bger.ch/files/live/sites/bger/files/pdf/de/territorialitaetsprinzip_und_seine_ausnahmen.pdf (3.2.2022), auch veröffentlicht in: Liechtensteinische Juristen-Zeitung 24 (2003) 82, 82 ff.; *Dlouhy*, Extraterritoriale Anwendung des Kartellrechts im europäischen und US-Recht, 2003, S. 34.

438 Nach dem Auswirkungsprinzip muss festgestellt werden, ob ein zweifelhaftes Verhalten hinsichtlich des Wettbewerbs eine Auswirkung in der innenpolitischen Ebene hat, *Wagner-von Papp* in: Tietje, Internationales Wirtschaftsrecht, 2015, S. 535 f.; *Terhechte*, International Competition Enforcement Law between Cooperation and Convergence, 2011, S. 39. Dieses Prinzip wurde auch v. der *International Law Association* und *L'Institut de Droit International* genehmigt, die bei der Gestaltung des Völkerrechts eine

Personalitätsprinzip[439] und (iv) dem Schutzprinzip[440].[441] Die Auswahl erfolgt nach dem Grundsatz der sinnvollen Anknüpfung, nach dem eine Anknüpfung zu wählen ist, die der Erreichung des Ziels der betreffenden materiellen Regelung dient.[442] Der zweckmäßigste Anknüpfungspunkt zum Wettbewerbsrecht ergibt sich aus dem Schutzzweck des Wettbewerbsrechts.[443] Nach der h.M.[444] dient das Auswirkungsprinzip am besten dem Schutzzweck der nationalen Wettbewerbsregulierungen, welches der Schutz des inländischen Wettbewerbs ist. Der Auffassung, die das Auswirkungsprinzip als Anknüpfungspunkt annimmt, ist zuzustimmen. Würde man beispielsweise das Territorialitätsprinzip als Anknüpfungspunkt nehmen, so wie im Vereinigten Königreich,[445] würde die Beseitigung der Sanktionen der Länder, in denen sich wettbewerbsbeschränkendes Verhalten auswirkt, durch das Planen des wettbewerbsbeschränkenden Verhaltens in Ländern, in denen die geringsten Sanktionen vorgesehen werden, einfacher. Deswegen könnte die Annahme des Territorialitätsprinzips zu ungerechten Folgen führen.

Das Verbot des Rechtsmissbrauchs und der Einmischung,[446] der Grundsatz des freundlichen Umgangs der Staaten miteinander und der Pflicht der

---

wichtige Rolle spielen, siehe Japanisches Ministerium für Wirtschaft, Handel und Industrie, Excessive Extraterritorial Application of Competition Laws, S. 478, abrufbar unter: https://www.meti.go.jp/english/report/downloadfiles/2008WTO/2-14-2ExcessiveExtraterritorial.pdf (3.2.2022).

439 Nach dem Personalitätsprinzip kommt es auf die Staatsangehörigkeit des an der wettbewerbsbeschränkenden Verhaltensweise Beteiligten bzw. Betroffenen an, *Wiedemann,* Kartellrecht, 2020, § 5 Rn. 5; *Doehring*, Völkerrecht, 2004, S. 356.

440 Bei dem Schutzprinzip kommt es auf den Schutz hoher nationaler Rechtsgüter bzw. wichtiger öffentlicher Interessen an, *Doehring*, Völkerrecht, 2004, S. 508; *Ohler*, Die Kollisionsordnung des Allgemeinen Verwaltungsrechts, 2005, S. 335.

441 Vgl. *Wagner-von Papp* in: Tietje, Internationales Wirtschaftrecht, 2015, S. 535.

442 *Wagner-von Papp*, in: Tietje, Internationales Wirtschaftrecht, 2015, S. 535 f. Der Begründer dieser Theorie ist *Mann*, Recueil des Cours de l'Académie de Droit Internationale de la Haye 111 (1964-I), 1, 103-108.

443 *Mestmäcker/Schweitzer*, EU-Wettbewerbsrecht, 2014, § 7 Rn. 9.

444 Zum Beispiel *Mestmäcker/Schweitzer,* EU-Wettbewerbsrecht, 2014, § 7 Rn. 9.

445 Ausf. dazu, *Wagner-von Papp* in: Tietje, Internationales Wirtschaftrecht, 2015, S. 543 f.

446 Ausf. dazu, *Meessen*, Völkerrechtliche Grundsätze des internationalen Kartellrechts, 1975, S. 200 f. Siehe auch Oberster Gerichtshof der USA, 14.6.2004, 124 S.Ct. 2359, *F. Hoffmann-LaRoche Ltd. v. Empagran S.A.*: *„Gesetze sind so auszulegen, dass sie keine unvernünftige Einmischung in die souveränen Hoheitsrechte anderer Staaten zur Folge haben […] US-Kartellrecht ist auf Schadensersatzansprüche nicht anwendbar, wenn diese aufgrund eines sich innerhalb und außerhalb der USA auswirkenden Preiskartells*

Interessenabwägung stellen unter anderem die völkerrechtlichen Grenzen des Auswirkungsprinzips dar und werden in der Lehre und Praxis für die Vermeidung nachteiliger Folgen, die aus der Anwendung dieses Prinzips entstehen können, anerkannt.[447]

1. Extraterritoriale Anwendung des US-Wettbewerbsrechts

Die Fragestellung, unter welchen Voraussetzungen das US-Wettbewerbsrecht auch auf ausländisches Verhalten anzuwenden ist, wurde erst im Jahr 1909 der Gegenstand des Konflikts *American Banana v. United Fruit.*[448] Aufgrund von Unzuständigkeit hat der Oberste Gerichtshof der USA in diesem Fall über den Konflikt keine Entscheidung getroffen, da das Verhalten außerhalb der USA vorgenommen wurde und nicht in den Anwendungsbereich des *Sherman Antitrust Act* falle. Das völkerrechtlich anerkannte Auswirkungsprinzip,[449] *effects doctrine*, wurde erst 1945 von der US-Rechtsprechung, *Alcoa*-Entscheidung, entwickelt.[450] In diesem Fall stellt Richter *Learned Hand* fest: *„It is settled case law*

---

wegen außerhalb der USA entstandener Schäden, die nicht mit innerhalb der USA entstandenen Schäden verbunden sind, erhoben werden".

447 *Rehbinder/von Kalben* in: Immenga/Mestmäcker, Kommentar zum Deutschen Kartellrecht, 2020, GWB § 185 Rn. 127 ff. Ausf. zur Interessenabwägung und zum Auswirkungsprinzip im US-Kartellrecht siehe *Mestmäcker/Schweitzer*, Europäisches Wettbewerbsrecht, 2014, § 7 Rn. 13-35.

448 American Banana Co. v. United Fruit Co., 213 U.S. 347 (1909): "*The general [...] rule is that the character of an act as lawful or unlawful must be determined wholly by the law of the country where the act is done. U.S. antitrust law is intended to be confined in its operation and effect to the territorial limits over which the lawmaker has general and legitimate power [...] the acts causing the damage were done [...] outside the jurisdiction of the US and within that of other states.*" Die USA haben v. strikten Territorialitätsprinzip zum Auswirkungsprinzip umgewandelt.

449 EuG 25.3.1999, Rs. T-102/96, Slg.1999 II-753, Gencor, Rn. 90: *„Ist aber vorherzusehen, daß ein geplanter Zusammenschluß in der Gemeinschaft eine unmittelbare und wesentliche Auswirkung haben wird, so ist die Anwendung der Verordnung völkerrechtlich gerechtfertigt."* Dieses Prinzip ist in fast jedem Staat auf der Welt, bis auf wenige Ausnahmen wie das UK, anerkannt, *Wagner-von Papp* in: Tietje, Internationales Wirtschaftrecht, 2015, S. 537 ff.

450 United States v. Aluminum Co. of America, 148 F. 2d 416 (2d Cir. 1945): "*Any state may impose liabilities, even upon persons not within its allegiance, for conduct outside its borders that has consequences within its borders which the state reprehends.*" abrufbar unter: http://law.justia.com/cases/federal/appellate-courts/F2/148/416/1503668/ (3.2.2022).

that any state may impose liabilities, even upon persons not within its allegiance, for conduct outside its borders that has consequences within its borders which the state reprehends." Die USA haben somit in diesem Fall die Zuständigkeit für das Verhalten eines nicht US-Unternehmens geltend gemacht, das Mitglied eines Kartells war und dessen Geschäftstätigkeiten Importe und Exporte aus den USA betrafen. Seitdem nehmen die USA das Auswirkungsprinzip zur Legitimation der extraterritorialen Anwendung seines nationalen Wettbewerbsrechts an.[451]

Die extraterritoriale Reichweite des *Sherman Antitrust Act* wird durch den *Foreign Trade Antitrust Improvements Act*[452] (nachfolgend: FTAIA) begrenzt, welches durch den US-Kongress 1982 verabschiedet wurde. FTAIA definiert und beschränkt die extraterritoriale Reichweite des *Sherman Antitrust Act*, um für die Feststellung, ob das US-Antitrust-Recht auch für ausländisches Verhalten gilt, einen einheitlichen Rechtsrahmen zu schaffen.[453] FTAIA erfordert, dass das angebliche wettbewerbswidrige Verhalten einen direkten, erheblichen und vernünftigerweise vorhersehbaren Effekt auf den Handel in den USA hat.[454]

2. Extraterritoriale Anwendung des deutschen Wettbewerbsrechts

Im deutschen Wettbewerbsrecht ist das Auswirkungsprinzip im § 185 Abs. 2 GWB[455] vorgesehen, welcher eine zwingende einseitige Kollisionsnorm

451 Sherman Antitrust Act, 15 U.S.C. (1994), Art. 1: "*Every contract, combination in the form of trust or otherwise, or conspiracy, in restraint of trade or commerce among the several States, or with foreign nations, is declared to be illegal [...]*" Art. 2: „*Every person who shall monopolize [...] any part of the trade or commerce among the several States, or with foreign nations, shall be deemed guilty of a felony [...]*". Für internationale Reaktionen auf die Anwendung des Auswirkungsprinzips durch die USA siehe *Sweeney* in: Duns/Duke/Sweeney, Comparative Competition Law, 2015, S. 353 f.

452 Foreign Trade Antitrust Improvements Act of 1982, 15 U.S.C. §§ 6a, 45(a)(3) (1988).

453 *Lisky/Wilmot*, Antitrust Source 8/2013, 1, 1.

454 "*Sections 1 to 7 of this title shall not apply to conduct involving trade or commerce [...] with foreign nations unless such conduct has a direct, substantial, and reasonably foreseeable effect [...].*" Ausf. zu den FTAIA-Voraussetzungen siehe *Wagner-von Papp*, Competition Law Extraterritoriality, Bilateral Agreements, in: Ezrachi, Research Handbook on International Competition Law, 2012.

455 Gesetz gegen Wettbewerbsbeschränkungen in der Fassung der Bekanntmachung vom 26.6.2013 (BGBl. I S. 1750, 3245), das zuletzt durch Artikel 5 Absatz 3 des Gesetzes v. 9.3.2021 (BGBl. I S. 327) geändert worden ist. Ursprünglich befindet es sich im Art. 98 Abs. 2 GWB-Ursprungsfassung: BGBl. 1957 I S. 1081.

ist.[456] Das deutsche GWB findet demnach Anwendung auf alle Wettbewerbsbeschränkungen, die innerhalb oder außerhalb Deutschlands veranlasst worden sind, vorausgesetzt, dass sie sich in Deutschland auswirken. Der Anwendungsbereich des deutschen Wettbewerbsrechts wird also auf der Grundlage der inländischen Auswirkung festgelegt.[457] Demnach ist er sowohl territorial als auch extraterritorial.[458] Relevant sind nur solche Folgen auslandsbezogener spürbarer Wettbewerbsbeschränkungen, die den Schutzbereich der jeweiligen Sachnorm im Inland verletzen.[459] Beispielsweise ist das GWB dann anwendbar, wenn etwa zwei japanische Unternehmen eine Preisabsprache treffen, die sich in Deutschland auswirkt. Dagegen findet § 185 Abs. 2 GWB keine Anwendung, wenn deutsche Unternehmen im Ausland wettbewerbsbeschränkende Verhaltensweisen, die sich auf den deutschen Markt nicht auswirken, veranlassen.[460]

3. Extraterritoriale Anwendung des europäischen Wettbewerbsrechts

Im europäischen Wettbewerbsrecht existiert keine ausdrückliche kollisionsrechtliche Vorschrift. Stattdessen existiert eine Zwischenstaatlichkeitsklausel in Art. 101 und 102 AEUV. Die Zwischenstaatlichkeitsklausel hat zwei Funktionen: Sie ist gleichzeitig eine Kollisionsnorm und ein materiellrechtliches Tatbestandsmerkmal des Art. 101 und 102 AEUV.[461] Sie ist eine Kollisionsnorm: Denn sie grenzt EU-Kartellrecht von nationalem Kartellrecht ab[462] und

---

456 *Glöckner*, Kartellrecht, 2017, Rn. 289; *Wagner-von Papp* in: Tietje, Internationales Wirtschaftsrecht, 2015, S. 539; *Rehbinder/von Kalben* in: Immenga/Mestmäcker, Kommentar zum Deutschen Kartellrecht, 2020, GWB § 185 Rn. 115.

457 *Glöckner*, Kartellrecht: Recht gegen Wettbewerbsbeschränkungen, 2017, Rn. 289.

458 Vgl. *Rehbinder/von Kalben* in: Immenga/Mestmäcker, Kommentar zum Deutschen Kartellrecht, 2020, GWB § 185 Rn. 124.

459 *Wagner-von Papp* in: Tietje, Internationales Wirtschaftsrecht, 2015, S. 555.

460 Für den Anwendungsbereich des deutschen Kartellverwaltungsrechts siehe *Rehbinder* in: Immenga/Mestmäcker, Wettbewerbsrecht, 2014, GWB § 130 Rn. 311.

461 *Zimmer* in: Immenga/Mestmäcker, Kommentar zum Europäischen Kartellrecht, 2019, Art. 101 I AEUV, Rn. 171; *Scholz/Rixen*, EuZW 19 (2008), 327, 328; a.A. *Mestmäcker/Schweitzer* Europäisches Wettbewerbsrecht, 2014, § 5 Rn. 9; *Dreher/Kulka*, Wettbewerbs- und Kartellrecht, 2018, S. 364; nach diesen Autoren ist sie keine Kollisionsnorm, sondern nur Sachnorm.

462 *Schröter* in: Schröter/Jakob/Klotz/Mederer, Europäisches Wettbewerbsrecht, 2014, Art. 101 AEUV, Rn. 190; *Zimmer* in: Immenga/Mestmäcker, Kommentar zum Europäischen Kartellrecht, 2019, Art. 101 I AEUV, Rn. 171.

bestimmt auch extraterritoriale Anwendung der EU-Wettbewerbsvorschriften zu den Drittstaaten. Das Tatbestandsmerkmal „Eignung zur Beeinträchtigung des zwischenstaatlichen Handels" wird nicht nur dann erfüllt, wenn die Parteien wettbewerbsbeschränkenden Verhaltens in verschiedenen Mitgliedstaaten tätig bzw. ansässig sind, sondern auch dann, wenn die Parteien aus ein und demselben Mitgliedstaat kooperieren, wenn sich die Unternehmen aus einem Drittstaat beteiligen oder wenn das wettbewerbsbeschränkende Verhalten zwischen den Unternehmen mit Sitz in Drittstaaten stattfindet.[463] Entscheidend ist, ob das wettbewerbsbeschränkende Verhalten eine Auswirkung auf den Handel zwischen den Mitgliedstaaten hat und ob der zwischenstaatliche Handel beeinträchtigt wird. Dann findet die Vorschrift Anwendung auch gegen Drittstaaten, die sich nicht in der EU befinden.[464]

Sowohl die Rechtsanwendungspraxis als auch die h.M.[465] folgen damit dem Auswirkungsprinzip, was durch das Tatbestandsmerkmal „bewirken" gestützt wird.[466] Auch die EU-Kommission und die EU-Gerichte haben durch ihre Entscheidungen zur Verbreitung dieser Auffassung in der Rechtspraxis beigetragen.[467] Jedoch ist die Auffassung des EuGH nicht eindeutig. So hat der EuGH weitere Instrumente zur Anwendung des EU-Wettbewerbsrechts im Rahmen der extraterritorialen Anwendung der EU-Wettbewerbsvorschriften entwickelt. Diese sind das Prinzip der wirtschaftlichen Einheit und der Durchführung im Binnenmarkt („*implementation*"). Bei dem Fall *Farbstoffe*,[468] ein richtungsweisender Streitfall, der sich mit der Frage der Preisfestsetzung befasste, stellte sich die Frage, ob die EU-Kommission bezüglich eines Mutterunternehmens außerhalb der EU zuständig war. Aus der Begründung des EuGH geht hervor, dass ein

---

463 *Eilmansberger* in: Streinz, EUV-AEUV Kommentar, 2018, Art. 101 AEUV, Rn. 30.

464 EU-Komm., Entscheidung v. 24.7.1969, ABl. EG Nr. L 195, S. 11, *Farbstoffe*.

465 Die neue Literatur nimmt auch die Ordnungshoheit der EU als Anknüpfungspunkt an, *Weiß* in: Calliess/Ruffert, EUV AEUV, 2016, AEUV Art. 101 Rn. 10.

466 Für einige Autoren reicht auch das „Bezwecken" aus, zum Beispiel *Weiß* in: Calliess/Ruffert, EUV AEUV, 2016, AEUV Art. 101 Rn. 11; *Schuhmacher* in: Grabitz/Hilf/Nettesheim, Das Recht der EU, 2020, Art. 101 AEUV, Rn. 33.

467 Zum Beispiel EU-Komm., ABl. L. 64 v. 1964 S. 1426, Grossfillex. Für bloße Abstellung auf die Auswirkung wettbewerbsbeschränkenden Verhaltens im EU-Binnenmarkt, siehe EuGH 25.11.1971, Rs. 22/71, Béguelin Import, Slg. 1971, 949, Rn. 12. Einer der ersten Fälle in der EU, der die Rspr. zur extraterritorialen Anwendung des EU-Wettbewerbsrechts umfasst, ist, EuGH 27.9.1988, Rs. 89 ua. /85, Ahlström, Slg. 1988/5193.

468 EuGH 14.12.1972 Rs. 48-69, ICI (Farbstoffe), Slg. 1972, 619.

Nicht-EU-Unternehmen mit der Feststellung, dass es eine einzige Wirtschaftseinheit gibt, in den Anwendungsbereich der EU-Wettbewerbsvorschriften fällt. Zweitens wurde die extraterritoriale Anwendung des EU-Wettbewerbsrechts im Fall *Ahlström* ausgedehnt, indem der EuGH feststellte, dass es für die extraterritoriale Anwendung des EU-Wettbewerbsrechts auf den Durchführungsort *(„the place where it is implemented")* des wettbewerbsbeschränkenden Verhaltens ankomme.[469] Dies bedeutet, dass das EU-Recht Anwendung findet, wenn eine Wettbewerbsbeschränkung im Hoheitsgebiet der EU implementiert wird.[470] Die Lehre der Durchführung stimmt jedoch nicht genau mit dem Auswirkungsprinzip überein, auch wenn sie oft zu gleichen Ergebnissen führt.[471] Der EuGH tendiert damit zum Territorialitätsprinzip bei der Bestimmung der Anwendung des Kartellrechts, je nachdem, ob Unternehmen innerhalb der EU tätig waren.[472]

Dagegen ist nach dem EuGH die Anwendbarkeit europäischer Fusionskontrollregeln auf Auslandszusammenschlüsse gerechtfertigt, wenn unmittelbare und wesentliche Wirkungen des Zusammenschlusses auf dem EU-Gebiet vorhersehbar sind.[473] Diese Voraussetzungen sollen zusätzlich zu den Anforderungen des Art. 1 FKVO 139/2004 erfüllt sein.[474] Auch wendet die EU-Kommission das Auswirkungsprinzip an. Aus dem oben Erklärten geht hervor, dass die Situation in der EU im Hinblick auf die Anwendung des Auswirkungsprinzips unklar ist. Während das EuG mit dem Auswirkungsprinzip verfährt, verlangt der EuGH das Vorliegen zusätzlicher Kriterien wie das Durchführungsprinzip, dessen Unterschied zum Auswirkungsprinzip nicht deutlich ist.

---

469 EuGH 27.9.1988 Rs. 89 ua./95, Ahlström, Slg. 1998/5193, Rn. 13 ff.

470 *Wurmnest* in: Säcker/Rixecker/Oetker/Limperg, MüKo zum BGB, 2021, ROM II VO Art. 6 Rn. 279; *Mestmäcker/Schweitzer*, Europäisches Wettbewerbsrecht, 2014, § 7 Rn. 55 ff.

471 *Mestmäcker/Schweitzer*, Europäisches Wettbewerbsrecht, 2014, § 7 Rn. 60. Für eine Diskussion siehe *Wagner-von Papp*, in: Tietje, Internationales Wirtschaftsrecht, 2015, S. 548 f. Nach *Weiß* würde das Abstellen auf das Durchführungsprinzip kaum zu anderen Ergebnissen führen, in: Calliess/Ruffert, EUV AEUV, 2016, AEUV Art. 101 Rn. 12.

472 *Weiß* in: Calliess/Ruffert, EUV AEUV, 2016, AEUV Art. 101 Rn. 9.

473 EuG 25.3.1999 Rs. 102/96, Gencor, Slg. 1999, II-753, Rn. 92 ff.

474 *Wagner-von Papp* in: Tietje, Internationales Wirtschaftsrecht, 2015, S. 553. Siehe auch VO (EG) Nr. 139/2004 des Rates v. 20.1.2004 über die Kontrolle v. Unternehmenszusammenschlüssen, ABl. Nr. L 024 v. 29.1.2004.

4. Meinungsspektrum zu dem Thema Extraterritorialität

a. *Vorteile extraterritorialer Anwendung nationaler Wettbewerbsrechte*

Der Ansatz der extraterritorialen Anwendung ist umstritten. Er wird insbesondere von *First*[475] vertreten. Nach *First* ist es ausreichend, dass nationale Wettbewerbsrechte Wettbewerbsbeschränkungen effizient verfolgen. Es sei nicht erforderlich, dass auch andere nationale Wettbewerbsordnungen diese verfolgen. Nach *Drexl* ist die extraterritoriale Anwendung unverzichtbar für den Schutz des internationalen Wettbewerbs.[476]

In dem Bewusstsein, dass Extraterritorialität umstritten ist, kein Allheilmittel für globale Wettbewerbsprobleme darstellt und keine Lösung ist, die allen Staaten gleichermaßen offensteht, weißt sie nach *Sweeney*[477] auch einige Vorteile im Vergleich zu einem globalen wettbewerbsrechtlichen Abkommen auf. Zum einen bestehen bereits die gegen das wettbewerbsbeschränkende Verhalten anzuwendenden wettbewerbsrechtlichen Regeln. Zum anderen sei das Ergebnis optimal, da der Staat für die anzuwendenden Regeln nicht mit den anderen Staaten verhandeln müsse. Das heißt, dass der Staat nicht eine unter Berücksichtigung gemeinsamer Interessen regulierte Vorschrift anwenden müsse, sondern die Vorschrift, die er nur nach seinen Interessen erlassen hat. Deswegen sei die extraterritoriale Anwendung nationaler Rechte vorteilhafter, wenn deren Durchsetzung erfolgreich ist. Allerdings, aufgrund der Schwierigkeiten bezüglich des Ermittelns der Nachweise und der Unterstützung des Veranlassungsstaates usw., könnten die nationalen Rechte nicht immer erfolgreich durchgesetzt werden.

Einen weiteren Vorteil stellen nach *Sweeney* sog. „*Spill-over*"-Effekte für die anderen Staaten dar, wenn ein Staat sein nationales Wettbewerbsgesetz gegen ein grenzüberschreitendes wettbewerbsbeschränkendes Verhalten extraterritorial anwendet und dieses beseitigt. Diese Situation sei besonders vorteilhaft für die Entwicklungsländer, die zum Teil über keine Wettbewerbsgesetze oder keine effektiven Durchsetzungsmechanismen verfügen. Diese Begründung ist fraglich, da ein internationales wettbewerbsbeschränkendes Verhalten auch durch Schaffung globaler Wettbewerbsregeln beseitigt werden kann. Letzteres wäre sogar vorteilhafter für diese Länder, da sie dann auch selbst eine Initiative für die Beseitigung des wettbewerbsbeschränkenden Verhaltens ergreifen können,

---

475 *First*, Evolving Toward What? The Development of International Antitrust, in: Drexl, The Future of Transnational Antitrust, 2003, S. 23 ff.

476 *Drexl*, ZWeR 2 (2004), 191, 241.

477 *Sweeney*, Melbourne J. of Int. Law 8 (2007) 35, 41 ff.

ohne dass sie auf eine Auswirkung im Hoheitsgebiet eines anderen Staates warten müssen.

b. Nachteile extraterritorialer Anwendung nationaler Wettbewerbsrechte

Einige Autoren im Schrifttum sind der Auffassung, dass die nationalen Wettbewerbsrechte der Staaten zur Lösung internationaler Wettbewerbsfragen geeignet sind, jedoch bei der Durchsetzung und Ermittlung auf das jeweilige Staatsgebiet beschränkt bleiben.[478] So habe laut *Waller* die unilaterale Anwendung des nationalen Wettbewerbsrechts Beschränkungen, insbesondere wegen der Schwierigkeiten bezüglich der Beschaffung der Beweise.[479]

Zudem werden auch die gerichtlichen sowie tatsächlichen Konflikte, die sich aus einer Vollstreckung aggressiver Art ergeben können, als einer der Nachteile der Extraterritorialität angesehen.[480] Außerdem führe die Extraterritorialität zu unterschiedlichen Entscheidungen bezüglich desselben Falls, so wie im Fall *GE – Honeywell*, in dem die USA zur Genehmigung der Fusion und die EU-Kommission zur Ablehnung derselben Fusion entschieden haben.[481] Infolge solcher unterschiedlicher Ansätze unterschiedlicher Staaten seien die im Wirtschaftsleben grenzüberschreitend tätigen Unternehmen gezwungen, die nationalen Wettbewerbsrechte verschiedener Staaten zu berücksichtigen.[482] Darüber hinaus verursachen die unterschiedlichen und widersprüchlichen Standards verschiedener Länder zusätzliche Kosten für die Unternehmen.[483] Nach einem ICN-Bericht aus dem Jahr 2004 schließen diese Kosten direkte und indirekte Kosten in Zusammenhang mit (i) der Feststellung ein, ob eine Meldung

---

478 So zum Beispiel *Budzinski/Kerber*, Internationale Wettbewerbspolitik aus ökonomischer Perspektive, in: Oberender, Internationale Wettbewerbspolitik, 2006, S. 3.

479 *Waller*, Antitrust Bulletin 48 (2003), 427, 431.

480 So zum Beispiel *Weinrauch*, Competition Law in the WTO, 2004, S. 183; *Kennedy*, Competition Law and the World Trade Organisation: The Limits of Multilateralism, 2001, § 4 Rn. 4033.

481 *Immenga* in: Tietje/Kraft/Sethe, Internationales Wettbewerbsrecht: Unilateralismus, Bilateralismus, Multilateralismus, Martin-Luther Uni. Beiträge zum Transnationalen Wirtschaftsrecht, Heft 31 (2004), S. 7 f., abrufbar unter: http://www2.jura.uni-halle.de/INSTITUT/Heft31.pdf (3.2.2022).

482 *Weinrauch*, Competition Law in the WTO, 2004, S. 183.

483 *Tarullo*, AJIL 94 (2000), 478, 482; *Gerber*, Northwestern J. of Int. Law & Business 20 (2000), 307, 311-312; *Sweeney*, Melbourne J. of Int. Law 8 (2007), 35, 48 f. Zu den Kosten und Belastungen in Zusammenhang mit dem multijuristischen Fusionskontrollprozess siehe auch ICPAC-Bericht, 2000, siehe Fn. 56.

erforderlich ist, (ii) der Erfüllung der Anmeldepflichten und (iii) den Verzögerungen bei der Durchführung von Transaktionen aufgrund der Anforderungen an die Fristen.[484]

Laut *Taylor*[485] habe dieses System zwei Defekte: Zum einen, wenn ein Staat sein nationales Wettbewerbsgesetz anwendet, werde er nur von eigenem nationalem Interesse getrieben und motiviert. Es sei eher unwahrscheinlich, dass die Wohlfahrt ausländischer Staatsbürger durch den Staat, der sein nationales Wettbewerbsrecht unilateral anwendet, genauso wie die Wohlfahrt der eigenen Staatsbürger betrachtet wird. Das hieße, das globale Interesse wird nicht berücksichtigt, sondern nur das nationale Interesse.[486] Zum anderen sei die Durchsetzung der extraterritorial angewendeten Gesetze nicht praktikabel und funktionell. Insbesondere dann nicht, wenn die Beweismittel von der ausländischen Jurisdiktion nicht erlangt werden können.

Auch die UN[487] findet die Extraterritorialität nicht ausreichend, um internationale wettbewerbswidrige Verhaltensweisen bekämpfen zu können. Als erster Grund komme die Tatsache in Betracht, dass jedes Land auf wettbewerbswidrige Verhaltensweisen, die seiner eigenen Wirtschaft schaden, abziele. Da jedoch nicht alle Länder über die erforderlichen Ressourcen und das Fachwissen verfügen, um die Regeln einseitig extraterritorial durchzusetzen, bestehe für Staaten mit unzureichender Durchsetzung und somit deren Rechtsverfolgung vernachlässigte Wettbewerbsbeschränkungen. Ein weiterer Grund sei, dass es bei der Extraterritorialität mehr Spielraum für nicht-wettbewerbspolitische Erwägungen geben könne.

c. *Stellungnahme*

Die Extraterritorialität bietet keinen ausreichenden Schutz bei der Behandlung von Auslandssachverhalten, auch wenn sie notwendig ist.[488] Es ist zwar richtig, dass die Umsetzung der Anwendung extraterritorialer Vorschriften einfacher ist und dass dabei die Souveränität der Staaten erhalten bleibt, aber auf der anderen

---

484 ICN, Mergers Working Group (Notifications and Procedure Subgroup), Report on the Costs and Burdens of Multijurisdictional Merger Review v. 11/2004.

485 *Taylor*, International Competition Law, 2006, S. 66, m.w.N.

486 So auch *Sweeney*, Melbourne J. of Int. Law 8 (2007), 35, 47 ff.

487 UNCTAD, Review of the experience gained so far in enforcement cooperation, including at the regional level, TD/B/C.I/CLP/10, 2011, S. 5.

488 So auch *Bätge*, Globalisierung des Wettbewerbsrechts: Eine internationale Wettbewerbsordnung zwischen Kartell- und Welthandelsrecht, 2009, S. 433.

Seite stößt die Behandlung eines wettbewerbsrelevanten Falles, nämlich die Vermittlung, das Nachweisen, das Beurteilen und das Vermeiden von Auslandssachverhalten, auf sowohl rechtliche als auch tatsächliche Schwierigkeiten. Zum Beispiel benötigen die Behörden in einem Konflikt bezüglich der Marktakteure aus unterschiedlichen Ländern Informationen über ausländische Unternehmen, die im eigenen Land oft nicht vorliegen. Die hoheitlichen Ermittlungen nationaler Wettbewerbsbehörden auf fremdem Staatsgebiet sind jedoch nicht zulässig. Auch bei der Vollstreckung von Entscheidungen im Ausland gibt es Barrieren, da nach dem gegenwärtigen Stand zur Durchsetzung behördlicher Entscheidungen mit Eingriffscharakter oft keine Rechtshilfe gewährt wird. Es bleibt daher für die Staaten, die Extraterritorialität vorziehen, lediglich die Möglichkeit, soweit vorhanden, in inländisches Vermögen der betroffenen Unternehmen zu vollstrecken.

Ferner verursacht das Modell Unilateralismus oft Probleme zwischen den betroffenen Staaten. So sind in den letzten Jahrzehnten zwischen den USA und anderen Staaten schwere Zuständigkeitskonflikte über die unilaterale Anwendung der US-Wettbewerbsgesetze auf wettbewerbswidrige Verhaltensweisen im Ausland aufgetreten.[489] Dieses Problem hat unter anderem auch zu diplomatischen Spannungen zwischen den Staaten geführt, da es um die staatliche Souveränität ging. Es ist auch darauf hinzuweisen, dass es für kleine Entwicklungsländer schwieriger ist, ihre Wettbewerbsgesetze durchzusetzen (wenn sie überhaupt eins haben) als für die USA oder die EU.[490] Somit bietet dieses Modell auch keine Chancengleichheit für alle Länder im Hinblick auf ihre Anwendung.

Darüber hinaus fehlt es in der Extraterritorialität an den Sanktionen. Das heißt, wenn der Staat, in dem das wettbewerbswidrige Verhalten veranlasst wurde, sich nicht kooperativ verhält und den anderen Staat, indem das wettbewerbswidrige Verhalten sich auswirkt, nicht unterstützt, keine Sanktionen bestehen, die für den nicht-kooperativen Staat vorgesehen werden. Es könnte hiergegen zwar vorgebracht werden, dass auch im Rahmen eines bilateral, regional oder sogar multilateralen Kooperationsabkommens keine richtigen Sanktionen vorgesehen werden, da die Staaten gleichberechtigt und souverän sind. Jedoch ist die Kraft der politischen, wirtschaftlichen (inklusive Handelssanktionen) und diplomatischen Sanktionen, die durch zahlreiche Staaten angewandt werden, nicht zu unterschätzen. Ferner werden, wie dargestellt, die sich aus den unterschiedlichen und widersprüchlichen Standards der verschiedenen Länder

---

489 Zum Beispiel in re Uranium Antitrust Litigation, 473 F. Supp. 382, 385 [N. D. Ill. 1979].
490 *Weinrauch*, Competition Law in the WTO, 2004, S. 93.

ergebenden indirekten und direkten Kosten im Endeffekt an die Verbraucher weitergegeben. Diese Situation gefährdet den Schutzzweck der Wettbewerbsregelungen, namentlich die Verbraucherwohlfahrt.

Zusammengefasst schafft die Extraterritorialität Schwierigkeiten bei der Behandlung (Jurisdiktion, Vollstreckung) von Auslandssachverhalten sowie zusätzliche Kosten für Unternehmen und Verbraucher. Sie gefährdet internationale Beziehungen zwischen den Staaten und verursacht unterschiedliche Entscheidungen bezüglich desselben Falls. Dafür, dass so viele Probleme damit verbunden sind, schafft sie auch keine effektive Lösung für die Behandlung internationaler wettbewerbsrechtlicher Fragen.

Aufgrund der genannten wesentlichen Einschränkungen ist diese Alternative nur bedingt nutzbar und begrenzt hilfreich und bietet keine effiziente Methode für die Behandlung der potenziellen Probleme. Die oben gegebenen Nachteile extraterritorialer Anwendung nationaler Wettbewerbsrechte überwiegen insgesamt den Vorteilen der Extraterritorialität. Letztendlich, wie auch von *Fikentscher* ausgedrückt wurde, ist das Modell Unilateralismus die traditionellste und am wenigsten effektive Methode.[491] Zuletzt schaltet die Extraterritorialität den Wettbewerb zwischen den Wettbewerbsregelungen[492] unterschiedlicher Staaten ein und damit verursacht es Konflikte.

II. Bilaterale Kooperation und Abkommen

Auch wenn das Scheitern der Versuche, ein multilaterales Wettbewerbsrecht zu entwickeln, zur Extraterritorialität geführt hat, hat sich in jüngerer Zeit die Praxis jedoch wieder in Richtung eines Systems internationaler Verflechtungen bewegt, um den Herausforderungen wettbewerbsrechtlicher Auswirkungen internationaler Geschäftspraktiken angemessen zu begegnen. Eine Art dieser zwischenstaatlichen Verflechtungen ist die bilaterale Kooperation zwischen den Staaten, die als eine Lösung auf die Beschränkungen des Unilateralismus entstanden ist. Sie ist die häufigste Form der Zusammenarbeit. Die Zusammenarbeit zwischen den Wettbewerbsbehörden wurde erstmals durch *Soft-Law*-Empfehlungen internationaler Organisationen wie die OECD-Empfehlungen von 1967 eingeführt. Aufgrund der Schwierigkeiten, die die nichtkooperativen Ansätze mit sich bringen, haben die Staaten immer zunehmend einen kooperativen Ansatz

491 *Fikentscher*, IIC 27 (1996), 755, 756.

492 *Meessen*, Northwestern J. of Int. Law & Business 10 (1989-1990), 17, 18.

begünstigt. Insbesondere haben die USA zahlreiche bilaterale Abkommen abgeschlossen.[493]

Im Jahr 1959 schlossen die USA eine informelle *Fulton – Rodgers Arrangement*[494] mit Kanada, in dem sich jedes Land verpflichtete, das andere zu benachrichtigen, wenn es eine kartellrechtliche Untersuchung eröffnet, die sich auf die Belange der anderen Partei auswirken kann. Die ersten formalen bilateralen Abkommen waren die Abkommen zwischen Deutschland und den USA in 1976, Australien und der USA in 1982, Kanada und der USA in 1984 (überarbeitet in 1995) und Deutschland und Frankreich in 1984 (die sog. *first generation* Kooperationsabkommen).[495] Die allgemeinen Eigenschaften der ersten bilateralen Abkommen waren in Kürze: begrenzte Meldepflichten, begrenzte Pflichten zum Informationsaustausch, Pflicht zur passiven Kooperation und zum begrenzten Konsultationsverfahren.[496] Sie wurden allgemein vorbereitet,

---

493 Für die Liste der bilateralen Abkommen von den USA siehe https://www.justice.gov/atr/antitrust-cooperation-agreements (3.2.2022). Außerdem beinhalten ein paar Freihandelsabkommen ein Kapitel über die Wettbewerbspolitik, so wie das Freihandelsabkommen mit Chile, Singapore, Australia, Peru usw. Ausf. dazu siehe https://ustr.gov/trade-agreements/free-trade-agreements (3.2.2022).

494 Ersetzt durch Basford-Mitchell Arrangement = Canada – US Joint Statement concerning Cooperation in Antitrust Matters v. 3.11.1969, abrufbar unter: https://www.cambridge.org/core/journals/international-legal-materials/article/canadaunited-sta tes-joint-statement-concerning-cooperation-in-antitrust-matters/65DF2BF6EBAA5 26A586D4ACBA4F74D0A (3.2.2022).

495 Siehe Bekanntmachung des Abkommens zwischen der Regierung der Bundesrepublik Deutschland und der Regierung der USA über die Zusammenarbeit in Bezug auf restriktive Geschäftspraktiken, 27.9.1976, BGBl. II 1976, 1711. Der vollständige Text auf Englisch ist abrufbar unter: https://www.ftc.gov/sites/default/files/attachments/intern ational-antitrust-and-consumer-protection-cooperation-agreements/agree_germany.pdf (3.2.2022); Abkommen zwischen der Regierung des Commonwealth Australien und der Regierung der USA über die Zusammenarbeit in Kartellfragen,, 34 UST 3888, (1982) 21 ILM 702, 29.6.1982 abrufbar unter: https://www.ftc.gov/sites/default/files/attachments/international-antitrust-and-consumer-protection-cooperation-agreeme nts/agree_australia.pdf (3.2.2022); Agreement between the Government of the USA and the Government of Canada Regarding the Application of their Competition and Deceptive Marketing Practices Laws, 3.8.1995, abrufbar unter: http://www.justice.gov/atr/public/i nternational/docs/0316.htm (3.2.2022); Abkommen zwischen der Regierung der Bunderepublik Deutschland und der Regierung der Französischen Republik über die Zusammenarbeit in Bezug auf wettbewerbsbeschränkende Praktiken, 28.5.1984, BGBl. II 1984, 758-762.

496 Ausf. dazu *Taylor*, International Competition Law, 2006, S. 109.

während der Fokus auf der Verhinderung der Konflikte lag. Bilaterale Abkommen, die nach den 1990er Jahren abgeschlossen wurden, sind mehr auf Zusammenarbeit bei der Durchsetzung ausgerichtet. Als die Beschränkungen der ersten bilateralen Abkommen offensichtlich wurden, wurden umfangreichere bilaterale Abkommen abgeschlossen, darunter das Abkommen zwischen den USA und Israel, den USA und Japan, und den USA und Mexiko.[497] Diese sog. *Second-generation*-Kooperation abkommen haben die oben genannten Hauptelemente – Meldepflicht, Informationsaustausch, Kooperation und Konsultationsverfahren – erweitert und neue Begriffe verabschiedet: *Positive Comity*[498] und *Negative Comity*.[499]

Im Folgenden werden beispielhaft einige der wichtigsten bilateralen wettbewerbsrechtlichen Abkommen kurz dargestellt.

497 Agreement between the Government of the USA and the Government of the State of Israel regarding the Application of their Competition Laws, 15.3.1999, abrufbar unter: http://www.justice.gov/atr/public/international/2296.htm (3.2.2022); Agreement between the Government of the USA and the Government of Japan concerning Cooperation on Anticompetitive Activities, 7.10.1999, abrufbar unter: http://www.justice.gov/atr/public/international/docs/3740.htm (3.2.2022); Agreement between the Government of the USA and the Government of the United Mexican States regarding the Application of their Competition Laws, 11.7.2000, abrufbar unter: http://www.justice.gov/atr/icpac/5145.htm (3.2.2022).

498 *Comity* ist ein völkerrechtliches Rechtsprinzip, wonach ein Staat bei der Durchführung seiner Rechtsanwendungsmaßnahmen die wichtigen Interessen anderer Staaten berücksichtigen sollte, als Gegenleistung dafür, dass sie dies ebenfalls tun. Damit ist *Comity* ein Mittel, um die Auswirkungen der Extraterritorialität abzumildern, OECD, Provisions on Negative Comity, 2017, abrufbar unter: https://www.oecd.org/daf/competition/competition-inventory-provisions-negative-comity.pdf (3.2.2022). *Positive Comity* erfordert, dass ein Staat bei der Anwendung des eigenen Wettbewerbsrechts die Interessen des anderen Staates aktiv fördert, *Bätge,* Globalisierung des Wettbewerbsrechts: Eine internationale Wettbewerbsordnung zwischen Kartell- und Welthandelsrecht, 2009, S. 368 f.; *Taylor,* International Competition Law, 2006, S. 111, 112. Das Prinzip wurde 1960 v. GATT-Expertengruppe empfohlen, siehe § 7, II.

499 *Negative Comity* erfordert die Berücksichtigung der Interessen des anderen Staates bei der Anwendung des eigenen Wettbewerbsrechts, *Taylor*, International Competition Law, 2006, S. 110, 111; *Bätge*, Globalisierung des Wettbewerbsrechts: Eine internationale Wettbewerbsordnung zwischen Kartell- und Welthandelsrecht, 2009, S. 323; OECD, Provisions on Negative Comity, 2017, siehe Fn. oben.

1. Abkommen zwischen Deutschland und der USA – 1976

Dieses Abkommen, welches eines der ersten seiner Art ist, dient zur Verbesserung der Koordination zwischen Deutschland und den USA. Im Vorwort werden die negativen Auswirkungen restriktiver Verhaltensweise auf nationalen und internationalen Handel und die Notwendigkeit der Zusammenarbeit unterstrichen. Im Vergleich zu anderen bilateralen Kooperationsabkommen sehen die sog. *First-generation*-Abkommen eine schwache und passive Kooperation zwischen den Vertragsstaaten vor.

Art. 2, der die Übermittlung der von der anderen Vertragspartei angeforderten Dokumente und Informationen vorsieht und Art. 4, der die Intervention der anderen Vertragspartei im Fall einer Kartelluntersuchung bzw. eines Kartellverfahrens untersagt, zielen beide auf die Erläuterung der Kooperation ab. Jedoch gelten diese Bestimmungen nicht, wenn sie nicht im Einklang mit den Rechtsvorschriften der Vertragsstaaten stehen. Art. 4 Abs. 2 reguliert die Anmeldeverfahren, wonach eine Vertragspartei die Interessen der anderen Vertragspartei berücksichtigen und falls erforderlich sie notifizieren soll. Obwohl der Wortlaut dieser Vorschrift zwingend formuliert ist, ist unklar, unter welchen Umständen und bis zu welchem Zeitpunkt eine Anmeldung nötig ist. Art. 3 Abs. 1 untersagt die Weitergabe der Informationen, deren Mitteilung bzw. Offenlegung nach einem aktuellen Gesetz unzulässig ist. Somit gilt keine Bestimmung uneingeschränkt. Daher ist dieses Abkommen nur als eine „*Ausführungsform von engen Beziehungen*“,[500] oder als die Festlegung von Hauptgrundsätzen zu sehen.

2. Abkommen zwischen EG und USA – 1991/1995[501] und 1998[502]

Seit dem Jahr 1991 besteht ein bilaterales Kooperationsabkommen zwischen der EU und den USA, das die Rechtsgrundlage ihrer Zusammenarbeit bildet.

500 *Glynn*, International Agreements to Allocate Jurisdiction over Mergers, in: Hawk, International Mergers and Joint Ventures, 1991, S. 40.

501 Abkommen zwischen den EG und der Regierung der USA über die Anwendung ihrer Wettbewerbsregeln ABl. 1995 Nr. L 95/47 v. 27.4.1995 berechtigt durch ABl. 1995 Nr. L 131/38 v. 15.6.1995. 1994 hat EuGH dieses Abkommen, aufgrund der Unzuständigkeit der EU-Komm. für den Abschluss völkerrechtlicher Verträge, für nichtig erklärt, EuGH 9.8.1994, Rs. C-327/91, Frankreich/Kommission, Slg. 1994, I-3641. 1995 hat die EU das Abkommen genehmigt.

502 Abkommen zwischen der EG und den USA über die Anwendung der Positive-Comity-Grundsätze bei der Durchsetzung ihrer Wettbewerbsregeln, ABl. EG 1998 L 273/28 v. 18.6.1998.

Es wurde 1998 um ein Zusatzabkommen ergänzt, welches detaillierte Regeln für das sog. *Positive Comity* festlegt. Dadurch wurde das Prinzip der *Positive Comity* erstmals in einem bilateralen Kooperationsabkommen zur Wettbewerbspolitik aufgenommen. Dieses Abkommen stellt einen Meilenstein im bilateralen Kooperationsabkommen dar, da der Hauptfokus aller Abkommen, die danach abgeschlossen wurden, in der Stärkung der Zusammenarbeit zwischen den Wettbewerbsbehörden und der Vermeidung von Kompetenzkonflikten besteht.[503] Diese Abkommen stellen die sog. *Second-generation*-Abkommen dar.[504]

Das Abkommen zwischen EG und USA stellt im Wesentlichen vier Instrumente bereit: (i) Gegenseitige Notifizierungspflicht in den Fällen, die die Belange der anderen Vertragspartei betreffen, Art. 2 (für die Unternehmen bedeutet dies zum Beispiel, dass eine in den USA oder der EU angemeldete Fusion den Behörden der beiden Staaten gemeldet wird, wenn vermutlich auch Märkte in der anderen Jurisdiktion betroffen sind), (ii) der Austausch von Informationen, Art. 3,[505] (iii) Kooperationspflichten und Koordinierungspflichten, Art. 4, (iv) Kooperation zur Unterlassung wettbewerbsbeschränkenden Verhaltens auf dem Gebiet einer Partei, die sog. *Positive Comity*, Art. 5. Durch dieses Abkommen wurden die Beziehungen zwischen den beiden Staaten verbessert und die beiden Rechtssysteme angenähert, zum Beispiel durch die Aufnahme der Kronzeugenregelung in das EU-Wettbewerbsrecht, die ursprünglich aus den USA stammt.[506]

---

503 *Budzinski/Aigner,* Institutionelle Rahmenbedingungen für internationale M & A-Transaktionen: Auf dem Weg zu einem globalen Fusionskontrollregime? Marburger volkswirtschaftliche Beiträge Nr. 9 2004, S. 12, https://www.wiwi.uni-muenster.de/06/nd/fileadmin/documents/workingpapers/AP49.pdf (3.2.2022).

504 Presse-Mitt. der EU-Komm., IP/14/2245 v. 28.11.2014, abrufbar unter: http://europa.eu/rapid/press-release_IP-14-2245_fr.htm (3.2.2022).

505 Der Informationsaustausch wird durch zwei Bestimmungen beschränkt. Zum einen steht er unter dem Vorbehalt des Gesetzes beider Vertragsstaaten, Art. 9 des Abkommens. Das heißt, dass, wenn nach der Rechtsordnung einer Vertragspartei die Weitergabe der Informationen nicht erlaubt wird, darf sie auch aufgrund des Abkommens nicht erfolgen. Zum anderen muss die Vertraulichkeit freiwillig bereitgestellter Informationen unbedingt gewahrt bleiben, Art. 8 des Abkommens.

506 *Wagner-von Papp,* in: Tietje, Internationales Wirtschaftsrecht, 2015, S. 575 f.; Presse-Mitt. der EU-Komm. IP/01/1292 v. 20.09.2001, abrufbar unter: http://europa.eu/rapid/press-release_IP-01-1292_de.htm?locale=en. (3.2.2022). Siehe auch Mitt. der EU-Komm. über den Erlass und die Ermäßigung v. Geldbußen in Kartellsachen, ABl. C. 298/11 v. 8.12.2006.

3. Abkommen zwischen EU und Schweiz – 2014[507]

Dieses Abkommen geht über die bisherigen Kooperationsabkommen der EU mit anderen Staaten hinaus und beinhaltet zum Teil Bestimmungen, die in den bisherigen Kooperationsabkommen nicht existieren. Sie ermöglicht den Wettbewerbsbehörden der EU und Schweiz, ihre Durchsetzungstätigkeiten eng zu koordinieren und vertrauliche Informationen auszutauschen. Es ist somit das erste Abkommen, indem die nationalen Wettbewerbsbehörden in die Lage versetzt wurden, die Beweise, vertrauliche Informationen und Dokumente, die sie während ihrer Kartell- und Fusionsverfahren erlangt haben, auszutauschen und sich ihre Vollzugsmaßnahmen gegenseitig mitzuteilen. Die Wettbewerbsbehörden der EU-Mitgliedstaaten werden durch das Abkommen nicht umfasst.[508] Unter diesem Abkommen verpflichten sich die Vertragsstaaten, unter bestimmten Voraussetzungen, sich gegenseitig über ihre Durchsetzungstätigkeiten zu informieren, wenn diese wesentliche Interessen der anderen Partei berühren können. Das Abkommen ermöglicht es den Vertragsstaaten auch die Koordination ihrer Durchsetzungsmaßnahmen, so wie die Durchführung von Razzien. Dies bedeutet aber nicht, dass Schweizer Wettbewerbsbehörden im Namen der Europäischen Wettbewerbsbehörden Razzien durchführen können oder umgekehrt. Das Abkommen enthält auch *Negative Comity* und *Positive Comity* in den Art. 5, 6.

Bei diesem Abkommen handelt es sich um ein sog. Abkommen der zweiten Generation.[509] Der Umfang des Informationsaustauschs ist breiter; Informationen können auch gegen den Willen der betroffenen Unternehmen und in einigen Fällen außerhalb einer offiziellen Untersuchung ausgetauscht werden. Alle anderen bilateralen Abkommen der EU schließen den Austausch der während der Untersuchungen erlangten Informationen und Beweise zwischen den nationalen Wettbewerbsbehörden aus, ohne die Zustimmung der Informationsquelle.[510] Obgleich dieses Abkommen einen besseren Zugang zu den Beweismitteln ermöglicht und dadurch den Erhalt von Nachweisen erleichtert, könnte es weitgehende Folgen haben: Insbesondere ist die Möglichkeit zum Austausch von

---

507 Abkommen zwischen der EU und der Schweizerischen Eidgenossenschaft über die Zusammenarbeit bei der Anwendung ihres Wettbewerbsrechts, ABl. L 347/3, 3.2.2014.

508 *Oesch/Burghartz* in: Krenzler/Herrmann/Niestedt, EU-Außenwirtschafts- und Zollrecht, 2020, 132.b Rn. 148.

509 Presse-Mitt. der EU-Komm., IP/14/2245 v. 28.11.2014, abrufbar unter: http://europa.eu/rapid/press-release_IP-14-2245_fr.htm (3.2.2022).

510 Siehe Fn. oben.

Informationen, die auch außerhalb einer offiziellen Untersuchung erlangt wurden, ohne Zustimmung des betreffenden Unternehmens und ohne Beschwerderecht von Bedeutung. Eine derart strikte Bestimmung zwischen Industrieländern hebt die Bedeutung hervor, die die Länder der Bekämpfung wettbewerbswidrigen Verhaltens beimessen.

4. Rechtshilfeabkommen

Mutual Legal Assistance Treaties und *Antitrust Mutual Assistance Agreements* sind völkerrechtliche Verträge zwischen Staaten, die den Austausch von Informationen bezüglich einer Verfahrung im Gebiet von mindestens einer der Staaten erleichtern.[511] Dabei handelt es sich um die prozessuale Kooperation der nationalen Wettbewerbsbehörden.[512]

Eines der ersten *Antitrust Mutual Assistance Agreements* ist das Abkommen zwischen den USA und Australien,[513] dessen in seinem Art. 2 vorgesehenen Ziel darin besteht, dass in einem Wettbewerbsverfahren bei der Erlangung der Beweismittel, die sich im Hoheitsgebiet des anderen Vertragsstaats befinden, gegenseitig Rechtshilfe zu leisten ist. Durch das Richten eines Rechtshilfegesuchs an die Wettbewerbsbehörde des anderen Vertragsstaates werden die Beweismittel, die sich im Hoheitsgebiet des anderen Vertragsstaats befinden, dem ersuchten Vertragsstaat mit der Voraussetzung zur Verfügung gestellt, dass sie bis auf wenige Ausnahmen nur durch die Vertragsstaaten verwendet werden, Art. 2 Abs. A, 3, 8.

Ein weiteres Beispiel ist das Rechtshilfeabkommen zwischen Deutschland und den USA in Strafsachen,[514] das auch für Kartelle gilt und deutlichere Verpflichtungen als das vorherige Rechtshilfeabkommen vorsieht. Es enthält unter anderem die Überlassung der Urkunden, Beschlagnahmen und Zeugenvernehmungen,

---

511 Bundeskartellamt, abrufbar unter: https://www.bundeskartellamt.de/DE/UeberUns/Internationales/Rechtshilfe/rechtshilfe_node.html (3.2.2022).

512 EU, abrufbar unter: https://ec.europa.eu/info/law/cross-border-cases/judicial-cooperation/types-judicial-cooperation/mutual-legal-assistance-and-extradition_en (3.2.2022).

513 Agreement between the Government of Australia and the Government of the USA on Mutual Antitrust Enforcement Assistance, abrufbar unter: https://www.ftc.gov/policy/cooperation-agreements/usaaustralia-mutual-antitrust-enforcement-assistance-agreement (3.2.2022). Siehe auch *Wagner-von Papp* in: Tietje, Internationales Wirtschaftsrecht, 2015, S. 577.

514 Abkommen zwischen Bundesrepublik Deutschland und den USA über die Rechtshilfe in Strafsachen, BGBl. 2007 II, 1618, 14.10.2003.

Fernmeldeüberwachung und verdeckte Ermittlungen. Das Abkommen regelt auch die Bedingungen, welche Deutschland für seine Rechtshilfe bestimmen kann, wenn einem Angeklagten in den USA die Todesstrafe droht.

Das Rechtshilfeabkommen zwischen den USA und Deutschland unterscheidet sich mit seinen detailliert definierten Verpflichtungen und seiner Verbindlichkeit von dem bisherigen wettbewerbsrechtlichen Abkommen. Das Letztere verpflichtet zwar die Vertragsstaaten zur Kooperation, jedoch enthält es keine ausführlichen Verpflichtungen. Ferner ist bei dem Letzteren die Verweigerung der Kooperation unproblematisch, während dies bei dem Rechtshilfeabkommen nur in Ausnahmefällen möglich ist. Ein anderer Unterschied ist, dass es nunmehr für die Verfahrensverhandlungen nicht darauf ankommt, ob das Verhalten auch in dem ersuchten Staat verboten ist, sondern lediglich auf die Situation in dem Auswirkungsstaat.[515]

Hervorzuheben ist Art. 9 Abs. 2, der reguliert, dass der ersuchte Staat Unterlagen oder sonstige Informationen, die sich im Besitz einer Behörde befinden, aber nicht öffentlich zugänglich sind, *„in demselben Umfang und unter denselben Bedingungen zur Verfügung stellt, wie sie seinen eigenen entsprechenden Behörden zugänglich wären."* Diese Bestimmung kann zu weitgehenden Folgen führen, da einer ausländischen Behörde die gleiche Position wie einer inländischen Behörde verliehen wird.

Rechtshilfeabkommen erleichtern selbstverständlich die Zusammenarbeit der Wettbewerbsbehörde aus unterschiedlichen Staaten. Fehlt ein Rechtshilfeabkommen, ergeben sich Schwierigkeiten bei einer Zusammenarbeit wie etwa längerer Wartezeit oder mehr Bürokratieaufwand. Rechtshilfeabkommen sind aber nicht geeignet für die Behandlung der unter dem § 3 erwähnten Probleme. Die Bestimmungen der Rechtshilfeabkommen treten erst dann in den Vordergrund, nachdem der Wettbewerb schon durch ein wettbewerbswidriges Marktverhalten beschränkt wurde. Sie stellen daher keine Alternativen zu globalen Wettbewerbsregeln dar, sondern sind eher als eine zwischenstaatliche Unterstützung zu sehen, zum Beispiel während der Verfolgung eines verdächtigen Marktverhaltens.

---

515 Zu diesem Abs., *Wagner-von Papp* in: Tietje, Internationales Wirtschftsrecht, 2015, S. 577 f.

5. Nicht verbindliche Absichtserklärungen

Memorandum of Understanding (nachfolgend: MoU) sind Kooperationsvereinbarungen mit dem Ziel der Stärkung der Zusammenarbeit zwischen den Staaten und Koordination im Bereich des Wettbewerbsrechts und beruhen insbesondere auf dem Erfahrungs- und Meinungsaustausch.[516] Sie sind jedoch keine verbindlichen völkerrechtlichen Verträge, sondern „*Verwaltungsabkommen zwischen zwei Wettbewerbsbehörden.*“[517] Die große Mehrheit der MoU nennt als Ziel die Stärkung der Zusammenarbeit und die Förderung des Wettbewerbsbewusstseins im Allgemeinen und nicht die Koordinierung der Durchsetzung in Einzelfällen,[518] während einige ausdrücklich erwähnen, dass sie darauf abzielen, die Kommunikation als Mittel zur Stärkung der Beziehungen zwischen den Parteien im Bereich des Wettbewerbsrechts und der Wettbewerbspolitik zu unterstützen.[519]

MoU werden ebenfalls immer häufiger. Die Türkei hat bspw. einige Absichtserklärungen unterzeichnet,[520] die auf der Grundlage des gegenseitigen Einverständnisses, der Bereitschaft und der Entschlossenheit unterzeichnet wurden. Sie zielen darauf ab, die Zusammenarbeit durch den Austausch nicht vertraulicher Informationen und Treffen zu fördern.[521] Die türkische Wettbewerbsbehörde weist darauf hin, dass der Reiz der MoU's in der zusätzlichen Flexibilität liegt, die sich aus ihrem unverbindlichen aber formalen Charakter ergibt. Die EU hat auch im Jahr 2009 ein MoU *on Cooperation in the Area of Anti-Monopoly*

---

516 *Wiedemann*, Kartellrecht, 2020, § 6 Rn. 26.

517 *Jakob/Held* in: von der Groeben/Schwarze/Hatje, Europäisches Unionsrecht, 2015, Nach Art. 109 AEUV Rn. 24; *Wiedemann*, Kartellrecht, 2020, § 6 Rn. 26. Auch wenn sie rechtlich unverbindlich sind, werden sie wegen der Lesefreundlichkeit in diesem Teil der Dissertation erklärt.

518 Zum Beispiel China-EU, 2012; Brasilien-Korea, 2014; Chinese Taipei-Frankreich, 2014; Brasilien-EU, 2009; China-Ungarn, 2006. Siehe OECD, Competition cooperation and enforcement, abrufbar unter: https://www.oecd.org/daf/competition/mou-inventory-provisions-on-purposes.pdf (3.2.2022).

519 Zum Beispiel Australien-China, 2014; Kanada-Indien, 2014; Australien-Indien, 2013; Australien-China, 2012; China-US, 2011. Siehe OECD, Fn. oben.

520 Beispielsweise mit Republik Korea, Romanien, Bulgarien, Portugal, Croatien, Österreich, abrufbar unter: https://www.rekabet.gov.tr/en/Sayfa/About-us/international-relations/bilateral-relations/-co-operation-agreements-with-other-comp (3.2.2022).

521 Siehe Türkische Wettbewerbsbehörde, abrufbar unter: https://www.rekabet.gov.tr (3.2.2022).

Law mit China, im Oktober 2009 ein MoU mit Brasilien im 2013 mit Indien und im März 2011 mit Russland abgeschlossen.[522]

6. Meinungsspektrum zur bilateralen Kooperation

Die Eignung bilateraler Kooperation für die Bewältigung globaler wettbewerbsrechtlicher Probleme wird in der Literatur durch verschiedene Autoren und aus verschiedenen Gründen kritisiert. Zum Beispiel liegt nach *Weinrauch*[523] das Hauptproblem der bilateralen Abkommen darin, dass keine Regelung, die die Zusammenarbeit der Wettbewerbsbehörde verlangt, erfasst wird, wenn wesentliche Interessen der Länder auf dem Spiel stehen. Außerdem seien sie zu eng gefasst, um Probleme des internationalen Wettbewerbsrechts anzugehen. Es fördere lediglich die Kooperation der Wettbewerbsbehörde, jedoch befasse es sich nicht mit Schnittstellenproblemen zwischen Handels- und Wettbewerbspolitik. Laut *Jenny*[524] sind die bilateralen Abkommen nicht geeignet, die Herausforderungen der Globalisierung zu bewältigen. Auch nach *Meiklejohn*[525] kann ein weltweiter Rahmen aufgrund der Unmöglichkeit der Kompatibilität der bilateralen Abkommen miteinander nicht auf bilateralen Kooperationen aufgebaut werden.

Nach *Budzinski* und *Aigner*[526] gehören die freiwillige Natur, das Fehlen eines Streitbeilegungsmechanismus, die begrenzte Anzahl von durch die Abkommen gefassten Jurisdiktionen sowie die Unberücksichtigung der Entwicklungs- und Schwellenländer zu den Schwächen der bilateralen Abkommen. Hingegen seien

---

522 Für China, siehe Presse-Mitt. der EU-Komm. Nr. IP/12/993 v. 20.9.2012, abrufbar unter: http://ec.europa.eu/competition/international/bilateral/mou_china_en.pdf; Für Indien, Presse-Mitt. der EU-Komm. Nr. IP/13/1143 v. 21.11.2013, abrufbar unter: https://europa.eu/rapid/press-release_IP-13-1143_en.htm; Für Brasilien, http://ec.europa.eu/competition/international/bilateral/brazil.html; Für Russland, http://ec.europa.eu/competition/international/bilateral/mou_russia_en.pdf (3.2.2022).

523 *Weinrauch*, Competition Law in the WTO, 2004, S. 184.

524 *Jenny*, The Antitrust Bulletin 48 (2003), 973, 1002.

525 *Meiklejohn*, The World Economy 22 (1999), 1233, 1247: "*over-optimistic to imagine that a world-wide framework for competition policy could be built up […] from a network of bilateral agreements. […] it would be virtually impossible to ensure that all the agreements were compatible with each other*".

526 *Budzinski/Aigner*, Institutionelle Rahmenbedingungen für internationale M&A-Transaktionen: Auf dem Weg zu einem globalen Fusionskontrollregime? Marburger volkswirtschaftliche Beiträge Nr. 9 2004, S. 15, https://www.wiwi.uni-muenster.de/06/nd/fileadmin/documents/workingpapers/AP49.pdf (3.2.2022).

die Stärkung des gegenseitigen Vertrauens und das Verständnis zwischen den Wettbewerbsbehörden, die mögliche Auswirkung einer *ex-post* Harmonisierung (aufgrund des Ideenaustausches), die Schaffung der Institutionen, die die Erwartungsbildung erleichtern, die Verringerung der Transaktionskosten der beteiligten Wettbewerbsbehörden und die mögliche Steigerung der Effektivität und Effizienz der Arbeit der Wettbewerbsbehörden die Stärke der bilateralen Abkommen. Sie sind der Meinung, dass multilaterale Lösungen umfassender, überregional und rechtsverbindlich abgebildet werden können.

7. Stellungnahme

Die bilateralen Abkommen bedeuten, so wie jeder Vertrag in erster Linie, eine Verpflichtung der Vertragsstaaten, nicht unilateral zu handeln: Anders verhält es sich nur dann, wenn alle in dem Abkommen bereitgestellten Mittel ausgeschöpft sind.[527] Dies geht damit im Hinblick auf die Zusammenarbeit der Staaten schon einen Schritt weiter als das Modell des Unilateralismus.

Es gibt keine öffentlich zugänglichen Daten von Regierungen darüber, in wie vielen Fällen ihre nationalen Wettbewerbsbehörden nicht in der Lage gewesen wären, ein wettbewerbswidriges Verhalten aufzudecken oder zu bekämpfen, wenn keine bilateralen Kooperationsabkommen bestanden hätten und ob einige Fälle anders entschieden worden wären, wenn es keine Zusammenarbeit zwischen den nationalen Wettbewerbsbehörden gegeben hätte.[528] Jedoch tragen zweifellos die bilateralen wettbewerbsrechtlichen Abkommen zur Erleichterung der Lösung eines Wettbewerbsfalls zwischen den Vertragsstaaten und der Rechtsanwendung und -durchsetzung bei Auslandssachverhalten bei.[529] Sie unterstützen die Zusammenarbeit der nationalen Wettbewerbsbehörde der Vertragsstaaten und helfen ihnen unter anderem bei dem Beweiserhebungsverfahren und bei einer schnelleren und einfacheren Beschaffung der Beweismittel. Andererseits besteht Einigkeit darüber, dass sie für die Schaffung eines globalen internationalen Wettbewerbssystems nicht geeignet sind, da es nicht möglich ist,

527 EU. Komm., Report of the Group of Experts, Competition Policy in the New Trade Order, Strengthening International Cooperation and Rules, 12.7.1995, COM(95) 359 Final, S. 13.

528 *Jenny*, The Antitrust Bulletin 48 (2003), 973, 988.

529 *Immenga* in: Tietje/Kraft/Sethe, Internationales Wettbewerbsrecht: Unilateralismus, Bilateralismus, Multilateralismus, Martin-Luther Uni. Beiträge zum Transnationalen Wirtschaftsrecht, Heft 31 (2004), S. 10, abrufbar unter: https://www2.jura.uni-halle.de/INSTITUT/Heft31.pdf (3.2.2022).

alle existierenden Rechtssysteme bzw. Wettbewerbsbehörden bilateral zu vernetzen.[530] Gäbe es weltweit etwa 100 nationale Wettbewerbsgesetze, wäre ein Netz von 4950 bilateralen Abkommen erforderlich, um ein grenzüberschreitendes Wettbewerbsrecht zu schaffen.[531]

Neben der Unmöglichkeit, dadurch eine globale Wettbewerbsordnung zu schaffen, haben die bilateralen Kooperationsabkommen, mit Ausnahme des Abkommens zwischen Neuseeland und Australien, auch wesentliche Schwachstellen. Vor allem ist der Geltungsbereich bilateraler Abkommen nicht weit genug zur Bewältigung multinationaler Wettbewerbsprobleme. Ferner besteht in der Majorität der bilateralen Kooperationsabkommen keine echte Amtshilfe. Das Thema des Austausches von Informationen, das im Abkommen zwischen der EU und Schweiz vorgesehen wird, ist ebenfalls verbesserungswürdig. Eine derartige Bestimmung muss zu den bilateralen Kooperationsabkommen mit der Voraussetzung hinzugefügt werden, dass die vom Ausland belangten vertraulichen Informationen nach den Gesetzen des Absenders behandelt werden sollen.

Das einzige Modell, das als taugliches Beispiel angenommen werden kann, ist das Abkommen zwischen Neuseeland und Australien,[532] bei dem die Wettbewerbsbehörden nicht nur in der Theorie, sondern auch in der Praxis mehr Macht besitzen. Dabei handelt es sich um die Angleichung der materiellen Rechte der Vertragsstaaten.[533] Die Unternehmen unterliegen auch der Jurisdiktion der Wettbewerbsbehörde des anderen Staates. Auch die Urteile und Anordnungen werden gegenseitig anerkannt und vollstreckt. Demnach hat dieses Abkommen einen effizienteren Ansatz. Aber auch dann, wenn alle bilateralen

---

530 Vgl. auch *Pons*, Is It Time For an International Agreement on Antitrust, in: Drexl, The Future of Transnational Antitrust, 2003, S. 351: *"we cannot realistically expect to build the same intensive bilateral cooperative relationship with all of our counterparts around the world."*

531 Vgl. *Taylor*, International Competition Law, 2006, S. 120, 121. Die relevante mathematische Formel ist Z= (n x (n-1))/2. Z repräsentiert die erforderlichen bilateralen Abkommen und n steht für die Anzahl der Staaten mit nationalen Wettbewerbsrechten.

532 Cooperation Agreement between the Australian Competition and Consumer Commission and the New Zealand Commerce Commission v. 29.7.1994 abrufbar unter: https://www.accc.gov.au/system/files/Cooperation%20agreement%20between%20the%20ACCC%20%26%20the%20NZCC.pdf (15.10.20120).

533 *Scollay/Findlay/Kaufmann*, Australia New Zealand Closer Economic Relations Trade Agreement (ANZCERTA) and Regional Integration, 2011, S. 18; *Bätge*, Globalisierung des Wettbewerbsrechts: Eine internationale Wettbewerbsordnung zwischen Kartell- und Welthandelsrecht, 2009, S. 414.

Kooperationsabkommen nach diesem Modell abgeschlossen worden wären, wäre es trotzdem, wie ausgeführt, unmöglich, sie miteinander zu vernetzen und dadurch eine globale Wettbewerbsordnung zu schaffen.

Es ist auch darauf hinzuweisen, dass die Effektivität eines bilateralen wettbewerbsrechtlichen Abkommens von dem Entwicklungsstand der Vertragsstaaten abhängt.[534] Zum Beispiel ermöglichen die Abkommen, die zwischen den EU-Mitgliedstaaten, USA, Canada und Japan abgeschlossen wurden, aufgrund der Ähnlichkeit ihrer Rechtssysteme eine einfachere Anwendung der Regeln. Ähnlichkeit der Rechtssysteme heißt, ihre Wettbewerbsbehörden verfügen über ähnliche Untersuchungsinstrumente. Ein Verhalten, das im Hoheitsgebiet eines Vertragsstaates untersagt wird, wird auch im Hoheitsgebiet der anderen Vertragsstaaten verboten. Diese Ähnlichkeit ist sicherlich eine günstige Voraussetzung für die effiziente Anwendung eines wettbewerbsrechtlichen bilateralen Abkommens.

Aber selbst wenn die oben genannten Punkte nicht fehlen würden und ein perfektes bilaterales Abkommen unterzeichnet werden würde, wären solche wettbewerbsrechtlichen bilateralen Abkommen für Staaten mit weniger Verhandlungsmacht immer noch nachteilig. Die Verhandlungsmacht hat einen wesentlichen Einfluss auf die Abkommensverhandlungen und die Bestimmungen und Pflichten der Vertragsstaaten. Aus der Ungleichheit der Verhandlungsmacht der Vertragsstaaten würde sich höchstwahrscheinlich ergeben, dass einem Vertragsstaat günstigere Bedingungen als dem anderen eingeräumt werden.

Trotz des Beitrags bilateraler Abkommen zur Lösung grenzüberschreitender wettbewerbsrechtlicher Probleme haben sie schon bei internationalen Wettbewerbsbeschränkungen unter Beteiligung der Unternehmen von mehr als zwei Staaten ihre Insuffizienz bewiesen. Da die Gültigkeit und die Macht bilateraler Wettbewerbsabkommen durch das Territorium der Vertragsstaaten begrenzt wird, funktionieren sie auf globaler Ebene nicht erfolgreich und effektiv. Der oben erwähnte Fall *GE – Honeywell* hat auch gezeigt, dass die Existenz eines bilateralen Kooperationsabkommens solche internationalen wettbewerbsrechtlichen Probleme nicht verhindern kann. Auch wenn das ideale wettbewerbsrechtliche Abkommen in einer bilateralen Form abgeschlossen würde, wäre es dennoch wegen seiner geographischen Reichweite unzureichend.

---

534 Zu diesem Abs., *Immenga* in: Tietje/Kraft/Sethe, Internationales Wettbewerbsrecht, Unilateralismus, Bilateralismus, Multilateralismus, Martin-Luther Uni. Beiträge zum Transnationalen Wirtschaftsrecht Heft 31 (2004), S. 11, abrufbar unter: http://www2.jura.uni-halle.de/INSTITUT/Heft31.pdf (3.2.2022).

III. Regionale Kooperation

Regionale Handelsabkommen – gegenseitige Handelsabkommen zwischen zwei oder mehreren Vertragsstaaten[535] – werden auch von den Regierungen als Instrumente zur Stärkung des Wettbewerbs eingesetzt. Nicht nur geographisch benachbarte Länder greifen auf solche Abkommen zurück: Hier versteht man unter regional das Gegenteil von multilateral.[536] In diesem Zusammenhang werden in den letzten Jahren regionale Handelsabkommen, insbesondere zwischen Industrie- und Entwicklungsländern immer zunehmender abgeschlossen. Sie haben nicht nur an Zahl, sondern auch an Tiefe und Komplexität zugenommen.[537] Dabei werden wettbewerbspolitische Bestimmungen aufgrund nachteiliger Auswirkungen fehlender Wettbewerbsregeln auf den Handel immer umfangreicher erfasst. Die Vermeidung der Beeinträchtigung der sich aus der Liberalisierung von Handel und Investitionen ergebenden Vorteile durch grenzüberschreitende wettbewerbswidrige Verhaltensweise, die Schaffung regionenweiter Wettbewerbspolitiken und -institutionen, die einen höheren Integrationsgrad anstreben, zählen zu den wichtigsten Gründen für die zunehmende Einschließung der Wettbewerbsvorschriften in den regionalen Handelsabkommen.[538]

Der WTO wurden ca. 350 regionale Handelsabkommen notifiziert (Stand Februar 2022): Davon enthalten ca. die Hälfte spezielle Kapitel oder Bestimmungen zur Wettbewerbspolitik. Sie können bezüglich der Regelung des Themas Wettbewerbs in drei Kategorien eingeteilt werden: (i) Handelsabkommen, die wettbewerbsbezogene Ziele enthalten, (ii) Handelsabkommen, die Verpflichtungen in Bezug auf die Wettbewerbspolitik vorsehen und (iii) Handelsabkommen, die ein eigenes Kapitel über die Wettbewerbspolitik enthalten, so, wie in der EU.

535 WTO, abrufbar unter: https://www.wto.org/english/tratop_e/region_e/region_e.htm (3.2.2022). Sie können zwischen einzelnen Ländern, einem Land und einer Gruppe v. Ländern oder zwischen verschiedenen Landesgruppen liegen, *Solano/Sennekamp*, Competition Provisions in Regional Trade Agreements, COM/DAF/TD(2005)3/FINAL, OECD Trade Policy Papers, 2006, Nr. 31, S. 5, abrufbar unter: http://dx.doi.org/10.1787/344843480185 (3.2.2022). TTIP hat zwei Vertragsstaaten, jedoch 29 Staaten, die v. Abkommen erfasst werden.

536 *Hilpold*, Recht der Internationalen Wirtschaft 8 (1993), 657, 659.

537 WTO, abrufbar unter: https://www.wto.org/english/tratop_e/region_e/scope_rta_e.htm (3.2.2022).

538 *Brusick/Alvarez/Cernat*, UNCTAD, Competition Provisions in Regional Trade Agreements: How to Assure Development Gains, UNCTAD/DITC/CLP/2005/1, 2005, Vorwort; *Hilpold*, Manchester J. Int. Eco. L. 2 (2005), 82, 88.

Einige regionale Abkommen, zum Beispiel der AEUV und das MERCOSUR schaffen außerdem eine regionale und vom nationalen Recht unabhängige Wettbewerbsordnung. Die meisten der regionalen Handelskommen mit Wettbewerbskapiteln legen fest, welche wettbewerbswidrigen Verhaltensweisen zu regulieren sind und welche Maßnahmen zu ihrer Bekämpfung zu ergreifen sind. Häufig werden die Annahme von Wettbewerbsgesetzen, die Einrichtung von Wettbewerbsbehörden und eine Zusammenarbeit im Bereich der Wettbewerbspolitik von den Vertragsstaaten verlangt. Die jüngsten regionalen Handelsabkommen enthalten zunehmend Grundsätze wie Transparenz, Nichtdiskriminierung und Verfahrensgerechtigkeit. Die meisten befassen sich mit der Regulierung staatlicher Unternehmen und designierter Monopole, jedoch nicht mit den Vorschriften über staatliche Beihilfen und Subventionen. Eine Ausnahme bilden die Abkommen mit der EU. In der Majorität regionaler Handelsabkommen sind wettbewerbsrechtliche Bestimmungen von dem Streitschlichtungssystem ausgeschlossen. Stattdessen wird ein Konsultationsmechanismus vorgesehen.[539]

Regionale Handelsabkommen stellen eine der Ausnahmen vom Grundsatz der Nichtdiskriminierung der WTO dar und sind im Rahmen der WTO vorbehaltlich einer Reihe von Regeln gem. Art. 24 GATT zugelassen.[540] In Amerika zählen zu den regionalen Handelsabkommen unter anderem MERCOSUR und NAFTA, in Europa AEUV, in der Karibik CARICOM, in Africa COMESA, WAEMU, ECOWAS und SACU, in Asien ASEAN und APEC,[541] die auch wettbewerbsrechtliche Bestimmungen oder Empfehlungen beinhalten.

In dieser Dissertation werden beispielhaft einige der oben genannten Abkommen dargelegt, darunter der AEUV am ausführlichsten, da lediglich die EU einen gemeinsamen Markt und eine Wirtschafts- und Wahrungsunion hat und sie die einzige funktionsfähige supranationale Wettbewerbspolitik aufweist. Die unten erklärten regionalen Handelsabkommen haben eine regionale

---

539 Zu diesem Abs. siehe Datenbank der zur WTO notifizierten Gegenseitigkeitsabkommen, abrufbar unter: http://rtais.wto.org/UI/ PublicMaintainRTAHome.aspx (3.2.2022).

540 WTO, abrufbar unter: https://www.wto.org/english/tratop_e/region_e/region_e.htm (3.2.2022).

541 Der WTO wurde NAFTA als Freihandelsabkommen und als Abkommen über die wirtschaftliche Integration notifiziert. Der AEUV wurde als Zollunion und als Abkommen über die wirtschaftliche Integration notifiziert. Die ASEAN wurde als Freihandelsabkommen notifiziert, abrufbar unter: http://rtais.wto.org/UI/PublicShowRTAIDCard.aspx?rtaid=122 (3.2.2022).

Wettbewerbspolitik mit unterschiedlichem Integrationsgrad.[542] Beispielsweise hat die EU die komplexeste Form der Wettbewerbspolitik, da es sich um ein zentralisiertes Modell handelt.[543] ASEAN stellt ein teilweise dezentralisiertes Modell dar, während NAFTA ein dezentralisiertes Modell darstellt.[544]

Tabelle 1: Modelle der Wettbewerbspolitik regionaler Handelsabkommen

Modell	Merkmale	Beispiele
Zentralisiertes Modell	Regionale Authorität	EU COMESA ANDEAN PACT
	Regionales Recht	
	Regionale Durchsetzung	
Teilweise zentralisiertes Modell	Regionale Autorität	CARICOM ANZCERTA
	Regionales Recht	
	Nationale Durchsetzung	
Teilweise dezentralisier-tes Modell	Keine regionale Autorität	ASEAN MERCOSUR
	Regionales Recht	
	Nationale Durchsetzung	

542 *Balassa* beschrieb 1961 einen sog. Stufenansatz, nach dem sich die folgenden fünf Stufen wirtschaftlicher Integration unterscheiden lassen: Freihandelszone (die Mitglieder behalten die nationalen Zölle); Zollunion (ein gemeinsamer Außenzoll wird eingeführt); Gemeinsamer Markt (Hindernisse für die Freizügigkeit werden abgeschafft); Wirtschaftsunion (Harmonisierung nationaler Wirtschaftspolitiken bis zu einem gewissen Grad) und Gesamtwirtschaftliche Integration (die Integrationszone ähnelt einem autonomen Staat, da die Wirtschaftspolitik vereinheitlicht ist und supranationale Institutionen zur Überwachung ihrer Umsetzung geschaffen werden), in: The Theory of Economic Integration, 1961, Kapitel 1.

543 *Dawar/Holmes*, Competition Policy in: Chauffour/Maur, Preferential Trade Agreement, Policies for Development, 2011, S. 356, 357.

544 *Pelkmans*, The ASEAN Economic Community: A Conceptual Approach, 2016, S. 43. Siehe auch Fn. oben.

Modell	Merkmale	Beispiele
Dezentralisier-tes Modell	Keine regionale Autorität	NAFTA SACU
	Kein regionales Recht	
	Nationales Recht unterliegt Kriterien der Harmonisierung	

Quelle[545]

1. AEUV

Der Römische Vertrag von 1957, Vorgänger des AEUV, ist das erste regionale multilaterale Abkommen, das in der gesamten Region eine Wettbewerbspolitik eingeführt hat.[546] Es gehört schon seit dem Inkrafttreten des EGV im Jahre 1958 zu den Aufgaben der EU, unter anderem ein System zu schaffen, das den Wettbewerb innerhalb des Binnenmarktes vor Verfälschungen schützt.[547] Nach dem Art. 119 Abs. 1 AEUV in Verbindung mit Art. 120 Satz 2 AEUV sind die EU und ihre Mitgliedstaaten auf den Grundsatz einer offenen Marktwirtschaft mit freiem Wettbewerb und nach Art. 3 Abs. 3 Satz 1 und 3 EUV zur Herstellung eines Binnenmarktes und einer in hohem Maße wettbewerbsfähigen sozialen Marktwirtschaft verpflichtet. Entsprechend des soeben genannten Ziels schafft der AEUV-Wettbewerbsregeln, die den Wettbewerb im Binnenmarkt vor

545 *Dawar/Holmes*, Competition Policy in: Chauffour/Maur, Preferential Trade Agreement, Policies for Development, 2011, S. 357.

546 Vertrag zur Gründung der Europäischen Gemeinschaft v. 25.3.1957 (BGBl. 1957 II, 766). Vertrag über die Arbeitsweise der Europäischen Union, ABl. EU 2008 Nr. 115 S. 47, konsolidierte Fassung v. 26.10.2012, ABl. C 326 S.47. Siehe auch *Lloyd/Vautier*, Promoting Competition in Global Markets, A Multinational Approach, 1999, S. 19.

547 Diese wurde im Art. 3 lit. d EWGV und Art. 3 I lit. g EGV ausdrücklich genannt. Seit Inkrafttreten des AEUV ist dieses Ziel jedenfalls nicht mehr wortwörtlich im Vertrag genannt, sondern im Protokoll 27 über den Binnenmarkt und den Wettbewerb (ABl. C 115/309), welches nach den Art. 51 EUV ein Bestandteil des Vertrags ist und den gleichen rechtlichen Status wie der AEUV besitzt, *Weitbrecht/Mühle*, EuZW 21 (2010), 327, 327. Die Verschiebung dieses Grundsatzes v. prominenter Stelle zu dem Protokoll ändert wettbewerbsrechtlich nichts, besonders unter der Berücksichtigung des Art. 119 Abs. 1 i.V.m. Art. 120 Satz 2 AEUV, *Behrens*, EuZW 19 (2008), 193, 193; *Basedow*, EuZW 19 (2008), 225, 225; Kritisch dagegen *Knauff*, EuR 45 (2010), 725, 741.

Verfälschungen schützen. Es ist jedoch darauf hinzuweisen, dass das europäische Wettbewerbsrecht weitgehend durch die Fallpraxis der EU-Gerichte und der EU-Kommission geprägt wird.[548]

Das europäische Kartellrecht setzt sich aus drei Regelungen zusammen, die als „drei Säulen" des Kartellrechts bezeichnet werden und welche den oben genannten Zielen dienen. Dies sind nämlich das im Art. 101 AEUV regulierte Kartellverbot, die im Art. 102 AEUV regulierte Missbrauchsaufsicht und letztlich die im Art. 103 AEUV regulierte Zusammenschlusskontrolle. Zusätzlich dazu werden auch öffentliche Unternehmen und die mit besonderen oder ausschließlichen Rechten ausgestatteten Unternehmen (Art. 106 AEUV) und staatliche Beihilfen (Art. 107 AEUV) reguliert.

a. Kartellverbot

Nach Art. 101 AEUV sind die mit dem europäischen Binnenmarkt unvereinbaren Verhaltensformen, ihre Rechtsfolgen im Fall eines Verstoßes gegen das Kartellverbot und Ausnahmen geregelt. Er dient wie die anderen Wettbewerbsvorschriften des AEUV der Herstellung des europäischen Binnenmarktes, der den Marktakteuren einen Raum mit Betätigungshandlungsfreiheit ermöglicht[549] und dem Schutz des europäischen Binnenmarktes gegen Wettbewerbsbeschränkungen, nämlich gegen gefälschte Interventionen der öffentlichen und privaten Unternehmen sowie dem freien und unverfälschten Wettbewerb auf dem Binnenmarkt, gem. Art. 119 Abs. 1 AEUV i.V.m. Protokoll 27 über den Binnenmarkt und den Wettbewerb. Auf der anderen Seite bindet das EU-Kartellrecht auch die EU-Mitgliedstaaten und ihre hoheitlichen Maßnahmen.[550]

Gem. Art. 101 AEUV sind Vereinbarungen, abgestimmte Verhaltensweise und Unternehmensbeschlüsse unter bestimmten Voraussetzungen verboten. Dazu zählen etwa die Eignung[551] einer spürbaren Beeinträchtigung des Handels

---

548 *Koenig/Schreiber*, Europäisches Wettbewerbsrecht, 2010, Vorwort.

549 *Koenig/Schreiber*, Europäisches Wettbewerbsrecht, 2010, 1. Kapitel, S. 1.

550 *Weiß* in: Calliess/Ruffert/Weiß, EUV AEUV, 2016, AEUV Art. 101, Rn. 14.

551 Es ist nach Art. 101 Abs. 1 AEUV nicht erforderlich, dass das Kartell den Handel tatsächlich beeinträchtigt, EuGH 1.2.1978, Rs. 19/77, Miller, Slg. 1978, I-131, Rn. 15; *Lange*/Pries, Einführung in das Europäische und Deutsche Kartellrecht, 2011, S. 49, Rn. 115. Wenn das Kartell dafür nicht geeignet ist, fällt dieses nicht in den Anwendungsbereich des Art. 101 Abs. 1 AEUV, da kein Verstoß vorliegt; EuGH 30.6.1966, Rs. 56/65, LTM, Slg. 1966, I-282, S. 303.

zwischen den Mitgliedstaaten und der Zweck[552] oder die Wirkung[553] einer spürbaren[554] Wettbewerbsbeschränkung und die Ermangelung der Freistellung nach Art. 101 Abs. 3 AEUV.

b. *Verbot des Missbrauchs marktbeherrschender Stellung*

Ein Unternehmen ist marktbeherrschend, wenn „es eine wirtschaftliche Machtstellung missbräuchlich ausnutzt, die es in die Lage versetzt, die Aufrechterhaltung eines wirksamen Wettbewerbs auf dem relevanten Markt zu verhindern, indem sie ihm die Möglichkeit verschafft, sich [...] unabhängig zu verhalten".[555] Eine derartige Stellung ist nach dem EU-Wettbewerbsrecht im Gegensatz zu einigen anderen Rechtssystemen, nicht von sich aus verboten, sondern lediglich deren Missbrauch.[556] Unter Missbrauch versteht man die „fehlerhafte Ausübung

552 Der Zweck der Maßnahme heißt das Ziel oder die Absicht des Kartells und nicht das Ziel oder die Absicht der zum Kartell beteiligten Unternehmen, *Zimmer* in: Immenga/Mestmäcker, Kommentar zum Europäischen Kartellrecht, 2019, Art. 101 I AEUV, Rn. 129; LL zur Anwendung Art. 81 III EGV, ABl. 2004 Nr. C 101, Rn. 21; Entscheidung der EU-Komm., 5.12.2001, ABl. 2002 Nr. L 253/21, Luxemburgische Brauereie, Rn. 61. Nach *Lange* müssen die Parteien das Ziel verfolgen, den Wettbewerb zu beschränken, in: *Lange*/Pries, Einführung in das Europäische und Deutsche Kartellrecht, 2011, S. 46.

553 Ob mit der Wirkung eines Kartells auf die an ihr beteiligtes Unternehmen, oder die auf Dritte gemeint ist, ist unklar. Die h.M. ist die zweite, *Emmerich/Lange*, Kartellrecht, 2018, S. 57. Um die Wirkungen des Kartells ermitteln zu können, ist der hypothetische Wettbewerb, d.h., wie der Wettbewerb ohne das fragliche Kartell bestehen würde, mit der gegenwärtigen Situation des Wettbewerbs zu vergleichen. Zudem muss eine Kausalität zwischen dem Kartell und der Marktbeeinflussung bestehen. *Khan/Shun* in: Geger/Khan/Kotzur, EUV-AEUV Kommentar, 2017, Art. 101 AEUV, Rn. 25-27; *Schröter/Voet van Vormizeele* in: Schröter/Jakob/Klotz/Mederer, EU-Wettbewerbsrecht, 2014, Art. 101 AEUV, Rn. 126. Deshalb genügt auch eine nicht gewollte, aber trotzdem bewirkte Wettbewerbsbeschränkung, *Khan/Shun* in: Geiger/Khan/Kotzur, EUV-AEUV Kommentar, 2017, Art. 101 AEUV, Rn. 25-27.

554 Nach der Rspr. des EuGH ist ein Kartell nur dann verboten, wenn es den Handel zwischen den Mitgliedstaaten spürbar zu beeinträchtigen geeignet ist und eine spürbare Verhinderung, Einschränkung oder Verfälschung des Wettbewerbs innerhalb des gemeinsamen Marktes bezweckt oder bewirkt. EuGH 30.6.1966, Rs. 56/65, Slg. 1966, I-282, LTM, S. 303.

555 EUGH 9.11.1983, Rs. 322/81, Slg. 1983-3461, Michelin Rn. 30.

556 *Eilmansberger/Kruis* in: Streinz, EUV/AEUV Kommentar, 2018, AEUV Art. 102 Rn. 1-3. Das US-Recht untersagt das Erlangen bzw. das Streben nach einer monopolartigen Stellung mittels wettbewerbsfeindlicher Mittel („exclusionary conduct")

wirtschaftlicher Potentiale".[557] Nach dem Wortlaut des Art. 102 AEUV müssen drei Voraussetzungen kumulativ erfüllt werden: (i) beherrschende Stellung von mindestens einem Unternehmen, (ii) missbräuchliche Ausnutzung der beherrschenden Stellung (iii) Eignung zur Beeinträchtigung des zwischenstaatlichen Handels.[558] Die Bestimmung umfasst auch eine nicht abschließende Liste möglicher Missbräuche.[559] Ausbeutungsmissbrauch, Behinderungsmissbrauch und Marktstrukturmissbrauch zählen unter anderem zu den Erscheinungsformen des Missbrauchs einer marktbeherrschenden Stellung.[560]

c. *Zusammenschlusskontrolle*

FKVO umfasst sowohl Fusionen von zwei oder mehr Unternehmen als auch den Erwerb der Kontrolle über ein Unternehmen bzw. von Unternehmensteilen.[561] Unternehmenszusammenschlussvorhaben, die nach Art. 1 Abs. 2 und 3 FKVO eine gemeinschaftsweite Bedeutung haben, müssen vorrangig von der EU-Kommission genehmigt werden. Ziel ist, wie ausgeführt, ein System zu errichten, das den Wettbewerb innerhalb des gemeinsamen Marktes vor Verfälschungen schützt. Dies soll dadurch gewährleistet werden, dass Unternehmenszusammenschlüsse nicht zu einer marktbeherrschenden Stellung oder gar einer Monopolstellung führen.[562] Die EU-Fusionskontrolle gilt für alle Unternehmen bzw. Unternehmenszusammenschlüsse, einschließlich für solche aus Drittstaaten, die einen bestimmten Umsatz überschreiten, und sich auf die europäischen Märkte auswirken, unabhängig vom Sitz der Unternehmen, wenn

---

Fuchs in: Immenga/Mestmäcker, Kommentar zum Europäischen Kartellrecht, 2019, AEUV Art. 102 Rn. 128.

557 *Jung* in: Grabitz/Hilf/Nettesheim, Das Recht der EU, 2020, AEUV Art. 102, Rn. 1.

558 *Jung* in: Grabitz/Hilf/Nettesheim, Das Recht der EU, 2020, AEUV Art. 102 Rn. 2.

559 *Jung* in: Grabitz/Hilf/Nettesheim, Das Recht der EU, 2020, AEUV Art. 102 Rn. 2; *Fuchs* in: Immenga/Mestmäcker, Kommentar zum Europäischen Kartellrecht, 2019, AEUV Art. 102 Rn. 132.

560 *Fuchs* in: Immenga/Mestmäcker, Kommentar zum Europäischen Kartellrecht, 2019, AEUV Art. 102 Rn. 134.

561 *Reidlinger* in: Streinz EUV/AEUV Kommentar, 2018, Rn. 7.

562 Im US-Antitrustrecht wird für die Zusammenschlusskontrolle darauf abgestellt, welche Folgen ein Unternehmenszusammenschluss auf die Märkte hat, nicht hingegen automatisch darauf, ob eine beherrschende Stellung erreicht oder verstärkt wird. Insbesondere wird geprüft, wie sich eine Fusion auf die Verbraucher, die Qualität der Produkte und die Effizienzsteigerung auswirkt, FTC, Horizontal Merger Guidelines v. 19.8.2010.

die Voraussetzungen des Art. 1 Abs. 2 FKVO erfüllt sind. Die EU-Kommission untersucht die Unternehmenszusammenschlussvorhaben darauf hin, ob der in Rede stehende Unternehmenszusammenschluss eine marktbeherrschende Stellung begründet oder verstärkt, durch die der wirksame Wettbewerb im gemeinsamen Markt behindert werden würde. In so einem Fall sind sie nach Art. 2 Abs. 3 FKVO zu untersagen.

d. Öffentliche Unternehmen

Gem. Art. 106 AEUV unterliegen sowohl die öffentlichen Unternehmen als auch die Unternehmen, die mit ausschließlichen bzw. besonderen Rechten ausgestattet[563] sind, dem Kartellverbot (Art. 101 AEUV) und dem Missbrauchsverbot (Art. 102 AEUV) den EU-Wettbewerbsregeln. Die EU-Mitgliedstaaten dürfen folglich auch in Bezug auf öffentliche Unternehmen keine Maßnahmen treffen oder beibehalten, die den Art. 101 bis 109 AEUV widersprechen.[564] Diese Vorschrift ist somit eine staatsbezogene Bestimmung, nach der die Wettbewerbsregeln, die für private Unternehmen gelten, in derselben Weise auch für die öffentlichen Unternehmen gelten, unter Vorbehalt von Art. 106 Abs. 2 AEUV. Die in Art. 106 Abs. 2 AEUV vorgesehene Ausnahme ist zugunsten von Unternehmen, die mit Dienstleistungen von allgemeinem wirtschaftlichem Interesse betraut sind. Die EU-Wettbewerbsvorschriften sind dann nicht anzuwenden, wenn deren Anwendung die Erfüllung der Aufgaben solcher Unternehmen verhindern würde.[565]

e. Beihilfen

Art. 107 AEUV legt ein allgemeines Beihilfeverbot fest, das von der Genehmigung der EU-Kommission abhängig ist. Die Einstufung einer staatlichen Maßnahme als Beihilfe im Sinne des Art. 107 Abs. 1 AEUV setzt voraus, dass alle

563 So ist der Fall, wenn zum Beispiel der Staat durch eine staatliche Maßnahme einem Unternehmen ein Monopol gewährt. Jedoch stellt die bloße Gewährung so eines Rechtes keinen Verstoß gegen die EU-Wettbewerbsregeln dar, *Koenig/Schreiber*, Europäisches Wettbewerbsrecht, 2010, S. 23.

564 *Dreher/Kulka*, Wettbewerbs- und Kartellrecht: Eine systematische Darstellung des deutschen und europäischen Rechts, 2018, S. 579.

565 Ausf. zu den Ausnahmen nach Art. 106 Abs. 2 AEUV siehe *Koenig/Schreiber*, Europäisches Wettbewerbsrecht, 2010, S. 153ff.

im Art. 107 genannten Tatbestandsmerkmale kumulativ erfüllt sind.[566] Diese sind in Kürze: (i) die vom Staat oder aus staatlichen Mitteln zu gewährende Beihilfe, (ii) die Gewährung eines ökonomischen Vorteils, (iii) die Gewährung des ökonomischen Vorteils zu bestimmten Unternehmen oder Produktionszweigen (Selektivität), (iv) Verfälschung oder drohende Verfälschung des Wettbewerbs und (v) Beeinträchtigung des Handels zwischen den Mitgliedstaaten (Zwischenstaatlichkeitsklausel). Diese Voraussetzungen werden von den EU-Gerichten aufgrund des Wortlauts der Vorschrift „gleich welcher Art" umfassend ausgelegt. Dadurch wird das Entkommen einer staatlichen Maßnahme von der Einstufung als staatliche Beihilfe erschwert. Dieser Ansatz steht auch mit dem Auswirkungsprinzip im Einklang.[567]

2. Asiatische Pazifische Wirtschaftskooperation

Bevor die wettbewerbspolitisch relevanten Aspekte der APEC untersucht werden, ist es zweckmäßig, einen Überblick über das Vorliegen des Wettbewerbsrechts in einigen ausgewählten asiatischen Staaten zu geben.

Tabelle 2: Wettbewerbsrecht und -regeln in ausgewählten asiatischen Ländern

Staat	Wettbewerbsrecht	Datum der Annahme
Brunei Darussalam	Wettbewerbsverordnung 2015	2015
Volksrepublik China	Anti-Unlauter Wettbewerbsgesetz (LAUC)	1993
	Anti-Monopol-Gesetz	2008
Kambodscha	Wettbewerbsgesetz	2021
Hong Kong	Competition Ordinanca (CAP 619)	2012

566 Siehe zum Beispiel EuGH 24.3.2003, C-280/00 ECR I-7747, Altmark Trans, Rn. 74; 16.5.2002, C-428/99 ECR I-4397, Frankreich/Kommission, Rn. 68; 21.3.1990, C-142/87 ECR I-959, Tubemeuse, Rn. 85.

567 Zu diesem Abs. und ausf. zu EU-Beihilfen, siehe, *Kliemann* in: von der Groeben/Schwarze/Hatje, Europäisches Unionsrecht, 2015, AEUV 107 Rn. 32-55.

Staat	Wettbewerbsrecht	Datum der Annahme
Indien	Monopole & wettbewerbsbeschränkende Handelspraktiken (MRTP Act)	1970
	Wettbewerbsgesetz 2002	2002
Indonesien	Gesetz über das Verbot monopolistischer Praktiken und unlauterer Geschäftspraktiken (Anti-Monopolgesetz oder AMA-Gesetz Nr. 5/1999)	1999
Japan	Anti-Monopol-Gesetz	1947
Malaysien	Wettbewerbsgesetz 2010	2012
Myanmar	Wettbewerbsgesetz	2017
Philippinen	Wettbewerbsgesetz (Republic Act Nr. 10667)	2015
Korea	Preisstabiliserung & Fair-Trade-Gesetz	1975
	Monopolregulierung & Fair-Trade-Gesetz Nr. 3320	1980
Taiwan	Fair-Trade-Gesetz	1992
Thailand	Wettbewerbsgesetz B.E. 2542	1999
Vietnam	Wettbewerbsgesetz 27/2004/QH11	2005
Volksrepublik Laos	Verordnung des Premierministers über den fairen Handelswettbewerb 15/PMO (4.2.2004)	2004
	Wettbewerbsgesetz	2016
Singapur	Wettbewerbsgesetz (Kapitel 50B)	2005

Quelle[568]

568 Brunei Darussalam, https://asean-competition.org/selectcountry=Brunei; Kambodscha, https://asean-competition.org/selectcountry=Cambodia; Hong-Kong, https://

APEC ist ein im Jahr 1989 gegründetes regionales Wirtschaftsforum, um die wachsende Verflechtung des asiatisch-pazifischen Raums zu entwickeln.[569] So wie viele andere regionalen Organisationen hat auch APEC Anstrengungen für die Förderung des Wettbewerbs auf den Märkten und die Verhinderung der Wettbewerbsbeschränkungen unternommen. Wettbewerbspolitik war eine der im *Osaka-Action-Plan* vorgesehenen Bereiche mit Fokus auf die Entwicklung der nationalen Wettbewerbspolitik der Mitgliedstaaten und die Zusammenarbeit zwischen ihnen. Der *Osaka-Action-Plan* enthält unter anderem Prinzipien über die Zusammenarbeit der Wettbewerbsbehörden, darunter auch die gegenseitige Mitteilung und die Konsultation über die internationalen Fälle und den Austausch von Informationen, wenn die Interessen von mehreren Staaten betroffen sind.

1996 wurden in Manila die Aktionspläne der APEC-Mitglieder zur Wettbewerbspolitik im Rahmen eines *Manila-Aktion-Plans*[570] erläutert und eine *Competition Policy and Law Group* etabliert. Die Förderung eines Verständnisses für regionale Wettbewerbsgesetze und -politiken, die Untersuchung dessen Auswirkungen auf Handel und Investitionen und Identifizierung der Bereiche

www.compcomm.hk/en/legislation_guidance/legislation/legislation/comp_ordinance_cap619.html; Indian, https://www.cci.gov.in/competition-act; Indonesian, https://asean-competition.org/selectcountry=Indonesia; Japan, https://www.jftc.go.jp/en/legislation_gls/index.html; Malaysian, https://www.mycc.gov.my/legislation/legislation; Myanmar, https://asean-competition.org/selectcountry=Myanmar; Philippinen, https://phcc.gov.ph/philippine-competition-law-r-10667/; Korea, https://www.jftc.go.jp/eacpf/01/Korea-monopoly.pdf; Taiwan, https://www.ftc.gov.tw/internet/english/doc/docDetail.aspx?uid=1295&docid=1555; Thailand, https://otcc.or.th/history-of-thailands-trade-competition-law/?lang=en; Vietnam, https://www.wipo.int/edocs/lexdocs/laws/en/vn/vn057en.pdf; Laos, https://www.mycc.gov.my/sites/default/files/1-5%28Mr.Khouanchay%20Iemsouthi%29%20Laos%20MoIC.pdf; Singapore, China http://english.mofcom.gov.cn/article/policyrelease/Businessregulations/201303/20130300045909.shtml; https://www.wipo.int/edocs/lexdocs/laws/en/cn/cn011en.pdf (3.2.2022).

569 APEC, abrufbar unter: https://www.apec.org/About-Us/About-APEC (3.2.2022). Die Mitglieder der APEC repräsentieren fast zu 50 Prozent des Welthandels. Diese sind: Australien, Brunei Darusselam, Kanada, Indonasian, Japan, Südkorea, Malaysia, Neuseeland, Philippinen, Singapur, Thailand, die USA, Chinese Tapei, Hong Kong, Volksrepublik China, Mexiko, Papua-Neuguinea, Chile, Peru, Russland, Vietnam.

570 Siehe APEC, Manila-Action-Plan: APEC Leaders Declaration, Manila, 11/1996, abrufbar unter: https://www.apec.org/Meeting-Papers/Leaders-Declarations/1996/1996_aelm (3.2.2022).

für technische Zusammenarbeit bzw. Kapazitätsaufbau zwischen den Mitgliedern zählen zu den erklärten Zielen der Gruppe. Im Jahr 1999 wurden durch die APEC-Ministerin „APEC-Grundsätze zur Verbesserung des Wettbewerbs und für Regelungsreformen“[571] eingeführt und ein Fahrplan bestätigt, der aus unverbindlichen Grundsätzen besteht. Diese sind die Grundsätze der Nichtdiskriminierung, der Transparenz, der Verantwortlichkeit und der Vollständigkeit. Die Umsetzung dieser Grundsätze in den nationalen Regelungen der Mitgliedstaaten erfolgt jedoch auf freiwilliger Basis.[572] Das heißt, APEC handelt nicht auf der Basis der rechtlich bindenden Abkommen, sondern auf der Basis der unverbindlichen Grundsätze.

APEC sieht auch keine Harmonisierung der materiellrechtlichen Regelungen ihrer Mitgliedstaaten vor, sondern fördert eine stärkere bilaterale Zusammenarbeit zwischen ihren Mitgliedern. Es sieht einen niedrigen bis mittleren Grad der wirtschaftlichen Integration vor und unterscheidet sich erheblich in ihrer Berücksichtigung und der Festlegung gemeinsamer Wettbewerbspolitiken. Trotz des Vorliegens erheblicher Unterschiede sowohl zwischen den Wirtschafts- und Entwicklungsbedingungen der APEC-Mitglieder als auch bei ihren Rechtsinstituten und sozialem bzw. kulturellem Hintergrund, wird APEC durch manche als ein Beweis dafür angesehen, dass auch unverbindliche Regeln gut funktionieren können und, dass eine Einigung über die Wettbewerbspolitik leichter auf regionaler plurilateraler Ebene zu erreichen ist als auf multilateraler Ebene.[573]

3. Verband Südostasiatischer Nationen

ASEAN wurde 1967 eingerichtet. Das Wettbewerbsrecht ist in der ASEAN-Region ein relativ neuer Begriff. Bis vor Kurzem hatten die meisten ASEAN-Mitglieder keine Wettbewerbsgesetze.[574] In der ASEAN *Economic Community Blueprint* aus dem Jahr 2007 wurden alle ASEAN-Mitglieder zum Erlass eines

---

571 APEC Principles to Enhance Competition and Regulatory Reform v 13.9.1999. Siehe APEC, The Auckland Challenge: APEC Leaders Declaration, Auckland, 9/1999, abrufbar unter: https://www.mofa.go.jp/policy/economy/apec/1999/leader_dec.html (3.2.2022). Ausf. zur APEC-OECD Kooperationsinitiative siehe: http://www.oecd.org/gov/regulatory-policy/apec-oecd-initiative-regulatory-reform.htm (3.2.2022).

572 Siehe https://www.apec.org/About-Us/About-APEC (3.2.2022).

573 *Taylor,* International Competition Law, 2006, S. 123, 124.

574 Indonesian 1999, Thailand 1999, Indien 2002, Laos 2004, Singapore und Vietnam 2005, Kambodscha verfügt immer noch über kein nationales Wettbewerbsgesetz (Stand Januar 2021).

nationalen Wettbewerbsgesetzes verpflichtet.[575] 2010 hat die ASEAN-Expertengruppe für den Wettbewerb (nachfolgend: AEGC)[576] regionale wettbewerbsrechtliche Leitlinien veröffentlicht, um diesen Vorgang zu unterstützen. Diese Leitlinien sind nicht verbindlich und verpflichten die Mitgliedstaaten nicht, einheitliche Wettbewerbsregelungen zu schaffen, sondern dienen nur als Bezugspunkt.[577] Es wird jedem Staat ermöglicht, die eigenen Wettbewerbsregelungen zu gestalten. Das in den ASEAN wettbewerbsrechtlichen Leitlinien angegebene Ziel ist es, so wie die EU eine mit der Weltwirtschaft vollintegrierte und konkurrenzfähige Region des freien Warenverkehrs, Dienstleistungen, Investitionen, Fachkräfte und einen freieren Kapitalfluss, zu schaffen. Nach den Leitlinien können die nationalen Wettbewerbspolitiken ein Kartellverbot, ein Verbot wettbewerbswidriger Unternehmenszusammenschlüsse und des Missbrauchs marktbeherrschender Stellung für alle Unternehmen, einschließlich staatliche, umfassen. Sie sind inhaltlich eine vereinfachte und unverbindliche Version der EU-Wettbewerbsregeln.

In ihrem Jahresbericht 2016 erklärt die AEGC, dass sie sich verpflichtet hat, ihre Arbeit auf die Festlegung durchsetzbarer Wettbewerbsregeln, die Schaffung wirksamer institutioneller Mechanismen zur Unterstützung der Umsetzung des Wettbewerbsrechts und die Schaffung einer wettbewerbsfähigen Region zu konzentrieren, die einen fairen Wettbewerb im Rahmen des neuen *AEC-Blueprint* 2025 unterstützt.[578] *AEC-Blueprint* 2025 legt detailliertere Ziele fest, die die Mitglieder bis 2025 erreichen sollen. Ihr Teil der Wettbewerbspolitik ist

---

575 ASEAN *Economic Community Blueprint*, https://asean.org/wp-content/uploads/archive/5187-10.pdf (3.2.2022). Siehe auch *Ong*, The Regionalisation of Competition Law and Policy within the ASEAN Economic, 2018, S. 5. Als das (erste) ASEAN *Economic Community Blueprint* unterzeichnet wurde, verfügten nur vier ASEAN-Mitglieder (Indonesien, Singapur, Thailand und Vietnam) über ein eigenes Wettbewerbsrecht und eigene Wettbewerbsbehörden. Malaysia hatte noch kein landesweites Wettbewerbsrecht eingeführt, siehe ASEAN *Economic Community Blueprint*, S. 18.

576 AEGC wurde 2007 errichtet. Sie ist ein regionales ASEAN-Forum zum Diskutieren und Zusammenarbeiten im Hinblick auf Wettbewerbspolitik und Wettbewerbsgesetze. Ausf. dazu siehe ASEAN Regional Guidelines on Competition Policy, abrufbar unter: https://www.asean.org/storage/images/2012/publications/ASEAN%20Regional%20Guidelines%20on%20Competition%20Policy.pdf (3.2.2022).

577 *Ong*, The Regionalisation of Competition Law and Policy within the ASEAN Economic, 2018, S. 9.

578 AEGC Inaugural Annual Report 2016, abrufbar unter: https://asean.org/storage/2012/05/AEGC-2016-Inaugural-Annual-Report-Final-docx.pdf (3.2.2022).

umfassender als ihr Vorgänger. Dies deutet die Schaffung rechtsverbindlicher Regeln in der ASEAN-Region an.

4. Nordamerikanisches Freihandelsabkommen

Kapitel 15 der im 1992 unterzeichneten NAFTA[579] sieht insgesamt fünf wettbewerbsrechtliche Vorschriften vor. Die substantiven Vorschriften umfassen nur Monopole und öffentliche Unternehmen, jedoch nicht den Missbrauch marktbeherrschender Stellung, Kartelle oder vertikale Beschränkungen. Gem. Art. 1502 und 1503 NAFTA müssen die Mitgliedstaaten die Gründung öffentlicher Unternehmen und Monopole zu den anderen Mitgliedstaaten notifizieren. Obwohl NAFTA-Regelungen verbindlich sind – im Gegensatz zu den Regelungen der APEC und ASEAN – diktiert NAFTA keine materiellen Wettbewerbsvorschriften, sondern verpflichtet lediglich die NAFTA-Mitglieder, solche Regeln zu erlassen,[580] mit der Ausnahme von Exportkartellen, und sicherzustellen, dass diese durchgeführt werden können, Art. 1501 Abs. 1 NAFTA. Die Bedeutung von Kooperation und Koordination bei der Vollstreckung der Wettbewerbsfälle wird im Art. 1501 Abs. 2 NAFTA anerkannt. Dabei sind jedoch zwei Einschränkungen hervorzuheben: (i) Kein Mitgliedstaat ist verpflichtet, vertrauliche Information zur Verfügung zu stellen und gegen seine nationalen Gesetze zu handeln, (ii) die Zusammenarbeit der Wettbewerbsbehörden bei der Durchsetzung der Vorschriften wird durch bilaterale Abkommen über die Zusammenarbeit im Kartellbereich geregelt, welche von der NAFTA unabhängige Abkommen sind.[581] Ferner gilt das Schlichtungsverfahren gem. Art. 1501 NAFTA nicht für die Streitigkeiten hinsichtlich des Wettbewerbs. Stattdessen wird ein Konsultationsverfahren vorgesehen. Das Nichtvorhandensein wesentlicher Themen, so wie der Missbrauch einer marktbeherrschenden Stellung und die Nicht-Anwendung des Streitschlichtungsverfahrens auf Wettbewerbsfälle stellt einen eher engen Blickwinkel auf Wettbewerb und Wettbewerbspolitik dar.

Anders als in der EU sieht NAFTA keine einheitlichen Wettbewerbsregulierungen vor. Es existiert bei NAFTA auch keine supranationale Institution, die sich mit Wettbewerbspolitik beschäftigt. Im Gegensatz zu der EU, bei der fast

579 North American Free Trade Agreement v. 1.1.1994.

580 Mexiko hat im Jahr 1992 sein erstes Wettbewerbsgesetz erlassen, siehe https://www.cofece.mx/wp-content/uploads/2018/03/Federal_Economic_Competition_Law.pdf (3.2.2022).

581 OECD, Latinamerican Competition Forum, Session II: Regional Competition Agreements, Beitrag der USA, DAF/COMP/LACF (2013)18, 2013, S. 5.

kein Mitgliedstaat über eigene nationale Wettbewerbsrechte verfügte, hatten jedoch die Majorität der NAFTA-Mitgliedstaaten ihre eigenen Wettbewerbsgesetze, als es in Kraft getreten ist.[582]

Unter der Leitung der *Trump*-Verwaltung wurde im November 2018 ein neues Abkommen abgeschlossen – das neue Abkommen USA-Mexiko-Kanada[583] (nachfolgend: USMCA) – das NAFTA ersetzt. Die Rechtsvorschriften für den wirtschaftlichen Wettbewerb befinden sich in Kapitel 21 unter dem Titel Wettbewerbspolitik. Gem. dem Text des USMCA wendet jeder Vertragsstaat sein eigenes Wettbewerbsrecht auf alle kommerziellen Aktivitäten in seinem Hoheitsgebiet an. Der bedeutendste Beitrag des USMCA zum Wettbewerbsrecht in Nord- und Südamerika ist die Einbeziehung der Extraterritorialität mit Bestimmungen, die vorschreiben, dass die Vertragsstaaten berechtigt sind, ihre nationalen Wettbewerbsgesetze auf Verhaltensweisen anzuwenden, die außerhalb ihres Hoheitsgebiets durchgeführt werden, wann immer eine geeignete Verbindung zu ihrer Gerichtsbarkeit besteht. Der USMCA enthält auch ein neues Kapitel über staatliche Unternehmen (Kapitel 22), welche dem Streitbeilegungsmechanismus des Abkommens unterliegt.

Im USMCA werden die Vertragsstaaten weiter gefördert, über ein nationales Wettbewerbsgesetz bzw. eine nationale Wettbewerbsbehörde zu verfügen und ihre Wettbewerbsgesetze effektiv durchzusetzen. Der Grundsatz der Meistbegünstigung bzw. der Transparenz der geltenden Wettbewerbsgesetze und ihre Anwendung, der Grundsatz der Vertraulichkeit der während der Untersuchung erhaltenen Informationen sowie der Grundsatz der Verfahrensgerechtigkeit in der Durchsetzung des Wettbewerbsrechts werden im USMCA betont. Auch die Bedeutung der internationalen Zusammenarbeit sowie die Arbeit multilateraler Organisationen in diesem Bereich (Wettbewerbsausschuss der OECD und ICN) werden im USMCA anerkannt, in dem eine Grundlage für eine verstärkte Zusammenarbeit der Wettbewerbsbehörden, die auch die Grundlage für den Informationsaustausch und die Koordinierung der Durchsetzung einschließt, geschaffen wird. Eine Zusammenarbeit mit der WTO wird jedoch nicht

582 In der EU ist Deutschland der einzige Staat, der schon ein Wettbewerbsgesetz hatte. In NAFTA datieren die Wettbewerbsgesetze v. den USA und Kanada vor. Für einen Vergleich zwischen nationalen Wettbewerbsgesetzen der NAFTA-Mitgliedstaaten siehe American Bar Association, Report of the Task Force of the American Bar Association Section of Antitrust Law on the Competition Dimensions of NAFTA, 1994, S. 17 ff.

583 Agreement between the USA, the United Mexican States, and Canada v. 1.7.2020, abrufbar unter: https://ustr.gov/trade-agreements/free-trade-agreements/united-states-mexico-canada-agreement (3.2.2022).

erwähnt. Dies könnte daran liegen, dass die WTO aktuell über keinen aktiven Wettbewerbsausschuss verfügt oder, im schlimmsten Fall, dass die USA die WTO immer noch als kein geeignetes Forum ansehen.

5. Transatlantische Handels- und Investitionspartnerschaft

Erwähnung verdient hier auch das geplante TTIP zwischen den USA und der EU, auch wenn die Verhandlungen zwischen den Regierungen seit Anfang 2017 pausieren. TTIP soll eine Freihandelszone, eine Form der regionalen Wirtschaftsintegration, schaffen, indem es eine völlige Liberalisierung des Handels, inklusiver WTO-extra-Verpflichtungen, vorsieht.[584] Es sieht eine hohe Konvergenz der Wettbewerbspolitik der beiden Vertragsstaaten vor. Das Ziel des geplanten TTIP ist die stärkere Öffnung der Märkte, Verbesserung der Wettbewerbsgleichheit und vereinfachter Zugang zu öffentlichen Aufträgen für beide Vertragsstaaten.[585] Angesichts der Unterschiede zwischen den beiden Wettbewerbssystemen und starken Wirtschaftsbeziehungen würde das geplante TTIP höchstwahrscheinlich ein Kapitel zum Wettbewerbsrecht einschließen, wenn es unterzeichnet werden würde.

In diesem Zusammenhang sah der Textvorschlag der EU-Kommission[586] vor, dass jeder Vertragsstaat Bestimmungen zu horizontalen und vertikalen Absprachen, aufeinander bestimmte Verhaltensweisen, Missbrauch marktbeherrschender Stellung und Marktkonzentration durch Unternehmenszusammenschlüsse vorhalten soll. Weiter schlägt die EU-Kommission die Errichtung einer unabhängigen Kartellbehörde für die effektive Durchsetzung der Wettbewerbsregeln vor. Dabei werden auch die Grundsätze der Transparenz, Nichtdiskriminierung und Verfahrensgerechtigkeit betont. Die vereinbarten Regeln sollten gleichfalls für die staatlichen Unternehmen und Unternehmen mit besonderen oder ausschließlichen Rechten oder Privilegien gelten. Allerdings wird das Streitbeilegungsverfahren hinsichtlich des Kapitels Wettbewerb vermutlich ausgelassen.[587]

---

584 *Schladebach/Carnap*, DVBl. 132 (2017), 653, 654 und 655.

585 Die Bundesregierung, abrufbar unter: https://www.bundesregierung.de/breg-de/themen/freihandel/ceta-und-ttip-436942 (3.2.2022).

586 Der Textvorschlag zum Wettbewerbsrecht ist abrufbar unter: http://trade.ec.europa.eu/doclib/docs/2015/january/tradoc_153029.pdf (3.2.2022). Die EU-Komm. hat auch Vorschlag zum Thema „Subventionen" gemacht, der nicht Gegenstand dieses Dokuments ist.

587 *Stancke*, EuZW 27 (2016), 567-572; EU-Komm., abrufbar unter: http://ec.europa.eu/trade/policy/in-focus/ttip/ (3.2.2022).

6. Meinungsspektrum zu den regionalen wettbewerbsrelevanten Abkommen

Im Schrifttum wird die Eignung regionaler Abkommen für die Bewältigung internationaler wettbewerbsrechtlicher Probleme kritisiert. Aus Platzgründen ist es nicht möglich, hier alle zu erwähnen. Allerdings sind ein paar Beispiele zweckmäßig, um sich ein Bild der Vor- und Nachteile verschiedener Ansätze machen zu können.

Beispielsweise sind nach *Bätge*[588] die regionalen Abkommen kein Ersatz für eine multilaterale globale Wettbewerbsordnung. Denn bei den regionalen Abkommen fehle die Orientierung am Leitbild der globalen Wohlfahrt. Außerdem existiere ein Machtungleichgewicht zwischen den Vertragsstaaten eines regionalen Abkommens. Ferner sei es nicht möglich, ein umfangreiches Netz, das aus den regionalen Wettbewerbsregeln besteht, zu schaffen.

Nach *Weinrauch*[589] seien die regionalen Abkommen nicht geeignet, den internationalen Wettbewerbsproblemen zu begegnen, da sich die positiven Auswirkungen der regionalen Abkommen lediglich auf die Vertragsstaaten der regionalen Abkommen beschränken. Auch nach der Auffassung von *Lloyd / Vautier*[590] können die regionalen Abkommen nur zu einer beschränkten Entwicklung der wettbewerbsfördernden Politiken führen und eher zur Vertretung der Wettbewerbsbelange und Konvergenz der nationalen Gesetze beitragen.

TTIP wird in der Literatur an seiner Vereinbarkeit mit der WTO kritisiert.[591] *Schladebach*[592] kritisiert TTIP unter anderem dadurch, dass ein solches Abkommen, das zwischen stark entwickelten Ländern abgeschlossen wird, die Entwicklungsländer in der WTO von dem Meistbegünstigungsprinzip ausschließen kann. Dabei weist er auf die Gefahr zur Schaffung einer Mehrklassengesellschaft. So eine *deep* regionale Integration könne ein Hindernis vor einer etwaigen multilateralen Integration darstellen, aufgrund der günstigeren Bedingungen, die sich aus solchen regionalen Integrationsformen ergeben. Dies könne zu einem Verlust der Bedeutung der WTO-Regeln führen. Nach *Schladebach* könnten die regionalen Abkommen gegen das WTO-Recht bzw. das Meistbegünstigungsprinzip

588 *Bätge*, Globalisierung des Wettbewerbsrechts: Eine internationale Wettbewerbsordnung zwischen Kartell- und Welthandelsrecht, 2009, S. 428.
589 *Weinrauch*, Competition Law in the WTO, 2004, S. 184.
590 *Lloyd/Vautier*, Promoting Competition in Global Markets, A Multinational Approach, 1999.
591 *Schladebach/Carnap*, DVBl. 132 (2017), 653 ff. m.w.N.
592 Siehe Fn. oben.

verstoßen, da die Vertragsstaaten regionaler Integration sich nur integrationsintern Vorteile gewährten, die zu den anderen WTO-Mitgliedern nicht gewährt würden. Dies solle durch Transparenz, rechtzeitige Mitteilung des Abkommens an die WTO, Beteiligung des Ausschusses der regionalen Handelsabkommen (der WTO) und Bestimmungen, die die negativen Auswirkungen auf den Handel anderer Mitglieder vermeiden, gerechtfertigt werden.

7. Stellungnahme

Regionale Handelsabkommen haben seit Anfang der 1990er Jahre dramatisch an Zahl und Bedeutung zugenommen und enthalten, wie erwähnt, zunehmend Bestimmungen zu Wettbewerbsfragen. Die Einbeziehung wettbewerbsrechtlicher Bestimmungen in den regionalen Abkommen ist eine wichtige Bestätigung der allgemeinen Bedeutung wettbewerbspolitischer Standards für die Handelsliberalisierung und für den Zusammenhang zwischen Handel und Wettbewerb. Sie verfolgen jedoch unterschiedliche Ansätze in Bezug auf die materiellen Wettbewerbsregeln und die Einrichtung von Mechanismen für wettbewerbsbezogene Fragen. Die Wettbewerbsbestimmungen in den regionalen Abkommen reichen von nicht eindeutigen Verpflichtungen bis hin zu umfangreichen Verpflichtungen. In einigen regionalen Abkommen bestehen Bestimmungen, die in sehr weit gefassten Formulierungen die Verpflichtung zur Förderung des Wettbewerbs innerhalb der Vertragsstaaten festlegen. In den anderen sind die Verpflichtungen klarer definiert und umfassen unter anderem die Verabschiedung von Wettbewerbsgesetzen, die Bekämpfung wettbewerbswidriger Verhaltensweise, die Schaffung von Mechanismen zur Erleichterung und Förderung der Wettbewerbspolitik. Zudem sind einige Abkommen verbindlich und supranational, während andere unverbindlich und nicht supranational sind.

Die regionalen Abkommen bieten eine Möglichkeit für die Entwicklungsländer, ihre Wettbewerbspolitik auf ein höheres Niveau zu bringen. Nach der im Jahr 2006 bei der OECD erstellten Studie, im Hinblick auf die Analyse von wettbewerbsrechtlichen Bestimmungen in 86 regionalen Handelsabkommen, wurden ungefähr zwei Drittel der Abkommen zwischen Entwicklungsländern (oder Schwellenländern), ca. ein Viertel zwischen Industrie- und Entwicklungsländern (oder Schwellenländern) und lediglich fünf Prozent zwischen Industrieländern abgeschlossen, in einer Weise, die nicht diskriminiert, anzuwenden.[593]

593 *Solano/Sennekamp*, Competition Provisions in Regional Trade Agreements, OECD Trade Policy Papers Nr. 31, COM/DAF/TD(2005)3/FINAL, 2006, S. 9 ff., abrufbar unter: https://www.oecd-ilibrary.org/docserver/344843480185.pdf?expires=1554660

Somit stellen sie eine Möglichkeit für die Entwicklungsländer dar, ihre Anliegen in den bilateralen oder regionalen Abkommen zu adressieren.

Ein auffälliger Punkt ist, dass fast alle regionalen Abkommen allgemeine Nichtdiskriminierungsklauseln enthalten. Aber nur wenige haben wettbewerbsspezifische Nichtdiskriminierungsbestimmungen in dem Sinne, dass die Vertragsstaaten verpflichtet sind, ihre Wettbewerbsgesetze in einer Weise die nicht diskriminiert anzuwenden.[594] Ferner sind nach der oben genannten OECD-Studie die meisten wettbewerbsbezogenen Transparenzbestimmungen in ihrem Anwendungsbereich begrenzt. Darüber hinaus sind wettbewerbsrechtliche Bestimmungen in einigen Fällen von der Streitbeilegung ausgeschlossen, während die Streitbeilegungsbestimmungen in der Regel für alle sich aus dem jeweiligen Abkommen ergebenden Streitigkeiten gelten.

Angesichts der oben genannten Festlegungen sprechen das Fehlen des wettbewerbsspezifischen Grundsatzes der Nichtdiskriminierung und die Begrenztheit der Transparenzbestimmungen sowie der Ausschluss von Wettbewerbsbestimmungen von dem Streitbeilegungssystem in einigen Abkommen für die inhaltliche Insuffizienz und die Verbesserungswürdigkeit der Wettbewerbsbestimmungen der bisher abgeschlossenen regionalen (Handels-)abkommen bei der Behandlung internationaler wettbewerbsrechtlicher Fragen.

Schließlich binden die regionalen Abkommen genauso wie die bilateralen Abkommen lediglich die Vertragsstaaten rechtlich, mit dem Unterschied, dass die regionalen Abkommen mehrere Parteien betreffen. Die regionalen Abkommen, die im Prinzip zwischen benachbarten Ländern abgeschlossen werden, werden unter Berücksichtigung der Belange und Bedürfnisse einer bestimmten Region erfasst. Es werden weder die globalen Interessen noch die globale Wohlfahrt betrachtet, sondern nur die regionalen. Angesichts der oben genannten Gründe sind die Wettbewerbsvorschriften regionaler Handelsabkommen nicht geeignet, Lösungen für internationale wettbewerbsrechtliche Probleme anzubieten. Auch wenn das perfekte wettbewerbsrechtliche (Handels-)abkommen in Form eines regionalen Abkommens abgeschlossen worden wäre, wäre es trotzdem bei der Behandlung internationaler wettbewerbsrechtlicher Fragen aufgrund seiner geographischen Reichweite unzureichend. Daher bilden regionale Abkommen keine Alternative für eine multilaterale Wettbewerbsordnung,

---

486&id=id&accname=guest&checksum=D46501E55BAE4EF10BD04876A5940459 (3.2.2022).

594 Siehe Fn. oben, S. 12.

die mehrere Staaten umfasst und nach den globalen Interessen ausgearbeitet werden würde.

Letztendlich ist der Auffassung von *Schladebach*, dass eine *deep* regionale Integration ein Hindernis vor einer etwaigen multilateralen Integration darstellen könnte, zu folgen. Die regionalen Abkommen können tatsächlich aufgrund der integrationsinternen Vorteile, die nur zu den Vertragsstaaten gewährt werden, gegen das WTO-Recht bzw. das Meistbegünstigungsprinzip verstoßen. Dies gilt insbesondere für die regionalen Abkommen, die zwischen ökonomisch stärken Staaten abgeschlossen werden.

IV. Die bestehenden Instrumente des GATT-WTO-Systems als Alternative: Art. 3 Abs. 4 und Art. 23 GATT

1. Überblick

Es wird im Schrifttum von einigen Autoren[595] behauptet, dass internationale multilaterale wettbewerbspolitische Regeln indirekt bereits in dem GATT-WTO-System existieren und, dass sie durch die bloße Ausdehnung der Reichweite des Art. 23 GATT umgesetzt werden können. Durch diese Erweiterung soll das Verfahren des WTO-Streitbeilegungssystems auch die Wettbewerbspolitik der WTO-Mitglieder erfassen. Danach sollten die im GATT verankerten Grundsätze, namentlich die Meistbegünstigung und Inländerbehandlung, im Lichte der Wettbewerbspolitik ausgelegt werden. Dies bedeutet, dass nach dem Grundsatz der Meistbegünstigung wettbewerbsfähige Zugeständnisse eines Staates sowohl für die nationalen als auch die ausländischen Unternehmen gelten müssen. Der Grundsatz der Inländerbehandlung solle als ein wettbewerbspolitischer Grundsatz, der auf die Gleichbehandlung der ausländischen und nationalen Unternehmen ausgerichtet ist, herangezogen werden.

Ein weiteres bestehendes Instrument sei Art. 23 GATT: Art. 23 Abs. 1 (a) GATT legt einen Grund für eine Anklage vor der WTO dar mit dem Anspruch, dass ein WTO-Mitglied seine aus dem GATT ergebenden Verpflichtungen nicht erfüllt bzw. gegen eine GATT-Vorschrift verstoßen hat. Art. 23 Abs. 1 (b) GATT legt einen weiteren Grund für eine Anklage vor WTO dar mit dem Anspruch, dass einem Mitglied ein aus dem GATT wachsender Vorteil durch die Anwendung einer Maßnahme von einem anderen WTO-Mitglied zunichtegemacht

595 *Roessler*, J. of Int. Eco. Law 2 (1999), 413, 414; *Hindley*, Competition Law and the WTO: Alternative Structures for Agreement, in: Hudec/Bhagwati, Fair Trade and Harmonization, Prerequisite for Free Trade?, 1997, S. 333-349.

oder gefährdet wird. Die Maßnahme[596] muss nicht unbedingt gegen die GATT-Bestimmungen verstoßen. So eine Voraussetzung ist für einen Anspruch aus Art. 23 Abs. 1 (b) GATT nicht notwendig. Deswegen werden diese Fälle „Nichtverletzungsfälle“ genannt.[597] Wie auch durch das Panel festgestellt, legt Art. 23 Abs. 1 (b) GATT drei Elemente fest, die eine Beschwerde führende Partei nachweisen muss: (1) Anwendung einer Maßnahme durch ein WTO-Mitglied, (2) einen aus dem betreffenden Abkommen entstehenden Vorteil und (3) Aufhebung oder Beeinträchtigung dieses Vorteils als Ergebnis der Anwendung der Maßnahme.[598] Darüber hinaus sieht Art. 23 Abs. 1 (c) GATT weiter eine Situationsklage vor,[599] die aus der Existenz irgendeiner anderen Sachlage, außer der, die in der lit. (a) und (b) derselben Vorschrift angegeben werden, herrührt.

Nach diesem Ansatz bieten die beiden indirekten Regelungen (Art. 3 und 23 Abs. 1 (b) GATT) genügend Freiraum für die Lösung wettbewerbspolitischer Probleme und stellen daher eine Alternative zu einer multilateralen Wettbewerbsordnung dar. Durch diese Instrumente könne eine multilaterale

596 Es ist umstritten, was man unter dem Wortlaut „Maßnahme“ verstehen soll, ob zum Beispiel die Nicht-Anwendung nationaler Wettbewerbsgesetze oder Nicht-Erlassung eines Wettbewerbsgesetzes darunterfallen. Nach *Hoekman/Mavroidis* ist die bloße Toleranz des Staates eine Maßnahme i.S.d. Art. 23 Abs. 1 (b) GATT, in: Competition, Competition Policy and the GATT, World Bank Policy Research Working Paper Nr. 1228, 12/1993, S. 23, veröffentlicht auch in: J. of World Economy 17 (1994), 121-150. Nach *Bätge* ist die bloße Toleranz der privaten Wettbewerbsbeschränkungen keine Maßnahme i.S.d. Art. 23 Abs. 1 (b) GATT. Deswegen falle sie außerhalb des Anwendungsbereichs des Art. 23 Abs. 1 (b) GATT, in: Globalisierung des Wettbewerbsrechts: Eine internationale Wettbewerbsordnung zwischen Kartell- und Welthandelsrecht, 2009, S. 232.

597 Bericht des Appellate Body, *EC – Aspestos*, WT/DS135/AB/R, Rn. 185.

598 Panelbericht, *Kodak – Fuji*, WT/DS44/R, Rn. 10.41.

599 Ob Art. 23 Abs. 1 (c) GATT eine geeignete Maßnahme für die Lösung wettbewerbspolitischer Probleme ist, ist umstritten. Nach *Hudec* ist diese Vorschrift ein Instrument, das gegen die privaten Wettbewerbsbeschränkungen benutzt werden kann, in: New England Law Review 34 (1999), 79, 99. Nach *Hoekman/Mavroidis* ist dies zweifelhaft, in: Competition, Competition Policy and the GATT, World Bank Policy Research Working Paper Nr. 1228, 12/1993, S. 21. Eine GATT-Arbeitsgruppe empfahl 1960 diese Vorschrift nicht v. den Staaten in Anspruch zu nehmen, die versuchen, die durch private Geschäftspraktiken entstehenden Marktzugangsbarrieren zu beseitigen. Auch wenn diese Empfehlung keine Rechtskraft besitzt, schafft sie trotzdem einen Präzedenzfall gegen die Anwendung v. Art. 23 GATT zur Lösung wettbewerbsrelevanter Fragen, siehe *Graham/Richardson*, Global Competition Policy, 1997, S. 564.

Wettbewerbspolitik viel schneller als andere Optionen durch die „Hintertür" in die WTO eingeführt werden. Eine schnellere Integration sei vorteilhaft. Diese Alternative umfasst also nicht die Verhandlung materieller Wettbewerbsregeln. Stattdessen beinhaltet sie, dass das DSB oder der Allgemeine Rat der WTO die GATT-Grundsätze der Meistbegünstigung und Inländerbehandlung angesichts der Wettbewerbspolitik rechtlich auslegt. Sie bestimmt, ob die Anwendungen der Maßnahme durch ein WTO-Mitglied die einem anderen WTO-Mitglied aus dem GATT zukommenden Vorteil unter dem Art. 23 Abs. 1 (b) GATT zunichtemacht bzw. gefährdet oder die Erreichung eines Zieles des GATT behindert.[600] Sie geht davon aus, dass, auch wenn die Maßnahme eines WTO-Mitglieds keine Verletzung des Abkommens darstellt, sie trotzdem die Entstehung der von dem Abkommen erwarteten Vorteile behindern könnte.[601] Die angesichts der Wettbewerbspolitik ausgelegte Meistbegünstigungsklausel würde bedeuten, dass die durch einen Mitgliedstaat zu den nationalen Unternehmen gegebenen wettbewerbsfähigen Konzessionen auch für die ausländischen Unternehmen gelten.[602] Das angesichts der Wettbewerbspolitik ausgelegte Inländerbehandlungsprinzip würde bedeuten, dass den ausländischen Unternehmen gleiche Bedingungen wie den inländischen Unternehmen, inklusive des nationalen Wettbewerbsverfahrens und des Zugangs zu nationalen Wettbewerbsgerichten, geschaffen werden soll.[603]

In der Literatur wird argumentiert, dass auch eine Beschwerde, die darauf beruht, dass ein WTO-Mitglied keine Maßnahmen gegen wettbewerbswidriges Verhalten ergriffen hat, der Gegenstand einer Beschwerde nach dem Art. 23 Abs. 1 (c) sein könnte.[604] Danach stelle ein privates Verhalten, welches den Marktzugang blockiert, eine Beseitigung oder Beeinträchtigung eines GATT-Vorteils dar, der durch die Existenz einer anderen Sachlage als die in den (a) und (b) gegebenen Situationen hervorgerufen wird. Beispielsweise wäre in diesem Fall der Vorteil ein erhöhter Export, der durch die durch das GATT reduzierten Grenzmaßnahmen ermöglicht wird. Es wäre also nach dieser Ansicht möglich, jeden Fall, der durch das GATT ermöglichte Exportmöglichkeiten betrifft und

600 *Hudec*, New England Law Review 34 (1999), 79, 89.

601 Siehe Fn. oben.

602 *Conrad*, Die Notwendigkeit, die Möglichkeit und die Grenzen einer internationalen Wettbewerbordnung, 2005, S. 231.

603 Siehe Fn. oben.

604 *Kennedy*, Competition Law and the World Trade Organisation: The Limits of Multilateralism, 2001, § 6 Rn. 6.87; *Graham/Richardson*, Global Competition Policy, 1997, S. 563. Beschwerde, die auf Art. 23 Abs. 1 (c) GATT beruhen sind rar.

durch eine andere Situation zunichtegemacht oder beeinträchtigt wird – zum Beispiel die Nichteinhaltung des Wettbewerbsrechts – vor dem DSB geltend zu machen.

Da die WTO-Regelungen sich lediglich an die WTO-Mitglieder richten, fallen die rein privaten Wettbewerbsbeschränkungen, an denen die Staaten nicht beteiligt sind, grundsätzlich nicht in den Anwendungsbereich der GATT-Vorschriften.[605] *Hoekman* und *Mavroidis*[606] schlagen jedoch vor, dass Art. 23 Abs. 1 (a) GATT gegen die Wettbewerbsbeschränkungen, sofern diese gegen eine GATT-Verpflichtung verstoßen und welche durch den Staat aktiv unterstützt werden, und Art. 23 Abs. 1 (b) GATT gegen die Wettbewerbsbeschränkungen, die durch den Staat passiv unterstützt werden, verwendet werden.

Hindley[607] schlägt eine strengere Implementation des Art. 23 GATT vor, wonach sogar das Untätigbleiben der nationalen Wettbewerbsbehörden bei den Wettbewerbsbeschränkungen in anderen Staaten als eine „Maßnahme" betrachtet werden kann. Somit kann, nach dieser Auffassung, die Untätigkeit nationaler Wettbewerbsbehörden im Falle von Wettbewerbsbeschränkungen ausländischer Unternehmen als eine Maßnahme angesehen werden, die gegen das GATT verstößt. Auf diese Weise würde ein internationales wettbewerbspolitisches Gesetz geschaffen werden. Es reiche eine Ministererklärung zur Erleichterung der Anwendung des Art. 23 Abs. 1 (b) GATT auf wettbewerbsrechtliche Probleme aus. Eine solche Erklärung könne wie folgt aussehen: Private Wettbewerbsbeschränkungen können Begünstigungen aufheben oder beeinträchtigen. Der Ausfall eines Mitgliedstaates, sein eigenes nationales Wettbewerbsrecht zu einem privaten wettbewerbsbeschränkenden Verhalten anzuwenden, dass eine Begünstigung aufhebt oder beeinträchtigt, ist eine gültige Grundlage für eine Anklage im Sinne des Art. 23 Abs. 1 (b) GATT.

Nach *Hindley* habe diese Bestimmung auch eine Reihe von Nachteilen. Der gravierendste Nachteil sei die Schwierigkeit des Nachweisens der Nullifikation in der Praxis. Deshalb gäbe es bisher wenig Versuche, von dieser Bestimmung Gebrauch zu machen. Eine andere Schwierigkeit sei, dass, wegen des Fehlens

---

605 *Hoekman/Mavroidis*, Competition, Competition Policy and the GATT, World Bank Policy Research Working Paper Nr. 1228, 12/1993, S. 22; *Bätge*, Globalisierung des Wettbewerbsrechts: Eine internationale Wettbewerbsordnung zwischen Kartell- und Welthandelsrecht, 2009, S. 230.

606 *Hoekman/Mavroidis*, Competition, Competition Policy and the GATT, World Bank Policy Research Working Paper Nr. 1228, 12/1993, S. 25.

607 *Hindley*, Competition Law and the WTO: Alternative Structures for Agreement, in: Hudec/Bhagwati, Fair Trade and Harmonization, 1996, S. 333-349.

vereinbarter Bestimmungen auf der WTO-Ebene, das DSB entscheiden müsse, welche nationale Wettbewerbsgesetze akzeptabel sind und welche nicht. Ein weiterer Nachteil sei nach *Conrad*,[608] dass das Panel nicht die Möglichkeit habe, direkt gegen die Wettbewerbsbeschränkung vorzugehen, sondern es könne nur der benachteiligte Staat befähigt sein, Ausgleichsmaßnahmen zu ergreifen. Dies würde nach dem Autor nicht nur die Quelle der Wettbewerbsbeschränkung unberührt lassen, sondern sogar darauf hinwirken, die Wettbewerbsverzerrung zu verstärken.

Laut dem Panel sei die Nichtverletzungsklage als außergewöhnliches Konzept zu behandeln, da die Mitglieder lediglich die Regeln verhandeln, denen sie zustimmen, und nur in Ausnahmefällen erwarten würden, dass sie wegen Handlungen, die nicht gegen von ihnen verhandelte Regeln verstoßen, angefochten werden.[609] Dagegen schlagen *Ehlerman / Ehring*[610] vor, dass die Wettbewerbsgesetze der WTO-Mitglieder derzeit schon dem Streitbeilegungssystem unterliegen. Der Grundsatz der Inländerbehandlung sei der wichtigste Test. Es sei nicht wahrscheinlich, aber auch nicht unmöglich, dass ein nationales Wettbewerbsrecht *per se* gegen Art. 3 Abs. 4 GATT verstößt.

Die Auffassung, Art. 3 und Art. 23 GATT zur Bekämpfung wettbewerbsbeschränkender Verhaltensweise zu nutzen, wurde bereits 1958 erörtert. Allerdings sprach sich die Mehrheit gegen diese Auffassung aus.[611] In dem Beschluss der GATT-Expertengruppe aus 1960[612] wurde empfohlen, von Art. 23 GATT keinen Gebrauch zu machen, da das GATT keine Formulierung über solche Praktiken enthalte und materielle Bestimmungen nicht ins GATT durch Art. 23 eingeführt werden sollten.

2. Stellungnahme

Obwohl die Alternative, d.h. die Umsetzung multilateraler Wettbewerbsregeln durch die bloße Ausdehnung der Reichweite des Art. 23 GATT, auf den ersten Blick vernünftig erscheint, ist sie rechtlich fraglich und ist mit einigen

---

608 *Conrad*, Die Notwendigkeit, die Möglichkeit und die Grenzen einer internationalen Wettbewerbsordnung, 2005, S. 231 ff.

609 Panelbericht, *Kodak – Fuji*, WT/DS44/R, Rn. 10.36.

610 *Ehlermann/Ehring*, Fordham Int. Law J. 26 (2002), 1505-1561.

611 So zum Beispiel *Basedow*, Weltkartellrecht: Ausgangslage und Ziele, Methoden und Grenzen der Internationalen Vereinheitlichung des Rechts der Wettbewerbsbeschränkungen, 1998, S. 64.

612 Siehe § 7, II.

Nachteilen verbunden. Es ist klar, dass manche Wettbewerbsbeschränkungen, ohne dass zusätzliche internationale Wettbewerbsregeln erforderlich sind, durch diese Vorschrift vor das Panel gebracht werden können und dadurch in das WTO-System integriert werden können. Aber auch dann, wenn der Wortlaut „Maßnahme" im weiten Sinne angenommen wird, ist der Geltungsbereich des Art. 23 Abs. 1 (b) GATT mit den Wettbewerbsbeschränkungen begrenzt, die den Marktzugang beschränken.[613] Beispielsweise sind die Exportkonzessionen kein Gegenstand des GATT. Auch andere wettbewerbsbeschränkende Verhaltensweisen, so wie der Missbrauch einer marktbeherrschenden Stellung, bleiben ungelöst.[614] Ferner wird im Bericht[615] der GATT-Expertengruppe zur Bekämpfung wettbewerbsbeschränkender Praktiken empfohlen, gegen die durch die privaten Unternehmen beschafften Markteintrittsbarrieren von dieser Vorschrift keinen Gebrauch zu machen.

Die Nichtverletzungsklage verlangt nicht, dass das Beschwerde führende Mitglied nachweist, dass ein anderes WTO-Mitglied eine WTO-Verpflichtung nicht erfüllt hat. Stattdessen muss es nachweisen, dass eine Maßnahme des betreffenden Staates einen GATT-Vorteil zunichtegemacht oder beeinträchtigt hat, der sonst einem anderen Mitglied zugestanden hätte. Solche Beschwerden unterliegen immer höheren Anforderungen. So fordert der Art. 26 DSU

---

613 *Hoekman/Mavroidis*, Competition, Competition Policy and the GATT, World Bank Policy Research Working Paper Nr.1228, 12/1993, S. 24.

614 *Conrad*, Die Notwendigkeit, die Möglichkeit und die Grenzen einer internationalen Wettbewerbsordnung, 2005, S. 232.

615 "*The majority felt that [...] the Group were not competent to judge whether restrictive business practices were a matter that could be deemed to fall under any specific provisions of GATT – for example, whether the provisions of Art. XXIII would be applicable. However, the majority were convinced that, regardless of the question whether Art. XXIII could legally be applied, they should recommend to the Contracting Parties that they take no action under this Article. Such action would involve the grave risk of retaliatory measures under the provisions of paragraph 2 of that Art., which would be taken on the basis of judgments which would have to be made without adequate factual information about the restrictive business practice in question [...] The minority hold the view that [when consultations fail to lead to voluntary settlements] the provisions of paragraph 2 of Art XXIII are applicable. According to the first part of this paragraph the Contracting Parties shall, when matters are referred to them, make appropriate recommendations to the contracting parties concerned. While referring to these provisions, the minority advise against the use by the Contracting Parties of the authority conferred upon them under the second part of paragraph 2.*" Bericht der Expertengruppe v. 2.6.1960, L/1015, BISD 9S/170, Rn. 8 und 18.

den Beschwerdeführer auf, eine detaillierte Begründung für seine Nichtverletzungsklage zu liefern. Darüber hinaus fordert Art. 23 GATT einen ursächlichen Zusammenhang zwischen der staatlichen Maßnahme und Beseitigung oder Beeinträchtigung der Vorteile aus dem GATT, welche für einen fremden Staat unwahrscheinlich, aber auch nicht unmöglich ist, diesen Zusammenhang zu beweisen.[616]

Eine der wichtigsten Versuche unter Berufung des Art. 23 Abs. 1 (b) GATT war der Fall *Kodak - Fuji*, der ein gutes Beispiel für einen erfolglosen Versuch zur Beseitigung eines wettbewerbsbeschränkenden Verhaltens im Rahmen der Nicht-Verletzungklage ist.[617] Der Panelbericht im Fall *Kodak - Fuji* zeigt, dass die Nichtverletzungsklage gem. Art. 23 Abs. 1 (b) GATT keine ausreichende Alternative für ein globales WTO-Wettbewerbsabkommen darstellt.

Angesichts der oben erklärten Gründe kann dieser Vorschrift lediglich unter bestimmten Voraussetzungen und für die oben genannten Wettbewerbsbeschränkungen Anwendung finden. Bis zur Schaffung einer endgültigen Lösung ist diese Bestimmung als eine vorübergehende Lösung geeignet, für die Behandlung einiger wettbewerbsrechtlicher Fragen zu dienen.

V. Status Quo der internationalen Wettbewerbspolitik

Die gegenwärtige Situation hinsichtlich der internationalen Wettbewerbspolitik, anders gesagt, wie die Staaten mit den internationalen Wettbewerbsproblemen umgehen, ist nach dem oben erklärten wie folgt: Die Staaten haben die Möglichkeit, ihre eigenen nationalen Wettbewerbsgesetze auf internationale Wettbewerbsfälle anzuwenden - das Modell Unilateralismus. Die Staaten, die mit diesem Modell nicht zufrieden sind, schließen bilaterale - das Modell Bilateralismus - oder regionale Abkommen ab, um die Zusammenarbeit zwischen Vertragsstaaten zu erleichtern. Kooperationsabkommen werden entweder als ein Wettbewerbsabkommen oder als ein Handelsabkommen mit Wettbewerbsvorschriften abgeschlossen und beinhalten eine Reihe von Verpflichtungen nur für die Vertragsstaaten, von schwachen Verpflichtungen bis zu starken Verpflichtungen. Auf der multinationalen Ebene sind bis auf wenige Ausnahmen im WTO-Recht, rechtlich unverbindliche Regelungen bzw. Empfehlungen vorhanden, die die Staaten berücksichtigen können, aber nicht müssen. Als Letztes werden in den unterschiedlichen WTO-Abkommen einige rechtsverbindliche

616 *Spitzer*, The Non-Violation Complaint in the WTO Law, 2004, S. 109 ff.
617 Siehe § 4, I.

Bestimmungen vorgesehen, auch wenn sie nicht umfangreich sind. Sie werden auch von dem DSB durchgesetzt.

VI. Ergebnis

Mit der Globalisierung der Welt und Liberalisierung des Handels am Ende der 1990er Jahre haben auch die Wettbewerbsbeschränkungen einen grenzüberschreitenden Charakter gewonnen. Dieser grenzübergreifende Charakter der Wettbewerbsbeschränkungen hat die Staaten zur Suche grenzübergreifender Lösungen in ihrer Wettbewerbspolitik gezwungen, da das Territorialitätsprinzip nicht den notwendigen Schutz für den Wettbewerb bot. Infolgedessen wurden durch die Staaten andere Konzepte entwickelt. Die erste Reaktion der Staaten war die extraterritoriale Anwendung ihres nationalen Wettbewerbsrechts auf die Wettbewerbsbeschränkungen der Dritten, da die einzige andere Alternativ wäre, nicht zu reagieren. Aufgrund der Beschränkungen dieser Anwendung hat sich die Notwendigkeit ergeben, bilaterale und regionale Abkommen abzuschließen. Aber auch diese sind aus den oben erklärten Gründen beschränkt und nicht immer ausreichend. Auf einer multilateralen Ebene wird die Anwendung des bereits existierenden Art. 23 GATT als eine Alternative vorgeschlagen, welche aber im besten Fall nur bestimmte Wettbewerbsbeschränkungen erfasst.

Aus den oben erklärten Optionen ergibt sich keine effektive Alternative zu einer globalen Wettbewerbsordnung. Die vorhandenen Instrumente bleiben immer insuffizient, um die grenzüberschreitenden globalen Wettbewerbsprobleme zu behandeln. In der heutigen globalen Welt ist der Bedarf zum Aufbau einer globalen Wettbewerbsordnung deutlich.

§ 7. Initiativen zum Aufbau eines multilateralen Wettbewerbsrechts

Der Gegenstand des § 7 ist die Untersuchung der bisher unternommenen Versuche zur Schaffung einer globalen Wettbewerbsordnung unter unterschiedlichen Dächern, das heißt, innerhalb der Initiativen unterschiedlicher internationaler Organisationen, jeweils in unterschiedlichen Modellen, Formen und mit unterschiedlicher Reichweite. Bislang hat keine dieser Initiativen zu einem verbindlichen internationalen Rahmen geführt. Gleichwohl sind zahlreiche Versuche zu verzeichnen, die die Regelung der Wettbewerbsgrundsätze beabsichtigten.

I. Initiativen innerhalb des UN-Systems

1. Völkerbund - Die Weltwirtschaftskonferenz[618]

Der allererste Versuch zur Regelung der Kartelle auf internationaler Ebene geht zurück auf die 1920er Jahre. Als Folge der Nachkriegswelle der internationalen Kartellbildung ab den 1880er Jahren stand das Problem internationaler Kartelle auf der Agenda des Völkerbundes.[619] Auch *Serruys*, Vorsitzende des Wirtschaftsausschusses des Völkerbundes, stellte fest, dass „die Grenzen des Wettbewerbs" während der Konferenz diskutiert werden sollten.[620] 1927 hat also der Völkerbund während der Genfer Weltwirtschaftskonferenz ein temporäres internationales Forum geschaffen, welcher es ermöglicht hat, unterschiedliche Ansichten[621] darzustellen und die möglichen Auswirkungen der Kartelle zu diskutieren.

---

618 League of Nations, Report and Proceedings of the World Economic Conference, Genf 4-23 Mai 1927, (C.356.M.129.1927.II-C.E.I.46).

619 *Gerber*, Global Competition: Law, Markets and Globalisation, 2012, S. 26.

620 Ausf. zur Kartelldebatte auf der Weltwirschaftskonferenz siehe *Kaiser* in: Bachem-Rehm/Hiepel/Türk, Teilungen Überwinden, 2014, S. 318 ff.

621 Die Autoren, die die gegensätzlichen Ansichten am klarsten vertreten, sind *Cassel* und *Hirsch*. Erstgenannter verteidigte die liberalen Grundsätze des Wettbewerbs und behauptete, dass sich jegliche Verfälschung des Wettbewerbs gegen das Wirtschaftswachstum auswirke, in: Recent Monopolistic Tendencies in Industry and Trade: Being an Analysis of the Causes and Poverty of the Nations, 1927, S. 26 ff. Dagegen forschte *Hirsch* nach den Bedingungen, unter welchen die Industrieabkommen günstig sein könnten, in: National and International Monopolies from the Point of View of Labor, the Consuming Public and Rationalisation, 1926. Ausf. zu den Argumenten und Gegenargumenten der Parteien siehe *Hantos*, Mitteleuropäische Kartelle im Dienst

Das durch *Oualid*[622] vorgelegte Papier – *The social Effects of International Industrial Agreements* – machte einen verbindlichen Vorschlag zur internationalen Kartellrechtsordnung, der unter anderem auch die Vereinheitlichung der nationalen Gesetze und die Durchführung eines Mechanismus der internationalen Kartellkontrolle unter dem Dach des Völkerbundes mit der Hilfe nationaler Kartellbehörden beinhaltete. Ferner sah dieser Vorschlag nationale und internationale Sanktionen gegen restriktive Verhaltensweisen vor und regelte, dass alle zum Völkerbund nicht gemeldeten internationalen Industrieabkommen, die den Handel beeinträchtigen, rechtswidrig seien. Auch zu einer einzelnen internationalen Institution zusammengeschlossene nationale Institutionen sollten Untersuchungen und Durchsetzungsmaßnahmen durchführen.

Aufgrund der unterschiedlichen nationalen Ansätze wurde der oben genannte Vorschlag abgelehnt.[623] Deutschland und das Vereinigte Königreich haben sich gegen die Schaffung eines internationalen Gremiums ausgesprochen, während Frankreich sich für die Verabschiedung eines Kartellprinzips aussprach.[624] Obwohl in der Konferenz betont wurde, dass Kooperationen

des Industriellen Zusammenschlusses, 2013, S. 57 ff. Im Völkerbund wurde das Wort „Kartell" vermieden und stattdessen wurde das Wort „industrial agreeements" benutzt.

622 *Oualid*, The Social Effects of International Industrial Agreements, The Protection of Workers and Consumers, C.E.C.P.94, 1926 (auch als Papier dem Preparatory Committee for the International Economic Conference vorgelegt).

623 *Basedow*, Weltkartellrecht: Ausgangslage und Ziele, Methoden und Grenzen der Internationalen Vereinheitlichung des Rechts der Wettbewerbsbeschränkungen, 1998, S. 63; *Jungheim*, Medienordnung und Wettbewerbsrecht im Zeitalter der Digitalisierung und Globalisierung, 2012, S. 658. Die Union der Sozialistischen Sowjetrepubliken, die Türkei und die USA haben ihre Stimme enthalten. Die folgende Entscheidung wurde getroffen: "*The League of Nations should closely follow these forms of international industrial cooperation and their effects upon technical progress, the development of production, conditions of labour, the situation regards supplies, and the movement of prices, seeking in this connection the collaboration of the various Governments. It should collect the relevant data with a view to publishing from time to time such information as may be of general interest.*", US Department of Commerce, Trade Information Bulletin Nr. 556, 1928, S. 59. Z.B. konnte keine Übereinstimmung darüber hergestellt werden, ob die Kartelle den Handel beschränken. In einigen Ländern wurden sie als eine „*geeignete und erwünschte Mittel zur Rationalisierung der Produktion*" angesehen. In den USA waren die Kartelle *per se* rechtswidrig, während sie in Vorkriegsdeutschland eine optimale Art industrieller Organisation waren, *Gerber*, Law and Competition in Twentieth Century Europe, 2001, Kapitel 4, 5.

624 US Department of Commerce, Trade Information Bulletin Nr. 556, 1928, S. 57.

zwischen Unternehmen Vorteile haben könnten, wurden auch viele Bedenken hinsichtlich ihrer nachteiligen Auswirkungen geäußert.[625] Insbesondere unter Berücksichtigung der damaligen Zeit stellt dies keine Überraschung dar, da im Jahr 1927 kein Land außer den USA über ein wirksames Wettbewerbsgesetz verfügte. Zu diesem Zeitpunkt war auch die europäische Erfahrung zum Thema Kartelle begrenzt: Deutschland war der einzige europäische Staat, der Erfahrung mit Wettbewerbsrecht hatte. Schließlich forderte die Konferenz des Völkerbunds, Informationen über Kartelle zu sammeln, ihre Effekte zu untersuchen und Informationen über ihre schädlichen Effekte zu veröffentlichen,[626] empfahl jedoch den Staaten nicht, die Kartelle zu verbieten oder einzuschränken, sondern schlug die Erlassung der Gesetze zur wirksamen Verfolgung der Kartellaktivitäten vor.[627]

Die Genfer Weltwirtschaftskonferenz stellte einen wichtigen Schritt zur Schaffung eines multilateralen Rahmens dar.

2. Havanna-Charta[628]

Die ersten echten Versuche der Schaffung einer umfassenden internationalen Wettbewerbsordnung gehen auf die Planung einer Nachkriegsordnung nach dem Zweiten Weltkrieg zurück. Ziel war der gemeinsame Wiederaufbau der von der Weltwirtschaftskrise und dem Zweiten Weltkrieg zerrütteten Weltwirtschaft und die Schaffung einer gemeinsamen Beschäftigungspolitik.[629] Die

---

625 *Fellman/Shanahan*, Regulating Competition: Cartel Registers in the Twentieth-Century World, 2019, Introduction; *Gerber*, Global Competition: Law, Markets and Globalisation, 2012, S. 28, 29.

626 League of Nations, Report and Proceedings of the World Economic Conference, Genf 4-23 Mai 1927, (C.356.M.129.1927.II-C.E.I.46), S. 146-148.

627 *Fellman/Shanahan*, Regulating Competition: Cartel Registers in the Twentieth-Century World, 2019, Einleitung.

628 Die Havanna-Charta wurde in vielen Lehrwerken veröffentlicht, zum Beispiel *Wilcox*, A Charter for World Trade, 1949. Näher dazu, *Bronz*, Harward Law Review 62 (1949), 1089, 1090; *Clayton*, Why and How We Came to Find Ourselves at the Havana Conference, Rede des Beraters des US-Außenministers v. 15.6.1948 in: Washington, Dept. of St. Bull. 18 v. 27.6.1948, S. 7, 8.

629 Die Hauptziele der Havanna-Charta zusammengefasst durch Wilcox, A Charter for World Trade, 1949, S. 53: "*It is the central purpose of the Havana Charter to contribute to the improvement of living standards [...] by promoting the expansion of international trade on a basis of multilateralism and non-discrimination, by fostering stability in production and employment, and by encouraging the economic development of backward areas. It will be the purpose of the ITO, [...] to substitute cooperation for conflict, in*

Initiative wurde von den USA übernommen und ein umfassender Plan – *Proposals for Expansion of World Trade and Employment* – veröffentlicht.[630] Dieser Plan wurde bei den ersten Treffen des Wirtschafts- und Sozialrats der UN (nachfolgend: ECOSOC) diskutiert und eine Entschließung für die Ratifikation des Plans übernommen.[631] Im Februar 1946 wurde durch den ECOSOC eine internationale Konferenz über Handel und Beschäftigung – *United Nations Conference on Trade and Employment* – einberufen. Daraufhin veröffentlichten die USA einen Entwurf der Charta (nachfolgend: USA-Entwurf).[632]

In dem USA-Entwurf wurden die wettbewerbsbeschränkenden, marktzugangseinschränkenden und eine monopolistische Kontrolle schaffenden Aktivitäten als Verstoß bestimmt. Dabei wurden die folgenden Verhaltensweisen als *Per-se*-Verstöße aufgelistet: Festsetzung der Preise oder Verkaufsbedingungen, Aufteilen von Märkten oder Gebieten, Beschränkung der Produktion oder Exporte, Unterdrücken der Technologie oder Innovation, Boykott oder Diskriminierung gegen bestimmte Unternehmen, Missbrauch der Urheberrechte, Markenzeichen und Patentrechte.[633]

Nach Vorbesprechungen in London und Genua[634] fand die finale Konferenz der UN im Jahr 1948 in Havanna statt. 56 Staaten nahmen an der Konferenz teil und 54 davon unterzeichneten die Charta.[635] Jedoch wurde die Charta nicht von der erforderlichen Anzahl der Mitglieder ratifiziert. Schließlich wurde das Vorhaben im Jahr 1950 mit der Ankündigung der Nicht-Ratifizierung durch die USA

---

international commerce [...] by providing a medium through which nations may regularly consult with one another concerning the international consequences of national policies".

630 Proposals for Expansion of World Trade and Employment, Dep't St. Pub. Nr. 2411, Commercial Policy Series 79, 1945, abrufbar unter: https://fraser.stlouisfed.org/docs/historical/eccles/036_04_0003.pdf (3.2.2022).

631 Am 16.2.1946 beschloss ECOSOC eine internationale Konferenz über Handel und Beschäftigung einzuberufen. Res. 1/13 v. 16.2.1946, ECOSOC Official Records, Nr. 173, 1. Sitzung.

632 Siehe Suggested Charter for an International Trade Organisation of the UN, Dep't St. Pub. Nr. 2728, Commercial Policy Series 93, 1946.

633 Siehe Fn. oben Art. 34 Abs. 1 und 2.

634 Siehe Preliminary Draft Charter for ITO of the UN, Dep' St. Pub. Nr. 2728 Commercial Policy Series 98, 1946 und Draft Charter for ITO of the UN, Dep' St. Pub. Nr. 2927 Commercial Policy Series 106, 1947.

635 ITO, Interim Arrangements and Postponment of ITO, The General Agreement on Tariffs and Trade, Sec. 36/53, S. 1, abrufbar unter: https://docs.wto.org/gattdocs/q/GG/SEC/53-36.PDF (3.2.2022).

aufgegeben.[636] Die in der Havanna-Charta vorgesehene Gründung der ITO war auch ebenfalls gescheitert und somit wurde die ITO nicht institutionalisiert.[637]

Die Havanna-Charta, die auch zutreffend Magna-Charta der internationalen Wirtschaftsleben genannt wird,[638] umfasst sowohl staatliche (zum Beispiel Zölle) als auch private Beschränkungen des internationalen Wettbewerbs. Das Kapitel V der nie in Kraft getretenen Charta enthielt insgesamt neun wettbewerbspolitische Vorschriften.

a. *Vorschriften des Kapitels V der Havanna-Charta*

Das Kapitel V der Havanna-Charta sieht die Verpflichtung der Mitglieder zur Ergreifung der angemessenen Maßnahmen und die Kooperation mit der ITO gegen wettbewerbsbeschränkende Verhaltensweisen vor, die den internationalen Handel und den Wettbewerb beschränken, die den Zugang zu einem Markt einschränken oder eine monopolistische Kontrolle schaffen. Art. 46 der Havanna-Charta widmet sich der Definition bestimmter restriktiver Verhaltensweisen, die Gegenstand einer Untersuchung unter der Havanna-Charta durchgeführt sein können. Ausdrücklich genannt werden die folgenden Verhaltensweisen: Preis- und Konditionenabsprachen bzw. Kartelle, Markt- und Geschäftsaufteilung, Produktionsbegrenzung oder -quotierung, Diskriminierung einzelner Unternehmen, kollusive Verhinderung technologischer Entwicklungen oder Anwendungen, Missbrauch von Patentrechten. Diese spezifischen restriktiven Verhaltensweisen, die auch im USA-Entwurf bestanden, stellen keine *per se* Verstöße dar, sondern eine *prima facie* Berechtigung für eine Untersuchung der ITO, aufgrund einer Beschwerde eines Mitglieds.[639]

Die Havanna-Charta richtet einen zwischenstaatlichen Konsultationsmechanismus ein, demzufolge jedes Mitglied, das der Auffassung ist, dass eine Marktverhaltensweise den im Art. 46 Abs. 1 Havanna-Charta vorgesehenen Effekt hat, die anderen Mitglieder konsultieren oder von der ITO die Organisation einer Konsultation mit den anderen Mitgliedern verlangen kann. Die Konsultation ist

---

636 Am 6.12.1950 gab das US-Außenministerium eine Grundsatzerklärung heraus, in der es darauf hinwies, dass die Havanna-Charta nicht erneut dem US-Kongress vorgelegt wird, siehe ITO, Fn. oben, S. 1.

637 *Volger*, Die Vereinten Nationen, 1994, S. 126.

638 *Royer*, Annals of Public and Cooperative Economics 20 (1949), 45, 45.

639 Vgl. Art. 46 Abs. 2 und 3 Havanna-Charter mit dem Art. 34 Abs. 2 USA-Entwurf, *Furnish*, International Lawyer 4 (1970), 317, 324.

nur dann obligatorisch, wenn es sich um Tätigkeiten öffentlicher Unternehmen handelt (Art. 47 Havanna-Charta).[640]

Die Charta sieht in Art. 48 ein Prüfverfahren durch die ITO vor, das durch eine schriftliche Beschwerde eines Mitglieds[641] initiiert werden und zu unverbindlichen Empfehlungen von Abhilfemaßnahmen führen kann. Die Verpflichtung der streitenden Mitglieder, relevante Informationen mitzuteilen, ist gem. Art. 50 Abs. 3 keine absolute Pflicht. Wenn die Havanna Charta in Kraft getreten wäre, hätte sie daher ein schwaches Streitschlichtungsverfahren gehabt. In Ermangelung der notwendigen Sachverhaltsinformationen wäre die Glaubwürdigkeit des Prüfverfahrens der ITO fraglich gewesen.

Art. 50 Havanna-Charta legt den Mitgliedern bestimmte Verpflichtungen auf. Dazu zählen unter anderem die Verpflichtung zur Verfolgung der an der Wettbewerbsbeschränkung beteiligten Unternehmen. Die Mitglieder haben die notwendigen legislativen Maßnahmen zu treffen, um sicherzustellen, dass keine wettbewerbsbeschränkende Tätigkeit ausgeübt wird.[642] Ferner sind sie verpflichtet, die Entscheidungen und Anfragen der ITO umfassend zu berücksichtigen, jedoch nur insoweit, als sie das Mitglied für angemessen hält. Dies zeigt, dass die Sanktionen der Havanna-Charta relativ schwach waren.

Nach Art. 52 Havanna-Charta darf keine Handlung oder Unterlassung der ITO ein Mitglied daran hindern, nationale Gesetze durchzusetzen, die auf die Verhinderung von Monopolen oder Handelsbeschränkungen gerichtet sind. Mit Art. 53 Havanna-Charta erkennen die Mitglieder die Schädlichkeit restriktiver Geschäftspraktiken im Bereich der Dienstleistungen an (zum Beispiel Telekommunikation und kommerzielle Bankendienste).[643] In diesem Zusammenhang sieht die Bestimmung erstens eine Möglichkeit zur Vorlegung einer schriftlichen Erklärung über die Situation zwischen Mitgliedern und zweitens ein konsultatives Verfahren zur Abhilfe vor.

---

640 Der USA-Entwurf hatte die Jurisduktion der ITO auf private Unternehmen eingeschränkt. Vgl. Art. 46 Abs. 1 Havanna Charta mit dem USA-Entwurf Art. 34 Abs. 1, *Furnish,* International Lawyer, 4 (1970), 317, 325.

641 Nach dem USA-Entwurf waren nicht nur Beschwerden der Mitglieder, sondern auch die Beschwerden der privaten Parteien möglich. Vgl. Art. 48 Havanna-Charta mit Art. 35 Abs. 1, 2 USA-Entwurf.

642 Vgl. Art. 50 Abs. 1 Havana-Charta mit Art. 37 Abs. 5 USA-Entwurf.

643 Es existierte keine Bestimmung im USA-Entwurf bezüglich der Dienstleistungen. Dies wurde in der Havana-Charta im Auftrag v. Indien und sonstiger weniger entwickelter Länder hinzugefügt, *Furnish,* International Lawyer 4 (1970), 317, 325.

Die Havanna-Charta enthält eine detaillierte Bestimmung auch zu Antidumping- und Ausgleichsmaßnahmen. In Art. 34 Havanna-Charta wird das Dumping als die Einführung der Produkte eines Landes in den Handel eines anderen Landes zu einem niedrigeren Wert als dem Normalwert der Produkte definiert. Ausgleichsmaßnahmen werden als Sonderzoll definiert, der zum Ausgleich von Zuschüssen oder Subventionen erhoben wird, die direkt oder indirekt bei der Herstellung, Produktion oder Ausfuhr von Waren gewährt werden. Nach dieser Bestimmung ist das Dumping unter zwei alternativen Voraussetzungen als rechtswidrig zu bewerten: (i) Die materielle Schädigung einer Industrie (oder nur die Gefahr) oder (ii) die erhebliche Verzögerung der Gründung einer einheimischen Industrie in einem Mitgliedstaat. Es sieht außerdem das Recht der Mitglieder zur Erhebung eines Antidumpingzolls auf betroffene Waren vor.

b. Ergebnis – Die Nicht-Ratifizierung

Es ist festzustellen, dass das Kapitel V der Havanna-Charta eines der ersten aber auch gleichwohl umfangreichsten internationalen Abkommen zur Regelung wettbewerbsbeschränkender Verhaltensweisen ist. Jedoch wurde die Charta nicht von der erforderlichen Anzahl der Mitglieder ratifiziert.[644] Es war jedoch ein beeindruckender Versuch zur Schaffung einer Agenda für die Entwicklung umfassender internationaler Wettbewerbsregeln und -grundsätze und für den Aufbau einer weltweiten Initiative in diesem Bereich. Die Regelungen waren insbesondere unter Berücksichtigung der damaligen Zeit sehr weitreichend. Sie umfassten wettbewerbsrechtliche Fragen sowohl bezüglich des Waren- als auch des Dienstleistungshandels und sowohl private als auch staatliche Wettbewerbsbeschränkungen. Acht Jahrzehnte nach diesem gescheiterten Versuch fehlen immer noch der ergänzende Schutz des internationalen Wettbewerbs gegen die Wettbewerbsbeschränkungen.

---

644 Liberia war der einzige Staat, der die Havana-Charta vorbehaltslos ratifiziert hat. Australien und Schweden vereinbarten, für die Ratifizierung der Charta, eine positive Ratifizierung seitens der USA, US House Committee of Foreign Affairs, Hearings on HJ. Res. 236, „Membership and Participation by the US in the International Trade Organisation", 81. Congress, 2. Session, 1950, S. 87 abrufbar unter: https://babel.hathitrust.org/cgi/pt?id=uc1.a0000137927;view=1up;seq=98 (3.2.2022).

c. *Gründe für das Scheitern des Kapitels V der Havanna-Charta*

Bei der Schlussdebatte wurde die Havanna-Charta bereits durch Argentinien, Chile und die Türkei kritisiert. Die Vertreter Argentiniens haben sogar deutlich zum Ausdruck gebracht, dass Argentinien die Charta nicht unterzeichnen werde mit der Begründung, dass einige Punkte, die für Argentinien von Interesse seien, nicht in die Verhandlungen aufgenommen worden seien. Obwohl Chile die Charta akzeptierte, beklagten ihre Vertreter, dass die Verschiedenheit und die Disproportion zwischen den Industrie- und den Entwicklungsländern in der Charta zu wenig beachtet wurde. Auch Kolumbien vermisst eine Verpflichtung der Industrieländer zur Zusammenarbeit mit den Entwicklungsländern. Also wurde schon von Beginn an die Unterschiedlichkeit der Länder zu einem viel diskutierten Thema. Die Charta wurde insbesondere von den Entwicklungsländern kritisiert, da diese sich gegen die Industrieländer stärker positionieren wollten. Der Schlussdebatte folgte die Unterzeichnung der Schlussakte der Havanna-Konferenz am 24. März 1948, wobei 54[645] der insgesamt 56 an der Konferenz teilnehmenden Staaten die Schlussakte unterzeichneten.[646]

In der Literatur werden die USA als Hauptgrund für das Scheitern der Havanna-Charta angesehen.[647] Gerade die USA, als Initiator der ITO, ratifizierten die Havanna-Charta nicht; nicht zuletzt, weil im Senat der USA die Sorge geäußert wurde, dass die Havanna-Charta zu tief in die Souveränität der USA eingriffe.[648]

---

645 Argentinien und Polen lehnten sie ab. Siehe Charte de la Havane Instituant une Organisation Internationale Commerce, Sec/41/53, S. 3 abrufbar unter: https://docs.wto.org/gattdocs/r/GG/SEC/53-41.PDF (3.2.2022). Die Türkei unterschrieb erst im Juli 1948.

646 Zu diesem Abs., *Brog,* Handel statt Hilfe, 1990, S. 241 ff.

647 So zum Beispiel *Scherer,* International Trade and Competition Policy, ZEW Discussion Papers 1996, Nr. 96-18, S. 5; *Liebich,* Grundriß des Allgemeinen Zoll- und Handelsabkommens (GATT), 1967, S. 11; *Krappel,* Die Havanna Charta und die Entwicklung des Weltrohstoffhandels, 1975, S. 22; *Westreicher,* Der Grundsatz der Gegenseitigkeit in den Handelsbeziehungen zwischen Industrie- und Entwicklungsländer, 1984, S. 51; Nach *Hufbauer/Kim* wurde sie durch die USA abgelehnt, weil die führenden Unternehmen in den USA befürchteten, dass diese Einschränkungen (des wettbewerbsbeschränkenden Verhaltens) im Widerspruch zu ihren kommerziellen Interesse stehen könnten, in: Antitrust Bulletin 54 (2009), 327, 327 ff.

648 *Scherer,* International Competition Policy and Economic Development, ZEW Discussion Papers Nr. 96-26, Harvard Uni., 5/1996, S. 4. Ausf. für die Gründe, *Diebold,* The End of ITO, 1952, S. 1-37.

Die USA, in denen zwei gegensätzliche Ansätze über die Ratifizierung existierten, hatten am 7. Dezember 1950 angekündigt, dass sie die Havanna-Charta nicht unterzeichnen würden.[649] Die Argumente der US-amerikanischen Gegner für die Nicht-Ratifizierung der Charta waren die vielen Ausnahmeregelungen, vor allem in Bezug auf die Meistbegünstigung, die Ausweichklausel zugunsten der Entwicklungsländer,[650] das Kapitel über internationale Investitionen, das Verlustrisiko nationaler Unabhängigkeit bei der Entscheidung über Handelsfragen und das Gefährdungspotenzial der freien Marktwirtschaft durch die Einräumung des Vorrangs der zentralisierten nationalen staatlichen Planung.[651] Die sich ändernden internationalen Bedingungen, die Parteipolitik, die Opposition der Interessen und die Ambivalenz der *Truman*-Administration werden unter anderem als Gründe des Scheiterns der Havanna-Charta erwähnt.

Nach Richter *Wood* haben die USA die Havanna-Charta nicht unterschrieben, weil das Kapitel V der Havanna-Charta für die USA nicht angemessen war und der Rest der Welt zur Annahme einer globalen Wettbewerbsordnung nicht bereit war.[652] Laut *Scherer* sah der US-Kongress die Havanna-Charta als einen zu großen Verstoß gegen die amerikanische Souveränität an.[653] Darüber hinaus wurde im Schrifttum teilweise der Ansatz eines weltweiten Wettbewerbsrechts als zu ambitioniert befunden.[654]

Mit hoher Wahrscheinlichkeit wurden die anderen Länder, obwohl sie es nicht offenkundig zum Ausdruck brachten, von der Entscheidung der USA beeinflusst, da diese in den 1950er Jahren als eine starke ökonomische und

---

649 *Kopper*, Virginia Law Review 40 (1954), 1005, 1010.

650 *Westreicher*, Der Grundsatz der Gegenseitigkeit in den Handelsbeziehungen zwischen Industrie- und Entwicklungsländer, 1984, S. 51.

651 Zusammenfassung der Einwände der US-internationalen Handelskammer: "*It is a dangerous document because it accepts practically all of the policies of economic nationalism; [...] it jeopardizes the free enterprise system by giving priority to centralized national governmental planning of foreign trade; [...] it has the further very grave defect of placing this country in a position where it must accept discrimination against itself while extending the Most-Favored-Nation treatment to all members of the Organization. It places the US in a permanent minority position owing to its one vote – one country voting procedure.*", *Diebold*, The End of the ITO, 1952, S. 20, 21.

652 *Wood*, DePaul Law Review 44 (1995), 1289, 1296.

653 *Scherer*, International Trade and Competition policy, ZEW Discussion Papers 1996, Nr. 96-18, S. 5.

654 Zum Beispiel *Petersmann*, International Economic Law in the 21st Century, 2012, Kapitel I.2: "*worldwide big-bang competition code*".

politische Macht angesehen wurden. Daher kann die Weigerung der USA, die Charta zu ratifizieren, als einer der Hauptgründe, wenn auch nicht als Einziger, für das Scheitern der Havanna-Charta angesehen werden.

3. Wirtschafts- und Sozialrat der UN

Als einer der ersten Versuche zur Schaffung einer multilateralen Wettbewerbsordnung kann auch der aus zwanzig Bestimmungen bestehende internationale Kartellabkommensentwurf von dem ECOSOC aus dem Jahr 1953 angeführt werden.[655] Im Jahr 1951 brachten die USA das Kapitel V der Havanna-Charta erneut als ein eigenständiges Thema vor den ECOSOC.[656] Infolge dessen wurde im September 1951 zwecks der Umsetzung wettbewerbsrechtlicher Bestimmungen der Havanna-Charta ein *Ad-hoc*-Ausschuss für eine internationale Zusammenarbeit eingerichtet.[657] Der *Ad-hoc*-Ausschuss bereitete einen Entwurf (nachfolgend: ECOSOC-Entwurf) vor, in welchem die ersten acht Bestimmungen nahezu wortgleiche Formulierungen wie die Havanna-Charta aufweisen.[658] Somit wurden alle materiellen Bestimmungen der Havanna-Charta auf den ECOSOC-Entwurf übertragen.[659] Er unterscheidet sich aber von der Havanna-Charta dadurch, dass die Einrichtung einer Kartellinstitution für die Durchführung des Abkommens vorgesehen wurde, während in der Havanna-Charta diese Aufgabe der ITO zukam.

Der ECOSOC-Entwurf erlitt dasselbe Schicksal wie die Havanna-Charta: Die USA übernahmen zunächst die Initiative für die Vorbereitung des

655 Report of the Ad Hoc Committee on Restrictive Business Practices to the ECOSOC, UN ESCOR 16th Session Supp. Nr. 11 UN Doc. E/2380, 1953. Ausf. dazu, *Timberg*, American J. of Comparative Law 2 (1953), 445, 464.

656 *Domke*, The International and Comparative Law Quarterly, 4 (1955), 129, 129; *Kopper*, Virginia Law Review 40 (1954), 1005, 1011.

657 ECOSOC, E/2030 v. 22.6.1951, Res. E/2151, Official Records, 13. Session Supp. 1, Res. 375 (XIII) v. 13.9.1951. Der *Ad-hoc*-Ausschuss setzte sich zusammen aus Belgium, Kanada, Frankreich, Indien, Mexiko, Pakistan, Schweden, UK, USA, Uruguay, *Kopper*, Virginia Law Review 40 (1954), 1005, 1012.

658 Für den Text des Abkommens siehe WuW 3 (1953), 479 ff. Vgl. Art. 46-53 Havanna-Charta mit dem ECOSOC-Dokument E/2380, Anhang II, Draft Articles of Agreement Art. 1-8, 1953. Außerdem ist Art. 20 ECOSOC-Entwurf fast der gleiche wie Art. 54 Havana-Charta. Nur ein Satz wurde hinzugefügt. Vgl. auch Art. 46 (3.f) Havana-Charta mit Art. 1 (3.f) ECOSOC-Entwurf. Siehe *Wood*, Uni. of Chicago Legal Forum 1 (1992), 277, 284 und 285.

659 *Kopper*, Virginia Law Review 40 (1954), 1005, 1013.

ECOSOC-Entwurfs, zogen dann jedoch ihre Unterstützung mit der Begründung zurück, dass die Anstrengungen sich auf das Erzielen einer besseren Vergleichbarkeit der Wettbewerbspolitik der Staaten richten sollte.[660] Ein anderer Grund war, dass es für ein globales Wettbewerbsabkommen zu früh sei, da viele Staaten über keine Wettbewerbsgesetze verfügten und daher eine einheitliche Anwendung des etwaigen globalen Wettbewerbsabkommens schwierig sicherzustellen wäre.[661] Schließlich wurde der UN-Generalsekretär angewiesen, weiterhin Daten zu erheben, um auf einer späteren Sitzung weitere Maßnahmen zu diesem Thema vorzuschlagen.[662] Zusammenfassend lässt sich sagen, dass dieses Projekt im Jahr 1955 wegen der Unterschiede zwischen der Wettbewerbspolitik der beteiligten Staaten beendet wurde.[663]

4. UN – Restrictive Business Practices Kodex[664]

Der *Restrictive Business Practices Kodex* der UN (nachfolgend: Kodex), der im Jahr 1980 in der UN-Generalversammlung angenommen wurde, ist das erste multilaterale Instrument,[665] das wettbewerbsbezogene Bestimmungen enthält. Er bietet einen Rahmen für die internationale Zusammenarbeit und den Austausch von *best practices*, legt allgemeine Grundsätze und Regeln fest, erkennt die Entwicklungsdimension des Wettbewerbsrechts und der Wettbewerbspolitik an und sieht eine Reihe von Regeln für die Kontrolle wettbewerbswidrigen

---

660 *Domke*, The International and Comparative Law Quarterly 4 (1955), 129, 129.

661 *Sell*, Power and Ideas: North-South Politics of Intellectual Property and Antitrust, 1998, S. 143.

662 ECOSOC, Res. 568 (XIX) v. 26.5.1955.

663 *Basedow*, Weltkartellrecht: Ausgangslage und Ziele, Methoden und Grenzen der Internationalen Vereinheitlichung des Rechts der Wettbewerbsbeschränkungen, 1998, S. 63. Ausf. zum Thema siehe *Kopper*, Virginia Law Review 40 (1954), 1005-1028.

664 The UN Set of Principles and Rules on Competition: The Set of Multilaterally Agreed Equitable Principles and Rules for the Control of Restrictive Business Practices, TD/RBP/CONF/10/Rev.2, 1980. Seit der Annahme des Kodex im Jahr 1980 fanden acht UN-Konferenzen zur Überprüfung des Kodex unter der Schirmherrschaft der UNCTAD statt, abrufbar unter: https://unctad.org/topic/competition-and-consumer-protection/the-united-nations-set-of-principles-on-competition (3.2.2022). Der amtliche Text befindet sich in: UN Res. 35/63 v. 5.12.1980.

665 *Bätge*, Globalisierung des Wettbewerbsrechts: Eine internationale Wettbewerbsordnung zwischen Kartell- und Welthandelsrecht, 2009, S. 186. Siehe auch UNCTAD, Review of all Aspects of the Set of Multilaterally Agreed Equitable Principles and Rules for the Control of Restrictive Business Practices, Doc. TD/RPB/Conf. 5/15, 2000.

Verhaltens vor.[666] Das im Abschnitt A angegebene Ziel des Kodex ist unter anderem, die Entwicklungsländer bei der Annahme und Durchsetzung einer Wettbewerbspolitik zu unterstützen, die ihren Entwicklungsbedürfnissen und ihrer wirtschaftlichen Situation entsprechen, das Schützen und Fördern der sozialen Wohlfahrt sowie das Beseitigen der Nachteile im Handel, die aus den wettbewerbsbeschränkenden Verhaltensweisen der transnationalen Unternehmen entstehen können. Der aus 50 Bestimmungen in sieben Abschnitten bestehende Kodex fordert die Regierungen auf, geeignete Rechtsvorschriften zu erlassen, diese wirksam durchzusetzen und Gerichts- und Verwaltungsverfahren einzusetzen, um wettbewerbsbeschränkende Geschäftspraktiken[667] zu bekämpfen. Der Kodex ist, im Vergleich zu den anderen vergleichbaren Regelungen, inhaltlich gemäßigt.[668]

Der Kodex legt auch ein gewisses Maß privilegierter Behandlung für die Entwicklungsländer in Art. C Abs. 7 und E Abs. 4 fest. Dort ist zum Ausdruck gebracht, dass die Industrieländer bei der Kontrolle wettbewerbsbeschränkender Verhaltensweisen die Entwicklungs-Finanz- und Handelserfordernisse der Entwicklungsländer berücksichtigen müssen. Ferner sieht Art. E Abs. 3 die gleichberechtigte Behandlung der ausländischen Unternehmen bei der Kontrolle wettbewerbsbeschränkender Verhaltensweisen vor. Ein auffälliger Unterschied des Kodex ist, dass er sich nicht nur an die Staaten, sondern auch an die Unternehmen richtet.

Darüber hinaus enthält der Kodex (im Abschnitt E und F) Bestimmungen über die internationale Zusammenarbeit der Wettbewerbsbehörden. Ein institutioneller Mechanismus für das Konsultationsverfahren und den Erfahrungs- und Informationsaustausch bezüglich wettbewerbsbeschränkender Verhaltensweisen ist auch vorgesehen. Außerdem wurde eine Sachverständigengruppe eingesetzt, deren Aufgabe neben der Ausarbeitung eines wettbewerblichen Modellgesetzes darin bestand, als ein Diskussionsforum für zum Beispiel die Verwirklichung der Kodex-Ziele zu dienen, wo auch Berichte und Vorschläge an die Staaten für die Förderung der Umsetzung des Kodex in nationalen Systemen

---

666 UNCTAD, abrufbar unter: http://unctad.org/en/Pages/DITC/CompetitionLaw/The-United-Nations-Set-of-Principles-on-Competition.aspx; https://unctad.org/en/Pages/Meetings/Group-of-Experts-Competition-Law-and-Policy.aspx (3.2.2022).

667 Für die Definition wettbewerbsbeschränkender Verhaltensweise siehe Art. B Abs. 1 Kodex.

668 So auch *Bätge*, Globalisierung des Wettbewerbsrechts: Eine internationale Wettbewerbsordnung zwischen Kartell- und Welthandelsrecht, 2009, S. 186.

eingereicht werden konnten.[669] Ferner umfasst der Kodex den Grundsatz der Nichtdiskriminierung und sieht die Gleichbehandlung ausländischer und inländischer Unternehmen vor. Dies folgt aus dem Abschnitt E (1) Kodex *„on the same basis to all enterprises.“*

Der Kodex sieht jedoch keine Harmonisierung der nationalen Wettbewerbsgesetze vor, sondern fördert nach Abschnitt E (1), (2) Kodex nur die Mindeststandards der Kartellrechtsdurchsetzung. Eine auffällige Besonderheit des Kodex ist, dass er für zwischenstaatliche Vereinbarungen bzw. wettbewerbsbeschränkende Verhaltensweisen, die direkt durch solche Vereinbarungen verursacht werden, nicht gilt (Abschnitt B Abs. 9 Kodex). Der Kodex hat den Rechtsstatus von *soft law*, da er über keine rechtliche Bindungswirkung verfügt, sondern nur der Klärung bestimmter wettbewerbsrechtlicher Begriffe dient und einen globalen Standard bildet.[670]

5. Verhaltenskodex für den Technologietransfer

Ergänzend zum oben erklärten Kodex wurde ein internationaler Verhaltenskodex für den Technologietransfer (nachfolgend: Verhaltenskodex) vorgeschlagen.[671] Die Verhandlungen über den Entwurf des Verhaltenskodex fanden zwischen 1976 und 1985 unter der Leitung der UNCTAD statt.[672] In der Fassung

---

669 *Bockslaff*, Zeitschrift für die Vereinten Nationen und Ihre Sonderorganisationen 2 (1984), 64, 64 f.

670 *Weiss*, Fordham Int. Law J. 23 (2000), 250, 255. Nach *Lianos* könnte der Kodex zum Völkergewohnheitsrecht beitragen, obwohl ihm der rechtliche Bindungseffekt fehlt. Außerdem, wegen der Annahme des Kodex durch die Generalversammlung, verlange der Kodex einen höheren Verpflichtungsgrad als die anderen UN-Regelungen, in: Tulane J. of Int. & Comparative Law 15 (2007), 1, 15 f.; Nach *Bätge* ist der Kodex rechtlich unverbindlich und hat geringe Vorbildfunktion, in: Globalisierung des Wettbewerbsrechts: Eine internationale Wettbewerbsordnung zwischen Kartell- und Welthandelsrecht, 2009, S. 188, m.w.N. Siehe auch *Fikentscher /Straub*, GRUR Int. 31 (1982), 637, 637 und 727.

671 UNCTAD, Draft International Code of Conduct on the Transfer of Technology v. 9.3.1979 (TD/Code TOT/14). Siehe Kapitel IV der 1985-Fassung des Verhaltenskodex; UNCTAD, Compendium of International Arrangements on Technology Transfer, Relevant provisions in selected international arrangements pertaining to transfer of technology, UNCTAD/ITE/IPC/Misc.5, 2001, S. 266-269.

672 Siehe UN Declaration on the Establishment of a New International Economic Order, Res. 3201 (S-VI), 1.5.1974, A/RES/S-6/3201 und UN Program of Action on the Establishment of a New International Economic Order, Res. 3202 (S-VI) v. 1.5.1974, A/RES/S-6/3202.

aus 1985 des Verhaltenskodex wurden vierzehn wettbewerbsbeschränkende Verhaltensweisen (inklusive wettbewerbsbeschränkender Vereinbarungen) aufgeführt, die in dem Abkommen des Technologietransfers verboten gewesen wären. Jedoch ist der Verhaltenskodex aufgrund der Uneinigkeit zwischen den Industrieländern und Entwicklungsländern nie in Kraft getreten.[673] Der Kodex wurde als Reaktion auf eine Reihe von Beschwerden der Entwicklungsländer in Bezug auf den Transfer von Technologietransaktionen infolge der restriktiven Klauseln bei der Übertragung von Technologieverträgen ausgearbeitet.[674] Das Ziel des Verhaltenskodex bestand mithin in der Beseitigung der Klauseln beim Transfer von Technologieverträgen, die für die wirtschaftliche Entwicklung der Entwicklungsländer schädlich waren.[675]

6. Das Wettbewerbs-Modellgesetz[676]

Das Wettbewerbs-Modellgesetz (nachfolgend: Modellgesetz) beruht auf dem oben genannten Kodex und soll allen Entwicklungsländern bei der Ausarbeitung und Verbesserung der nationalen Wettbewerbsgesetze ein Leitbild anbieten. Es besteht aus zwei Teilen. Der erste Teil ist ein ständiger Guide, der substanziell mögliche Elemente für ein Wettbewerbsgesetz enthält. Er ist kein Gegenstand einer Revision. Der zweite Teil, der regelmäßig und Kapitel für Kapitel überprüft und aktualisiert wird, enthält Kommentare über die Kapitel des Modellgesetzes und erörtert alternative Ansätze. Untersagt werden in dem Modellgesetz wettbewerbsbeschränkende Vereinbarungen (Kapitel drei), Verhaltensweisen, die einen Missbrauch einer marktbeherrschenden Stellung darstellen (Kapitel vier) und unter bestimmten Voraussetzungen Fusionen, Übernahmen, Joint Ventures oder andere Kontrollübernahmen (Kapitel fünf). Kapitel acht betrifft die Beziehung zwischen den Wettbewerbsbehörden und den Regelungsstellen,

---

673 *Dawidow*, Stalemate in the Negotiations on Restrictive Practices, in: Patel/Roffe/Yusef, International Technology Transfer: The Origins and Aftermath of the United Nations Negotiations on a Draft Code of Conduct, 2001, S. 209-215; *Sell*, Power and Ideas: North South Politics of Intellectual Property and Antitrust, 1998, S. 11 f.

674 *Zuijdwijk*, McGill Law J. 24 (1978), 562, 563. Ausf. dazu, *Roffe*, The International Lawyer 19 (1985), 689-707.

675 *Zuijdwijk*, McGill Law J. 24 (1978), 562, 563.

676 UNCTAD Model Law on Competition, Substantive Possible Elements for a Competition Law, Commentaries and Alternative Approaches in Existing Legislation, TD/RBP/CONF.7/8, 2010. Die Vorschriften des Modellgesetzes sind in Übereinstimmung mit den Grundsätzen des Kodex.

die Funktionen und Befugnisse der Behörde sowie die vertrauliche Behandlung der Informationen. Schließlich sieht Kapitel elf verhängbare Sanktionen gegen Verstöße vor. Kapitel eins zielt darauf ab, wettbewerbsbeschränkende Vereinbarungen, Fusionen und den Missbrauch einer marktbeherrschenden Stellung zu kontrollieren, die den Marktzugang, den Wettbewerb, den Handel oder die wirtschaftliche Entwicklung beeinträchtigen.

Das Modellgesetz ist nicht rechtsverbindlich, sondern bietet nur ein Muster für die nationale und internationale Wettbewerbspolitik. Es findet auf staatliche Handlungen oder Handlungen von Unternehmen oder natürlichen Personen, die vom Staat beaufsichtigt werden, keine Anwendung. Die alternativen Ansätze verschiedener Jurisdiktionen im Hinblick auf den Ansatz des Modellrechts werden auch im Modellgesetz aufgelistet. UNCTAD hat mit diesem Modellgesetz dazu beigetragen, in den Entwicklungsländern nationale Wettbewerbsgesetze auszuarbeiten und abzufassen.[677]

II. Initiativen innerhalb des WTO- und Pre-WTO-Systems

1. Initiativen innerhalb des GATT-Systems

Nach dem Scheitern der Havanna-Charta im Jahr 1950 gewann das ursprünglich als vorübergehende Maßnahme geplante GATT an Bedeutung. Jedoch enthielt das GATT keine wettbewerbsrechtlichen Vorschriften. Deshalb wurden durch die GATT-Vertragsstaaten die folgenden Initiativen vorgenommen.

a. Vorschlag zur Integration des ECOSOC-Entwurfs in das GATT 1947

Zwecks Prüfung der Wettbewerbspolitik des GATT wurde 1953 eine Arbeitsgruppe im GATT eingerichtet. Der Vorschlag zur Integration des Abkommensentwurfs von ECOSOC in das GATT-System kam von Norwegen, Schweden und Dänemark, blieb jedoch ohne Erfolg.[678] Dieser Entwurf sah die Einrichtung einer neuen Behörde vor, die mit der Verantwortung ausgestattet sein sollte, Beschwerden über wettbewerbsbeschränkende Verhaltensweisen entgegenzunehmen und diese zu untersuchen. Jedoch lehnten die USA den Entwurf ab, aufgrund der Unterschiede zwischen der Politik und aufgrund der Offenheit

---

677 American Bar Association Section of Antitrust Law, Competition Laws Outside the United States, 2001, S. 136; UNCTAD, Competition and Consumer Policy 2013, 2014, S. 2, abrufbar unter: https://unctad.org/en/PublicationsLibrary/ditcclpmisc2013d2_en.pdf (3.2.2022).

678 *Taylor,* International Competition Law, 2006, S. 155.

der Vorschrift zum Missbrauch, die für jeden Staat nur eine Stimme vorsah.[679] Die GATT-Arbeitsgruppe kam letztendlich zu dem Ergebnis, dass ECOSOC ein geeigneteres Forum als das GATT für die Verhandlung internationaler Wettbewerbsrechtsvorschriften böte.[680] 1954 schlug Deutschland einen Entwurf vor, welcher in seiner inhaltlichen Ausgestaltung größtenteils der Havanna-Charta und dem ECOSOC-Entwurf entsprach. Auch dieser blieb allerdings ohne Erfolg.[681]

b. Vorschlag zur Integration des Kapitels V Havanna-Charta in das GATT 1947

Obwohl sich mehrere Vertragsstaaten im Jahr 1956 für die Einbeziehung des Kapitels V der Havanna-Charta zum GATT 1947 eingesetzt hatten, schlug auch dieser Integrationsversuch fehl.[682] Laut *Taylor* lag dies sowohl an der schwachen und weniger effektiven institutionellen Struktur des GATT als auch an einem unzureichenden internationalen Konsens und der Unerfahrenheit im Wettbewerbsrecht.[683]

c. 1960 Resolution

Nach mehreren erfolglosen Vorschlägen über die Einbeziehung wettbewerbsbeschränkender Regeln in das GATT-System wurde 1958 eine aus zwölf Nationen bestehende Expertengruppe eingesetzt, um zu prüfen, ob und inwieweit sich das GATT mit der Klärung wettbewerbsrechtlicher Fragen befassen sollte.[684]

---

679 *Wood*, Uni. of Chicago Legal Forum 1 (1992), 277, 284 f.

680 *Taylor*, International Competition Law, 2006, S. 155.

681 *Bätge*, Globalisierung des Wettbewerbsrechts: Eine internationale Wettbewerbsordnung zwischen Kartell- und Welthandelsrecht, 2009, S. 182. Zum Vorschlag Deutschlands siehe WuW 1955, S. 106 f.

682 *Taylor*, International Competition Law, 2006, S. 183; *Woolcook*, International Competition Policy and the World Trade Organization, Papier vorgelegt in London School of Economics Commonwealth Business Council Trade Forum in Südafrika, 2003, S. 14, abrufbar unter: http://www.lse.ac.uk/internationalRelations/centresandunits/ITPU/docs/woolcockintcomppolicy.pdf (3.2.2022).

683 *Taylor*, International Competition Law, 2006, S. 183.

684 *Lloyd/Vautier*, Promoting Competition in Global Markets: A Multinational Approach, 1999, S. 126.

In dem im Juni 1960 vorgelegten Bericht[685] konnte die Expertengruppe zu mehreren Themen keinen Konsens erreichen und kam zu dem Ergebnis, dass aufgrund der Komplexität der internationalen Durchsetzung des Kartellrechts und der Schwierigkeit der Erlangung vollständiger Information über die private Wirtschaftstätigkeit die Schaffung eines GATT-Verfahrens für die Untersuchung und Lösung der Einzelfälle undurchführbar und sinnlos wäre. Nach der h.M. sollten die wettbewerbsbeschränkenden Verhaltensweisen aus dem Anwendungsbereich der Streitbeilegung ausgeklammert bleiben und aufgrund der Schwierigkeiten zur Schaffung eines multilateralen Wettbewerbsabkommens bilaterale Wettbewerbsabkommen abgeschlossen werden, während nach anderer Auffassung zur Lösung wettbewerbsrechtlicher Konflikte Art. 23 GATT herangezogen werden sollte.[686] Aufgrund der Meinungsunterschiede wurde in dem finalen Bericht der Expertengruppe die Schaffung eines Konsultationsverfahrens zwischen GATT-Mitgliedern empfohlen.[687] Basierend auf dieser Empfehlung nahmen die Mitglieder 1960 einen Beschluss[688] über die Konsultation der wettbewerbsbeschränkenden Geschäftspraktiken an.[689] Jedoch wird darin keine Lösung für den Fall vorgesehen, dass sich die Mitglieder am Ende der Konsultationen nicht einigen können.[690]

Somit scheiterten auch innerhalb des GATT-Systems alle Versuche zum Regeln wettbewerbsbeschränkender Verhaltensweisen. Trotzdem muss darauf hingewiesen werden, dass 1960-Beschluss die erste multilaterale Selbstverpflichtung unter Anerkennung der Erforderlichkeit der internationalen Zusammenarbeit

---

685 GATT, Bericht der Expertengruppe v. 2.6.1960 L/1015, BISD 9S/170, Restrictive Business Practices, Arrangement for Consultation.

686 *Taylor*, International Competition Law, 2006, S. 156 und 157.

687 Die Empfehlung bestimmt ausdrücklich: „*the party addressed should accord sympathetic consideration to and should afford adequate opportunity for consultations with the requesting party, with a view to reaching mutually satisfactory conclusions: and if it agrees that such harmful effects are present it should take such measures as it deems appropriate.*" Dieser Vorschrift wurde nur ein Mal 1996 v. den USA im Rahmen eines Konflikts mit Japan in Anspruch genommen, siehe Panelbericht, *Kodak – Fuji*, WT/DS44/R, Rn. 6.37.

688 GATT, Decision on Restrictive Business Practices: Arrangements for Consultation, Entscheidung v. 18.11.1960, BISD 9S/28.

689 *Kennedy*, Competition Law and the World Trade Organisation: The Limits of Multilateralism, 2001, § 3 Rn. 3034 f.; *Mayer/Raasch*, Internationales Recht der Arbeit und Wirtschaft, 1980, S. 149.

690 *Taylor*, International Competition Law, 2006, S. 155.

und des Umstandes, dass die den internationalen Handel beschränkenden Verhaltensweisen eine Barriere für das Wachstum des Handels darstellen und damit die Vorteile des GATT (so wie Zollsenkungen) gefährden, darstellt.

d. Ergebnis

Das ursprüngliche Ziel der oben dargelegten Bemühungen im Rahmen des GATT war der Abschluss eines verbindlichen, multilateralen, umfangreichen Abkommens. Erreicht wurde jedoch im Endeffekt ein freiwilliger und ganz unverbindlicher Konsultationsmechanismus zwischen den Staaten. Trotz aller Bemühungen haben sich die Hoffnungen für die Integration der bereits vereinbarten Wettbewerbsregeln unter dem GATT-System zerschlagen. Mit diesem Beschluss wurden die Bestrebungen der Nachkriegszeit, eine internationale und umfangreiche Wettbewerbsordnung zu schaffen, begraben.

2. Initiativen innerhalb des WTO-Systems

a. Einrichtung der WTO-Arbeitsgruppe

Die Anstrengungen zur Einbeziehung des Wettbewerbsrechts in die WTO begann Mitte der 1990er Jahre unter der Leitung der EU.[691] Nach der förmlichen Aufforderung des Präsidenten der europäischen Kommission zur Verhandlung der Wettbewerbsregeln, *Brittan*,[692] im Februar 1992, wurde 1995 von *Van Miert* eine Gruppe von Wettbewerbsrechtsexperten eingesetzt, um die Möglichkeiten einer multilateralen Zusammenarbeit im Bereich Wettbewerbsrecht zu prüfen. Auf der Grundlage der Ergebnisse des von Wettbewerbsrechtsexperten erstellten Berichts schlugen 1996 *Brittan* und *Van Miert* auf der WTO-Ministerkonferenz in Singapur die Einsetzung einer Arbeitsgruppe für die Schnittstelle zwischen Handel und Wettbewerb im Rahmen der WTO vor. Daraufhin beschlossen die Minister der WTO-Mitglieder im Jahr 1996 die Einsetzung der Arbeitsgruppe für die Schnittstelle zwischen Handel und Wettbewerb. Demzufolge war der WTO schon damals bewusst, dass die Handelsliberalisierung durch eine effektive Wettbewerbspolitik ergänzt werden sollte.

---

691 *Gerber*, J. of Int. Eco. Law 10 (2007), 707, 710.

692 *Brittan*, A Framework for International Competition, Beitrag in Weltwirtschaftsforum, Davos, 3.2. 1992 (Einführung des Begriffs „*bindende internationale Wettbewerbsregeln*", der später v. einer Gruppe der Wettbewerbsexperte einberufen wurde. Siehe § 8, EU. Komm., Report of the Group of Experts.

Nach dem offiziellen Aufruf von *Brittan* auf dem Weltwirtschaftsforum in Davos zur Aushandlung der Wettbewerbsregelungen innerhalb der WTO wurde eine Klausel in Art. 9 TRIMS wie folgt ausgehandelt:

> *„Spätestens fünf Jahre nach dem Inkrafttreten des WTO-Abkommens überprüft der Rat für den Handel mit Waren die Wirksamkeit dieses Übereinkommens [...] Im Verlauf dieser Überprüfung erwägt der Rat [...], ob das Übereinkommen durch Bestimmungen über [...] Wettbewerbspolitik ergänzt werden soll.“*

Die WTO-Arbeitsgruppe für die Schnittstelle zwischen Handel und Wettbewerb sollte die von den Mitgliedern angesprochenen Fragen bezüglich der Interaktion zwischen Handels- und Wettbewerbspolitik untersuchen, für die Identifizierung der Bereiche, die weiter geprüft werden müssten und die eine Basis für ein zukünftiges globales Wettbewerbsabkommen darstellen könnten.[693] Die WTO-Arbeitsgruppe traf sich regelmäßig von 1997 bis 2003. Sie durfte keine neuen Regeln vorschlagen, sondern nur Empfehlungen über die Arbeitsthemen geben und Berichte veröffentlichen.[694] Es wurde in der Singapur-Ministererklärung ausdrücklich anerkannt, dass künftige Verhandlungen über multilaterale Disziplinen in diesem Bereich nur nach einem ausdrücklichen Konsens stattfinden werden.

Die WTO-Arbeitsgruppe hat 1997, 1998, 1999, 2000 und 2001 und 2003 Berichte veröffentlicht.[695] In den ersten Jahren orientierte sich die Arbeit der WTO-Arbeitsgruppe an den Vorgaben, die in der *Checklist of Issues* festgelegt waren. Sie untersuchte Fragen des Handels und des Wettbewerbs, einschließlich (i) des Verhältnisses zwischen den Zielen, Grundsätzen, dem Umfang und den Instrumenten der Handels- und Wettbewerbspolitik und ihrem Verhältnis zum

---

693 Singapur-Ministererklärung, WT/MIN(96)/DEC, Rn. 20: “*Having regard to the existing WTO provisions on matters related to investment and competition policy and the built-in agenda in these areas, including under the TRIMs Agreement, and on the understanding that the work undertaken shall not prejudge whether negotiations will be initiated in the future, we also agree to establish a working group to examine the relationship between trade and investment; and establish a working group to study issues raised by Members relating to the interaction between trade and competition policy, including anti-competitive practices, in order to identify any areas that may merit further consideration in the WTO framework*”.

694 *Taylor,* International Competition Law, 2006, S. 136.

695 WTO-Arbeitsgruppe, Report of the Working Group on the Interaction between Trade and Competition Policy, WT/WGTCP/7, 17.7.2003; WT/WGTCP/6, 9.12.2002; WT/WGTCP/5, 8.10.2001; WT/WGTCP/4, 30.11.2000; WT/WGTCP/3, 11.10.1999; WT/WGTCP/2, 8.11.1998; WT/WGTCP/1, 28.11.1997.

Wirtschaftswachstum, (ii) der Analyse bestehender Normen und Tätigkeiten im Bereich der Handels- und Wettbewerbspolitik, einschließlich der nationalen Wettbewerbspolitiken, der bestehenden WTO-Bestimmungen, der bilateralen, regionalen, plurilateralen und multilateralen Abkommen und Initiativen, (iii) der Wechselwirkung zwischen Handel und Wettbewerbspolitik sowie die Auswirkungen wettbewerbswidriger Praktiken, staatlicher Monopole, ausschließlicher Rechte und der Regelungsmaßnahmen auf den Wettbewerb und den internationalen Handel, das Verhältnis zwischen den handelsbezogenen Aspekten des geistigen Eigentums, Investitionen und der Wettbewerbspolitik und die Auswirkungen der Handelspolitik auf den Wettbewerb, (iv) die Grundsätze der Nichtdiskriminierung und der Transparenz für die Wettbewerbspolitik, (v) die Förderung der Zusammenarbeit zwischen den Mitgliedern und (vi) den Beitrag der Wettbewerbspolitik zur Erreichung der WTO-Ziele.

Die allgemeine Bedeutung der Wettbewerbspolitik für die wirtschaftliche Entwicklung und die schädlichen Auswirkungen von Kartellen und anderen Verhaltensweisen auf das Wohlergehen der Bürger wurde von der WTO-Arbeitsgruppe anerkannt. Sie verwies insbesondere auf eine Vielzahl von Möglichkeiten, wie wettbewerbswidrige Praktiken von Unternehmen zusätzlich zu staatlichen Monopolen und Privilegien die positiven Auswirkungen der Handelsliberalisierung untergraben oder stören könnten. Die Rolle der Wettbewerbspolitik bei der Bekämpfung der den internationalen Handel beeinträchtigenden wettbewerbswidrigen Praktiken für die Entwicklungsländer wurde auch anerkannt.

In den Berichten der WTO-Arbeitsgruppe bestand Einigkeit darüber, dass die WTO-Grundsätze und die Wettbewerbspolitik eng miteinander verbunden seien und sich gegenseitig ergänzen und, dass die Einhaltung der Grundsätze der Nichtdiskriminierung, Transparenz und Verfahrensgerechtigkeit bei den Verfahren zur Durchsetzung der Wettbewerbspolitik sowohl für die Wirksamkeit als auch für die öffentliche Akzeptanz einer solchen Politik von entscheidender Bedeutung sei. Es bestand Einigkeit darüber, dass die Zusammenarbeit zwischen den Mitgliedern verbessert werden musste. Allerdings gab es unterschiedliche Auffassungen über die Notwendigkeit eines Handlungsbedarfs auf WTO-Ebene. Einige Mitglieder unterstützten die Einführung eines multilateralen Rahmens für die Wettbewerbspolitik in das WTO-System, während andere bilaterale oder regionale Ansätze für die Zusammenarbeit in diesem Bereich befürworteten.[696]

---

696 WTO, Pressedossier, 3. Ministerkonferenz Seattle, S. 42, abrufbar unter: https://www.wto.org/english/thewto_e/minist_e/min99_e/english/about_e/presspack_english.pdf (3.2.2022).

Diverse Ministerkonferenzen innerhalb der WTO diskutierten das Thema Wettbewerb: Während der Vorbereitung für die dritte WTO-Ministerkonferenz legte die EU Vorschläge für die Aufnahme von multilateralen Wettbewerbsregeln vor.[697] Nach Vorstellung der EU sollten Verhandlungen über einen multilateralen Rahmen für den Wettbewerb die folgenden Themen erörtern: (i) Die Einführung eines nationalen Wettbewerbsgesetzes für alle WTO-Mitglieder, (ii) die Gewährleistung einer Kohärenz zwischen den WTO-Mitgliedern durch die gemeinsamen Grundprinzipien und (iii) die Zusammenarbeit der nationalen Wettbewerbsbehörden. Allerdings konnte während der dritten Ministerkonferenz keine Übereinstimmung über das Thema Wettbewerb erreicht werden.[698] Obwohl die Verstärkung des ADA von der großen Anzahl der Mitglieder unterstützt wurde, lehnten die USA sie in der dritten Ministerkonferenz nachdrücklich ab.[699] Die Meinungsunterschiede zur Wettbewerbspolitik blieben weiter bestehen.

Das Zusammenspiel von Handel und Wettbewerbspolitik war auch ein wichtiger Bestandteil der Doha-Runde. In Art. 23 der Doha-Ministererklärung wird anerkannt, dass ein multilateraler Rahmen zur Stärkung des Beitrags der Wettbewerbspolitik zum internationalen Handel und zur internationalen Entwicklung erforderlich ist und dass Verhandlungen nach der fünften Tagung der Cancún-Ministerkonferenz auf der Grundlage eines auf dieser Tagung mit ausdrücklichem Konsens zu fassenden Beschlusses über die Modalitäten der Verhandlungen geführt werden. Somit ermächtigte Art. 23 der Doha-Ministererklärung[700] die WTO-Mitglieder über die Interaktion zwischen Handel und Wettbewerbspolitik für einen multilateralen Rechtsrahmen zu verhandeln. Zudem ermöglichte es jedem einzelnen WTO-Mitglied, sein Veto einzulegen.

Demgemäß wurde bei der Doha-Ministerkonferenz der Bedarf der Aushandlung multilateraler wettbewerbsrechtlicher Rahmenbedingungen, die Notwendigkeit technischer Assistenz und der Aufbau von Kapazitäten anerkannt und das Thema Wettbewerb auf die WTO-Agenda gesetzt.[701] Außerdem wurde die

697 EU-Komm., Directorate General for Competition Policy: European Community Competition Policy: (1999) 29th Report on Competition Policy, 2000, S. 97.

698 *Gürler*, J. of Eco. Cooperation 212 (2000), 45, 50 und 52.

699 Siehe Fn. oben.

700 Nach *Fox* war die Initiative der Doha-Ministererklärung kulminierend, *Fox*, Virginia J. of Int. Law 43 (2003), 911, 913.

701 Doha-Ministererklärung v. 20.11.2001, WT/MIN(01)/DEC/1, Rn. 23, abrufbar unter: https://www.wto.org/english/thewto_e/minist_e/min01_e/mindecl_e.htm#interaction (3.2.2022).

WTO-Arbeitsgruppe, wie oben dargestellt, für die Klarstellung der folgenden Themen beauftragt: Kernprinzipien, Vorschriften über die *Hard-Core*-Kartelle, Modalitäten für Kooperation und Unterstützung für die Stärkung der Wettbewerbsinstitutionen in den Entwicklungsländern durch den Aufbau von Kapazitäten.[702]

Auf der fünften WTO-Ministerkonferenz im Jahr 2003 lehnte die Mehrheit der WTO-Mitglieder die Einleitung von Verhandlungen über einen multilateralen Rahmen für die Wettbewerbspolitik ab. Grund hierfür war (i) Skepsis seitens der Entwicklungsländer hinsichtlich ihrer potenziellen Interessen, (ii) Bedenken seitens der Entwicklungsländer hinsichtlich mangelnder Verhandlungskapazität und (iii) Vorbehalte seitens bestimmter nationaler Wettbewerbsbehörden der Industrieländer hinsichtlich der Auswirkungen eines möglichen multilateralen Rahmens auf ihre Unabhängigkeit.[703] Dagegen hat sich die EU für die Idee eines multilateralen Rahmens für die Wettbewerbspolitik eingesetzt. Die USA hielten die Idee für zu vorzeitig und verwiesen darauf, dass die Rahmenbedingungen die Ermessensausübung nationaler Wettbewerbsbehörden in ihren Durchsetzungsrichtlinien und Entscheidungen beeinträchtigen könnten.[704] Die Entwicklungsländer, insbesondere Nigeria, äußerten ihre Zweifel. Diese betrafen vor allem die Einrichtung von Wettbewerbsagenturen, das Verhältnis zwischen den Vorschlägen und den bestehenden WTO-Prinzipien.[705] Einige führen den mangelnden Erfolg auf die unterschiedlichen wettbewerbsrechtlichen Fortschrittsgrade der Länder zurück.[706]

---

702 Doha-Ministererklärung v. 20.11.2001, WT/MIN(01)/DEC/1, Rn. 25: "*[...] further work [...] will focus on the clarification of: core principles, including transparency, non-discrimination and procedural fairness, and provisions on hardcore cartels; modalities for voluntary cooperation; and support for progressive reinforcement of competition institutions in developing countries through capacity building*".

703 *Anderson/Kovacic/Müller/Sporysheva*, Competition Policy, Trade and the Global Economy: Existing WTO Elements, Commitments in Regional Trade Agreements, Current Challenges and Issues for Reflection, 2018, S. 21, abrufbar unter: https://www.wto.org/english/res_e/reser_e/ersd201812_e.pdf (3.2.2022).

704 *Klein*, A Note of Caution with Respect to a WTO Agenda on Competition Policy, Bemerkungen an das Royal Institute of International Affairs v. 18.11.1996, abrufbar unter: https://www.justice.gov/atr/speech/note-caution-respect-wto-agenda-competition-policy (3.2.2022).

705 WTO-Arbeitsgruppe, Report on the meeting of 26-27 May 2003, WT/WGTCP/M/22, S. 5-6.

706 UNCTAD, Review of the Experience Gained So Far in Enforcement Cooperation, Including at The Regional Level, TD/B/C.I/CLP/10, 2011, S. 5.

b. Die Juli-Pakete

Der WTO-Allgemeine-Rat beschloss am 1. August 2004, dass die internationale Wettbewerbspolitik kein Teil des Arbeitsprogramms der Doha-Runde werden und daher über dieses Thema keine Untersuchung mehr durchgeführt werden solle.[707] Dabei war das Misstrauen in die Normen und Verfahren der WTO ein zentrales Thema. Die Skeptiker bezweifelten, dass die WTO ihre Entscheidungen unter Berücksichtigung ihrer Interessen treffen würde. Ferner wurde befürchtet, dass von der Einbeziehung der Wettbewerbsregeln in die WTO lediglich die Unternehmen stärkerer Ökonomien profitieren würden. Die USA befürchteten, dass WTO-Wettbewerbsregeln direkt auf amerikanische multinationale Unternehmen abzielen würden. Während Europa, Japan, Kanada und Korea die Vorstellung von einem WTO-Rahmen für Wettbewerbsrecht unterstützten, tendierte Hongkong dazu, eine systematische staatliche Handelsbeschränkung zu unterstützen.[708] Die Entwicklungsländer befürchteten, dass die Regelungen die Industrieländer begünstigen würden und dass ihnen selbst das technische Wissen zum Schutz ihrer Interessen fehlte.[709] Somit wurde von einigen Staaten die Einbeziehung der Wettbewerbsregeln in die WTO als eine Bedrohung ihrer nationalen Interessen gesehen und deshalb nicht befürwortet.[710]

Die WTO-Arbeitsgruppe ist zurzeit inaktiv. Aber das WTO-Sekretariat beantwortet weiter die nationalen Anfragen zwecks technischer Unterstützung.[711] In jüngster Zeit ist eine verstärkte Nachfrage nach technischer Hilfe der WTO im Bereich der Wettbewerbspolitik zu verzeichnen. Im Oktober 2016 organisierte das WTO-Sekretariat auf Antrag Ecuadors ein Seminar über Handel, Wettbewerbspolitik und Investitionen, dessen Hauptziele darin bestanden, die Teilnehmer über die komplementären Rollen von Handels-, Investitions- und Wettbewerbspolitik, die ausgewählten bestehenden WTO-Abkommen und die damit zusammenhängende Rechtsprechung in Bezug auf die Wettbewerbspolitik zu informieren.[712] Workshops zum Thema Wettbewerbspolitik, Handel und

---

707 WTO, abrufbar unter: https://www.wto.org/english/tratop_e/comp_e/history_e.htm#cancun (3.2.2022).

708 *Fox*, International Law 43 (2009), 151, 156.

709 Siehe Fn oben.

710 *Shikha*, Ankara Law Review 7 (2010), 91, 101; Ausf. dazu, *Bradford*, Harvard Int. Law J. 48 (2007), 383, 387 ff. Basierend auf der Spieltheorie erklärt *Bradford*, warum die Verhandlungen über das Wettbewerbsrecht gescheitert haben.

711 WTO, https://www.wto.org/english/tratop_e/comp_e/comp_e.htm (3.2.2022).

712 WTO, https://www.wto.org/; http://gtad.wto.org/category_project.aspx?cat=33152 (3.2.2022).

Entwicklung *(Reviewing Practical Experience with existing WTO Agreements)* unter Beteiligung der OECD und der UNCTAD wurden auch organisiert.

c. *Die jüngsten WTO-Ministerkonferenzen*

Die im Jahr 2013 verabschiedete balinesische neunte Ministererklärung[713] betrifft unter anderem auch den Exportwettbewerb im Bereich der Landwirtschaft. Die WTO-Mitglieder wurden gebeten, bei der Verwendung jeglicher Formen von Exportsubventionen äußerste Zurückhaltung zu üben. Es ist jedoch nicht gelungen, eine Einigung über Fragen des Exportwettbewerbs zu erreichen.

Auf der zehnten WTO-Ministerkonferenz[714] im Jahr 2015 wurden konkrete Beschlüsse gefasst, darunter neue Regeln für den Exportwettbewerb. Exportsubventionen haben die Fähigkeit der Landwirte in einigen Ländern beeinträchtigt, auf den nationalen und internationalen Märkten zu konkurrieren. Die Entwicklungsländer dürfen bis 2023 Marketingkostensubventionen und interne Transportsubventionen beibehalten. Am wenigsten entwickelte Länder können diese Unterstützung bis 2030 aufrechterhalten.

d. *Impulse der USA – Wiederaufleben der Debatte?*

Schon bevor die WTO-Arbeitsgruppe in Singapur beauftragt wurde, äußerten die US-Beamten erhebliche Zweifel an der Möglichkeit oder Erwünschtheit eines internationalen Rahmens für das Wettbewerbsrecht, den die WTO-Arbeitsgruppe eines Tages vorschlagen könnte.

Im November 1996 hat *Klein*, stellvertretender Generalstaatsanwalt für die Antitrustabteilung, die Vorbehalte der USA vor dem *Royal Institute of International Affairs* in London zusammengefasst.[715] *Klein* stellte als erstes die Fähigkeit der WTO eine Einigung über solide Wettbewerbsregeln zu erzielen infrage, die von der strikten Anwendung neutraler rechtlicher und wirtschaftlicher Grundsätze abhingen. Selbst unter den relativ gleichgesinnten EU-Mitgliedstaaten dauerte es siebzehn Jahre, bis man sich auf die Fusionskontrollverordnung einigen konnte. Eine wettbewerbspolitische Debatte im Rahmen der WTO müsse viele

713 Bali-Ministererklärung v. 7.12.2013, WT/MIN(13)/DEC.

714 Nairobi-Ministereklärung v. 19.12.2015, WT/MIN(15)/DEC.

715 *Klein*, A Note of Caution with Respect to a WTO Agenda on Competition Policy, Bemerkungen an das Royal Institute of International Affairs v. 18.11.1996, abrufbar unter: https://www.justice.gov/atr/speech/note-caution-respect-wto-agenda-competition-policy (3.2.2022).

(oft unterschiedliche) nationale Interessen in Einklang bringen, was schwierig erscheine. Als Zweites wies er darauf hin, dass die Bemühungen zur Festlegung der Minimumgrundsätze oder gemeinsamer materieller Normen dazu führen können, dass schwache und ineffektive Regeln legitimiert werden, die sicherlich nicht den Zielen der Handelsliberalisierung dienen würden. Als Drittes bezweifelte er die Fähigkeit der WTO, die Wettbewerbsregeln wirksam durchzusetzen. Die letzte von *Klein* geäußerte Sorge und mit hoher Wahrscheinlichkeit der Hauptgrund für die Skepsis der USA, war das Risiko eines Eingriffs in ihre nationale Souveränität.

Wie auch von *Fox*[716] festgestellt, besitzen die US-Amerikaner die Instrumente des Unilateralismus. Sie fürchten die Kompromisse der Verhandlungen und die Aufgabe der Souveränität. Die US-Literatur hat sich der Ansicht des US-Justizministeriums angeschlossen.[717] Einige befürchteten auch, dass es ein Schritt gegen die Macht der USA auf den Märkten und amerikanische transnationale Unternehmen sein würde.[718]

Die USA hatte mehr oder weniger die gleichen Gegenargumente auch bezüglich der Havanna-Charta und anderer Initiativen zur Schaffung eines multilateralen wettbewerbsrechtlichen Abkommens. In diesem Zusammenhang ist der im März 2017 veröffentlichte und aus zwölf Empfehlungen bestehende Bericht der US-Expertengruppe für internationale Wettbewerbspolitik[719] erwähnenswert. Die Empfehlungen eins bis sechs konzentrieren sich auf die Koordination von Wettbewerb und internationaler Handelspolitik innerhalb der US-Regierung und fordern die *Trump*-Verwaltung auf, die Koordinierung der internationalen Wettbewerbspolitik durch eine neue Arbeitsgruppe des Weißen Hauses zu priorisieren.

Die Empfehlungen sieben bis zwölf konzentrieren sich auf Schritte, die innerhalb internationaler Organisationen und bilateraler Initiativen unternommen werden sollten. So empfiehlt die Expertengruppe unter anderem auch (i) die Ausweitung der regelmäßigen Bewertung jedes WTO-Mitglieds durch die WTO auf die nationale Wettbewerbspolitik, (ii) daran zu arbeiten, den internationalen Konsens über die Anwendung des Wettbewerbsrechts und die Bedeutung transparenter,

---

716 *Fox*, AJIL 91 (1997), 1, 12.

717 Zum Beispiel ist *Tarullo* gegen die Einbeziehung von wettbewerbsrechtlichen Verhandlungen in die WTO, in: AJIL 94 (2000), 478, 489 f., 504.

718 *Gerber*, Global Competition: Law, Markets and Globalisation, 2012, S. 105 ff.

719 US Chamber of Commerce, International Competition Policy Expert Group, Report and Recommendations, 3/2017, abrufbar unter: https://www.uschamber.com/sites/default/files/icpeg_recommendations_and_report.pdf (3.2.2022).

genauer und unparteiischer Durchsetzungsverfahren zu festigen, (iii) die WTO und OECD aufzufordern, spezifische *peer reviews* der nationalen Politik (verfahrenstechnisch und inhaltlich), einschließlich der Nicht-OECD-Länder, durchzuführen, (iv) zu empfehlen, dass die OECD oder andere multilaterale Organisationen einen Kodex annehmen, der Mindestvorschriften für ein ordnungsgemäßes Verfahren oder Verfahrensgarantien enthält, (v) die Einrichtung einer ICN-Arbeitsgruppe zum Problem wettbewerbswidriger Beeinträchtigung durch staatliche und staatlich unterstützte Unternehmen, (vi) die Förderung von Kooperationsabkommen zwischen Wettbewerbsbehörden. Die Empfehlungen weisen darauf hin, dass die Grenzen der Extraterritorialität und die Notwendigkeit multilateral vereinbarter Wettbewerbsregelungen auch durch die USA anerkannt werden und dass auch die USA auf der Suche nach den neuen und effektiveren Lösungen ist.

Die Notwendigkeit der internationalen Zusammenarbeit auf der WTO-Ebene wurde auch im Jahr 2009 von *Lamy* bestätigt, indem er den Weg für die Wiedereröffnung der Debatte nach der Doha-Runde ebnete.[720] Das Wettbewerbsrecht wird damit von einigen in der WTO immer noch als ein Bereich betrachtet, der künftiger Arbeit bedarf. Sollte nach dem oben genannten Bericht die Notwendigkeit multilateraler Kooperation im Bereich des Wettbewerbsrechts durch die USA anerkannt werden, ist in naher Zukunft eine Initiative auch seitens der USA zu erwarten. Wie erwähnt, ist die Unterstützung der USA, als einer der ökonomisch stärksten Handelsstaaten, für den Erfolg eines etwaigen globalen Wettbewerbsabkommens wichtig. Nach diesem Bericht kann aber erwartet werden, dass die USA diesbezüglich in Aktion treten werden.

III. Initiativen anderer internationalen Organisationen

1. DIAC

Im Jahr 1993 wurde eine private Initiative durch eine Gruppe Akademiker und Wissenschaftler, namentlich die München-Gruppe, ergriffen. Diese Initiative wird unter dem § 8 dieser Dissertation ausführlich erläutert. Obwohl er keine große Unterstützung erhalten hat und nie in Kraft getreten ist, war der DIAC aus den unten erklärten Gründen, eine wichtige Initiative.

---

720 *Lamy*, Strengthening the WTO as the Global Body, Präsentation vor dem Allgemeinen Rat der WTO, v. 29.4.2009: "*[...] there are many new ideas floating around on potential areas for future work; issues relating to competition [...] These issues do not belong in the current agenda. [...] serious work on any future topic should commence when the finish line of the Doha Round is firmly in sight*", abrufbar unter: http://www.wto.org/english/news_e/news09_e/tnc_chair_report_29apr09_e.htm (3.2.2022).

2. International Competition Policy Advisory Committee

Der Beratungsausschuss für die Internationale Wettbewerbspolitik (nachfolgend: ICPAC) ist der allererste Beratungsausschuss des US-Justizministeriums für internationale kartellrechtliche Fragen und wurde im Jahr 1997 zur Behandlung der globalen kartellrechtlichen Probleme eingesetzt. 2000 wurde er nach der Beendigung seiner Arbeit aufgelöst.[721]

In dem durch ICPAC vorgelegten Bericht[722] wurde das Thema des möglichen Beitrags einer neuen globalen Wettbewerbsbehörde zu den Arbeiten der schon existierenden Wettbewerbsbehörden erörtert. Im finalen Bericht werden die Grundsätze der Inländerbehandlung, der Meistbegünstigung und Transparenz, auf denen das WTO-System und die WTO-Abkommen beruhen, für das Funktionieren einer Wettbewerbspolitik unter dem WTO-Recht als unterstützend betrachtet. Jedoch wird die WTO trotzdem als ein ungeeignetes Forum zur Lösung internationaler wettbewerbsrechtlicher Probleme erachtet. Die Begründung dafür sei, dass die Expertise der WTO in den handelsverzerrenden Verhaltensweisen der Staaten liege und dass die WTO mit wenigen Ausnahmen nicht auf die Verhaltensweise der Unternehmen fokussiert sei. Hingegen wird die bilaterale Kooperation als notwendig, jedoch nicht hinreichend, angesehen.

Ferner befürwortet der finale Bericht einen *Soft-Law*-Ansatz zur internationalen wettbewerbsrechtlichen Zusammenarbeit und schlägt eine Initiative zum globalen Wettbewerbsrecht vor. Für die Förderung der Konsultationen und Dialoge und die Konsensbildung über globale Wettbewerbsbeschränkungen schlug er die Einrichtung eines Forums vor, das sowohl die Entwicklungs- als auch die Industrieländer umfasst.[723] Dieser Vorschlag führte zur Einrichtung des ICN.[724]

---

721 US-Justizministerium, abrufbar unter: https://www.justice.gov/atr/icpac (3.2.2022).

722 Siehe ICPAC-Bericht, 2000, S. 281-300, siehe Fn. 56. Siehe auch *Janow/Lewis*, World Competition 24 (2001), 3, 3 ff.

723 Unter anderem wurde das Folgende in diesem Bericht empfohlen: Durchführung gemeinsamer Initiativen unter den Behörden zur Vertiefung und Multilateralisierung der *Positive-Comity*-Abkommen, Entwicklung der Verfahrens- und materiellen Konsensprinzipien, Erwägung der Ansätze der Fusionen, Festlegung der Prinzipien der Extraterritorialität, Untersuchung transnationaler Kartellabkommen, technische Hilfe für die Entwicklungsländer und Entwicklung eines Streitbeilegungsmechanismus, siehe ICPAC-Bericht, 2000, S. 301, siehe Fn. 56.

724 *Sweeney*, The Internalisation of Competition Rules, 2010, S. 10; ICN, abrufbar unter: https://www.internationalcompetitionnetwork.org/about/ (3.2.2022).

3. International Competition Network

In seinem Abschlussbericht von Februar 2000 forderte der ICPAC die USA auf, die Schaffung einer *Global Competition Initiative* zu prüfen, an den Regierungsbeamten, Privatunternehmen und Nichtregierungsorganisationen zu Kartellfragen konsultiert werden könnten. Das ICN stellt zurzeit das einzige globale Gremium dar, das sich ausschließlich mit der Durchsetzung des Wettbewerbsrechts innerhalb und über nationaler Grenzen befasst.[725]

Die inhaltliche Arbeit des ICN wird von den Arbeitsgruppen geleistet. Zurzeit gibt es fünf Arbeitsgruppen, die unverbindliche Empfehlungen präsentieren, namentlich die Arbeitsgruppe (i) zur Fusionskontrolle, (ii) zur Kartellbekämpfung, (iii) zur Missbrauchskontrolle, (iv) zur Leistung von Aufbauhilfe für Wettbewerbsbehörden in Entwicklungsländern und Transformationsländern und (v) zur Förderung des Wettbewerbsprinzips im Rahmen nationaler Gesetzgebung.[726] Die Arbeitsergebnisse reichen von Empfehlungen über Studien bis zu Leitfäden und Praxishandbüchern, wie schon erläutert. Die Entscheidung, ob die Arbeitsergebnisse eingehalten werden, liegt ausschließlich bei der oder den betroffenen Wettbewerbsbehörden.[727]

4. Europarat

Der durch den Europarat ausgearbeitete Entwurf der Kartellkonvention[728] ist einer der Vorschläge, die weitgehend von der Havanna-Charta beeinflusst worden sind. Sachlich entspricht er fast wörtlich dem Kapitel V der Havanna-Charta. Der einzige erhebliche Unterschied liegt in den institutionellen Rahmenbedingungen. Dort wurde die Schaffung einer Wettbewerbsbehörde und eines Gerichtshofs zur Streitbeilegung vorgesehen.[729] Der Entwurf des Europarats besteht aus sieben Teilen[730]: Ein erstes Kapitel beinhaltet Begriffsbestimmungen

---

725 *Maher*, The Networked (Agency) Regulation of Competition, in: Drahos, Regulatory Theory, 2017, S. 693; ICN, https://www.internationalcompetitionnetwork.org/about/ (3.2.2022).

726 Ausf. zu den ICN-Arbeitsgruppen, siehe http://www.internationalcompetitionnetwork.org/working-groups/current.aspx (3.2.2022).

727 *Böge*, WuW 6 (2005), 590, 595.

728 Europat-Entwurf einer europäischen Konvention zur Kontrolle internationaler Kartelle v. 2.3.1951, WuW 2 (1952), 296-302.

729 *Bätge*, Globalisierung des Wettbewerbsrechts: Eine internationale Wettbewerbsordnung zwischen Kartell- und Welthandelsrecht, 2009, S. 179.

730 *Wolany* in: Jahn/Junckerstorff, Internationales Handbuch der Kartellpolitik, 1958, S. 539.

sowie wettbewerbsbeschränkende Vereinbarungen und Unternehmen. Ein zweites Kapitel behandelt die europäischen Kartellbehörden und ihre Aufgaben. Die folgenden drei Kapitel betreffen die Beschwerdeverfahren und den gerichtlichen Rechtsschutz. Ein sechstes Kapitel regelt die Verpflichtungen der Staaten und ein letztes Kapitel hat Schlussvorschriften zum Inhalt. Da der Europarat lediglich eine regionale Organisation und die UN bzw. das GATT internationale Organisationen sind, entschied der Europarat, den oben erklärten parallelen Arbeiten des ECOSOC Vorrang zu gewähren und nach dem Scheitern des ECOSOC-Entwurfs über die wettbewerbsbeschränkenden Verhaltensweisen, dieses Thema dem GATT zu überlassen.[731] Dies deutet darauf hin, dass schon in den 1950er Jahren die Einstellung der europäischen Organisationen hinsichtlich der Schaffung globaler Rahmenbedingungen genauso wie heute war.

5. Die Organisation für europäische wirtschaftliche Zusammenarbeit

Die 1948 gegründete OEEC, die Vorläuferin der OECD, hat das Thema Wettbewerb in ihren Plänen zur wirtschaftlichen Integration Europas aufgenommen. Zwecks Milderung der Auswirkungen des verstärkten Wettbewerbs wurde die Einrichtung eines Fonds vorgesehen.[732] Jedoch bestanden die Tätigkeiten der OEEC, so wie der heutigen OECD, lediglich aus Informationsaustausch und Empfehlungen statt verbindlicher Regeln.[733]

IV. Zwischenergebnis

Die oben durchgeführte Untersuchung lässt darauf schließen, dass die Schaffung einer globalen Wettbewerbsordnung kein neues Konzept ist. In Anerkennung der grundlegenden Komplementarität der Wettbewerbs- und Handelspolitik wurden bisher auf internationaler Ebene mehrere Initiativen ergriffen. Bislang hat keine dieser Initiativen zu einem verbindlichen Rahmen geführt. Dies

---

731 *Wolany* in: Jahn/Junckerstorff, Internationales Handbuch der Kartellpolitik, 1958, S. 539; *Basedow*, Weltkartellrecht: Ausgangslage und Ziele, Methoden und Grenzen der Internationalen Vereinheitlichung des Rechts der Wettbewerbsbeschränkungen, 1998, S. 63.

732 OECD, abrufbar unter: https://www.oecd.org/general/organisationforeuropeaneconomicco-operation.htm (3.2.2022).

733 *Bätge*, Globalisierung des Wettbewerbsrechts: Eine internationale Wettbewerbsordnung zwischen Kartell- und Welthandelsrecht, 2009, S. 179 f.

könnte an der Sorge der Staaten liegen, dass die politischen und ökonomischen Kosten einer globalen Zusammenarbeit die erwarteten Vorteile überschreiten oder, dass diese Kosten und Vorteile unter den Staaten ungleich verteilt wären oder, dass die anderen Staaten von so einem globalen Wettbewerbsabkommen mehr profitieren würden als sie selbst.[734]

734 *Bradford*, Harvard Int. Law J. 48 (2007), 383, 385.

3. Teil
Reform

§ 8. Ansätze

I. Reformbedürfnis

Der Wettbewerb findet auch international und unabhängig von den Präferenzen der Staaten statt, auf welcher Ebene dieser reguliert werden soll. Aufgrund der Defizite und Schwachstellen der Extraterritorialität und der Grenzen der bilateralen und regionalen Zusammenarbeit ist eine verstärkte und über die derzeitigen Informationsaustausch- und bilaterale bzw. regionale Abkommen hinausgehende Zusammenarbeit zwischen den Staaten von großer Bedeutung. Eine effektive Regelung des Wettbewerbs sowie des Handels ist nur auf der Ebene, auf der die Geschäftstätigkeit ausgeübt wird bzw. die Marktverhaltensweise stattfindet, möglich: auf internationaler Ebene.[735] Zur heutigen Wettbewerbsordnung muss also eine neue globale Ordnung hinzukommen. Zu diesem Zweck hat die breite Bewegung zur Globalisierung der Marktwirtschaften in Verbindung mit der Internationalisierung des Handels zu einer Reihe von Vorschlägen für globale Wettbewerbsregeln geführt. Die Darstellung der Reformvorschläge beschränkt sich vorliegend auf die wichtigsten Vorschläge zur Integration der Wettbewerbsregeln in das Welthandelssystem.

II. Kodifikationsmodell – Draft International Antitrust Code

Im Jahr 1993 wurde dem Generaldirektor des GATT von einer Gruppe hochrangiger Wissenschaftler, der München-Gruppe,[736] ein Entwurf eines internationalen Kartellrechts (nachfolgend: DIAC[737]) unterbreitet. Dieser wurde als Anhang

---

735 *Wood*, Uni. of Chicago Legal Forum 1 (1992), 277, 280.

736 Beteiligt waren (in alphabetischer Reihenfolge): Josef Drexl (Uni. München, Max-Planck-Institut München), Wolfgang Fikentscher (Uni. München, Max-Planck-Institut München), Eleanor Fox (New York Uni.), Andreas Fuchs (Uni. Göttingen), Andreas Heinemann (Uni. München, Max-Planck-Institut München), Ulrich Immenga (Uni. Göttingen), Hans Peter Kunz-Hallstein (Max-Planck-Institut München), Ernst-Ulrich Petersmann (Uni. St. Gallen), Walter Schluep (Uni. Zürich), Akira Shoda (Sofia Uni., Tokio), Stanislaw Soltysiski (Uni. Poznan, Uni. of Pennsylvania), Lawrence Sullivan (Southwestern Uni.), *Fikentscher/Drexl*, Der Draft International Antitrust Code, RIW 40 (1994), 93-99.

737 Draft International Antitrust Code as a GATT-MTO-Plurilateral Trade Agreement (International Anti-trust Code Working Group Proposed Draft 1993), der am 10.7.1993 veröffentlich wurde, 64 Antitrust & Trade Reg. Rep. (BNA) Nr. 1628 v.

4 der WTO-Ü vorgeschlagen.[738] Für die Erlangung seiner rechtlichen Wirksamkeit wurde die Schaffung eines plurilateralen WTO-Abkommens vorgesehen. Der DIAC war eine Privatinitiative, die die Einrichtung einer internationalen Wettbewerbsbehörde vorschlägt, die sich neben den nationalen Regierungen mit der Durchsetzung des internationalen Wettbewerbsrechts beschäftigen sollte. Diese sollte wichtige Bereiche des Wettbewerbsrechts abdecken, einschließlich Fusionen und Übernahmen, horizontale Vereinbarungen mit einigen Ausnahmen sowie Dumping.[739] Während die Mehrheit der München-Gruppe den unten dargestellten Inhalt vorschlug, sprach sich die Minderheit für einen minimalistischen und weniger interventionistischen Ansatz aus, der die Annahme von 15 Grundprinzipien forderte.[740] Das angegebene Ziel des DIAC war es, hinter dem Ansatz des Weltkartellrechts zurückzustehen, aber dennoch mehr als *soft law* (zum Beispiel als der UN-Kodex) anzubieten.[741]

1. Die Grundsätze

Der DIAC beruht auf 5 Prinzipien: Der erste Grundsatz ist der Grundsatz der Anwendbarkeit des nationalen Rechts. Nach diesem Prinzip sollten die nationalen Gesetze zur Lösung internationaler Wettbewerbsprobleme angewandt werden (*lex fori*) und so ausgestattet sein, dass sie internationale Wettbewerbsprobleme lösen.[742] Der zweite Grundsatz, der Grundsatz der Inländergleichbehandlung, untersagte die Diskriminierung bei der Behandlung von inländischen und ausländischen Unternehmen bzw. bei der Anwendung des nationalen Wettbewerbsrechts. Nach dem dritten Grundsatz sollte die Anwendbarkeit des

---

19.8.1993, Sonderbeilage. Siehe auch *Gifford*, Minnesota J. of Global Trade 6 (1997), 1, 31 ff.

738 *Fikentscher*, Chicago-Kent Law Review 72 (1996), 533, 535; *Taylor*, International Competition Law, 2006, S. 303.

739 Nach *Fikentscher* klammere DIAC bewusst das Thema Dumping aus, da es schwierig ist, in zwei Jahren auch dieses Thema zu regulieren. Ferner gehöre es zu dem Lauterkeitsrecht. Darüber hinaus lassen sich Dumping (und Subventionen) als Missbrauche einer marktbeherrschenden Stellung zu behandeln, *Fikentscher*, GRUR Int. 45 (1996), 543, 546 f.

740 *Taylor*, International Competition Law, 2006, S. 304 und 306 f.

741 *Fikentscher*, GRUR Int. 45 (1996), 543, 543; *Fikentscher/Heinemann/Kunz-Hallstein*, GRUR Int. 44 (1995), 757, 758.

742 *Fikentscher*, Chicago-Kent Law Review 72 (1996), 533, 537. Näher zu den Grundsätzen, *Fikentscher /Drexl*, RIW 40 (1994), 93, 94 ff.

DIAC auf grenzüberschreitende Fälle begrenzt sein.[743] Nach dem Grundsatz der Mindeststandards sollte es Mindestnormen für nationale Kartellvorschriften geben. Den Staaten stünde es aber frei, strengere nationale Vorschriften festzulegen.[744] Der DIAC sah somit eine Mindestrechtsangleichung vor.[745] Der Grundsatz der internationalen Verfahrensinitiative, *International Procedural Initiative*, Art. 19 DIAC, stellte eine Neuerung dar. Danach würden die nationalen und internationalen Zuständigkeiten verknüpft. Der DIAC sollte sowohl von nationalen als auch von internationalen zuständigen Stellen angewandt werden.[746] Die WTO böte nach den DIAC-Verfassern ein passendes Forum zur Sicherstellung der Anwendung nationaler Wettbewerbsgesetze unter den genannten Bedingungen.[747]

2. Materielle Vorschriften im Überblick

Nach Art. 4 Abs. 1 DIAC waren horizontale Vereinbarungen, Absprachen und abgestimmte Verhaltensweisen einschließlich der Exportkartelle illegal. In Art. 5 DIAC wurden vertikale Wettbewerbsbeschränkungen in drei Kategorien eingeteilt, von denen nur die, die zur Durchsetzung eines Hersteller- oder Vertriebskartells beitragen und zur Aufrechterhaltung der Weiterverkaufspreise führen, *per se* rechtswidrig seien.

Art. 14 DIAC, der zum Teil eine Kopie des europäischen Art. 102 AEUV darstellte, verbot den Missbrauch einer marktbeherrschenden Stellung. Als Beispiel können übermäßige Preisgestaltungen, die Einschränkung der Produktion, der Märkte oder der technischen Entwicklung genannt werden.[748] Jedoch ist Art. 102 AEUV strikter als die einschlägige Vorschrift des *Sherman Antitrust Act*, da für die Feststellung einer marktbeherrschenden Stellung der *Sherman Antitrust Act* eine wichtige zusätzliche Voraussetzung fordert, namentlich das Bestehen einer Monopolmacht.

---

743 *Fikentscher/Heinemann/Kunz-Hallstein*, GRUR Int. 44 (1995), 757, 758; *Fikentscher*, Chicago Kent Law Review 72 (1996), 533, 539.

744 *Bätge*, Uniform Law Review 9 (2004), 501, 507; *Fikentscher*, IIC 27 (1996), 755, 769.

745 *Bätge*, Globalisierung des Wettbewerbsrechts: Eine internationale Wettbewerbsordnung zwischen Kartell- und Welthandelsrecht, 2009, S. 448.

746 *Wurmnest* in: Säcker/Rixecker/Oetker/Limperg, MüKo zum BGB, 2021 Rom II VO Art. 6 Rn. 432 ff.

747 *Fikentscher*, Chicago Kent Law Review 72 (1996), 533, 538.

748 *Weinrauch*, Competition Law in the WTO, 2004, S. 114; *Gifford*, Minnesota J. of Global Trade 6 (1997), 1, 53.

Art. 11 Abs. 1 DIAC forderte die Untersagung jedes Zusammenschlusses, der die Macht eines Unternehmens, einen wirksamen Wettbewerb auf dem relevanten Markt zu behindern, schafft oder verstärkt. Der DIAC unterscheidet zwischen der Macht, einen Markt zu beherrschen und der Macht, einen wirksamen Wettbewerb zu verhindern.[749] Außerdem war eine Anmeldepflicht vor der geplanten Fusion vorgesehen.[750] Art. 13 Abs. 1 DIAC begrenzte die Anwendbarkeit einer Restrukturierung in bestimmten Umständen. Die Exportkartellprivilegien sollten abgeschafft werden.[751]

3. Verfahren

Der DIAC sah ein Rechtsdurchsetzungssystem vor, das ein verbindliches Verfahren zur Beilegung von Streitigkeiten darstellt sowie die Einrichtung einer internationalen Wettbewerbsbehörde, *International Antitrust Authority* (nachfolgend: IAA*)*, innerhalb des institutionellen Rahmens der WTO und einer nationalen Wettbewerbsbehörde im Hoheitsgebiet jedes DIAC-Mitglieds. Nach Art. 19 Abs. 2 DIAC umfassten die Befugnisse der *IAA*: (i) das Recht, von einer nationalen Behörde eine Maßnahme zu verlangen, (ii) das Recht, eine Klage vor den nationalen Gerichten gegen die nationale Behörde und private Parteien zu erheben, (iii) das Recht auf Berufung, auch wenn es in dem erstinstanzlichen Gericht keine Partei war und (iv) das Recht und die Pflicht, ein DIAC-Mitglied vor dem Panel zu verklagen, falls das Mitglied gegen seine DIAC-Verpflichtungen verstößt. Die DIAC-Mindestnormen könnten von der *IAA* nicht direkt gegen private Unternehmen durchgesetzt werden. Die *IAA* kann diese nur indirekt durchsetzen, indem sie die nationale Wettbewerbsbehörde auffordert, geeignete Durchsetzungsmaßnahmen zu ergreifen.

Der DIAC empfahl auch die Einrichtung eines internationalen Kartellgerichts, *International Antitrust Panel,* welches innerhalb des DSB (als ständiges Organ) tätig sein sollte. Es wäre für die Verhandlung der Streitigkeiten zuständig. Die Entscheidungen der *International Antitrust Panel* sollten für alle DIAC-Mitglieder rechtsverbindlich sein, Art. 20 Abs. 3 und 4 DIAC.

---

749 *Gifford*, Minnesota J. of Global Trade 6 (1997), 1, 49.

750 Laut DIAC muss eine Fusion zu den nationalen Behörden und *IAA* mit einer standardisierten Form notifiziert werden. Die Kontrolle der Fusion durch die nationalen Behörden sollte innerhalb v. drei Monaten durch Konsens abgeschlossen werden.

751 *Fikentscher*, Chicago-Kent Law Review 72 (1996), 533, 537.

4. Meinungsspektrum zum DIAC

Die Reaktionen auf den DIAC waren unterschiedlich.[752] Einige kritisierten unter anderem, dass der DIAC zu theoretisch sei. Anderer Auffassung nach sei der DIAC wiederum nicht theoretisch genug, da neuere Theorien darin fehlten. Zum Teil wurde der DIAC als zu detailliert empfunden, wiederum andere sahen ihn als zu wenig detailliert an. Im DIAC fehle zudem eine Sonderbehandlung der Entwicklungsländer. Zum Teil wurde der DIAC als zweite Havanna-Charta abgetan.[753] Andere kritische Äußerungen betrafen die Formulierungen des DIAC: Die Argumentation stützte sich insbesondere darauf, dass dem DIAC internationale Begriffe, das Lauterkeitsrecht und das Thema Dumping fehlten. Zudem würden die USA wegen eines internationalen Abkommens ihre nationalen Regelungen nicht ändern und vertrauliche Informationen nicht einer internationalen Organisation, *IAA*, mitteilen.[754] Weitere Kritikpunkte waren, dass die Fusionsthematik zu einem späteren Zeitpunkt reguliert werden sollte und dass die Restrukturierungsbestimmungen zu streng seien.[755]

---

752 Für eine Diskussion siehe *Gifford*, Minnesota J. of Global Trade 6 (1997), 1-66, mit dem Argument, dass der DIAC verbotenes Verhalten durch *„konzeptionelle statt durch wirtschaftliche Ansätze"* identifiziere und zu vage sei. Für eine starke Kritik siehe *Klein*, No Monopoly on Antitrust: It would be Premature for the WTO to Seek to Enforce Global Competition Rules, Financial Times, 13.2.1998. Für die Ansicht eines der DIAC-Verfasser siehe *Petersmann*, Chicago Kent Law Review 72 (1996), 545, 574. Für eine positive Bewertung siehe *Zäch*, International Cooperation between Antitrust Enforcement Agencies: A View from a Small Country, in: Ulrich, Comparative Competition, 1998, S. 257 f.

753 *Fikentscher*, Chicago-Kent Law Review 72 (1996), 533, 536. Nach Fikentscher irren Bourgeois/Matsushita mit ihrem Aussage "*The ideas expressed in the DIAC are similar to Chapter V of the ITO Charter*".

754 *Fikentscher* antwortet dazu, dass wegen des Grundsatzes der Verfahrensinitiative die internationale Wettbewerbsbehörde, *IAA*, nur im Rahmen von nationalem Recht tätig werden könnte. Somit wären nationale Vertraulichkeitsbestimmungen auch für die internationale Wettbewerbsbehörde bindend. Eine Verpflichtung zur Mitteilung so einer Information mit der *IAA* gäbe es nicht. *Fikentscher*, GRUR Int. 45 (1996), 543, 547.

755 Zu diesem Abs. und ausf. zu den kritischen Äußerungen und der Stellung v. *Fikentscher* dagegen, siehe *Fikentscher*, GRUR Int. 45 (1996), 543, 543 ff.

Die OECD hat den DIAC abgelehnt.[756] Laut der OECD waren die Bestimmungen für horizontale und vertikale Beschränkungen *„zu restriktiv."* Der DIAC wurde auch seitens der USA heftig kritisiert.[757] Laut *Gerber* wurde die Kritik damit begründet, dass die Definition des wettbewerbswidrigen Verhaltens nicht präzise genug sei, dass der DIAC den internationalen Behörden übermäßige Macht verleihe und dass die internationale Bürokratie unnötig vergrößert würde.[758] Laut US-amerikanischer Kommentierung sei der DIAC durch europäische Ansätze stark beeinflusst. Beispielsweise folge Art. 4. Abs. 2 DIAC mit der Aufstellung streng definierter Kategorien horizontaler Vereinbarungen einem typischen europäischen Ansatz: Sie würden unabhängig von den wirtschaftlichen Folgen einheitlich behandelt. Darüber hinaus sollte die Restrukturierungsbestimmung nicht mit Fusionen und Übernahmen reguliert werden, sondern in dem vierten Teil mit dem Missbrauch marktbeherrschender Stellung.[759]

Nach *Bätge*[760] stelle der Grundsatz des Mindestschutzes ein Angriff auf die nationalen Rechte der Staaten dar, da er in gewissem Maße eine Rechtsangleichung erfordere, zu welcher die Verfasser des DIAC eine gegenteilige Position vertraten. *Wilson*[761] kritisierte erstens die Einrichtung einer supranationalen Institution, *IAA*, da es fast unmöglich für die Staaten sei, ihre Befugnis zur Fusionskontrolle an eine supranationale Institution abzutreten. Zweitens sei das Kriterium für den Melde-Schwellenwert beispiellos wegen der Anknüpfung an das Kriterium „Bruttosozialprodukt."

Nach *Weinrauch*[762] erfordere der DIAC ein kompliziertes Durchsetzungs- und Entscheidungssystem, das zu einer ineffizienten Bürokratie führen könne. Ferner könne ein Konsens nur auf einer sehr generellen Ebene erreicht werden, da der DIAC die Identifizierung optimaler Wettbewerbsregeln erforderte,

---

756 US-Bureau of National Affairs, OECD Committee Lacks Enthusiasm for Draft International Antitrust Code, Antitrust and Trade Regulation Reports 65, Nr. 1644, 16.12.1993, S. 771-772.

757 *Klein*, No Monopoly on Antitrust: It would be Premature for the WTO to Seek to Enforce Global Competition Rules, Financial Times, 13.2.1998, S. 20.

758 *Gerber*, Global Competition: Law, Markets and Globalisation, 2012, S. 102; So auch *Freytag/Zimmermann*, Rabels Zeitschrift für ausländisches und internationales Privatrecht 62 (1998), 38-58.

759 *Gifford*, Minnesota J. of Global Trade 6 (1997), 1, 18.

760 *Bätge*, Globalisierung des Wettbewerbsrechts: Eine internationale Wettbewerbsordnung zwischen Kartell- und Welthandelsrecht, 2009, S. 448.

761 *Wilson*, Globalization and the Limits of National Merger Control Laws, 2003, S. 257.

762 *Weinrauch*, Competition Law in the WTO, 2004, S. 115.

welche wegen kultureller Unterschiede schwer zu erreichen seien. *Taylor*[763] fand den DIAC zu ehrgeizig und die Form vorgeschlagener Institutionen interventionistisch. Zusammenfassend beziehen sich die meisten Kritiken auf zwei Punkte: Auf einen Angriff auf die nationale Souveränität der Staaten sowie auf die detaillierten materiellen Bestimmungen.

5. Stellungnahme

Es ist unbestritten, dass der DIAC sowohl in der Praxis als auch in der Wissenschaft nicht auf Zustimmung traf. *Fox*, eine der DIAC-Verfasser, hat ebenfalls anerkannt, dass viele Bestimmungen des DIAC für viele Staaten inakzeptabel wären.[764] In der Literatur gibt es unterschiedliche Ansätze zur Klassifizierung des DIAC. Nach *Fikentscher*, ein weiterer DIAC-Verfasser, folgte der DIAC einem konventionellen Ansatz, der sich durch eine Subharmonisierung der nationalen Rechte auszeichnete anstatt durch eine vollständige Harmonisierung.[765] Der DIAC war aber vielmehr ein Entwurf zum Weltkartellrecht und sah - im besten Fall - einen gewissen Grad der Rechtsangleichung vor. Seine Struktur ähnelt der eines Wettbewerbsrechts,[766] obwohl er als ein völkerrechtlicher Vertrag erarbeitet wurde.

Der DIAC beinhaltete Bestimmungen, die mit den schon bestehenden nationalen Gesetzen einiger Länder nicht kompatibel waren. Beispielsweise erfordern einige Länder gesetzlich schon einen niedrigeren Melde-Schwellenwert als der vom DIAC vorgeschlagenen Melde-Schwellenwert.[767] Ein anderes Beispiel ist

763 Für eine detaillierte Diskussion über die kritischen Einwände und die Antworten v. *Fikentscher* dazu, siehe *Fikentscher*, GRUR Int. 45 (1996), 543-548.

764 *Fox*, AJIL 91 (1997), 1, 16.

765 *Fikentscher*, IIC 27 (1996), 755, 770. Kritisch zu dieser Aussage, *Weinrauch*, Competition Law in the WTO, 2004, S. 115. Nach *Weinrauch* geht der DIAC weit über den konventionellen Ansatz hinaus. Er schlägt die Schaffung eines Weltkartellrechts durch die internationale Harmonisierung des Wettbewerbsrechts vor. Auch nach *Fox* ist der DIAC ein Vorschlag für ein Weltkartellrecht. Jedoch unterstützt *Fox* einen minimalen Ansatz, der nur 15 Prinzipien beinhaltet, die in der Einleitung zum Münchner Kodex Teil VIII dargelegt werden. Der Münchner Kodex wurde in 64 Antitrust & Trade Reg. abgedruckt. Rep. (BNA) (19.8.1993). Siehe S. 7-9 für den alternativen Minimalansatz; *Fox*, Pacific Rim Law Policy J. 4 (1995), 1, 10. Laut *Von Meibom/Geiger* auch ist der DIAC ein Beispiel für Mindestharmonisierung, EuZW 13 (2002), 261, 265.

766 *Bätge*, Globalisierung des Wettbewerbsrechts: Eine internationale Wettbewerbsordnung zwischen Kartell- und Welthandelsrecht, 2009, S. 445.

767 *Taylor*, International Competition Law, 2006, S. 312.

Art. 11 DIAC, der von den nationalen Wettbewerbsbehörden verlangte, jeden Zusammenschluss zu untersagen, der die Macht eines betroffenen Unternehmens schafft oder verstärkt, einen wirksamen Wettbewerb auf dem relevanten Markt zu behindern. Jedoch ist, wie bereits ausgeführt, eine wirtschaftliche Macht, die einen wirksamen Wettbewerb behindern kann, von einer marktbeherrschenden Stellung zu unterscheiden: Eine marktbeherrschende Stellung ist ein „statisches" Konzept, während die Macht, zum Beispiel die Preise zu bestimmen, nicht zwangsläufig eine marktbeherrschende Stellung mit sich bringt und damit ein breiteres Konzept darstellt.[768] Anstelle dieses breiteren Konzepts wäre die Annahme des engeren Begriffs, der marktbeherrschenden Stellung akzeptabler, insbesondere für die Staaten wie die USA, deren nationale Wettbewerbsgesetze die Schaffung oder Verstärkung einer Macht gesetzlich nicht untersagen.

Die Kritik am DIAC bezüglich der Beeinflussung des europäischen Ansatzes ist zum Teil zutreffend. Da die meisten DIAC-Verfasser aus Europa stammen, liegt eine Anlehnung an das EU-Modell nahe. Ein europäischer Ansatz ist möglicherweise nicht tauglich für ein Abkommen mit potenziellen Mitgliedern aus der ganzen Welt und auf einer größeren als die regionale Ebene.

Darüber hinaus ging der DIAC einen Schritt weiter als die Havanna-Charta, die einfachere Bestimmungen enthielt, aber trotzdem gescheitert ist, obwohl das von *Fikentscher* angegebene Ziel war, hinter der Havanna-Charta zu bleiben.[769] Ob der DIAC für die Behandlung internationaler wettbewerbsrechtlicher Probleme geeignet wäre, steht zur Diskussion. Jedoch ist sicher, dass der DIAC in der hier erläuterten Form und mit dem hier erläuterten Inhalt für viele Länder zu anspruchsvoll wäre. Die Erfahrung zeigt, dass einige Staaten, deren Teilnahme an so einem globalen Wettbewerbsabkommen entscheidend wichtig ist (zum Beispiel die USA), ihre nationale Souveränität im Bereich des Wettbewerbsrechts nicht aufgeben wollen. In diesem Sinne war der DIAC viel zu weitgehend, da zum Beispiel die vorgesehene zu errichtende internationale Organisation, *IAA*, über Rechte bzw. Befugnisse verfügen sollte, wie das Recht, eine Klage vor den nationalen Gerichten gegen die nationalen Behörden und private Parteien zu erheben. Der Vorschlag zur Einrichtung einer Institution, die mit solchen Rechten ausgestattet ist und die über die nationalen Gerichte und Wettbewerbsbehörden so eine Macht verfügt, war eines der größten Hindernisse des DIAC. Vorzugswürdig wäre es, dass ein etwaiges globales Wettbewerbsabkommen als Normadressaten nur die Staaten vorsähe. Es ist der unterzeichnende Staat selbst,

768 *Gifford*, Minnesota J. of Global Trade 6 (1997), 1, 19 f.

769 *Fikentscher*, GRUR Int. 45 (1996), 543-548.

der sich mit der verbotenen Marktverhaltensweise der privaten Unternehmen beschäftigen und gegen diese vorgehen soll.

Ähnliches gilt auch für das Recht der *IAA*, ein Mitglied vor dem Panel zu verklagen. Es wäre angemessener, ein solches Recht nur einer anderen Vertragspartei zu verleihen und nicht einer supranationalen Institution.[770] Das Recht der *IAA* auf Berufung, auch wenn es in dem erstinstanzlichen Gericht keine Partei war, könnte in vielen nationalen Justizsystemen problematische Auswirkungen haben, da bei der Mehrheit der EU-Länder das Recht auf Berufung in der Regel nur den Streitparteien zukommt. Die Adressaten jeglicher internationaler Wettbewerbsabkommen sollten aber nur die Vertragsstaaten sein und nicht private Parteien. Die nationalen Behörden und die privaten Parteien sollen nur vor ihrem Staat bzw. ihren Gerichten verantwortlich gemacht werden können.[771] In diesem Sinne sollten die Normadressaten des DIAC besser ausgewählt werden. Jeglicher Vorschlag, der einer supranationalen Institution solche Rechte verleiht, würde auch in der Zukunft abgelehnt. Ein Ansatz, der den jeweiligen Staaten einen erweiterten Spielraum ermöglicht, hätte eine größere Erfolgsaussicht.

Darüber hinaus erkannte der DIAC durch die Annahme des plurilateralen Ansatzes an, dass viele Staaten zu diesem Zeitpunkt nicht bereit waren, ein internationales Wettbewerbsrechtsabkommen abzuschließen und nicht über genügend nationale Institutionen und Rechtsvorschriften verfügten, um einem solchen Abkommen nachzukommen.[772] Dies zeigt, dass auch laut den Verfassern des DIAC das Ratifizieren des DIAC nur für Länder mit einem bestimmten Entwicklungsgrad möglich sei. Es wäre wiederum unwahrscheinlich, dass solche Länder einem solchen Angriff auf ihre Souveränität und auf ihre etablierte Wettbewerbspolitik zustimmen.

---

770 Eine ähnliche, auch wenn nicht die gleiche Institution existiert auch im EU-Recht. Die EU-Komm. hat das Recht, das EU-Recht durchzusetzen. Das heißt auch, dass die Komm. zum Beispiel ein EU-Mitgliedstaat in höherer Instanz verklagen kann. Jedoch steht zur Diskussion, ob das EU-Modell das passende Modell für die Schaffung einer globalen Wettbewerbsordnung ist. Aber sogar im EU-modell hat die Komm. keine Befugnis, nationale Gerichten, nationale Wettbewerbsbehörden oder private Parteien zu verklagen, und das, obwohl das EU-Modell schon ein gefestigteres Modell als jegliches andere zwischenstaatliche Modell ist. Siehe AEUV und die offizielle Webseite der EU, abrufbar unter: https://europa.eu/european-union/about-eu/institutions-bodies/european-commission_de (3.2.2022).

771 So auch *Taylor*, International Competition Law, 2006, S. 310.

772 So auch *Taylor*, International Competition Law, 2006, S. 303.

Des Weiteren sah der DIAC die Anwendung des nationalen Rechts auf die internationalen Streitigkeiten vor. Jedoch könnte dies zu den Problemen der Extraterritorialität führen. Der DIAC beinhaltete keine Regeln über Subventionen, war also inhaltlich unvollständig. Die Optimierung des DIAC wurde in Art. 21 DIAC anerkannt, indem die Überarbeitung des DIAC durch die zu errichtende internationale Wettbewerbsbehörde vorgesehen war.

Schließlich war der Vorschlag der München-Gruppe zum Abschluss eines globalen Kartellkodex mit so vielen neuen Ansätzen, insbesondere unter Beachtung der damaligen Zeit (1993) zu ambitioniert und utopisch. Wenn ein ähnlicher Entwurf mit ähnlichem Inhalt heute vorgeschlagen würde, würde er auch heute keine breite Unterstützung finden. Positiv ist jedoch, dass der DIAC auf den Wert eines internationalen Wettbewerbsabkommens aufmerksam gemacht hat. Er hat dazu beigetragen, herauszufinden, welche Art von Bestimmungen in einem etwaigen globalen Wettbewerbsabkommen durch die Staaten nicht akzeptiert werden würde. Mithin sollte der nächste Entwurf unter Berücksichtigung des DIAC-Falls erfolgen. Es sollten die Unterschiede in den nationalen Rechtssystemen berücksichtigt und einem weniger interventionistischen Ansatz gefolgt werden. Dies sollte durch Experten der ganzen Welt geschehen und nicht nur aus Europa (siehe Art. 11 DIAC). Dennoch enthielt der DIAC auch einige Bestimmungen, die in den Verhandlungen eines zukünftigen Wettbewerbsabkommens berücksichtigt werden können, so wie der Art. 14 DIAC.

6. *Basedow*'s Weltkartellrecht

Ein dem DIAC vergleichbarer Vorschlag wurde von *Basedow* vorgebracht: Er empfahl die Schaffung eines Weltkartellrechts durch eine Schritt-für-Schritt-Harmonisierung der Wettbewerbsgesetze. Das optimale Forum für den Abschluss eines Weltkartellrechts sei ein plurilaterales Abkommen in der WTO.[773] Zunächst werde die Aushandlung eines plurilateralen Abkommens innerhalb einer Gruppe von Staaten empfohlen, die bereits über eigene Wettbewerbsgesetze verfügen.[774] *Basedow* befürwortete eine Mindestharmonisierung, die in nationalen Regelungen der Staaten rechtsverbindlich umgesetzt werden

773 *Basedow*, Weltkartellrecht: Ausgangslage und Ziele, Methoden und Grenzen der Internationalen Vereinheitlichung des Rechts der Wettbewerbsbeschränkungen, 1998, S. 109; *Meessen*, WuW 13 (2000), 5, 16.

774 *Basedow*, Weltkartellrecht: Ausgangslage und Ziele, Methoden und Grenzen der Internationalen Vereinheitlichung des Rechts der Wettbewerbsbeschränkungen, 1998, S. 109.

sollte. Dabei machte er darauf aufmerksam, dass zu weitgehende Interventionen im nationalen Recht vermieden werden.

Laut *Basedow*[775] sollten Exportkartelle nur zwischen den Vertragsstaaten verboten werden. Was die Unternehmenszusammenschlüsse betrifft, schlug er in der Anfangsphase nur die Regelung der Meldepflichten vor. Das Verbot zum Missbrauch marktbeherrschender Stellung sollte nach dem Modell des Art. 102 AEUV reguliert werden. Die Durchsetzung des Abkommens sollte bei den nationalen Wettbewerbsbehörden liegen. Statt der Einrichtung einer internationalen Behörde, die mit Vollzugsbefugnissen ausgestattet ist, schlug *Basedow* die Einrichtung einer solchen Behörde vor, die als ein Forum für die Diskussion wettbewerbsrechtlicher Fragen und dem Informationsaustausch dient.[776]

Basedow's Vorschlag weicht in verschiedenen Punkten von dem DIAC ab: Er schließt einige Bereiche (wie die Behandlung von öffentlichen Unternehmen) aus dem plurilateralen Wettbewerbsabkommen aus und fokussiert sich inhaltlich zurecht auf die wettbewerbsbeschränkenden Verhaltensweisen, die in den Rechtssystemen vieler Staaten bereits als schädigend eingestuft werden. Ferner verleiht er der zu errichtenden internationalen Behörde weniger Befugnisse als der DIAC (zum Beispiel keine Klagebefugnis vor den nationalen Gerichten der Vertragsstaaten). Schließlich sieht er eine Kooperationspflicht zwischen den nationalen Behörden untereinander und mit der internationalen Behörde vor.

III. *Van-Miert*-Bericht[777]

Im Jahr 1995 wurde durch den EU-Kommissar *Van Miert* eine Expertengruppe[778] für Wettbewerbsrecht ernannt, deren Aufgabe es war, die Möglichkeiten zur Stärkung internationaler Zusammenarbeit im Wettbewerbsrecht zu prüfen. In dem *Van-Miert*-Bericht wurde die Einrichtung einer internationalen

---

775 *Basedow*, Weltkartellrecht: Ausgangslage und Ziele, Methoden und Grenzen der Internationalen Vereinheitlichung des Rechts der Wettbewerbsbeschränkungen, 1998, S. 109, 110.

776 *Basedow*, Louisana Law Review 60 (2000), 1037, 1051.

777 EU-Komm., Report of the Group of Experts, Competition Policy in the New Trade Order, Strengthening International Cooperation and Rules, 12.7.1995, COM(95)359 Final.

778 Die Beteiligten waren: Ulrich Immenga, Frédéric Jenny, Ernest-Ulrich Petersmann, Claus-Dieter Ehlermann, Jean-François Pons, Roderick Abbott, François Lamoureux, Hean-François Marchipoint, Alexis Jacquemin, *Goldman/Facey* Antitrust and Trade Policy in: Hawk, International Antitrust Law & Policy, 1998, S. 279, 295.

Behörde, die für die Umsetzung eines weltweiten Wettbewerbskodex zuständig ist, als keine realistische kurz- oder mittelfristige Option angesehen, sondern aufgrund der Notwendigkeit der Angleichung bestehender nationaler Gesetze als ein langfristiges Projekt. Darüber hinaus wurde die weitere Nutzung bilateraler Zusammenarbeit empfohlen. Der Bericht stellte jedoch fest, dass bilaterale Abkommen kein Instrument zur Konfliktlösung darstellten und dass ein Streitbeilegungsverfahren erforderlich sei.[779] Aus diesem Grund wurde der schrittweise Aufbau eines plurilateralen Abkommens einschließlich der Einführung eines Streitbeilegungsverfahrens empfohlen. Zunächst sollte das Abkommen innerhalb einer Gruppe von Staaten ausgehandelt werden, die aus den OECD-Ländern bzw. den mittel- und osteuropäischen Ländern bestehen könnte. In einem zweiten Schritt sollte das Abkommen auf die am weitesten entwickelten Länder Lateinamerikas ausgedehnt werden. Das Abkommen sollte demnach als plurilaterales Abkommen gem. Anhang 4 der WTO-Ü abgeschlossen werden.

1. Regeln

Das Wettbewerbsabkommen sollte Mindestgrundsätze enthalten, die in das nationale Recht der Staaten in ähnlicher Weise wie die europäischen Richtlinien aufgenommen werden könnten: Die Verpflichtung der Staaten sollte sich auf die zu erreichenden Ergebnisse begrenzen. Sie sollten nicht verpflichtet sein, ihre geltenden Rechtsordnungen zu ändern, wenn sie eine vergleichbare Auslegung ermöglichen. Es könnte ein Konsens über das Verbot horizontaler Kartelle in Bezug auf die Festsetzung von Preisen, die Aufhebung des Angebots oder die Aufteilung der Märkte, einschließlich Exportkartelle, und unter bestimmten Voraussetzungen über die vertikalen Vereinbarungen, erzielt werden.[780] Was die Kontrolle marktbeherrschender Stellungen betraf, sei eine Regelung ähnlich der von Art. 102 AEUV geeignet. Im Bereich der Fusionen sollte einer Harmonisierung der Verfahren Vorrang eingeräumt werden. Schließlich sollten nationale Monopole oder Unternehmen mit ausschließlichen oder besonderen Rechten in Art. 17 GATT grundsätzlich den gleichen Regelungen unterliegen, wie andere Unternehmen, die eine gewerbliche Tätigkeit ausüben.[781]

779 EU-Komm., Report of the Group of Experts, 12.7.1995, COM(95)359 Final, S. 12 und 13.

780 EU-Komm., Report of the Group of Experts, 12.7.1995, COM(95)359 Final, S. 17 f.

781 EU-Komm., Report of the Group of Experts, 12.7.1995, COM(95)359 Final, S. 17 und 18.

2. Verfahren

Laut dem Bericht sollte eine internationale Behörde mit folgenden Funktionen eingerichtet werden:

- als Forum für die Ausarbeitung vereinbarter Grundsätze, für die Einbeziehung in die nationalen Rechte der Mitgliedstaaten und für deren Durchsetzung,
- zur Einrichtung eines Registers wettbewerbsbeschränkender Verhaltensweisen in den Vertragsstaaten und
- als ein Streitbeilegungsorgan (laut der Expertengruppe entspricht der WTO-Streitbeilegungsmechanismus diesem Organ).[782]

Für die Beilegung möglicher Konflikte schlug die Expertengruppe die Einrichtung eines internationalen Streitbeilegungssystems vor. Dabei sollten insbesondere die folgenden Kategorien von Streitigkeiten klagbar sein: (i) Streitigkeiten über internationale Verfahrenspflichten, (ii) Streitigkeiten über internationale *per se* Verbote, (iii) Streitigkeiten über internationale *rules of reason* und (iv) Streitigkeiten über die Beeinträchtigung des Marktzugangs infolge wettbewerbswidriger Verhaltensweise.

In dem Bericht[783] wurde die Festlegung des plurilateralen Wettbewerbsabkommens im Rahmen der WTO für den internationalen Handel als eine Option gesehen. Dies würde die Verknüpfung zwischen den Marktzugangsverpflichtungen und Regeln für wettbewerbswidrige Verhaltensweisen verstärken. Verweisend auf Art. 46 Havanna-Charta, wonach das Fehlen staatlicher Maßnahmen zur Verhinderung einer Beschränkung des Marktzugangs einen Verstoß darstellte, sah die Expertengruppe eine Bestimmung, die die Beseitigung oder Beeinträchtigung der im Rahmen der WTO ausgehandelten Marktzugangsverpflichtungen durch private Verhaltensweisen verbietet, als einen großen Fortschritt an. Darüber hinaus könnte die Beseitigung oder Beeinträchtigung von Marktzugangsverpflichtungen, die nach dem GATT- oder GATS-Recht ausgehandelt wurden, auf der Grundlage einer Nichtverletzungsklage vor das Streitbeilegungsorgan gebracht werden.

3. Stellungnahme

Der *Van-Miert*-Bericht schlug so wie der DIAC den Abschluss eines plurilateralen Wettbewerbsabkommens vor. Jedoch wurde im *Van-Miert*-Bericht, im

782 EU-Komm., Report of the Group of Experts, 12.7.1995, COM(95)359 Final, S. 18.
783 EU-Komm., Report of the Group of Experts, 12.7.1995, COM(95)359 Final, S. 20.

Gegensatz zum DIAC, ein minimalistischer Ansatz verfolgt, indem keine inhaltlichen Angaben zu den materiellen Regeln festgelegt wurden, sondern nur zu den Grundsätzen. In dem Bewusstsein, dass die Einrichtung einer internationalen Behörde, die für die Umsetzung eines weltweiten Wettbewerbskodex zuständig wäre, für viele Staaten zu anspruchsvoll wäre, schlägt der *Van-Miert*-Bericht zutreffend die Festlegung von Mindestnormen zum Thema Wettbewerb vor. Obwohl aber im Bericht vorgeschlagen wurde, dass die WTO ein geeigneter Ort sein könnte, um eine solche Initiative in Betracht zu ziehen, wurde die WTO nicht ausdrücklich als solcher empfohlen. Der *Van-Miert*-Bericht hat jedoch zur Einrichtung der WTO-Arbeitsgruppe und zur weiteren Erforschung dieses Themas im Rahmen der WTO beigetragen.[784] Er stellt einen der am realistischsten und realisierbarsten Ansätze unter den in dieser Dissertation untersuchten Ansätze dar.

IV. Institutionelles Modell[785] – *Scherer*'s Vorschlag

1. Inhalt

Im Jahr 1994 hat *Scherer* in seiner Monographie *Competition Policy for an Integrated World Economy* einen Vorschlag für einen Übergang zur multilateralen Koordinierung unter der Schirmherrschaft der WTO vorgelegt. Damit schlug *Scherer* die Verhandlung eines internationalen wettbewerbspolitischen Abkommens vor, das sich auf begrenzte Grundprinzipien stützte, die nur Transaktionen mit erheblichen Auswirkungen auf den internationalen Handel beträfen wie etwa Export- und Importkartelle, schwerwiegender Missbrauch marktbeherrschender Stellungen und Fusionsverfahren.[786]

Ausgehend davon, legte *Scherer* insgesamt elf Bestimmungen vor:[787]

1. Innerhalb der WTO sollte ein *International Competition Policy Office* (nachfolgend: ICPO) eingerichtet werden, welches für die Untersuchung und

784 *Gerber*, Global Competition: Law, Markets and Globalisation, 2012, S. 104; *Matsushita/Clifford*, Global Antitrust in the Millenium Road: The Ways Forward, in: *Matsushita/Clifford*, Competition Policy: Perspectives from the EU, Japan and the USA, 2002, S. 397.

785 *Bätge*, Globalisierung des Wettbewerbsrechts: Eine internationale Wettbewerbsordnung zwischen Kartell- und Welthandelsrecht, 2009, S. 453.

786 *Scherer*, International Trade and Competition Policy, ZEW Discussion Papers 1996, Nr. 96-18, S. 16.

787 *Schrerer*, Competition Policy for an Integrated World Economy, 1994, S. 92 ff.

Durchsetzung der Regeln zuständig ist. Die Staaten sollten zur Beseitigung der Export- und Importkartelle, des Missbrauches marktbeherrschender Stellung und Durchführung eines Fusionsgenehmigungsverfahrens verpflichtet werden. Das ICPO sollte bei seinen Untersuchungen durch die nationalen Wettbewerbsbehörden unterstützt werden und es sollte die nationalen Wettbewerbsbehörden mit der Umsetzung empfohlener Korrekturmaßnahmen betrauen. In Fällen nationaler Unnachgiebigkeit sollen die WTO-Durchsetzungssanktionen in Kraft treten.

2. Ein Jahr nach der Ratifizierung des Abkommens sollten alle wesentlichen[788] nationalen Export- und Importkartelle und alle grenzüberschreitenden Kartelle bei dem ICPO registriert werden.
3. Das ICPO sollte zuständig sein, eine Untersuchung über eine den Handel beeinträchtigende monopolistische Verhaltensweise zu führen und Empfehlungen zur Korrektur zu veröffentlichen. Dabei sollte es bei der Ermittlung der Beweise die nationalen Wettbewerbsbehörden unterstützen.
4. Innerhalb von drei Jahren nach der Gründung des ICPO sollte ein System der Berichterstattung bezüglich wesentlicher Fusionen festgelegt werden. Vor der Durchführung der Fusionen müssten bestimmte Informationen, die dann an betroffene Länder weitergegeben würden, angegeben werden.
5. Exportkartelle[789] sollten innerhalb von fünf Jahren nach der Gründung des ICPO in den nationalen Gesetzen der Staaten untersagt werden.
6. Importkartelle sollten innerhalb von fünf Jahren verboten werden mit Ausnahme solcher Importkartelle, die zur Bekämpfung von Exportkartellen gebildet werden.
7. Ab sieben Jahren nach ihrer Gründung sollte das ICPO unter bestimmten Voraussetzungen zuständig sein, eine Untersuchung über einen angeblichen Missbrauch von Monopolmacht zu führen und Korrekturmaßnahmen zu empfehlen. Sollten die nationalen Behörden keine geeigneten Maßnahmen

---

788 Näher zur "wesentlichen" Kartelle siehe *Schrerer*, Fn. oben und *ders.*, International Trade and Competition Policy, ZEW Discussion Papers 1996, Nr. 96-18, S. 17.

789 Zum Thema der Exportkartelle schlägt *Scherer* eine Lösung vor, wonach jeder Nation erlaubt sein würde, drei vierstellige STIC-Branchenausnahmen v. einem allgemeinen Verbot v. Exportkartellen zu machen, in: International Trade and Competition Policy, ZEW Discussion Papers 1996, Nr. 96-18, S. 17. Siehe auch "Standard International Trade Classification" (SITC) abrufbar unter: https://unstats.un.org/unsd/trade/sitcrev4.htm (3.2.2022).

ergreifen, sollte die WTO Sanktionen durch geschädigte Staaten genehmigen. Es sollte die Möglichkeit einer Berufung vor dem Weltgericht bestehen.

8. Innerhalb von sieben Jahren sollte das ICPO unter bestimmten Voraussetzungen Beschwerden von Staaten über gemeldete wesentliche Fusionen entgegennehmen. Dabei sollten jedoch die nationalen Gesetze gelten.
9. Wenn ein Unternehmen mehr als 20 Jahre lang mindestens 40 Prozent des Welthandels in einer digitalen STIC-Kategorie auf der Grundlage gültig erteilter Patente oder Urheberrechte kontrolliert, könnte jeder Vertragsstaat eine Zwangslizenzierung der Patente oder geistigen Eigentumsrechte des Unternehmens in seiner Gerichtsbarkeit verlangen.
10. Eine Auffangvorschrift sollte es dem ICPO ermöglichen, Beschwerden von den nationalen Wettbewerbsbehörden über monopolistische und den internationalen Handel beeinträchtigende Verhaltensweisen, die aber nicht ausdrücklich durch die hier genannte Politik abgedeckt sind, entgegenzunehmen und Korrekturmaßnahmen zu empfehlen. Sollten die nationalen Behörden keine geeigneten Maßnahmen ergreifen, so wären die Staaten berechtigt, Gegenmaßnahmen zu ergreifen.
11. Den Staaten stünde es frei, strengere oder schwächere Regeln zu erlassen für solche Wettbewerbsbeschränkungen, die sich nur in ihrem Hoheitsgebiet auswirken.

2. Stellungnahme

Der von *Scherer* vorgelegte Vorschlag, der aus unverbindlichen Bestimmungen bestand, war ein *Soft-Law*-Vorschlag, dessen Vollzug die Staaten nicht verpflichtet. Das ICPO, dessen Gründung vorgesehen war, könnte nur unverbindliche Empfehlungen abgeben. Somit verfügten die vorgeschlagenen Bestimmungen und das ICPO über keine Sanktionsgewalt, welche eine der wichtigsten Voraussetzungen eines effektiven globalen Wettbewerbsabkommens ist. Die Schaffung einer Auffangvorschrift war vorteilhaft, da sie wettbewerbswidrige Verhaltensweisen abdecken könnte, bei denen ein internationaler Konsens schwer zu erreichen wäre. Jedoch könnte auch genau die Auffangvorschrift bei den Verhandlungen des Abkommens Probleme schaffen, da die Staaten eine Bestimmung, die inhaltlich eine weite Auslegung zulässt, höchstwahrscheinlich nicht akzeptieren würden. Da das ICPO allerdings keine rechtsverbindliche Entscheidung treffen könnte, sind auch der Wirkung dieser Vorschrift Grenzen gesetzt.

Obgleich *Scherer*'s Vorschlag realistischer als der DIAC ist, könnte ein Modell, das die Einrichtung eines Weltgerichts vorsieht, für viele Staaten zu ambitioniert sein. Ein Unterschied zu dem DIAC, der auch die Einrichtung einer internationalen Wettbewerbsbehörde vorsieht, ist, dass nach dem *Scherer's* Vorschlag sich nur die Staaten an die einzurichtende internationale Behörde wenden könnten, im Gegensatz zum DIAC, wonach sich auch die Unternehmen an die einzurichtende Wettbewerbsbehörde wenden könnten. Wegen des WTO-Bezugs der Thematik ist der Letztere zutreffend.

Das schrittweise Inkrafttreten der unterschiedlichen Bestimmungen, so wie die Empfehlung zum Erlass einiger Bestimmungen fünf Jahre nach der Gründung des ICPO, ist eine zu berücksichtigende Methode, da sie manchen Staaten die notwendige Zeit für die Umsetzung vereinbarter Grundsätze verschafft. Der Empfehlung bezüglich der Zusammenarbeit der nationalen Wettbewerbsbehörde mit dem ICPO ist ebenfalls zuzustimmen. Allerdings empfahl der Vorschlag keine rechtsverbindlichen Regeln. Wenn dieser Vorschlag angenommen worden wäre, wäre er aufgrund des fehlenden *Hard-Law*-Ansatzes nicht effektiv. Abschließend ist zu bemerken, dass *Scherer* ein starker Unterstützer der unilateralen Anwendung des US-Rechts auf internationale Fälle war.[790]

V. Konstitutionelles Modell

Das konstitutionelle Modell[791] sah, anders als der DIAC, keine Kodifizierung der Wettbewerbsregelungen auf globaler Ebene vor, sondern Elemente und Prinzipien, die als Grundlage für die Erstellung eines Rechtsrahmens herangezogen werden können.[792] Von dem institutionellen Modell unterscheidet es sich dadurch, dass institutionelle Maßnahmen nicht im Vordergrund stehen.[793] In der Literatur sind einige Vorschläge mit vergleichbarem Inhalt vorhanden. Vorliegend werden nur die wichtigsten Vorschläge im Rahmen dieses Modells, namentlich die von *Fox* und *Drexl*, erläutert.

---

790 *"I once believed that unilateral action by the United States was sufficient to deter cartels, or at least to drive them deep underground"*, *Scherer*, New York Law School Review 47 (2003), 153, 156.

791 *Fox*, Pacific Rim Law Policy J. 4 (1995), 1, 12; *Bätge*, Globalisierung des Wettbewerbsrechts: Eine internationale Wettbewerbsordnung zwischen Kartell- und Welthandelsrecht, 2009, S. 457.

792 *Bätge*, Globalisierung des Wettbewerbsrechts, 2009: Eine internationale Wettbewerbsordnung zwischen Kartell- und Welthandelsrecht, 2009, S. 457 f.

793 Siehe Fn. oben, S. 458.

1. *Fox's* Vorschlag

a. *Inhalt*

Der Ausgangspunkt von *Fox's* Vorschlag war, dass internationale Probleme internationale Lösungen erfordern, wobei Vielfalt erhalten bleiben solle.[794] Daher wurde nicht der Abschluss eines vollständigen und umfassenden internationalen Wettbewerbsrechts vorgeschlagen, sondern lediglich einige Rahmenprinzipien mit einem unparteiischen Streitbeilegungssystem im Falle von globalen Konflikten.[795] In diesem Zusammenhang empfahl *Fox* die Schaffung eines multilateralen Wettbewerbsabkommens[796] in der WTO oder in einem anderen Forum, das *Agreement on Trade-Related Aspects of Antitrust Measures* (TRAMS)[797] genannt werden könnte. Dabei sollte jeder Staat im Wesentlichen seine eigenen Wettbewerbsregeln sowie gleichzeitig die im TRAMS festgelegten Grundsätze durchsetzen.

aa. *Grundsätze*

Laut *Fox* sollte ein globales multilaterales Wettbewerbsabkommen eine Verpflichtung zur Transparenz der nationalen Wettbewerbsrechte enthalten.[798] Die Mitglieder sollten den Grundsatz der Inländerbehandlung von Waren und Dienstleistungen anderer Vertragsstaaten übernehmen, diese durchsetzen und sich auf die gleichen Ziele für Kapital und Niederlassungsfreiheit zubewegen. *Fox* wies auch auf die Bedeutung der Nichtdiskriminierung im öffentlichen Beschaffungswesen und die Inländerbehandlung ausländischer Investitionen zur Beseitigung der Wettbewerbsverzerrungen hin.[799]

---

794 *Fox*, Pacific Rim Law Policy J. 4 (1995), 1, 12.

795 *Fox*, International Antitrust: Cosmopolitan Principles for an Open World, in: Hawk, International Antitrust Law & Policy, 1998, S. 271; Auch *Graham/Richardson* unterstützen diesen Ansatz, mit dem Unterschied, dass sie ein TRIPS-ähnliches Modell vorschlagen, in: Global Competition Policy, 1997, S. 4 und 562.

796 *Fox*, Competition Law: Linking the World in: Berrmann/Herdegen/Lindseth, Transatlantic Regulatory Competition, 2001, S. 250; *Fox*, International Antitrust: Cosmopolitan Principles for an Open World, in: Hawk, International Antitrust Law & Policy, 1998, S. 274.

797 *Fox*, AJIL 91 (1997), 1, 2.

798 Nach *Weinrauch* soll eine Transparenzbestimmung die WTO-Mitglieder verpflichten, wichtige Entscheidungen v. Wettbewerbsbehörden und Gerichten zu veröffentlichen, in: Competition Law in the WTO, 2004, S. 170.

799 *Fox*, Pacific Rim Law Policy J. 4 (1995), 1, 33.

bb. Materielle Vorschriften

Das TRAMS sollte die folgenden Vorschriften umfassen:

- ein Kartellverbot,
- eine Marktzugangsregel, die die Blockierung der Märkte durch wettbewerbsbeeinträchtigende Beschränkungen verbietet,
- eine Bestimmung, die die Integration vereinbarter Grundsätze in nationale Wettbewerbsrechte, ihre Durchsetzung, die Ausdehnung der nationalen Gesetze auf Wettbewerbsbeschränkungen außerhalb der Hoheitsgebiete vorsieht, wenn sie von Staatsangehörigen verursacht werden,
- eine Verpflichtung zur Nichtgenehmigung wettbewerbswidriger Verhaltensweisen, wenn es um die Schädigung eines anderen Mitglieds geht,
- eine Verpflichtung, die die nationalen Antidumpingregeln mit kartellrechtlichen *price-predation rules* in Einklang bringt,
- Grundsätze für einen freieren Wettbewerb und für Streitbeilegung,
- eine Bestimmung über die Kontrolle der Fusionen, die eine marktbeherrschende Stellung schaffen oder verstärkten.[800]

Die Staaten wären lediglich dazu verpflichtet, nationale Gesetze gegen wettbewerbswidrige Beschränkungen des freien Marktzugangs zu erlassen und sie effektiv durchzusetzen.[801] Es stünde den Staaten aber frei, ihre nationalen Regelungen zu formulieren und auszulegen.

cc. Verfahrensrechtliche Vorschriften

Fox[802] empfahl die folgenden verfahrensrechtlichen Vorschriften:

- Mitgliedern, deren Wettbewerb geschädigt wird, sollte ein Klagerecht verliehen werden,
- Grundsätze über die (un-)zulässige Anwendung des nationalen Rechts sollten entwickelt werden,
- ein Streitbeilegungssystem nach dem NAFTA- oder WTO-System sollte entwickelt werden: Ein Panel sollte eingesetzt werden, wobei jedes Mitglied ein anderes mit dem Recht auf Berufung verklagen könnte. Das Panel sollte

800 *Fox*, Pacific Rim Law Policy J. 4 (1995), 1, 30 ff.

801 *Fox*, International Antitrust: Cosmopolitan Principles for an Open World, in: Hawk, International Antitrust Law & Policy, 1998, S. 273; *Fox*, Antitrust Bulletin 43 (1998), 5, 8.

802 *Fox*, Pacific Rim Law Policy J. 4 (1995), 1, 32.

das nationale Recht des Staates anwenden, dessen Wettbewerb vermeintlich geschädigt wurde. Das Panel sollte mit Rechten ausgestattet werden, um die nationalen Rechte der Staaten durchzusetzen.
- Die nationalen Wettbewerbsbehörden sollten sich auf ein gemeinsames Melde- und Anmeldeformular für Fusionen und auf ein zentrales Ablagesystem einigen.

b. Kritik von Fox *an anderen Ansätzen*

Fox[803] hielt den Weltkartellrecht-Ansatz und den DIAC für ehrgeizig. Es gäbe kein weltweit akzeptiertes detailliertes wettbewerbsrechtliches Regelwerk. Ferner seien einige DIAC-Regeln für viele Nationen, beispielsweise für die USA, inakzeptabel, etwa die Bestimmung zu vertikalen Wettbewerbsbeschränkungen in Art. 5 DIAC oder zum Missbrauch marktbeherrschender Stellung in Art. 14 DIAC, der die Diskriminierung der Handelspartner durch das marktbeherrschende Unternehmen unter bestimmten Voraussetzungen untersagt. Auch die Harmonisierung nationaler Rechte wären problematisch. Zum einen wegen unterschiedlicher Bedeutungen der Schlüsselwörter in unterschiedlichen Nationen, wie zum Beispiel Missbrauch und Bewertung der Marktmacht. Zum anderen wäre der Handel nicht aufgrund unterschiedlicher nationaler Wettbewerbsrechte beschränkt, sondern wegen fehlender nationaler Rechte. Sie fand, dass die Nicht-Anwendung existierender nationaler Wettbewerbsgesetze ein größeres Problem als unharmonisierte nationale Wettbewerbsgesetze darstellte. Laut *Fox* würde eine *Hard*-Harmonisierung nationale Autonomie zerstören. Die Extraterritorialität mit der Erweiterung bilateraler Zusammenarbeit böte keine Lösung für die staatlichen, sondern allenfalls nur für die privaten Wettbewerbsbeschränkungen.

c. Stellungnahme

Obgleich die Vorschläge von *Fox* und der Münchner-Gruppe als unterschiedliche Ansätze klassifiziert werden, ähneln sie sich, wobei der Vorschlag von *Fox* realistischer erscheint. Die Ähnlichkeit ist insbesondere vor dem Hintergrund, dass *Fox* eine der Teilnehmerinnen der München-Gruppe war, wenig überraschend. Und das, obwohl sie zu bestimmten Themen eine unterschiedliche Meinung vertritt und den Ansatz des Weltkartellrechts ablehnte. Der DIAC und

803 *Fox*, AJIL 91 (1997), 1, insb. 16 und 18.

Fox's Vorschlag forderten beide ein bestimmtes Niveau der Integration. Allerdings schlug *Fox* eine begrenztere Agenda vor.[804]

Der auffälligste Punkt dieses Vorschlags war, dass den Staaten die Formulierung ihrer eigenen Wettbewerbsrechte freistünde und dass das Panel zur Streitbeilegung das nationale Recht der Staaten anwenden sollte. Auf den ersten Blick klingt dies nach einer globalen Vision, die die Vielfalt der Staaten berücksichtigt. Bei einer Annahme von *Fox's* Vorschlag würde das Panel jedoch für die gleichen wettbewerbswidrigen Verhaltensweisen jeweils unterschiedlich entscheiden müssen. Handelt es sich um einen Sachverhalt, bei dem eine von der Türkei ausgehende wettbewerbsbeschränkende Verhaltensweise sich zugleich in Deutschland und in den USA auswirkt, müsste das Panel für den ersten Fall deutsches Recht, im zweiten Fall US-amerikanisches Recht anwenden, das möglicherweise abweichende Vorschriften beinhaltet. In einem solchen Fall würden nicht nur zwei unterschiedliche Entscheidungen für den gleichen Fall getroffen, sondern es könnte auch zu einer Verringerung der Glaubwürdigkeit des Panels kommen. Auch für den Staat, von dem die wettbewerbsbeschränkende Verhaltensweise ausgeht, würde eine Unsicherheit aufgrund unterschiedlicher nationaler Gesetze bestehen. Von daher wäre die Anwendung nationaler Regelungen nicht angemessen.

Außerdem sah *Fox* die Einrichtung eines Streitbeilegungssystems nach dem NAFTA- oder WTO-Modell vor. Jedoch existiert in der WTO schon ein Streitbeilegungssystem, auch wenn es bezüglich seiner Legitimation kritisiert wird.[805] Da auch *Fox* den Abschluss eines wettbewerbsrechtlichen Abkommens unter dem WTO-Dach vorschlug, ist nicht ersichtlich, warum lediglich für die wettbewerbsrechtlichen Streitigkeiten ein separates Streitbeilegungsorgan eingerichtet werden soll. Sollte der Grund dafür in den Bedenken bezüglich seiner Legitimität liegen, sollte dies auch für die sich aus den anderen WTO-Abkommen ergebenden Streitigkeiten ein Problem darstellen. Sollte der Grund in der angeblich ungenügenden Erfahrung der Panelmitglieder liegen, so sollten die Organe des bestehenden Systems bereits Fälle mit wettbewerbsrechtlichen Aspekten bearbeitet und Berichte verfasst haben.

Die durch *Fox* vorgeschlagenen materiellen Vorschriften untermauern ihren generellen Standpunkt der Einhaltung der Vielfalt. Die Abwesenheit des Themas staatlicher Beihilfen ist auffallend. Darüber hinaus erwähnte *Fox* die Übernahme des Grundsatzes der Inländerbehandlung von Waren und Dienstleistungen

---

804 *Fox*, Pacific Rim Law Policy J. 4 (1995), 1, 10.

805 Siehe hierzu § 5.

anderer Vertragsstaaten und die Konvergenz hin zu gleichen Zielen für Kapital und Niederlassungsfreiheit, welche an das EU-Modell erinnert. Dieses Modell wäre jedoch für weltweite Wettbewerbsregeln unpassend, auch wenn es im europäischen Markt erfolgreich ist. Ein festes regionales Modell, das auf weniger Vielfalt basiert, würde nicht das richtige Vorbild für ein globales Abkommen darstellen. Es könnte auch in Konflikt mit dem Ziel der Bewahrung der Vielfalt geraten, da es mehr Vereinheitlichung fördert.

2. TRIPS als Modell für ein WTO-Abkommen über das Wettbewerbsrecht

Erwähnung verdient weiter der Vorschlag zur Schaffung eines TRIPS-ähnlichen WTO-Abkommens über das Wettbewerbsrecht. Wie dargelegt, erlegt TRIPS den WTO-Mitgliedern positive Verpflichtungen auf, ein Mindestmaß an Schutz des geistigen Eigentums zu erlassen und inländische Mechanismen zur Durchsetzung der Rechte des geistigen Eigentums zu schaffen. Ein TRIPS-ähnliches WTO-Abkommen über das Wettbewerbsrecht würde, so wie TRIPS, zunächst die Mindestelemente eines nationalen Wettbewerbsrechts sowie Durchsetzungspflichten enthalten. Die WTO-Mitglieder wären im Rahmen ihrer nationalen Wettbewerbsvorschriften zu deren Erlass verpflichtet.[806] Bei Nichteinhaltung der Mindeststandards würde das Abkommen den WTO-Mitgliedern das Recht gewähren, das WTO-Streitbeilegungsverfahren einzuleiten.[807] Das Gesetzgebungsverfahren würde demjenigen der EU ähneln, bei dem die zuständige Behörde einen Rechtsetzungsakt erlässt, es aber den Mitgliedern überlässt, geeignete Rechtsvorschriften zu erlassen.[808]

Guzman weist darauf hin, dass der Erfolg vom TRIPS darauf hindeutet, dass es auch Hoffnung für ein Wettbewerbsabkommen gibt.[809] Laut *Graham / Richardson*[810] sollte das Abkommen die Kartelle, Marktzugangsverbote und Unternehmenszusammenschlüsse umfassen. Die wettbewerbswidrigen Aspekte der Handelsmaßnahmen sollten durch effizientere und gleichwertige wettbewerbspolitische Schutzmaßnahmen ersetzt werden. Im Hinblick darauf, dass TRIPS

806 *Kennedy*, Competition Law and the World Trade Organisation: The Limits of Multilateralism, 2001, § 5, Rn. 5.03.
807 *Hudec*, New England Law Review 34 (1999), 79, 86.
808 *Kennedy*, Competition Law and the World Trade Organisation: The Limits of Multilateralism, 2001, § 5, Rn. 5.02.
809 *Guzman*, Virginia J. of Int. Law 43 (2002-2003), 933, 956.
810 *Graham/Richardson*, Global Competition Policy, 1997, S. 562.

für *Abkommen über handelsbezogene Aspekte der Rechte des geistigen Eigentums* und TRIMS für *Agreement on Trade related Investment Measures* steht, hat *Hindley* für ein solches Wettbewerbsabkommen den Titel „TRACLAP" vorgeschlagen, der für *Agreement on Trade Related Aspects of Competition Law and Policy* (Abkommen über handelsbezogene Aspekte des Wettbewerbsrechts und der Wettbewerbspolitik) stehen würde.[811]

Dieses Modell stellt grundsätzlich eine bessere Variante des oben vorgestellten Vorschlags von *Fox* dar. Der Ansatz zur Schaffung eines TRIPS-ähnlichen WTO-Abkommens über das Wettbewerbsrecht gehört zu einem der realistischsten Ansätze.

3. Wettbewerb als globales öffentliches Gut

a. Inhalt

Ausgehend von der wirtschaftlichen und politischen Theorie der globalen öffentlichen Güter, die von dem *United Nations Development Program* gefördert wurde, wird der internationale Wettbewerb auf den grenzüberschreitenden Märkten von *Drexl*[812] als Schutzobjekt des WTO-Wettbewerbsrechts angesehen. Er sah den internationalen Wettbewerb als ein globales öffentliches Gut, das geschützt werden sollte. Der internationale Wettbewerb sollte daher als Schutzgut eines WTO-Wettbewerbsabkommens klassifiziert werden, das als multilaterales WTO-Abkommen abgeschlossen werden könnte. Die WTO wäre das *„einzige richtige Forum"* aufgrund ihrer Verbindung zwischen der Handelsliberalisierung und dem Wettbewerbsschutz.[813]

Elemente eines solchen Wettbewerbsabkommens im Rahmen der WTO wären nach *Drexl*: (i) Keine Verpflichtung zur Schaffung eines nationalen Wettbewerbsrechts, obwohl es wünschenswert wäre, (ii) keine Angleichung des nationalen materiellen Rechts und (iii) die Anwendung allgemeiner WTO-Grundsätze der Nichtdiskriminierung, Transparenz und Verfahrensgerechtigkeit. Darüber hinaus sollte das Diskriminierungsverbot die Verpflichtung zur Berücksichtigung weltweiter Auswirkungen eines Marktverhaltens, zum Beispiel

---

811 *Hindley*, Competition Law and the WTO: Alternative Structures for Agreement, in: Hudec/Bhagwati, Fair Trade and Harmonisation: Prerequisites for Free Trade?, 1996, S. 333.

812 *Drexl*, ZWeR 2 (2004), 191, insb. 228, 231 f., 245, 247.

813 So auch *Wins*, Eine internationale Wettbewerbsordnung als Ergänzung zum GATT, 2000, S. 157.

einer Fusion, enthalten. Dabei müssten die WTO-Mitglieder, die über ein Wettbewerbsrecht verfügten, insbesondere Exportkartelle[814] verbieten. Die WTO-Mitglieder, die über kein Wettbewerbsrecht verfügten, müssten die in ihrem Land veranlassten und sich nur grenzüberschreitend auswirkende Exportkartelle genauso verfolgen, wie die sich im Inland auswirkenden Exportkartelle. Die verpflichtenden Bestimmungen des WTO-Wettbewerbsabkommens würden für die Mitglieder, die über kein Wettbewerbsrecht verfügen, nur dann wirksam, wenn diese wettbewerbsrechtliche Vorschriften erließen.

Ferner schlug *Drexl* die Weiteranwendung des Auswirkungsprinzips vor, wonach die Staaten ihr nationales Wettbewerbsrecht auch auf die internationalen Wettbewerbsbeschränkungen anwenden würden, bis kein Staat ohne eigenes Wettbewerbsrecht mehr existiert. Die Anwendung des Auswirkungsprinzips sollte aber auf WTO-Ebene erweitert werden, indem der Grundsatz der Nichtdiskriminierung rechtsverbindlich eingehalten würde und vor dem DSB durchsetzbar sei. Darüber hinaus plädierte er für die Ausarbeitung eines internationalen Verfahrensrechts zur Kartellrechtsdurchsetzung. Dies sollte gewährleisten, dass die am besten geeignete nationale Behörde, je nach Fall, in Koordination mit nationalen Behörden in anderen WTO-Mitgliedern die Wettbewerbsbeschränkungen untersucht, die notwendigen Informationen beschafft, gegebenenfalls an die Wettbewerbsbehörden anderer betroffener Länder weitergibt und das Recht am wirksamsten durchsetzt. Demnach sollte nach *Drexl* der internationale Wettbewerb über nationale Wettbewerbsbehörden geschützt werden.

Drexl[815] akzeptierte aber selbst, dass die Umsetzung seines Vorschlages in der Praxis schwierig wäre, vor allem bei den Fusionen zu gewährleisten, dass die nationalen Wettbewerbsbehörden nicht das nationale Interesse, sondern die grenzüberschreitende Auswirkung in Betracht zögen. Um das Einhalten zu gewährleisten, wäre nach *Drexl* die Übertragung der Wettbewerbsprüfung auf politisch unabhängige Behörden und das Treffen verfahrenstechnischer Vorkehrungen sinnvoll. Jedoch sollten die sich widersprechenden Entscheidungen der Staaten akzeptiert werden, wobei Bestimmungen hinsichtlich der Zusammenarbeit der Behörden zur Lösung dieses Problems beitragen könnten.

Laut *Drexl*[816] könnten auch Sanktionen gegen Wettbewerbsverstöße in dem WTO-Wettbewerbsabkommen vorgesehen werden, so wie der dritte Teil

---

814 Die Freistellung der Exportkartelle führt auch nach *Fox* zu einer Lücke im internationalen Wettbewerbssystem, in: Virginia J. of Int. Law 43 (2003), 911, 919.

815 *Drexl*, ZWeR 2 (2004), 191, 240 und 242.

816 *Drexl*, ZWeR 2 (2004), 191, 243, 245 und 248.

des TRIPS. Aufgrund der Nicht-Anwendung des nationalen Rechts gegen ein Exportkartell könnte das WTO-Streitbeilegungsverfahren eingeleitet werden, auch wenn der sich beschwerende Staat über kein eigenes Wettbewerbsrecht verfügen würde. Nach *Drexl* wäre ein solches WTO-Wettbewerbsabkommen vor allem zum Vorteil der Entwicklungsländer. Dies müsste ihnen dadurch gezeigt werden, dass die Industrieländer ihr eigenes Recht änderten, anstatt von den Entwicklungsländern zu erwarten, dass sie die rechtlichen Standards entwickelter Länder übernehmen. Dieser Ansatz wurde von *Drexl* als ein Minimalansatz beschrieben, der keine Harmonisierung nationaler Rechte forderte.

b. Stellungnahme

Drexl schlug keine Aushandlung der materiellen Vorschriften vor, was bedeutet, dass den Mitgliedern keine Verpflichtung zum Erlass eines Wettbewerbsgesetzes auferlegt wird. Also lehnte er nicht nur die Harmonisierung nationaler Wettbewerbsgesetze ab, sondern auch die Verpflichtung der Mitglieder, nationale Wettbewerbsgesetze zu erlassen.

Die Beschreibung des internationalen Wettbewerbs als globales öffentliches Gut ist zutreffend. Der Auffassung von *Drexl*, dass der internationale Wettbewerb zum Schutzgut eines WTO-Wettbewerbsabkommens erhoben werden soll, ist auch zuzustimmen. Er betrachtete die WTO als das einzige richtige Forum für den Abschluss eines internationalen Wettbewerbsabkommens.

Ein Konsens zum Verbot der Exportkartelle (sowohl von Mitgliedern mit einem Wettbewerbsrecht als auch von Mitgliedern ohne Wettbewerbsrecht) könnte schwer zu erreichen sein. Zudem könnte ein solcher Vorschlag die Möglichkeit einer Eignung über ein internationales Abkommen verringern, da Exportkartelle bereits in den nationalen Rechten vieler WTO-Mitglieder für nationale Unternehmen erlaubt sind. Es könnte unrealistisch sein, von den Staaten zu erwarten, dass sie gegen ihr nationales Interesse handeln und ihre Ressourcen für ein Marktverhalten, das von ihrem eigenen Land ausgeht und in anderen Staaten nachteilig auswirkt, einsetzen. Darüber hinaus begünstigt die Anwendung nationaler Rechte auf internationale Fälle das Eintreten sich widersprechender Entscheidungen unterschiedlicher Staaten im selben Fall bzw. bezüglich desselben Marktverhaltens, so wie im Fall *GE – Honeywell*. Bei einem Reformvorschlag sollte einer der Ausgangspunkte das Vermeiden von Problemen dieser Art sein.

Drexl selbst fand die Umsetzung dieses Vorschlags schwierig. Insbesondere könnte die Umsetzung der Übertragung der Wettbewerbsprüfung auf politisch unabhängige Behörden problematisch sein. Auch wenn es nach einer guten

Alternative klingt, bestehen Zweifel an ihrer Durchführbarkeit und an der Sicherstellung politischer Unabhängigkeit der Behörden.

VI. Dezentralisiertes internationales Mehr-Ebenen-Wettbewerbssystem

1. Inhalt

Nach der Auffassung von *Kerber / Budzinski*[817] war eine dezentralisierte internationale Wettbewerbspolitik besser dazu geeignet, mit internationalen Wettbewerbsproblemen und mit den Unterschieden der nationalen Wettbewerbspolitiken umzugehen. Dieses System würde auch paralleles Experimentieren und gegenseitiges Lernen ermöglichen. Um das dezentralisierte Modell mit der Notwendigkeit in Einklang zu bringen, Probleme zu lösen, die sich aus der Anwendung unterschiedlicher nationaler Wettbewerbsgesetze ergeben, müsste ein internationales Mehr-Ebenen-System entwickelt werden. Innerhalb dieses Systems könnten die substanziellen Wettbewerbsregeln und Durchsetzungsbehörden aus zwei oder drei verschiedenen Ebenen bestehen. Dabei sollte die Wettbewerbspolitik auf den verschiedenen Ebenen unabhängig voneinander bleiben. Die erste Ebene repräsentiere die globale Ebene (internationale Ebene). Die zweite Ebene repräsentiere die regionale Ebene (zum Beispiel die EU-Ebene) und die dritte Ebene die nationale Ebene (zum Beispiel die Ebene eines EU-Mitgliedstaats). Außerdem sollte für die Regelungen des Mehr-Ebenen-Systems ein kohärenter institutioneller Rahmen entwickelt werden.

Dieses System sollte als ein integriertes System funktionieren, wobei ein Minimalkonsensus zwischen den Staaten eine Voraussetzung ist. Bei der Feststellung eines optimalen Gleichgewichts zwischen Dezentralisierung und Zentralisierung wäre unter anderen die Frage, welche Art von Wettbewerbspolitik auf welcher Zuständigkeitsebene behandelt werden sollte und welcher Grad der Zentralisierung und Dezentralisierung im Hinblick auf Wettbewerbsregeln und deren Durchsetzung gewählt werden sollte, relevant. Nach den Autoren könnte das Gleichgewicht durch Kriterien wie die geographische Reichweite des Wettbewerbs oder Transaktionskosten bestimmt werden.

Der Entwicklung der Regeln zur horizontalen und vertikalen Allokation und Abgrenzung von Kompetenzen auf die einzelnen Jurisdiktionen kam eine besondere Bedeutung zu, wobei das Auswirkungsprinzip und *Positive* bzw. *Negative*

---

817 *Kerber/Budzinski* Competition of Competition Laws: Mission Impossible? in: Epstein/Greve, Competition Laws in Conflict, 2004, S. 54-56; *dies.*, ZWeR 1 (2003), 411, 445.

Comity als Ausgangspunkt für die Entwicklung kohärenter Regelungsrahmen dienen könnten. Nach dieser Auffassung wurden keine materiellen Mindeststandards benötigt. Die Vielfalt sollte erhalten bleiben. Für die Beilegung der Streitigkeiten sollte ein globales Panel, *International Competition Panel*, eingerichtet werden.

2. Kritik von *Kerber / Budzinski* an anderen Ansätzen

Das Modell des Unilateralismus wurde von *Kerber / Budzinski*[818] abgelehnt. Dabei wiesen sie insbesondere auf die Lücken infolge unzureichender extraterritorialer Durchsetzung nationaler Gesetze, auf nachteilige externe Auswirkungen infolge unfreundlicher Nachbarschaft zwischen den Staaten, sowie auf unterschiedliche Urteile und Beschlüsse in gleichen Fällen und die daraus entstehenden zusätzlichen Kosten für die Unternehmen hin.

Der Ansatz, der die Harmonisierung nationaler Wettbewerbsgesetze unterstützt, wurde ebenfalls von *Kerber / Budzinski* abgelehnt. So würde eine Harmonisierung schließlich zu einer Zentralisierung und dem Zustandekommen einheitlicher Gesetze führen. Darüber hinaus wäre, auch wenn die Staaten über die materiellen Vorschriften eines internationalen Wettbewerbsabkommens übereinstimmen würden, was sehr schwierig erschien, der Abschluss eines internationalen Wettbewerbsabkommens sehr kostspielig. Außerdem wäre zweifelhaft, ob vor dem Hintergrund unterschiedlicher wettbewerbspolitische Ziele und unterschiedlicher wirtschaftlicher und kultureller Bedingungen in den einzelnen Staaten eine einheitliche Wettbewerbspolitik die beste Lösung für alle Länder wäre. Ein weiteres Argument dafür wäre die Ermöglichung gleichzeitiger Experimente mit anderen Lösungsansätzen und das gegenseitige Lernen aus Erfahrungen. Aus diesen Gründen wären dezentrale Wettbewerbspolitiken besser geeignet, um die Unterschiede in der Weltwirtschaft zu bewältigen.

3. Stellungnahme

Dieser Ansatz sucht nach einem internationalen Konsens über die Zuständigkeitsverteilung in Wettbewerbsfällen mit internationaler Dimension. Obwohl der Ausgangspunkt dieses Ansatzes ein dezentralisiertes Modell ist, ist das Modell trotzdem nicht völlig gegen Zentralisierung, da es Wege für das ideale Gleichgewicht zwischen der Zentralisierung und Dezentralisierung sucht.

---

818 *Kerber/Budzinski* in: Epstein/Greve, Competition Laws in Conflict, 2004, S. 54.

Bisher wurde jedoch kein umfassender Reformvorschlag zu einer mehrstufigen Wettbewerbspolitik vorgelegt, der eine ausführliche Bewertung ermöglicht.

§ 9. Eigener Vorschlag

Die vorgenommene Untersuchung lässt den Schluss zu, dass Wettbewerb und Handel einander bedingen und der Grundlage für die Verabschiedung eines internationalen Wettbewerbsrechtsabkommens gelegt ist, der notwendigerweise die Schaffung eines neuen Rechtsgebietes „internationales multilaterales Wettbewerbsrecht" nach sich zieht. In diesem Abschnitt soll ein möglichst optimaler Inhalt für ein WTO-Wettbewerbsabkommen ermittelt werden. Hierfür ist es sinnvoll, zunächst mit allgemeinen Grundsätzen zu beginnen und daran anschließend spezifische Regelungen zu formulieren.

I. Ausgangslage

In der Debatte um ein internationales Abkommen über das Wettbewerbsrecht ist die Thematik der Harmonisierung nationaler Rechte intensiv diskutiert worden. Zweifellos würde jede Form eines internationalen multilateralen bzw. plurilateralen Abkommens über das Wettbewerbsrecht unweigerlich zu einer gewissen Konvergenz der nationalen Rechte führen. Allerdings gibt es verschiedene Stufen der Harmonisierung. Je nach Grad der Harmonisierung, der mit einem etwaigen Wettbewerbsabkommen erzielt wird, wird die Möglichkeit eine Einigung über ein globales Wettbewerbsabkommen zu erreichen verbessert oder verringert. Wenn es sich um eine starke Form der Harmonisierung handelt, in der gemeinsame Regeln von supranationalen Institutionen durchgesetzt werden und den einzelnen Staaten wenig Handlungsspielraum verbleibt, wird die Möglichkeit, eine Einigung über ein globales Abkommen über das Wettbewerbsrecht zu erreichen, verringert.

Daher wäre ein globales Rahmenabkommen über das Wettbewerbsrecht unter dem WTO-System, das eine *Light*-Harmonisierung der nationalen Wettbewerbsrechte vorsieht, das am ehesten realisierbare Abkommen. Dagegen könnte zwar eingewandt werden, dass dies nicht ausreichend effizient wäre. Hiergegen ist einzuwenden, dass je mehr detailliertere Regeln ein etwaiges Abkommen über das Wettbewerbsrecht beinhaltet, desto schwieriger und geringer wäre die Möglichkeit der Eignung zwischen den Staaten und desto niedriger die Anzahl der unterzeichnenden Vertragsstaaten.

Die Erfahrung zeigt, dass sich zwischen folgenden Alternativen entschieden werden muss:

(i) *Umfangreichere Regeln bzw. stärkere Harmonisierung und weniger Vertragsstaaten, oder*
(ii) *ein Rahmenabkommen mit allgemeinen Regeln und Grundsätzen, in Form einer Light-Harmonisierung, und eine größere Anzahl an Vertragsstaaten.*

Tatsächlich kann ein aus detaillierten Regeln bestehendes Abkommen effizientere Lösungen für die Behandlung internationaler wettbewerbsrechtlicher Probleme bieten. Dies setzt jedoch die Annahme des Abkommens durch die Staaten voraus. Sogar ein perfektes globales Wettbewerbsabkommen würde uns keinen Schritt weiterbringen, solange es nicht von allen Staaten akzeptiert wird. Aus diesem Grund sollte in einem ersten Schritt – der sowieso der schwierigste Schritt in diese Richtung war und ist – sich zunächst nicht auf ein Abkommen mit umfangreichstem Inhalt und den effizientesten Regeln, sondern auf das für die Staaten akzeptabelste Abkommen konzentriert werden. Der Inhalt des etwaigen Wettbewerbsabkommens wird bei seiner Aushandlung und Ratifizierung eine führende und wichtige Rolle spielen. Das Ziel sollte darin bestehen, die Bestätigung und Partizipation möglichst vieler Staaten sicherzustellen. Die Grundidee dieses Ansatzes ist also, dass weniger anspruchsvolle Schritte besser geeignet sind, um bessere Ergebnisse zu erzielen.

In diesem Sinne soll das globale WTO-Rahmenabkommen über das Wettbewerbsrecht vielmehr die Themen regulieren, wie unten detailliert beschrieben, bei denen schon eine Konvergenz zwischen unterschiedlichen nationalen Wettbewerbsregelungen existiert. Diese Themen sind im Wesentlichen: die Kartelle, – sollte eine Eignung möglich sein – Missbrauch marktbeherrschender Stellung, inklusive Monopole, und die Kontrolle der Fusionen. In den nationalen Gesetzen der Mehrheit der WTO-Mitglieder, die bereits über nationale Wettbewerbsregelungen verfügen, werden diese Punkte schon umfasst.[819] Heute verfügen ca. 135 von 164 WTO-Mitgliedern über nationale Wettbewerbsgesetze, während dies lediglich bei ca. der Hälfte der WTO-Mitglieder im Jahr 2000 war.[820]

---

819 Für eine Studie über das nationale Wettbewerbsrecht der ausgewählten WTO-Mitglieder aus 2001 siehe WTO, Overview of Members National Competition Legislation, WT/WGTCP/W/128/Rev.2. 20 Jahre später hat sich der Grad der Konvergenz noch mehr erhöht.

820 WTO-Arbeitsgruppe, WT/WGTCP/4, Rn. 14; Anderson/Kovacic/Müller/Sporysheva, Competition Policy, Trade and the Global Economy: Existing WTO Elements, Commitments in Regional Trade Agreements, Current Challenges and Issues for

Allerdings nimmt die Anzahl der WTO-Mitglieder, die über keine nationalen Wettbewerbsgesetze verfügen, stetig ab. Es ist daher nicht ausgeschlossen, dass in den nächsten Jahren entweder fast alle WTO-Mitglieder nationale Wettbewerbsregelungen erlassen oder zumindest dies planen. Die Aushandlung eines WTO-Abkommens über das Wettbewerbsrecht könnte diesen natürlichen Prozess möglicherweise vorantreiben.

Der Entscheidung über die nebensächlichen Aspekte, wie Fristen und Verfahren, soll jedem WTO-Mitglied überlassen werden. Es soll den Staaten freistehen, solche Punkte in Übereinstimmung mit ihren anderen nationalen Rechtsvorschriften festzulegen. Ein WTO-Abkommen über das Wettbewerbsrecht kann unter diesen Umständen erfolgreicher ausgehandelt werden.

Auch wenn der Gegenstand der vorliegenden Dissertation nicht das private, sondern, wegen des WTO-Bezugs das öffentliche Wettbewerbsrecht ist, musst darauf hingewiesen werden, dass eine Reform im Bereich des Wettbewerbsrechts, durch ein etwaiges internationales Wettbewerbsabkommen, wonach nicht nur die Maßnahmen der Staaten, sondern auch die Verhaltensweisen der privaten Parteien und Unternehmen erfasst wären, in näherer Zukunft nicht realistisch scheint. Dementsprechend würde ein WTO-Abkommen über das Wettbewerbsrecht, wie die anderen WTO-Abkommen, lediglich die Vertragsstaaten binden.

Es sollte in diesem Zusammenhang auf die Toleranz der Staaten bezüglich der wettbewerbswidrigen Verhaltensweisen ihrer Staatsangehörigen Unternehmen hingewiesen werden. Die Frage hierbei ist, ob diese Art der Maßnahmen, namentlich die staatliche Toleranz der privaten wettbewerbsbeschränkenden Verhaltensweisen, unter einem etwaigen globalen WTO-Wettbewerbsabkommen untersagt werden soll. Die Vertragsstaaten eines WTO-Wettbewerbsabkommens sollen sich verpflichten, nationale Wettbewerbsregelungen zu erlassen und sie effektiv durchzusetzen. Die Toleranz eines Staates gegen eine wettbewerbsbeschränkende private Verhaltensweise würde dann zugleich die Nicht-Durchsetzung nationaler Wettbewerbsregelungen bedeuten. Insbesondere im Bereich des Wettbewerbsrechts neigen die Staaten dazu, ihre eigenen nationalen Interessen und die Interessen ihrer nationalen Unternehmen vorab zu berücksichtigen. Deshalb soll die Toleranz eines WTO-Mitglieds für die im Abkommen umfassten wettbewerbswidrigen Verhaltensweisen einen Verstoß gegen das etwaige WTO-Wettbewerbsabkommen darstellen. Es stellt sich hierbei die Frage, ob

---

Reflection, 2018, S. 1, abrufbar unter: https://www.wto.org/english/res_e/reser_e/ersd201812_e.pdf (3.2.2022).

die Staaten eine Verpflichtung zur Untersuchung wettbewerbsbeschränkender Verhaltensweisen in ihrem Hoheitsgebiet eingehen würden. Eine solche Bedingung würde jedoch sicherlich die Anzahl der Staaten, die an einem derartigen Abkommen teilnehmen wollen, verringern.

Die folgenden Ausführungen geben einen Überblick über den möglichen Inhalt, Grundsätze, Form usw. eines etwaigen globalen Rahmenabkommens über das Wettbewerbsrecht. Darüber hinaus konzentrieren sie sich auf spezielle Themen, die im Rahmen etwaiger künftiger Verhandlungen berücksichtigt werden können.

II. Geographischer Geltungsbereich des Abkommens

Der geographische Geltungsbereich des Abkommens sollte groß genug sein, um die wichtigsten Handelspartner auf internationaler Ebene in das System einzubeziehen. Die Beteiligung der Industrieländer, wie die USA, Japan, andere asiatische Industrieländer und die EU, die schon einen großen Anteil des Welthandels leiten, ist wichtig.[821] Da diese Länder einen großen Teil des Welthandels repräsentieren, wird eine signifikante Anzahl der Wettbewerbsbeschränkungen von den Unternehmen verursacht, die ihren Sitz in diesen Ländern haben. Es ist klar, dass, um den Wettbewerb erheblich beschränken zu können, ein Unternehmen in erster Linie überhaupt die dafür notwendige Marktmacht besitzen muss. Der Wettbewerb würde in einem Szenario, in dem ein afghanisches und ein kambodschanisches Unternehmen die Preise festlegen, nicht in gleicher Weise eingeschränkt, verglichen mit einem Szenario, in dem die Preisabsprache beispielsweise zwischen *GE* und *Honeywell* stattfindet. Aus diesem Grund ist die Beteiligung ökonomisch starker Länder von Bedeutung.

Die Teilnahme aller oben genannten Staaten ist kein Wunschtraum, ist aber sehr eng verbunden mit dem Detaillierungsgrad des Inhalts des WTO-Rahmenabkommens über das Wettbewerbsrecht. Die EU, mit ihren 27 Mitgliedern, hat bereits bei mehreren Gelegenheiten ihre Bereitschaft gezeigt. Die USA, trotz eigener Initiativen zur Schaffung einer globalen Wettbewerbsordnung, ist

---

821 Im Jahr 2012 representierte der Handel zwischen US und EU 30 Prozent des Welthandels und ca. die Hälfte des weltweiten Bruttosozialprodukts, *Stancke*, EuZW 27 (2016), 567, 567. Siehe auch EU-Komm., Final Report of the EU-US High Level Working Group on Jobs and Growth, abrufbar unter: http://trade.ec.europa.eu/civilsoc/meetdetails.cfm?meet=11401 (3.2.2022).

meistens im letzten Moment von der Ratifizierung oder sogar von einer richtigen Aushandlung zurückgetreten.

Allerdings zeigt der im März 2017 veröffentlichte Bericht der US-Expertengruppe für internationale Wettbewerbspolitik, dass auch die USA mit der Anwendung der Extraterritorialität und bilateralen Abkommen bzw. Zusammenarbeit anscheinend in eine Sackgasse geraten ist und, dass es auch für die USA Zeit ist, die multilateralen Alternativen richtig zu berücksichtigen. Eine positive Ratifizierung seitens der USA ist entscheidend für die Verwirklichung eines solchen globalen Wettbewerbsabkommens, da zum Beispiel bei der Havanna-Charta Australien und Schweden ihre Ratifizierung der Charta von der Ratifizierung der USA abhängig machten.[822] Der Standpunkt der USA könnte also nach wie vor die Perspektiven und die Entscheidungen anderer Staaten beeinflussen. Daher könnte der oben dargestellte Bericht der US-Expertengruppe, im Sinne des Geltungsbereichs eines etwaigen globalen Wettbewerbsabkommens, als eine positive Entwicklung beurteilt werden.

III. Verhandlungsforum eines multilateralen Wettbewerbsabkommens

Wie jede multilaterale Regelung bedarf auch ein multilaterales Wettbewerbsabkommen eines Forums, in dem die Verhandlungen geführt werden. In diesem Abschnitt soll daher untersucht werden, welche internationale Einrichtung die besten regulatorischen und institutionellen Rahmenbedingungen für eine globale Zusammenarbeit im Bereich des Wettbewerbsrechts bietet. Zu diesem Zweck werden die hierfür potenziell infrage kommenden Alternativen auf ihre Geeignetheit untersucht und bewertet. Als Bewertungskriterien werden Aufgabenspektrum, Mitgliedschaft, Effektivität und – am wichtigsten – das System Streitbeilegung verwendet.

822 US House Committee of Foreign Affairs, Hearings on HJ. Res. 236, Membership and Participation by the US in the International Trade Organisation, 81. Congress, 2. Session, 1950, S. 87, abrufbar unter: https://babel.hathitrust.org/cgi/pt?id=uc1.a0000137927;view=1up;seq=98 (3.2.2022).

1. Internationale Organisationen

a. Organisation for Economic Cooperation and Development

Seit 1961 stellt die OECD mit ihrem *Competition Committee* sowie den Arbeitsgruppen ein bedeutendes internationales Forum für einen kooperativen multinationalen Austausch und die Diskussion internationaler wettbewerbspolitischer Fragen bereit.[823] Für eine globale Zusammenarbeit im Bereich Wettbewerbsrecht kommt somit die OECD als eines der alternativen Foren in Betracht.

Dass die OECD allerdings nicht das optimale Forum für die Verhandlung eines globalen Wettbewerbsabkommens darstellt, liegt ihrem Geltungsbereich. Denn obwohl das Aufgabenspektrum der OECD breiter als das Aufgabenspektrum der WTO ist, umfasst das Mitgliederspektrum der OECD – derzeit 37 Mitglieder[824] – weitgehend nur Industrieländer, auch wenn sie seit den 1990er Jahre ihre Reichweite auch auf Nichtmitglieder ausgedehnt hat. Die Tendenz der OECD, die Abkommen oder jegliche Art von OECD-Rechtsakten unter ausschließlicher Berücksichtigung der Interessen und des Entwicklungsniveaus der Industrieländer zu beschließen, lässt sich nicht leugnen.[825] Die Unterstützung der Entwicklungsländer fehlt der OECD. Die Stärke der UNCTAD ist also die Schwäche der OECD.

In der Anerkennung ihrer Unzulänglichkeit wurde unter dem OECD-Dach für die Vertiefung und Erweiterung der Beziehungen mit den Drittstaaten im Jahr 2011 das *Global Forum on Competition* gegründet, welches als Plattform für die Erörterung und Diskussion wichtiger wettbewerbsrechtlicher Fragen mit den Drittstaaten dient.[826] Das *Global Forum on Competition* bringt jedes Jahr mehr als 100 Wettbewerbsbehörden weltweit zusammen, darunter sowohl OECD-Mitgliederbehörden als auch Nicht-OECD-Mitgliederbehörden.[827] Mit einem breiten Schwerpunkt auf der Entwicklung umfasst das Forum Diskussionsrunden, Präsentationen von Experten sowie *Peer Reviews*.[828] Trotz der Bemühungen

---

823 Siehe die Selbstdarstellung der OECD unter: http://www.oecd.org/about/: „*The OECD provides a forum in which governments can work together to share experiences and seek solutions to common problems.*" (3.2.2022).

824 Für die vollständige Liste der OECD-Mitglieder siehe http://www.oecd.org/ueber-uns/mietglieder-und-partner/ (3.2.2022).

825 *Von Meibom/Geiger*, EuZW 13 (2002), 261, 266.

826 OECD, abrufbar unter: http://www.oecd.org/daf/competition/prosecutionandlawenforcement/23716869.pdf (3.2.2022).

827 OECD, abrufbar unter: http://www.oecd.org/competition/globalforum/about/ (3.2.2022).

828 Siehe Fn. oben.

der OECD, eine stärkere Verbindung mit den Entwicklungsländern herzustellen, ist es unwahrscheinlich, dass Drittstaaten bzw. die Nicht-OECD-Mitglieder eine unter dem OECD-Schirm entwickelte multilaterale Wettbewerbsordnung akzeptieren werden. Es scheint wahrscheinlicher, dass sie eine multilaterale Wettbewerbsordnung einer internationalen Organisation anerkennen, in der sie bereits Mitglied sind.[829]

Ein weiterer erwähnenswerter Grund ist, dass die aktuellen *best practices* und *recommended practices* der OECD über das Wettbewerbsrecht für die OECD-Mitglieder nicht rechtsverbindlich sind, sondern nur moralisch bindend.[830] Somit dient die OECD nicht der Aushandlung rechtsverbindlicher Regeln, sondern der Anpassung nationaler Wettbewerbspolitiken und dem Informationsaustausch. Zudem liegt der Schwerpunkt der OECD eher auf der Entwicklung von Politiken als auf dem materiellen Recht.[831] Darüber hinaus verfügt die OECD über kein wirksames Verfahren zur Beilegung von Streitigkeiten zwischen ihren Mitgliedern.

Unter diesen Umständen wäre ein multilaterales Wettbewerbsabkommen, das lediglich durch die OECD-Mitglieder, vielleicht auch durch einige Drittstaaten unterzeichnet würde und das keine rechtsverbindlichen Regeln enthielte, nicht ausreichend global im Sinne dieser Dissertation. Auch ist es nicht ausreichend für die Behandlung der oben dargestellten internationalen Wettbewerbsfragen. Es fehlt insbesondere an einer autoritativen Macht.

Aus den oben dargestellten Gründen wird die OECD nicht als ein ideales Forum zur Lösung der in dieser Dissertation genannten Probleme angesehen.[832] Es ist aber sicherlich trotzdem möglich, dass ein unter den OECD-Mitgliedern abgeschlossenes rechtlich bindendes multilaterales Wettbewerbsabkommen erfolgreich wäre, insbesondere unter Berücksichtigung der Tatsache, dass alle OECD-Mitglieder bereits über ein funktionierendes Wettbewerbssystem und funktionierende Wettbewerbsrechte verfügen.[833]

---

829 *Taylor*, International Competition Law, 2006, S. 293.

830 OECD, abrufbar unter: https://www.oecd.org/legal/legal-instruments.htm (3.2.2022).

831 *Taylor*, International Competition Law, 2006, S. 135.

832 So auch *Kearns*, Uni. of Pennsylvania J. of Int. Eco. Law 22 (2001), 285, 292; *Sokol*, Berkeley Business Law J. 4 (2007), 37, 97 ff. und 118 ff.; *Martin*, Richmond J. of Global Law & Business 7 (2008), 294, 307. OECD wird v. manchen als eine Alternative zur WTO angesehen. So zum Beispiel *Tarullo*, AJIL 94 (2000), 478, 496; *Wolf*, International Mergers in: Zäch, Towards WTO Competition Rules: Key Issues and comments on the WTO Report, 1999, S. 209; *Wood*, DePaul Law Review 44 (1995), 1289, 1298.

833 *Bätge*, Globalisierung des Wettbewerbsrechts: Eine internationale Wettbewerbsordnung zwischen Kartell- und Welthandelsrecht, 2009, S. 484.

b. United Nations

Wie bereits erwähnt, enthalten unter dem UN-Dach erlassene Wettbewerbsregeln (sowohl der Kodex als auch das Modellgesetz) statt rechtsverbindlicher internationaler Grundsätze und Regeln eine Reihe von nicht durchsetzbaren Regeln, deren Befolgung freiwillig ist. Zudem verfügt die UNCTAD über keinen effektiven Streitbeilegungsmechanismus. Die am wenigsten entwickelten Länder forderten, dass der Generalsekretär der UN mit der Befugnis zur Einberufung von Konsultationen ausgestattet wird.[834] Die Industrieländer haben sich stattdessen auf einen unverbindlichen Konsultationsmechanismus verständigt, wonach die Mitglieder die Konsultationsanträge von anderen Mitgliedern in vollem Umfang berücksichtigen und die Konsultationen nach Treu und Glauben durchführen (Kodex, Teil IV Abschnitt F). Wie im dritten Teil dieser Dissertation erörtert, ist jedoch ein effektiver Streitbeilegungsmechanismus für den langfristigen Erfolg eines globalen multilateralen Wettbewerbsabkommens entscheidend.

Was die UN von den anderen Organisationen unterscheidet, ist ihre entwicklungspolitische Dimension und ihre offensichtliche Ausrichtung auf Entwicklungsländer[835] und die Tatsache, dass sie die Organisation mit den meisten Mitgliedern ist. Der Einfluss von UNCTAD auf die Entwicklungsländer ist unbestritten. Keines der hier erwähnten Foren erfährt die Unterstützung, die die UNCTAD von Entwicklungsländern erhält. Dies stellt einen großen Vorteil dar, der nicht zu vernachlässigen ist. Jedoch könnte genau dieser starke Fokus auf die Entwicklungsländer während etwaigen Verhandlungen eines Wettbewerbsabkommens ein Problem darstellen.

Abschließend bietet UNCTAD als eine *Soft-Law*-Einrichtung aus oben genannten Gründen keinen optimalen institutionellen Rahmen für die Verhandlung eines globalen Wettbewerbsabkommens, insbesondere im Hinblick auf seinen fehlenden effektiven Streitbeilegungsmechanismus. Wohl aber bieten sowohl der Kodex als auch das Modellgesetz zu berücksichtigende nützliche

---

834 *Petersmann* stellt fest, dass Vorschläge weniger entwickelter Länder, wettbewerbsbeschränkende Verhaltensweisen auf die Agenda zu setzen, von den Industrieländern, insb. den USA, abgelehnt wurden, in: JWT 27 (1993) 35, 40.

835 Die UN interessiert sich intensiv auch für die nationalen Wettbewerbsgesetze der Entwicklungsländer. Auf ihrer offiziellen Website sind die englischen Versionen nationaler Wettbewerbsgesetze unterschiedlicher Länder zu finden, davon die meisten Entwicklungsländer, abrufbar unter: http://unctad.org (3.2.2022).

Instrumente hinsichtlich eventueller Verhandlungen eines künftigen globalen Wettbewerbsabkommens innerhalb eines anderen Forums.[836]

c. *International Competition Network*[837]

Das ICN ist, wie erklärt, ein Forum bzw. ein Netzwerk für die Zusammenarbeit der mit der Vollziehung der Wettbewerbsgesetze betrauten nationalen und supranationalen Wettbewerbsbehörden, das zum Meinungs- und Erfahrungsaustausch dient. In der Gründungsurkunde des ICN steht ausdrücklich, dass es sich als informelles und projektbezogenes Netzwerk der Wettbewerbsbehörden versteht und dass es keine Regelungsfunktion ausüben wird.[838] Wenn das ICN einen Konsens über Empfehlungen oder *best practices* erreicht, entscheiden die einzelnen Wettbewerbsbehörden, ob und wie sie diese umsetzen, je nach Bedarf durch unilaterale, bilaterale oder multilaterale Vereinbarungen.[839] Damit bildet das ICN ein gutes Instrument für das Zusammenspiel der nationalen Wettbewerbsbehörden und die Unterstützung der Politik und der Verfahren bei der Konvergenz.[840]

Das ICN und die WTO sind tatsächlich sehr unähnlich: Zum einen hat das ICN keine Regelungskompetenz im Gegensatz zu der WTO, und zum anderen verfügt das ICN auch über keinen Streitbeilegungsmechanismus. Ihre einzige Gemeinsamkeit besteht darin, dass beide Organisationen sich sowohl aus Industrieländern als auch aus Entwicklungsländern zusammensetzten. Deswegen sind die WTO und das ICN nicht als Alternative, sondern als Ergänzung zueinander zu sehen.[841] Dazu passt, dass in der oben genannten Gründungsurkunde des ICN ausdrücklich hervorgehoben wird, dass das ICN nicht zum Ziel hat, die Arbeit der anderen Organisationen zu ersetzen oder zu koordinieren. Darüber

---

836 *Taylor*, International Competition Law, 2006, S. 133.

837 Siehe FTC, US and Foreign Antitrust Officials Launch International Competition Network, Presse-Mitt. zur Ankündigung der Gründung des ICN v. 25.10.2001, abrufbar unter: https://www.ftc.gov/news-events/press-releases/2001/10/us-and-foreign-antitrust-officials-launch-international (3.2.2022).

838 Memorandum on the Establishment and Operation of the ICN, Abschnitt 1 und 5, abrufbar unter: https://www.internationalcompetitionnetwork.org/wp-content/uploads/2019/07/ICNMemo_on_Establishment.pdf (3.2.2022).

839 ICN, https://www.internationalcompetitionnetwork.org/about/ (3.2.2022).

840 *Fox*, International Law 43 (2009), 151, 152.

841 So auch *Fox*, Virginia J. of Int. Law 43 (2003), 911, 914; *Finckenstein*, International Antitrust Policy and the International Competition Network, in: Hawk, International Antitrust Law & Policy, 2002, S. 37, 38.

hinaus besteht die Schwäche des ICN in der Voraussetzung, dass ein Land über eine Wettbewerbsgesetzgebung für die ICN-Mitgliedschaft verfügt. Die Auswahl des ICN als Forum für die Schaffung globaler Wettbewerbsregeln würde den Ausschluss der Länder ohne eigenes Wettbewerbsrecht von den möglichen Verhandlungen zur Folge haben.

Angesichts der vorstehenden Ausführungen ist das ICN kein geeignetes Forum für die Schaffung einer globalen Wettbewerbsordnung. Es könnte jedoch eine ergänzende Funktion zu dem Hauptforum (für die Schaffung eines globalen Wettbewerbsabkommens) erfüllen, in dem die Meinungen und Erfahrungen der nationalen Wettbewerbsbehörden der Staaten ausgetauscht werden. Die daraus resultierenden Informationen könnten zu der Vorbereitung des globalen Wettbewerbsabkommens benutzt werden. Die unterstützende Rolle des ICN im Hinblick auf die Konvergenz der Wettbewerbsrechtssysteme durch freiwillige Zusammenarbeit und die Akzeptanz der *recommended practices* kann als notwendiger Entwicklungsschritt vom *soft law* zum *Hard Law* betrachtet werden.[842]

d. WTO

Ob das Wettbewerbsrecht unter die Schirmherrschaft der WTO gestellt werden soll, ist umstritten.

aa. Argumente gegen die Integration des Wettbewerbsrechts in die WTO

Die Integration des Wettbewerbsrechts unter dem WTO-Dach wird von einigen, aufgrund verschiedener Argumente, sowohl in der Literatur als auch in der Politik abgelehnt. Die untenstehenden Argumente stellen eine Zusammenfassung der Gründe der Gegner der Integration des Wettbewerbsrechts in die WTO dar.

(1) Abwesenheit nationaler Wettbewerbsrechte einiger WTO-Mitglieder

Die Tatsache, dass einige Mitglieder der WTO über kein nationales Gesetz verfügen, wird oft als ein Argument gegen die Einbeziehung des Wettbewerbsrechts in die WTO vorgebracht.[843] Der Grund, warum dies als eine Barriere gesehen wird, ist die Frage, wie die WTO-Mitglieder, die über keine eigenen

842 *Anderson/Kovacic/Müller/Sporysheva*, Competition Policy, Trade and the Global Economy: Existing WTO Elements, Commitments in Regional Trade Agreements, Current Challenges and Issues for Reflection, 2018, S. 56, abrufbar unter: https://www.wto.org/english/res_e/reser_e/ersd201812_e.pdf (3.2.2022).

843 Zum Beispiel *Martin*, Richmond J. of Global Law & Business 7 (2008), 297, 304.

Wettbewerbsregelungen verfügen, zu einem Vertragsstaat eines globalen Wettbewerbsabkommens werden und die globalen Bestimmungen in ihren nationalen Systeme umsetzen und diese durchsetzen können.[844] Heute verfügen jedoch ca. 135 von 164 WTO-Mitgliedern über nationale Wettbewerbsgesetze, während dies lediglich bei ca. der Hälfte der WTO-Mitglieder im Jahr 2000 war.[845] Dazu gehören alle BRICS-Staaten (Brasilien, Russland, Indien, China und Südafrika) und andere Entwicklungsländer. Die Anzahl der WTO-Mitglieder, die über keine nationalen Wettbewerbsgesetze verfügen, nimmt stetig ab.[846] Es ist nicht ausgeschlossen, dass in den nächsten Jahren fast alle WTO-Mitglieder nationale Wettbewerbsregelungen erlassen werden oder dies zumindest planen. Aus diesem Grund greift dieses Argument nicht.

(2) Verschiedenheit der Rechtssysteme der WTO-Mitglieder

Die Unterschiede der Rechtssysteme der WTO-Mitglieder und die große Vielfalt der nationalen Wettbewerbsgesetze und -politiken stellt ein weiteres Argument gegen eine globale Wettbewerbsordnung dar.[847] Es sei sehr schwierig bzw. fast unmöglich, solche verschiedenen Rechtssysteme unter einem Dach zu vereinigen. Dieses Argument ist jedoch irrelevant, da es hier nicht um die totale Änderung der Rechtssysteme der WTO-Mitglieder geht, sondern um die Einbeziehung bestimmter wettbewerbspolitischer Grundsätze in die nationalen Regelungen. Ferner entkräftet das schon existierende TRIPS dieses Argument, da die Mehrheit der WTO-Mitglieder nicht über gleiche Regeln zum geistigen Eigentum verfügen, dennoch ist die multilaterale Verhandlung eines globalen TRIPS-Abkommens unter dem WTO-Dach gelungen.

---

844 *Jackson,* Sovereignty, the WTO, and Changing Fundamentals of Int. Law, 2006, S. 132.

845 WTO-Arbeitsgruppe, WT/WGTCP/4, Rn. 14; *Anderson/Kovacic/Müller/Sporysheva,* Competition Policy, Trade and the Global Economy: Existing WTO Elements, Commitments in Regional Trade Agreements, Current Challenges and Issues for Reflection, 2018, S. 1, abrufbar unter: https://www.wto.org/english/res_e/reser_e/ersd201812_e.pdf (3.2.2022).

846 Der nigerianische *Federal Competition and Consumer Protection Act* 2018 (das Bundesgesetz über den Wettbewerb und Verbraucherschutz) wurde im Jahr 2019 erlassen.

847 *Gifford/Kudrle,* Trade and Competition Policy in the Developing World: Is there a Role for the WTO?, in: Thomas/Trachtman, Developing Countries in the WTO Legal System, 2009, S. 395-436.

(3) Unterschiedliche Entwicklungsstände der WTO-Mitglieder

Teilweise wird vertreten, dass der Unterschied zwischen Entwicklungsniveaus, dem Stand der wirtschaftlichen Entwicklung, der sozioökonomischen Umständen und kulturellen Normen der WTO-Mitglieder eine Barriere für die Unterzeichnung eines globalen Wettbewerbsabkommens darstelle.[848] Außerdem fehle es den Entwicklungsländern an potenten unterstützenden Institutionen, wie einer unabhängigen Justiz und Regierungsleitung.[849] Dadurch sei das Risiko fehlerhafte Gesetzesanwendung erhöht. Diese Risiken würden jedoch auch für andere wichtige Bereiche staatlicher Dienstleistungen, wie Zoll oder Steuererhebung nicht als ungewöhnlich gelten.

(4) One size fits all

Auch wird vertreten, dass keine allgemeingültige und standardisierte Lösung für die Herausforderungen, die sich aus wettbewerbsrechtlichen Problemen ergeben, bestehen und dass ein für alle, gleiches Universalkonzept nicht umsetzbar sei.[850]

Auch Indien und viele andere Entwicklungsländer betonten zu der Zeit, als die WTO-Arbeitsgruppe aktiv war, dass ihre Vielfalt in Bezug auf Entwicklungsstadien, sozioökonomische Bedingungen, Rechtsrahmen und kulturelle Normen respektiert werden müsse.[851] Sie lehnten ein *One-size-fits-all*-Abkommen ab und wiesen auf die Gefahren hin, die damit verbunden sind. Wie auch durch die EU-Mitgliedstaaten betont wurde, handelt es sich hier allerdings lediglich um die Festlegung einer Reihe von gemeinsamen Grundprinzipien und nicht um universelle Gesetze.[852] Es geht eher darum, dass alle WTO-Mitglieder – zu

---

848 *Martin*, Richmond J. of Global Law & Business 7 (2008), 297, 313.

849 *Khemani*, Competition Policy and Promotion of Investment, Economic Growth, Poverty Alleviation in least Developed Countries, FIAS-Paper Nr. 19, The World Bank Group, 2007, abrufbar unter: http://documents1.worldbank.org/curated/en/397801468174885108/pdf/413340FIAS1Competition1PPolic01PUBLIC1.pdf (3.2.2022).

850 WTO-Arbeitsgruppe, WT/WGTCP/1, Rn. 97.

851 Der Sekretär und Vorsitzende der WTO-Arbeitsgruppe haben Folgendes festgestellt: "*Indeed, the observation that 'one size does not fit all' in the field of competition law and policy has become a staple of the dialogue in the Working Group*", *Anderson/Jenny,* The current proposals for WTO negotiations on competition policy: background and overview, Papier vorgelegt auf "The Conference Board 2003 Conference on Antitrust Issues in Today's Economy", März 2003, S. 3 f.

852 WTO-Arbeitsgruppe, Report on the meeting of 20-21 Februar 2003, WT/WGTCP/M/21, Rn. 30.

einem bestimmten Zeitpunkt – über ein nationales Wettbewerbsrecht und eine nationale Durchsetzungsbehörde verfügen werden.[853]

(5) Schwierigkeiten in Bezug auf die Harmonisierung

Die meisten Entwicklungsländer sind gegen die Idee der Harmonisierung[854] nationaler Wettbewerbsregelungen, da dies den Raum für ihre industrielle Entwicklung und den Aufbau der Wettbewerbsfähigkeit einschränken würde.[855] Die Harmonisierung bereits existierender nationaler Regelungen in einer einheitlichen Form sei auch schwierig, da die nationalen Wettbewerbspolitiken unterschiedliche Normen enthalte und komplexe faktische Bestimmungen benötigen.[856] Es existieren jedoch Harmonisierungsstufen. Eine *Hard*-Harmonisierung als Harmonisierung mit dem wenigsten verbleibenden Handlungsspielraum bringt zwar Schwierigkeiten mit sich. Allerdings besteht vorliegend die Möglichkeit einer *Soft*-Harmonisierung.

(6) GATT-Vorschriften gegen die Wettbewerbsbeschränkungen

Teilweise wird die Ansicht vertreten, dass wettbewerbsrechtliche Bestimmungen bereits im WTO-System existieren (in Art. 3 und 23 GATT) und dass daher GATT ausreichend für die Lösung wettbewerbsrechtlicher Konflikte sei (siehe hierzu § 6).

(7) WTO ist eine Handelsorganisation

Auch wird behauptet, dass die WTO kein passendes Forum für die Aushandlung eines globalen Wettbewerbsabkommens sei, da die WTO ursprünglich eine Handelsorganisation und keine zur Lösung wettbewerbsrechtlicher Probleme

---

853 WTO-Arbeitsgruppe, Communication from the EC and its Members, WT/WGTCP/W/222, Rn. 7.

854 Harmonisierung ist ein Prozess, bei dem die Staaten über einheitliche materielle Normen für ihr nationales Recht verhandeln und sich darauf einigen, *Taylor*, International Competition Law, 2006, S. 337. Ausf. zur Harmonisierung siehe *Fox*, Antitrust Law J. 60 (1991), 593-598.

855 *Jenny*, World Competition 29 (2006), 109, 109 ff.

856 *Woolcook*, International Competition Policy and the World Trade Organization, Papier vorgelegt in London School of Economics Commonwealth Business Council Trade Forum in Südafrika, 2003, S. 5, abrufbar unter: http://www.lse.ac.uk/internationalRelations/centresandunits/ITPU/docs/woolcockintcomppolicy.pdf (3.2.2022). So auch *Hoekman/Holmes*, The World Economy 22 (1999), 875, 875 ff.

eingerichtete Organisation sei.[857] Die WTO stelle ein Forum für die Abschaffung von Grenzmaßnahmen dar und kein wirksames Instrument zur Förderung der Annahme von Wettbewerbsregeln.[858] Aus diesem Grund solle sie ausschließlich für Handelsfragen eingesetzt werden.[859]

(8) Interesse der Entwicklungsländer

Als die WTO-Arbeitsgruppe aktiv war, wurde das Interesse der Entwicklungsländer als Argument teilweise auch von den Entwicklungsländern der WTO vorgebracht.[860] Damit ist gemeint, dass sich ein etwaiges globales Wettbewerbsabkommen nur auf die Interessen der Industrieländer fokussieren und die Interessen der Entwicklungsländer außer Acht lassen würde. Viele Entwicklungsländer und am wenigsten entwickelte Länder hätten kein ausreichendes Fachwissen in diesem Bereich. Dies müsse noch ausgebaut werden. Ein etwaiges Wettbewerbsabkommen solle daher insbesondere den Entwicklungsbedarf der Entwicklungsländer berücksichtigen.[861]

(9) Die Kapazität des DSB

Ob das DSB ausreichende Kapazität und angemessene Sachkenntnis für die Behandlung der sich ständig entwickelnden und sich verändernden Wettbewerbspolitik der Staaten haben, wird auch in diesem Zusammenhang infrage gestellt.[862] Die Fälle *Kodak – Fuji* und *Mexico –*

---

857 Zum Beispiel *Tarullo*, AJIL 94 (2000), 478, 479 und 489: "*Housing a competition arrangement in the WTO would inevitably favor the trade norms where the two conflict.*"; *Woolcook*, International Competition Policy and the World Trade Organization, Papier vorgelegt in London School of Economics Commonwealth Business Council Trade Forum in Südafrika, 2003, S. 5, abrufbar unter: http://www.lse.ac.uk/internationalRelations/centresandunits/ITPU/docs/woolcockintcomppolicy.pdf (3.2.2022); *Andenas/Andersen*, Theory and Practice of Harmonisation, 2011, S. 347.

858 *Hoekman/Holmes*, The World Economy 22 (1999), 875, 875 f.

859 *Fox*, J. of Int. Eco. Law 2 (1999), 665, 673 ff.: "*These issues are at the heart of competition law, not trade law, and they deserve to be placed on competition ground*".

860 Ausf. dazu *Gerber*, Global Competition: Law, Markets, and Globalization, 2012, S. 106 f.

861 Ausf. dazu siehe auch *Hoekman/Holmes,* The World Economy 22 (1999), 875-893. Kritisch auch *Gifford/Kurdle*, Trade and Competition Policy in the Developing World: Is there a Role for the WTO?, in: Thomas/Trachtman, Developing Countries in the WTO Legal System, 2009, S. 395-436.

862 *Andenas/Andersen*, Theory and Practice of Harmonisation, 2011, S. 348. Siehe auch *Ehlermann/Ehring*, Fordham Int. J. 26 (2002), 1505, 1540-1554.

Telecoms[863] werden als Beweis dafür angesehen, dass der WTO-Streitbeilegungsmechanismus nicht in der Lage war, wettbewerbsrechtliche Fragen angemessen zu behandeln. Auch einige Unterstützer der Integration der Wettbewerbspolitik in das WTO-System stimmen im Wesentlichen überein, dass die Streitbeilegung auf wettbewerbsbezogene Streitigkeiten keine Anwendung finden sollte.[864] Teilweise wird argumentiert, dass der WTO-Streitbeilegungsmechanismus wettbewerbspolitische Streitigkeiten lösen könne und solle, jedoch nicht ohne den ausdrücklichen Konsens seiner Mitglieder.[865]

bb. Stellungnahme

Die Einführung umfangreicher Wettbewerbsregeln in das WTO-System wurde bisher verhindert. Dies lag insbesondere daran, dass damit gleichzeitig die Zurückstellung politischer Prioritäten der Staaten einherging.[866] Da eine Bewertung der Auswirkungen der Politik auf das internationale Recht den Rahmen dieser Arbeit sprengen würde, wird hier auf die Beziehung zwischen Recht und Politik nicht tiefer eingegangen. Es wird nur auf den Einfluss von etwaigen politischen Sorgen auf ein globales Wettbewerbsabkommen unter dem Dach der WTO hingewiesen.

Es existieren vielfältige institutionelle Argumente und Gründe für die Wahl der WTO als das Forum für die Verhandlung eines internationalen Rahmens für Wettbewerbsregeln. Diese werden im Folgenden erläutert:

(1) Mitgliederspektrum

Eines der wichtigsten Argumente für eine Schirmherrschaft der WTO für die Verhandlung eines internationalen Rahmens für Wettbewerbsregeln ist, dass sie mit 164 Mitgliedern nahezu universelle Gültigkeit besitzt.[867] Dies deutet auf eine außergewöhnlich hohe Akzeptanz unter den Mitgliedern hin. Mithin wird im Vergleich zu anderen Organisationen die höchste Anzahl von Staaten

---

863 Siehe § 4, I.

864 Zum Beispiel *Jackson*, Sovereignty, the WTO, and Changing Fundamentals of Int. Law, 2006, S. 132.

865 *Hansen*, Southern California Law Review 72 (1999), 1601, insb. 1642 f.

866 *Meessen*, Competition in the Doha Round of WTO negotiations, in: Schrijver/Weiss, International Law and Sustainable Development, 2004, S. 217 f.

867 *Steiner*, VRÜ 41 (2008), 336, 342; *Brittan/Van Miert*, Towards an International Framework of Competition Law, Mitt. an der Europäischen Rat, COM(96) 284 final v. 18.6.1996.

erreicht. Zudem setzt sie sich wie das ICN sowohl aus Industrie- als auch aus Entwicklungsländern zusammen (etwa zwei Drittel der 164 WTO-Mitglieder sind Entwicklungsländer).[868] Das heißt, die WTO kann unter Berücksichtigung der Interessen der Staaten mit unterschiedlichem Entwicklungsniveau eine ausgewogene Lösung zu den oben genannten Problemen bieten.

Mit dem oben genannten Argument der Interessen der Entwicklungsländer könnte festgestellt werden, dass dem gegenwärtigen System die Brücke zu den Entwicklungsländern fehlt etwa zu dem afrikanischen Kontinent. Dieser Mangel könnte solche Länder den Risiken der wettbewerbsbeschränkenden Verhaltensweise aussetzen. Die Entwicklungsländer haben ein besonderes Interesse an der Schaffung internationaler Wettbewerbsgrundsätze bzw. -regeln, die beispielsweise zum Schutz vor Missbräuchen marktbeherrschender Stellungen internationaler Unternehmen beitragen würden.[869] Ferner brauchen die Entwicklungsländer den Zugang zu den Märkten der Industrieländer mehr als umgekehrt.[870]

Darüber hinaus geht die WTO auf die besonderen Bedürfnisse der Entwicklungsländer in verschiedener Weise ein: Erstens enthalten die WTO-Abkommen Sonderbestimmungen für Entwicklungsländer. Zweitens leistet das WTO-Sekretariat technische Hilfe (hauptsächlich in Form von Schulungen verschiedener Art) für Entwicklungsländer. Die bereits existierenden WTO-Abkommen beinhalten mehr als 150 Vorschriften über die besondere und differenzierte Behandlung der Entwicklungsländer. Diese umfassen (i) Bestimmungen zur Verbesserung der Handelsmöglichkeiten der Entwicklungsländer, (ii) Bestimmungen, die die WTO-Mitglieder verpflichten, die Interessen der Mitglieder aus den Entwicklungsländern zu schützen, (iii) Flexibilität bei den Verpflichtungen, Maßnahmen und der Nutzung der politischen Instrumente, (iv) Übergangsfristen, (v) technische Hilfe bzw. Unterstützung und (vi) Bestimmungen über Maßnahmen zur Unterstützung der Mitglieder der am wenigsten entwickelten Länder.[871]

---

868 WTO, abrufbar unter: https://www.wto.org/english/thewto_e/whatis_e/tif_e/dev1_e.htm (3.2.2022).

869 *Devuyst*, Global Governance 6 (2000), 319, 330.

870 *Sell*, Power and Ideas: North-South Politics of Intellectual Property and Antitrust, 1998, S. 146.

871 Zu diesem Abs., WTO, Implementation of Special and Differential Treatment Provisions in WTO Agreements and Decisions, WT/COMTD/W/77/Rev.1, 2001.

Hinsichtlich der am wenigsten entwickelten Länder[872] wird in allen WTO-Abkommen anerkannt, dass sie von einer großen Flexibilität profitieren müssen und die besser gestellten WTO-Mitglieder zusätzliche Anstrengungen zu Verringerung der Einfuhrschranken für die Exporte der am wenigsten entwickelten Länder unternehmen müssen.[873] Aus dem Vorstehenden ergibt sich, dass ein etwaiges globales WTO-Wettbewerbsabkommen höchstwahrscheinlich vergleichbare wettbewerbsrechtliche Sonderbestimmungen für Entwicklungsländer enthalten würde. Der Ansicht, dass sich ein etwaiges globales Wettbewerbsabkommen nur auf die Interessen der Industrieländer fokussieren und die Interessen der Entwicklungsländer außer Acht lassen würde, kann daher nicht zugestimmt werden, insbesondere unter Berücksichtigung der Notwendigkeit zur Verbesserung der Regelung multinationaler Unternehmen zur Vermeidung wettbewerbswidrigen Verhaltens. Die Preisabsprachekartelle durch multinationale Unternehmen haben die Entwicklungsländer schon Millionen von Dollar gekostet.[874]

(2) Rechtsnatur der WTO-Regeln

Ein anderes Argument dafür, warum die WTO das geeignetste Forum zur Verhandlung eines globalen Wettbewerbsabkommens ist, ist die Tatsache, dass die WTO, anders als die OECD, UN und das ICN, rechtsverbindliche Regeln schafft. Die WTO-Abkommen und die darin festgelegten Vorschriften, unabhängig davon, ob sie plurilateral oder multilateral vereinbart worden sind, sind für die unterzeichnenden Mitglieder als internationales Recht bindend. Das heißt, dass unter den betrachteten Alternativen – OECD, UN, ICN – ein Wettbewerbsabkommen lediglich im Rahmen der WTO mehr als eine bloße Empfehlung darstellen könnte. Die WTO-Regelungen haben eine nachgewiesene Erfolgsgeschichte hinsichtlich der Beeinflussung und Disziplinierung staatlicher

---

872 Die WTO erkennt als am wenigsten entwickelte Länder die Länder an, die v. den UN als solche bezeichnet wurden, abrufbar unter: https://www.un.org/development/desa/dpad/wp-content/uploads/sites/45/publication/ldc_list.pdf, Stand Februar 2021 (3.2.2022). Derzeit stehen 46 am wenigsten entwickelte Länder auf der UN-Liste, v. denen 35 bisher WTO-Mitglieder geworden sind, WTO, https://www.wto.org/english/thewto_e/whatis_e/tif_e/org7_e.htm (3.2.2022).

873 WTO, https://www.wto.org/english/thewto_e/whatis_e/tif_e/dev1_e.htm (3.2.2022).

874 UNCTAD, The impact of cartels on the poor, TD/B/C.I/CLP/24/Rev.1., 2013, insb. S. 5-9; *Do*, ZWeR 2 (2011), 133, 135-136; *Connor*, World Competition 31 (2008) 575, 575 ff. Ausf. zu den schädlichen Auswirkungen der internationalen Kartelle auf die Entwicklungsländer, *Levenstein/Suslow*, Antitrust Law J. 71 (2004), 801, 801 ff.

Verhaltensweisen.[875] Somit sind sie effizienter als die Empfehlungen und unverbindlichen Regelungen der OECD, UN und des ICN.

Die rechtliche Verbindlichkeit der Regeln ist von den aus dem Regelverstoß folgenden Konsequenzen getrennt zu betrachten. Wie erwähnt, verfügt die WTO über einen eigenen Streitbeilegungsmechanismus, der das „*erste weltweit obligatorische zwischenstaatliche Verfahren*“[876] ist, und sogar die ausdrückliche Unterstützung entwickelter Länder erhalten hat. Er wird von vielen als „*das effizienteste und effektivste völkerrechtliche Streitbeilegungsverfahren*“[877] betrachtet. Ferner sind die Berichte und Beschlüsse des DSB für die Parteien verbindlich. Die vor das DSB gebrachten Streitigkeiten suspendieren die Verfahren vor den nationalen Gerichten der Mitglieder bis zu einer Entscheidung des DSB.[878]

Weiterhin ist die WTO unter den hier gegebenen Alternativen die einzige globale Organisation mit *Case-by-case*-Entscheidungskompetenz. Jedes WTO-Mitglied hat die Möglichkeit zur Überwachung der Einhaltung der WTO-Vorschriften durch andere Mitglieder sowie der Inanspruchnahme des Streitbeilegungsverfahrens, wenn ein Verstoß der WTO-Regelungen, der seine Interessen beeinträchtigt oder schädigt, festgestellt wird. Ferner hat die WTO-Durchsetzung sich bei der Förderung der Einhaltung der WTO-Verpflichtungen als effizient erwiesen.[879] Die genannten Merkmale der WTO, die Rechtsverbindlichkeit der Regeln und Beschlüsse des DSB, machen die WTO – auch laut zahlreichen Autoren – zu dem am meisten legalisierten Vertragsregime.[880]

(3) *Auswahl zwischen einem multilateralen und einem plurilateralen Abkommen*

Ein weiterer Grund für die Einbeziehung globaler Wettbewerbsregeln innerhalb des WTO-Systems ist die Möglichkeit der Auswahl zwischen einem multilateralen und einem plurilateralen Abkommen. Es ist also unter dem WTO-Dach möglich, dass lediglich die unterzeichnenden Staaten die Vertragsstaaten des

875 *Taylor*, International Competition Law, 2006, S. 292.

876 *Hilf*, Streitbeilegung in Welthandelsorganisation, in: Marauhn, Streitbeilegung in den internationalen Wirtschaftsbeziehungen, 2005, S. 15 f.; BMWi, abrufbar unter: https://www.bmwi.de/Redaktion/DE /Art./Aussenwirtschaft/wto-beilegung-handelsstreitigkeiten.html (3.2.2022).

877 *Krajewski*, Wirtschaftsvölkerrecht, 2017, S. 67.

878 Siehe zum Beispiel Resco Products Inc. v Bosai Minerals Group Co. Ltd. No. 06-235, 2010 WL 2331069 (W.D. Pa. 4.6.2010), S. 8.

879 *Taylor*, International Competition Law, 2006, S. 292.

880 Zum Beispiel *Conde-Gallego*, GRUR Int. 52 (2003), 431, 442.

etwaigen globalen Wettbewerbsabkommens darstellen und nicht alle WTO-Mitglieder zwangsweise. Ein anderer Vorteil stellt die Möglichkeit einer Umstellung von einer Art zur anderen Art nach einer bestimmten Zeit dar, die durch die WTO-Mitglieder vereinbart werden kann. So könnte ein globales Wettbewerbsabkommen zunächst zwischen bestimmten WTO-Mitgliedern in einer plurilateralen Form abgeschlossen werden, welches danach mit der Beteiligung der restlichen WTO-Mitglieder zu einem multilateralen globalen Wettbewerbsabkommen umgewandelt werden kann.

(4) Zusammenhang zwischen Handel und Wettbewerb

Zweifellos ist die WTO eine Handelsorganisation, die sich mit der Regelung der weltweiten Handels- und Wirtschaftsbeziehungen beschäftigt. Jedoch existiert ein offensichtlicher und unbestreitbarer Zusammenhang zwischen Handel und Wettbewerb.[881] Handelspolitik wird spätestens nach dem Marktzugang – wenn nicht schon früher – zur Wettbewerbspolitik.[882] Eine nationale Handelspolitik, die zwischen den ausländischen und den inländischen Anbietern differenziert, beeinflusst unmittelbar und negativ die Wettbewerbsfähigkeit der ausländischen Anbieter gegenüber den inländischen Anbietern. In diesem Fall werden die ausländischen Anbieter spätestens ab dem Moment, an dem sie den nationalen Märkten beitreten, mit einer diskriminierenden Wettbewerbspolitik konfrontiert. Ferner haben einige wettbewerbsbeschränkende Verhaltensweisen gewisse nachteilige Auswirkungen auf den (internationalen) Handel und auf den Marktzugang.[883]

Fast alle „Pro-Handel"-Elemente sind auch „Pro-Wettbewerb"-Elemente.[884] Das heißt, dass fast jede Bestimmung, die die Entwicklung und Liberalisierung des Handels unterstützt, auch die Entwicklung des Wettbewerbs auf den Märkten unterstützt. Es existiert bis auf wenige Ausnahmen keine Bestimmung, die die Entwicklung und Liberalisierung des Handels unterstützt und gleichzeitig die Entwicklung des Wettbewerbs behindert.[885] Es ist allgemein bekannt, dass

---

881 Nach *Drexl* ist die WTO wegen der Verbindung zwischen Handelsliberalisierung und Wettbewerbsschutz das einzige richtige Forum, ZWeR 2 (2004), 191, 248.

882 *Graham*, Trade Competition and the WTO Agenda, in: Schott, The WTO after Seattle, 2000, S. 205, 207.

883 ICPAC-Bericht, 2000, S. 201, siehe Fn. 56.

884 *Fox/Trebilcock*, The Design of Competition Law Institutions: Global Norms, Local Choice, 2013, S. 451.

885 Für eine Diskussion über Antidumpingmaßnahmen siehe *Taylor*, International Competition Law, 2006, S. 260 ff.

wettbewerbswidriges Verhalten die Vorteile neutralisieren kann, die sich aus der Beseitigung oder dem Abbau staatlicher Hindernisse ergeben. Internationale Kartelle können den grenzüberschreitenden Waren- und Dienstleistungsverkehr einschränken, indem sie die Produktion einschränken oder die Märkte zwischen Wettbewerbern aufteilen, wie die Fälle[886] *National Lead* oder *Zuckerkartell* zeigen. Genau aufgrund dieses Zusammenhangs beinhalten viele Handelsabkommen sowie die WTO-Abkommen, wie in § 4 dieser Arbeit dargestellt, wettbewerbsbezogene Vorschriften.

Erwähnenswert in diesem Zusammenhang sind auch die *Trade Policy Reviews*, die regelmäßig unter der WTO vorgenommen werden und die die Bewertung der Handelspolitik und -praktiken der einzelnen Mitglieder und ihrer Auswirkungen auf das multilaterale Handelssystem vorsehen.[887] Die Wettbewerbspolitik wurde als separater Unterabschnitt in den Abschnitt „*Measures Affecting Production and Trade*" aufgenommen. Die Unterabschnitte zur Wettbewerbspolitik beschreiben den wettbewerbspolitischen Rahmen der WTO-Mitglieder, den institutionellen Rahmen für ihre Durchsetzungs- und Wettbewerbsbehörde, Erfahrungen mit der Durchsetzung, Preiskontrollpolitik usw.[888] In den letzten Jahren hat sich der Detaillierungsgrad dieser Unterabschnitte erheblich erweitert. Sie enthalten etwa Informationen über die Entwicklungen bei der Regulierung, Durchsetzung, Untersuchung wettbewerbswidriger Praktiken, über die Kronzeugenprogramme und die Initiativen zur internationalen, regionalen und bilateralen Zusammenarbeit in der Wettbewerbspolitik. Darüber hinaus bieten die *Trade-Policy-Reviews*-Sitzungen eine Plattform für den Erfahrungsaustausch und die Erörterung von Wettbewerbsbedenken im Zusammenhang mit der Handelspolitik, wie zum Beispiel die Freistellung staatlicher Unternehmen von der Wettbewerbsgesetzgebung in einigen Jurisdiktionen.[889] Die Einbeziehung der Wettbewerbspolitik in die *Trade Policy Reviews* der WTO-Mitglieder an sich erkennt die handelspolitische Relevanz wettbewerbspolitischer Maßnahmen

---

886 United States v. National Lead Co., 63 F. Supp. 513 (S.D.N.Y. 1945); EuGH 16.12.1975, vb. Rs. 40 bis 48, 50, 54 bis 56, 111, 113 und 114-73, Suiker Unie, Slg. 1975, I-1663, S. 1663.

887 Siehe Anhang 3 WTO-Ü; WTO, https://www.wto.org/english/tratop_e/tpr_e/annex3_e.htm (3.2.2022).

888 Ausf. zu *Trade Policy Reviews* siehe https://www.wto.org/english/tratop_e/tpr_e/tp_rep_e.htm#chronologically (3.2.2022).

889 Siehe zum Beispiel Mexikos Trade Policy Review, Sitzungsprotokoll v. 5-7.4.2017, WT/TPR/M/352/, abrufbar unter: https://www.wto.org/english/tratop_e/tpr_e/tp452_e.htm (3.2.2022).

sowie das im Laufe der Zeit zunehmende Interesse der WTO-Mitglieder an diesem Thema klar an.

(5) Erfahrungen der WTO

Die WTO ist erfahren im Hinblick auf Wettbewerbspolitik. Wie bereits dargelegt, hat die WTO nach der Singapur-Ministerkonferenz eine Arbeitsgruppe für die Schnittstelle zwischen Handel und Wettbewerb eingerichtet, die sieben Jahre lang aktiv mit dem Thema beschäftigt war. Wie im finalen Bericht der ICPAC erwähnt, unterstützen auch die Grundsätze der Inländerbehandlung, Meistbegünstigung und Transparenz, auf denen das WTO-System und die WTO-Abkommen beruhen, das Funktionieren einer Wettbewerbspolitik unter dem WTO-Recht.[890] Die Infrastruktur eines globalen Wettbewerbsabkommens besteht bereits zum Teil.

Besondere Erwähnung verdient hier, dass bei der überwiegenden Mehrheit der WTO-Beitritte, die bis September 2018 stattgefunden haben, die Beitrittsländer von der WTO aufgefordert wurden, Informationen über ihre nationale Wettbewerbspolitik zu liefern.[891] Dies zeigt die Bedeutung, die die WTO der Wettbewerbspolitik ihrer Mitglieder beimisst und dass von der WTO das Bestehen und der Inhalt nationaler Wettbewerbspolitik der Staaten als ein wichtiges Instrument wirtschaftlicher Integration anerkannt wird.[892]

Zudem verfolgen die Wettbewerbspolitik und die WTO das gleiche Ziel: Ein ökonomisches System basierend auf Marktwirtschaft.[893] Die gemeinsamen Schlüsselbegriffe sind unter anderem die Förderung von offenen Märkten, die Bereitstellung fairer und gleichwertiger Geschäftsmöglichkeiten für alle

---

890 ICPAC-Bericht, 2000, siehe Fn. 56; Bericht der WTO-Arbeitsgruppe, WT/WGTCP/4, Rn. 11-15.

891 *Anderson/Kovacic/Müller/Sporysheva*, Competition Policy, Trade and the Global Economy: Existing WTO Elements, Commitments in Regional Trade Agreements, Current Challenges and Issues for Reflection, 2018, S. 22, abrufbar unter: https://www.wto.org/english/res_e/reser_e/ersd201812_e.pdf (3.2.2022).

892 *Anderson/Müller/Sen*, Competition policy in WTO accessions: Filling in the blanks in the international trading system, in: Kireyev/Osakwe, Trade Multilateralism in the Twenty-First Century: Building the Upper Floors of the Trading System through WTO Accessions, 2017, S. 303.

893 *Matsushita/Schoenbaum/Mavroidis/Hahn*, The World Trade Organisation; Law, Practice and Policy, 2015, S. 798; *Davar/Holmes*, Trade and Competition Policy, in: Heydon/Woolcock, The Ashgate Research Companion to International Trade Policy, 2012, Teil IV, §12.

Marktteilnehmer, die Transparenz und Gerechtigkeit im Regelungsverfahren, die Förderung der Effizienz und die Maximierung der Verbraucherwohlfahrt.[894] Tatsächlich ist die Wettbewerbspolitik ein integraler Bestandteil des WTO-Systems.[895]

Des Weiteren ist der Wettbewerb eine direkte Konsequenz der Handelsliberalisierung. Daher ist die Regelung der Themen „Wettbewerb und Handel" unter dem gleichen Dach vorteilhafter für ein effektives und faires Handelssystem. Es ist allgemein bekannt, dass auch das private wettbewerbsbeschränkende Verhalten die von der Beseitigung oder Minderung staatlicher Handelsbarrieren erwarteten Vorteile zunichtemachen oder verringern kann, so wie die Begrenzung des grenzüberschreitenden Waren- und Dienstleistungsverkehrs durch die Marktabteilungen zwischen Wettbewerbern. Die Wettbewerbsbeschränkungen sind also die neuen Handelshindernisse, die die WTO durch zahlreiche Abkommen in verschiedenen Bereichen seit Jahren abzubauen versucht. Ein Wettbewerbsabkommen unter dem WTO-Dach ist somit auch eine Notwendigkeit für die Aufrechterhaltung der Wirksamkeit des internationalen Handelssystems.[896]

Trotz der soeben genannten Auswirkungen wäre das Weglassen dieses Themas durch eine der größten zwischenstaatlichen Handelsorganisation der Welt, die WTO, nicht angemessen, da die Handelsliberalisierung nicht nur auf den Abbau der Handelsbarrieren oder Reduzierung der Tarife beschränkt ist, sondern auch die Sicherstellung umfasst, dass diese Anstrengungen aufrechterhalten werden. Gerade an dieser Stelle kommt der Wettbewerbspolitik bzw. der WTO eine wichtige Rolle zu.

Das Verständnis der Beziehung zwischen Handel und Wettbewerb ist ein kritischer Punkt, um die Gesamtbeziehung zwischen der WTO, die das Ziel der fairen Welthandelsordnung verfolgt, und der Wettbewerbspolitik, die das Ziel der fairen Regeln für den freien Markt verfolgt, besser verstehen zu können. Die Handelsliberalisierung und der Wettbewerb sind zwei Seiten ein und derselben Medaille.[897] Die Handels- und Wettbewerbspolitik haben ein gemeinsames Ziel: Die wirtschaftliche Effizienz.[898] Damit ein liberales Handelssystem

---

894 *Matsushita/Schoenbaum/Mavroidis/Hahn*, The World Trade Organisation, 2015, S. 787; *Matsushita*, Washington Uni. Global Studies Law Review 3 (2004), 363, 364.

895 *Matsushita/Schoenbaum/Mavroidis/Hahn*, The World Trade Organisation, 2015, S. 787.

896 So auch *Matsushita/Schoenbaum/Mavroidis/Hahn*, The World Trade Organisation, 2015, S. 787 f.

897 *Trebilcock/Howse*, The Regulation of International Trade, 2005, S. 588-591.

898 OECD, Interim Report on Competition Policies, OECD/GD(94) 64, 1994, S. 3.

gut funktioniert, muss sich die Wettbewerbspolitik in Übereinstimmung mit diesem Handelssystem entwickeln. Sowohl die Handelspolitik als auch die Wettbewerbspolitik sind gleichermaßen wichtig für den Marktzugang, da ein wettbewerbsbeschränkendes Verhalten den Marktzugang verhindern kann.[899] Obwohl das Thema Wettbewerb von der Agenda der WTO genommen wurde, existieren in den WTO-Abkommen immer noch offensichtliche wettbewerbsbezogene Vorschriften, wie in dem zweiten Teil erklärt wird. Ferner haben eine Reihe von Bestimmungen der WTO-Abkommen eine wettbewerbsrechtliche Färbung, auch wenn es nicht offensichtlich ist. Die mögliche Erklärung ist die starke Beziehung zwischen Handel und Wettbewerb. Mithin ist es nicht möglich, ein faires und liberales Handelssystem einzurichten, ohne das Thema des Wettbewerbs zu berücksichtigen. Sie sind in gewissem Maße komplementär und erhöhen beide die globale Wohlfahrt.[900]

Es ist notwendig, hier den Unterschied zwischen dem internationalen Handelsrecht und dem internationalen Wettbewerbsrecht zu nennen: Das internationale Handelsrecht, die WTO-Abkommen so wie GATT und GATS, versuchen, staatliche Handelsbarrieren zu beseitigen, indem sie im Prinzip die Verhaltensweise der Staaten bzw. staatliche Handelsbarrieren regulieren, während das internationale Wettbewerbsrecht mittelbar die Verhaltensweise der Unternehmen durch die Regelung der Gesetze der Staaten reguliert.[901] Somit kann die WTO

---

899 Panelbericht, *Mexico – Telekom*, WT/DS204/R, Rn. 7.237: „*Removing market access and national treatment barriers was not deemed sufficient to ensure the effective realisation of market access commitments in basic telecommunications services. Accordingly many Members agreed to additional commitments to implement a pro-competitive regulatory framework designed to prevent continued monopoly behaviour, particularly by former monopoly operators, and abuse of dominance by these or any other major suppliers*".

900 *Anderson/Kovacic*, Public Procurement Law Review 18 (2009), 67, 69. Nach *Taylor* sind sie nicht vollständig komplementär und besteht ein Konfliktpotenzial, da die WTO-Handelsmaßnahmen auf dem Wettbewerb negative Auswirkungen haben können bzw. die Regulation des wettbewerbsbeschränkenden Verhaltens ein Verhalten ermöglichen kann, das aus der Perspektive der Handelspolitik als ungerecht wahrgenommen werden kann, in: International Competition Law, 2006, S. 183 f. Nach *Puri*, haben die handels- und wettbewerbspolitischen Entscheidungsträger eine komplementäre Rolle, in: Brusick/Alvarez/Cernat, UNCTAD, Competition Provisions in Regional Trade Agreements, UNCTAD/DITC/CLP/2005/1, 2005, Executive Summary, S. xviii.

901 *Taylor*, International Competition Law, 2006, S. 184.

auch einen Einfluss auf privates unternehmerisches Verhalten durch Verpflichtungen für die Staaten haben, zum Beispiel Art. 9 GATS.

Abschließend stellt die erfolgreiche Aushandlung des TRIPS unter dem WTO-Dach (obwohl einige Länder, während der Verhandlungen, über kein Gesetz über das geistige Eigentumsrecht verfügten) ein gutes Beispiel für einen Kompromiss dar, der zwischen Industrie- und Entwicklungsländern eingegangen werden kann. Es deutet auf die Fähigkeit der WTO hin, die Belange der Industrie- und Entwicklungsländer unter ein Dach zu bringen.

(6) Anzahl der WTO-Mitglieder mit eigenen Wettbewerbsgesetzen

Das Argument, dass einige Entwicklungsländer über kein eigenes Wettbewerbsrecht verfügen, ist nicht überzeugend, da heutzutage immer mehr Länder Wettbewerbsgesetze erlassen. Wie bereits dargestellt, verfügen heute ca. 135 WTO-Mitglieder über eigene Wettbewerbsgesetze, während in den 1990er Jahren diese Zahl bei 50 stand.[902] Somit verringert sich die Anzahl der WTO-Mitglieder, die über keine nationalen Wettbewerbsgesetze verfügen, stetig. Es ist daher nicht ausgeschlossen, dass in den nächsten Jahren entweder fast alle WTO-Mitglieder nationale Wettbewerbsregelungen erlassen oder zumindest dies planen. Ohnehin spielt die Möglichkeit eines plurilateralen Wettbewerbsabkommens gerade hier eine wichtige Rolle.

(7) Institutionelle Struktur der WTO

Auch die institutionelle Struktur der WTO eignet sich für den Erlass eines globalen Wettbewerbsabkommens, weil die WTO ein System der Transparenz und Überwachung durch Pflicht zur Anmeldung und Aufsicht enthält.[903] Für das effiziente Funktionieren des Systems ist ein Sekretariat und ein Organ für die Lösung etwaiger Streitigkeiten zwischen den Mitgliedern notwendig. Das existierende Sekretariat könnte die Verwaltungsangelegenheiten bezüglich der Anwendung des Wettbewerbsabkommens vornehmen.[904] Die WTO verfügt

---

902 *Anderson/Kovacic/Müller/Sporysheva*, Competition Policy, Trade and the Global Economy: Existing WTO Elements, Commitments in Regional Trade Agreements, Current Challenges and Issues for Reflection, 2018, S. 1, abrufbar unter: https://www.wto.org/english/res_e/reser_e/ersd201812_e.pdf (3.2.2022).

903 *Brittan/Van Miert*, Towards an International Framework of Competition Law, Mitt. an der Europäischen Rat, COM(96) 284 final, 18.6.1996; *Dabbah*, The Internationalisation of Antitrust Policy, 2003, S. 224.

904 So auch *Taylor*, International Competition Law, 2006, S. 370.

zudem über ein effektives Streitbeilegungssystem zur Schlichtung der Streitigkeiten zwischen den Parteien.[905] Die Einrichtung eines separaten Panels, das für die wettbewerbsrechtlichen Streitigkeiten zuständig ist, könnte auch in Betracht gezogen werden.[906]

(8) Wettbewerbspolitische Verpflichtungen in WTO-Beitrittsverfahren

Erwähnenswert sind die wettbewerbspolitischen Verpflichtungen der neuen WTO-Mitglieder in WTO-Beitrittsverfahren gem. Art. 12 WTO-Ü. Bis September 2018 sind 36 neue Mitglieder der WTO beigetreten. Bei 28 dieser Beitritte wurde der beitretende Staat aufgefordert, Informationen über ihre innerstaatlichen wettbewerbspolitischen Regime vorzulegen, was an sich schon ein Zeichen für die Anerkennung der Bedeutung der Wettbewerbspolitik als Instrument der wirtschaftlichen Integration durch die Mitglieder ist. Themen, die in Notifizierungen im Zusammenhang mit der innerstaatlichen Wettbewerbspolitik behandelt werden, umfassen Ziele des innerstaatlichen Regimes, einschlägige innerstaatliche Rechtsvorschriften, Behörden und Durchsetzungsmechanismen. Die meisten Staaten ohne eigenes Wettbewerbsrecht berichteten, dass sie dabei sind, ein Wettbewerbsgesetz auszuarbeiten oder zu erlassen. Alle am wenigsten entwickelten Länder, mit Ausnahme von Vanuatu, haben ihre Wettbewerbspolitik mitgeteilt oder sich verpflichtet, ein Wettbewerbsregime zu entwickeln. So haben sich Nepal, Kambodscha und Tonga verpflichtet, sich um Unterstützung bei der Entwicklung eines Wettbewerbssystems zu bemühen, während Laos, Liberia, Jemen ihre bestehende Wettbewerbspolitik noch diskutieren. Die Diskussionen über die Wettbewerbspolitik im Zuge der WTO-Beitrittsverhandlungen umfassen auch Themen wie staatliche Monopole.[907]

2. Einrichtung einer unabhängigen Organisation ausschließlich für internationales Wettbewerbsabkommen

Eine andere Alternative stellt die Einrichtung einer unabhängigen Organisation ausschließlich für die Aushandlung eines globalen Wettbewerbsabkommens

---

905 *Berrisch/Kamann* in: Krenzler/Herrmann/Niestedt, EU-Außenwirtschafts- und Zollrecht, 2020, Handelshemmnis-VO vor Art. 1 Erwägungsgründe Rn. 17.

906 Siehe hierzu § 9, V.

907 Zu diesem Abs., *Anderson/Müller/Sen,* Competition policy in WTO accessions: Filling in the blanks in the international trading system, in: Kireyev/Osakwe, Trade Multilateralism in the Twenty-First Century: Building the Upper Floors of the Trading System through WTO Accessions, 2017, S. 302-308. Siehe auch http://acdb.wto.org (3.2.2022).

dar.[908] Die zu errichtende Organisation würde sich ausschließlich mit dem Thema Wettbewerbsrecht und mit der Vorbereitung eines internationalen Wettbewerbsabkommens beschäftigen. Die Anzahl der Mitglieder und die geographische Reichweite dieser neuen Organisation wäre im besten Fall größer als die der OECD, aber geringer als die von der UN und der WTO.

Die Effektivität einer solchen unabhängigen Organisation würde von der Rechtsverbindlichkeit seiner Regeln, deren Durchsetzung und schließlich der Einfluss auf staatliche Verhaltensweisen abhängen. Möglich wäre, dass dieses neue System effektiver als OECD oder UN eingerichtet wird. Es ist jedoch weniger wahrscheinlich, dass es effektiver als die WTO wird. Wichtig ist hier die Einrichtung eines Streitbeilegungsmechanismus, der rechtsverbindliche Entscheidungen trifft und die Verhaltensweise der Staaten disziplinieren kann.

Auf jeden Fall müsste diese Organisation die Erfahrungen der WTO, UN, OECD und des ICN nutzen. So könnten an ihrem *Committee* bzw. ihrer Arbeitsgruppe die Vertreter aus den soeben genannten internationalen Organisationen teilnehmen. Der Vorteil der Einrichtung einer unabhängigen Organisation ausschließlich für ein globales Wettbewerbsabkommen könnte darin liegen, dass mit einem neuen Anfang das Vertrauen der ablehnenden Länder geschaffen wird und damit deren Unterstützung erworben werden könnte. Ein weiterer Vorteil wäre die Vermeidung von Konflikten oder Kompromissen zwischen Wettbewerb und Handelsregeln.[909]

Die oben erklärten Punkte stellen lediglich eine Möglichkeit dar. Die aus dieser Möglichkeit resultierenden Vorteile sind jedoch nicht überzeugend genug, ein solches Risiko einzugehen. Es ist deswegen ein Risiko, da schon ein globales Forum mit universeller Gültigkeit und eigenem Streitbeilegungsmechanismus existiert. Dieser Streitbeilegungsmechanismus ist fähig, das staatliche Verhalten seiner Mitglieder zu beeinflussen und sie zu zwingen, sich nach den WTO-Regeln zu verhalten. Seine Effektivität ist nachgewiesen. Hinzu kommt der finanzielle Aspekt der Errichtung einer neuen Organisation. Unter Berücksichtigung der finanziellen Probleme der schon bestehen den Organisationen und die Schwierigkeiten der Entwicklungsländer, ihre Anteile der Aufwendung

---

908 *Fox* hat ursprunglich die Einrichtung eines *World Competition Forum* vorgeschlagen, auch wenn sie nachhinein, aufgrund der Schwierigkeiten eines solchen Organs zu etablieren, einen WTO-Ansatz favorisiert hat, in: J. of Int. Eco. Law 2 (1999), 665, 674-678: "*A free standing World Competition Forum should be created.*" Siehe auch *Scherer*'s Vorschlag unter § 8.

909 *Fox*, Virginia J. of Int. Law 43 (2003), 911, 926.

bezüglich der internationalen Organisationen zu bezahlen, könnte der notwendige Transfer der finanziellen Mittel für die Errichtung und das Funktionieren der neuen Organisation infrage gestellt werden.[910] Die Finanzierung einer neuen Organisation stellt offensichtlich keine Priorität für die Staaten dar.[911]

Darüber hinaus müsste dieses unabhängige Organ in das Welthandelssystem integriert werden.[912] Außerdem könnten die unabhängige Organisation und ihre Abkommen flexibler sein, da keine vorherigen Verpflichtungen vorhanden sind. Dies würde zugleich bedeuten, dass die auszuhandelnden Themen umfangreicher sein könnten, was gegen die Souveränität der Staaten spricht.

Aus den oben genannten Gründen wäre eine geringere Anzahl von Staaten an dieser Option der Einrichtung einer unabhängigen Organisation ausschließlich für internationales Wettbewerbsabkommen interessiert, welche die Effizienz des Abkommens verringern würde. Unter diesem Blickwinkel wäre die Aushandlung eines globalen Wettbewerbsabkommens unter dem Dach einer schon bestehenden Organisation wahrscheinlicher und einfacher.

Abschließend deutet das Scheitern der WIPO als Forum für die Aushandlung eines internationalen Abkommens (TRIPS) und der Erfolg von TRIPS im Rahmen des WTO-Systems darauf hin, dass die Aushandlung eines internationalen Wettbewerbsabkommens außerhalb des WTO-Rahmens erfolglos sein würde.[913]

3. Ergebnis

Die WTO stellt nach wie vor das richtige Forum[914] für die Verhandlung eines globalen internationalen Wettbewerbsabkommens dar. Dies gilt insbesondere unter Berücksichtigung der Rechtsverbindlichkeit der Regelungen für ihre Mitglieder, der Anzahl der Mitglieder, der Verschiedenheit des Entwicklungsniveaus der Mitglieder, der Möglichkeit sowohl ein multilaterales als auch plurilaterales Abkommen abzuschließen, der engen Beziehung zwischen dem Handel und dem Wettbewerb sowie hinsichtlich der Existenz ihres eigenen

---

910 Siehe zum Beispiel die UN, https://www.un.org/press/en/2019/gaab4334.doc.htm (3.2.2022).

911 *Jenny*, L'environnement économique international et les autorités de concurrence, Les Autorités Administratives Indépendantes, La Documentation Française, Rapport Public 2001, 441, 460.

912 *Fox*, Virginia J. of Int. Law 43 (2003), 911, 926.

913 *Guzman*, Virginia J. of Int. Law 43 (2002-2003), 933, 936.

914 So auch *Taylor*, International Competition Law, 2006, S. 183. Für die anderen WTO-Unterstützer siehe den dritten Teil dieser Dissertation.

Streitbeilegungsmechanismus, der effektiv auf die staatliche Verhaltensweise einwirken kann.

IV. Rechtliche Struktur

1. Multilaterales Abkommen vs.plurilaterales Abkommen

Wie bereits dargestellt, existieren innerhalb des WTO-Systems zwei unterschiedliche Arten von Abkommen: plurilaterale und multilaterale Abkommen. Im Sinne des WTO-Rechts haben beide Arten der Abkommen mehr als zwei Parteien, aber die plurilateralen Abkommen haben weniger Parteien als die multilateralen Abkommen, die von allen WTO-Mitgliedern unterzeichnet worden sind.[915] Das Instrument des plurilateralen Abkommens ermöglicht es, ein globales Wettbewerbsabkommen in der WTO zu integrieren, ohne dass alle WTO-Mitglieder von Anfang an das Wettbewerbsabkommen einhalten müssen. Je nachdem, welche Art vom Abkommen für die Aushandlung eines globalen Wettbewerbsabkommen gewählt wird, würde sich die Anzahl der unterzeichnenden Staaten ändern. Wie bereits erläutert gilt, je anspruchsvoller der Inhalt des Wettbewerbsabkommens ist, desto weniger Staaten würden es akzeptieren.

Welche Art vom Abkommen für ein globales WTO-Wettbewerbsabkommen, gewählt werden soll, ist in der Literatur umstritten.[916] Ein multilaterales

---

915 Grundsätzlich haben sowohl plurilaterale Abkommen als auch multilaterale Abkommen mehr als zwei Parteien. Die plurilateralen Abkommen umfassen mehr Parteien als die regionalen Abkommen, aber weniger Parteien als die multilateralen Abkommen. Je weniger Parteien ein plurilaterales Abkommen unterzeichnen, desto mehr kommt ein plurilaterales Abkommen dem regionalen Abkommen näher. Je mehr Parteien ein plurilaterales Abkommen unterzeichnen, desto eher kommt ein solches Abkommen näher zu einem multilateralen Abkommen, *Chareyre de Beaumont,* Droit de la Concurrence et Globalisation, 2006, S. 721.

916 Für ein multilaterales Abkommen sind zum Beispiel *Bätge*, Globalisierung des Wettbewerbsrechts: Eine internationale Wettbewerbsordnung zwischen Kartell- und Welthandelsrecht, 2009, S. 519. *Lamy*, The Relaunching of Negotiations under the Doha Development Agenda, Vortrag im EU-Parlament v. 13.1.2004, abrufbar unter: https://ec.europa.eu/commission/presscorner/detail/en/SPEECH_04_11 (3.2.2022); *Fox*, Competition Law: Linking the World in: Berrmann/Herdegen/Lindseth, Transatlantic Regulatory Competition, 2001, S. 250; *Montini*, Globalisation and International Antitrust Cooperation, Papier vorgelegt auf der internationalen Konferenz "Trade and Competition in the WTO and beyond", 1998, S. 12, abrufbar unter: https://www.feem.it/m/publications_pages/NDL1999-069.pdf (3.2.2022). Für ein plurilaterales Abkommen sind zum Beispiel *Taylor*, International Competition Law, 2006, S. 423;

Abkommen über die Wettbewerbspolitik ist natürlich sehr wünschenswert. Allerdings ist die Aussicht auf ein WTO-Rahmenabkommen über das Wettbewerbsrecht, das alle rund 164 Mitglieder abdeckt, angesichts der stark divergierenden Ansichten gering. Die Notwendigkeit der Berücksichtigung unterschiedlicher Interessen von mehreren Staaten könnte den Prozess verlangsamen und verteuern. Aus diesen Gründen, – obgleich der Abschluss eines multilateralen WTO-Rahmenabkommens über das Wettbewerbsrecht wünschenswert ist – könnte als Alternative bzw. *Worst-Case*-Szenario die Verabschiedung eines plurilateralen Abkommens unter dem WTO-Dach vorgeschlagen werden,[917] welches, nach Art. 2 Abs. 3 WTO-Ü, dem Anhang 4 des WTO-Ü beigefügt werden kann.

Die Partizipation der Entwicklungsländer an einem etwaigen WTO-Rahmenabkommen über das Wettbewerbsrecht wäre jedoch wichtig. Ein akzeptables Abkommen unter der Schirmherrschaft der WTO sollte daher einige für Entwicklungsländer interessante Fragen klären, zum Beispiel wettbewerbsbeschränkende Aspekte wesentlicher Unternehmenszusammenschlüsse. Eine alternative Form wäre zuerst der Abschluss eines plurilateralen Abkommens[918] und danach eine Umstellung auf ein multilaterales Abkommen am Ende der im Wettbewerbsabkommen vorgeschriebenen Fristen für bestimmte Staaten. So eine Übergangszeit wäre besonders für die Entwicklungsländer, die am wenigstens entwickelten Ländern und die Staaten, die über kein Wettbewerbsgesetz verfügen, wichtig.

Petersmann, Chicago Kent Law Review 72 (1996), 542, 581. Auch der DIAC ist als plurilaterales Abkommen entworfen worden.

917 Auch wenn i.S.d. WTO-Rechts ein plurilaterales Abkommen sich v. einem multilateralen Abkommen unterscheidet, ist im internationalem Recht auch ein plurilaterales Abkommen eine Art v. multilateralem Abkommen, da auch ein plurilaterales Abkommen mehrere unterzeichnende Parteien hat. Daher wird vorliegend, bis auf in dem Abschnitt „Multilaterales Abkommen vs. plurilaterales Abkommen", in dem (wegen der rechtlichen Struktur eines etwaigen WTO-Wettbewerbsabkommens) zwischen den beiden Arten der Abkommen unterschieden wird, der Begriff „multilateral" benutzt. Der Vorschlag zur Berücksichtigung eines plurilateralen WTO-Wettbewerbsabkommens, falls die Schaffung eines multilateralen Wettbewerbsabkommens schwierig ist, bleibt davon unberührt.

918 Laut *Hoekman/Holmes* sollte ein internationales Wettbewerbsabkommen zumindest zunächst plurilateral sein, *Hoekman/Holmes*, Competition Policy, Developing Countries and the WTO, World Bank Policy Research Paper Nr. 2211, 10/1999, S. 20 (auch veröffentlicht in: The World Economy 22 (1999), 875-893).

Falls das Wettbewerbsabkommen als ein plurilaterales Abkommen ausgehandelt wird, könnte im Abkommen für die Entwicklungsländer, je nach Entwicklungsgrad, eine Frist und erforderlichenfalls die Möglichkeit einer Fristverlängerung vorgesehen werden. So wären beispielsweise die für Kambodscha gewährte Frist und die für die Türkei gewährte Frist nicht gleich lang. Am Ende der im WTO-Rahmenabkommen gewährten Frist würden auch diese Staaten das Abkommen rechtsverbindlich unterschreiben. Es ist natürlich möglich, dass einige WTO-Mitglieder an so einem WTO-Rahmenabkommen nicht teilnehmen wollen. Sie müssen dann die oben vorgestellten regionalen oder bilateralen Kooperationsmöglichkeiten in Betracht ziehen.

2. Hard Law vs. Soft Law

Aus den oben erklärten Gründen sollte ein globales Wettbewerbsabkommen in Form von *Hard Law* geschaffen werden. Die Fähigkeit, rechtsverbindliche Regelungen zu schaffen, ist die Stärke der WTO und einer der Hauptgründe, warum die WTO von vielen als das optimale Forum für die Aushandlung globaler Wettbewerbsregeln angesehen wird. Jede unter dem Ansatz des nicht zwingenden Rechts geschaffene Wettbewerbsregel trägt lediglich das Merkmal einer Empfehlung, wovon eine genügende Anzahl innerhalb der verschiedenen Organisationen bereits vorhanden ist. In diesem Sinne wäre auch die Schaffung einer globalen Wettbewerbsordnung in Form von *soft law* keine Reform, sondern ein weiterer Versuch innerhalb einer weiteren internationalen Organisation, der WTO. Unabhängig von der Forumsauswahl ist die Annahme eines *Hard-Law*-Ansatzes daher eine Notwendigkeit und Voraussetzung für die effektive Durchsetzung eines globalen Wettbewerbsabkommens.

V. Das Inkrafttreten des WTO-Wettbewerbsabkommens

Die institutionelle Kapazität der WTO ist wichtig für das Inkrafttreten, die Anwendung und die Durchsetzung eines etwaigen globalen Wettbewerbsabkommens. Für das effiziente Funktionieren des Systems ist ein Sekretariat und ein Organ für die Lösung der etwaigen Streitigkeiten zwischen den Staaten notwendig. Das schon bestehende Sekretariat könnte die Verwaltungsangelegenheiten bezüglich der Anwendung des Wettbewerbsabkommens leiten.[919] Das schon bestehende WTO-Streitbeilegungssystem kann auch bei den aus dem wettbewerbsrechtlichen Abkommen entstehenden Streitigkeiten angewendet

919 So auch *Taylor*, International Competition Law, 2006, S. 370.

werden. Die Einrichtung eines separaten Panels, das für die wettbewerbsrechtlichen Streitigkeiten zuständig ist, könnte, wie in der Literatur vorgeschlagen wird, in Betracht gezogen werden. Jedoch besteht kein so dringender Bedarf, da im gegenwärtigen System die Panelmitglieder für jede einzelne Streitigkeit erneut ausgewählt werden. Jedoch sollten für die wettbewerbsrechtlichen Fälle Wettbewerbsexperten und Fachleute bestellt werden, da das Wettbewerbsrecht neben der juristischen Bewertung oft auch die Analyse ökonomischer Fakten erfordert. Sollte in der Zukunft ein ständiges Panel eingerichtet werden, könnte auch die Einrichtung eines separaten Panels, das sich ausschließlich mit wettbewerbsrechtlichen Streitigkeiten beschäftigt, vorgesehen werden.

VI. Inhalt eines WTO-Wettbewerbsabkommens

1. Grundsätze

Das schrittweise Inkrafttreten der unterschiedlichen Bestimmungen, so wie von *Scherer* vorgeschlagen, ist eine zu berücksichtigende Methode, da sie manchen Staaten die notwendige Zeit für die Umsetzung vereinbarter Grundsätze verschafft.

Ein etwaiges globales WTO-Wettbewerbsabkommen sollte die folgenden vier Grundsätze beinhalten: (i) Grundsatz der Nichtdiskriminierung, namentlich der Grundsatz der Inländerbehandlung und Meistbegünstigung, (ii) Grundsatz der internationalen Zusammenarbeit, (iii) Grundsatz der Transparenz und (iv) die besondere und differenzierte Behandlung der Entwicklungsländer. Diese sind bereits die Bausteine eines multilateralen Handelssystems und von großer Bedeutung auch für ein globales WTO-Wettbewerbsabkommen.

a. Grundsatz der Nichtdiskriminierung

Wie zuvor erklärt, basiert das WTO-System bereits auf den Grundsätzen der Inländerbehandlung und der Meistbegünstigung. Diese Grundsätze unterstützen das Funktionieren unparteiischer wettbewerbspolitischer Systeme.[920] Dies bedeutet, dass alle WTO-Mitglieder gleiche Wettbewerbsbedingungen für Waren und Dienstleistungen der unterschiedlichen WTO-Mitglieder garantieren müssen. Im Sinne des Wettbewerbsrechts fordert dieser Grundsatz, dass kein Unternehmen im Hoheitsgebiet eines WTO-Mitglieds wegen seiner Staatsangehörigkeit, sich in unterschiedlichen oder schwierigeren

920 Zum Grundsatz der Nichtdiskriminierung siehe § 4, I, 3.

Wettbewerbsbedingungen als ein anderes Unternehmen mit einer unterschiedlichen Staatsangehörigkeit oder als ein nationales Unternehmen befinden darf. Somit stellt dieser Grundsatz eine Behandlungsgleichheit für ausländische ökonomische Betreiber und gleiche Wettbewerbsbedingungen für alle importierten gleichartigen Waren sicher.

Mit der Annahme des Nichtdiskriminierungsgrundsatzes werden die Staaten sich zur Gewährung einer Wettbewerbsgleichheit zwischen den inländischen Produkten bzw. Unternehmen und den ausländischen Produkten bzw. Unternehmen anderer WTO-Mitglieder verpflichten. Dieser Grundsatz kann eine wichtige Rolle spielen, insbesondere für die Bekämpfung von Import- und Exportkartellen, da manche nationale gesetzliche Sanktionen zwecks Förderung des Exports zwischen den ausländischen und nationalen Unternehmen diskriminieren, in dem sie für nationale Unternehmen nicht gelten. Aufgrund öffentlicher Sicherheit und Ordnung können Ausnahmen zu den genannten Grundsätzen vorgesehen werden.

b. Grundsatz der internationalen Zusammenarbeit

Der Grundsatz der internationalen Zusammenarbeit ist in den Hauptzielen der UN aufgelistet und befindet sich sowohl in der Erklärung über die Prinzipien der internationalen Rechtsvorschriften zu freundschaftlichen Beziehungen und Zusammenarbeit[921] als auch im WTO-Recht selbst.

Im weiten Sinne umfasst dieser Grundsatz im Sinne des Wettbewerbsrechts unter anderem die Bekämpfung wettbewerbswidrigen Verhaltens, die Unterstützung der im Bereich des Wettbewerbsrechts erfahrenen Staaten für die unerfahrenen Staaten zur Schaffung und Anwendung des Wettbewerbsrechts, die Vermeidung potenzieller Konflikte zwischen Staaten und eine *Light*-Harmonisierung der Wettbewerbspolitik der Staaten. Im WTO-Recht wird die Verpflichtung zur Zusammenarbeit gegen wettbewerbswidriges Verhalten in Art. 9 GATT und Art. 40 TRIPS gesehen. So soll auch ein globales WTO-Wettbewerbsabkommen auf diesem Grundsatz, der besonders für die Entscheidung der Entwicklungsländer von Bedeutung sein kann, beruhen. Das ICN könnte zur Verwirklichung dieses Grundsatzes beitragen. Wie unten erwähnt, sind die WTO und das ICN als sich ergänzend zu betrachten.

---

921 UN, Declaration on Principles of International Law concerning Friendly Relations and Cooperation among States in accordance with the Charter of the UN, A/RES/25/2625, 1970, abrufbar unter: http://www.un-documents.net/a25r2625.htm (3.2.2022).

c. Transparenz

Im Allgemeinen sollen nach dem Grundsatz der Transparenz die Politik, die Vorschriften und die Verfahren eines Staates, die den Wettbewerb betreffen, den anderen unterzeichnenden Parteien klar mitgeteilt werden. Von einem wettbewerbsrechtlichen Blickwinkel umfasst dieser die Gewährleistung des Zugangs zu den Gerichtsurteilen und zu den Beschlüssen der Wettbewerbsbehörden, die Begründungen der Urteile und Beschlüsse der kompetenten Organe, der Judikative, der Exekutive oder der Wettbewerbsbehörden. Selbstverständlich sollen auch die nationalen wettbewerbsrechtlichen Regelungen veröffentlicht werden. Die Verfahren, die zu diesen Urteilen und Beschlüssen führen, sollen auch für die Vertragsstaaten eines etwaigen globalen WTO-Wettbewerbsabkommens verständlich und nachvollziehbar sein. In diesem Sinne kann auch eine Mitteilungspflicht über bestimmte Punkte vorgesehen werden. Die Frage, ob eine nicht gerechtfertigte Nichtoffenlegung der oben genannten Rechtsakte zur Verhängung von Sanktionen führen sollte, ist sehr eng mit der Souveränität der Staaten verbunden. Auch wenn sie in einer Verhandlung vor den judikativen Organen der WTO berücksichtigt werden kann, würden die Vertragsstaaten so eine Bestimmung nicht ohne Weiteres akzeptieren.

d. Besondere und differenzierte Behandlung der Entwicklungsländer

Es steht fest, dass die Entwicklungsländer aufgrund schwacher Durchsetzungskapazitäten und Rechtssysteme bei der Festlegung wirksamer Wettbewerbsgesetze und -politiken vor besonderen Herausforderungen stehen.[922] Der Status eines Entwicklungslandes[923] in der WTO verleiht, wie bereits erwähnt, bestimmte Rechte. So bestehen beispielsweise Bestimmungen in einigen WTO-Abkommen, die den Entwicklungsländern längere Übergangsfristen einräumen als den Industrieländern, bevor sie zur vollständigen Umsetzung eines Abkommens verpflichtet sind. Diese Bestimmungen schaffen Flexibilität für

922 OECD, Le Role du "Traitement Special et Difference" a l'Interface des Echanges, de la Concurrence et du Developement, COM/TD/DAFFE/COMP(2001)21/FINAL, 2002, Rn. 29.

923 Im WTO-Recht gibt es keine Definitionen v. „Industrieland" und „Entwicklungsland". Die WTO-Mitglieder geben selbst bekannt, ob es sich um ein Industrie- oder um ein Entwicklungsland handelt. Dass sich ein WTO-Mitglied als Entwicklungsland ausgibt, bedeutet nicht automatisch, dass es von den zu den Entwicklungsländern gewährleisteten Vorteilen profitieren wird. WTO, abrufbar unter: https://www.wto.org/english/tratop_e/devel_e/d1who_e.htm (3.2.2022).

die Verpflichtungen der Entwicklungsländer und gegebenenfalls technische Hilfe und Unterstützung.[924] Ferner tragen sie zum Schutz der Interessen der Entwicklungsländer bei.

Die Einbeziehung dieses Prinzips in ein globales WTO-Wettbewerbsabkommen ist für den Erfolg des WTO-Wettbewerbsabkommens von besonderer Bedeutung, da, wie oben erörtert, die Entwicklungsländer ohnehin vor der Unterzeichnung eines solchen Wettbewerbsabkommens zögern. Das WTO-Wettbewerbsabkommen sollte daher durch die Vorschriften über die besondere und differenzierte Behandlung der Entwicklungsländer, den Entwicklungsländern die Bewahrung ihrer eigenen nationalen wettbewerbsrechtlichen Rechtsvorschriften, binnen bestimmter Grenzen und bestimmter Zeiträume, ermöglichen. Ihre juristischen und ökonomischen Probleme sollen auch berücksichtigt werden. Dabei sollte darauf geachtet werden, dass die besondere und differenzierte Behandlung nicht dazu dient, die Einführung von Wettbewerbsdisziplinen zu verschieben oder hiervon freizustellen,[925] sondern zur Schaffung eines Ausgleichs zwischen den Industrie- und Entwicklungsländern dient.

2. Vorschriften

a. Zielsetzung

Das WTO-Wettbewerbsabkommen sollte klar definieren, was mit dem Schutz des Wettbewerbs auf den Märkten bezweckt wird. Andere nicht direkt relevante oder wettbewerbsfremde Zwecke sollten außer Betracht bleiben. Jedes zusätzliche Ziel könnte die Chancen einer Aussöhnung auf internationaler Ebene verringern, da bei den etwaigen Streitigkeiten vor dem DSB die Bestimmungen des WTO-Wettbewerbsabkommens unter Berücksichtigung der im Abkommen angegebenen Ziele ausgelegt werden.

b. Vorschriften über die wettbewerbsbeschränkenden Verhaltensweisen

In manchen Bereichen des Wettbewerbsrechts besteht bereits eine Konvergenz zwischen unterschiedlichen nationalen Wettbewerbsregelungen. Je mehr das WTO-Wettbewerbsabkommen auf die Themen, in denen bereits eine

---

924 WTO, Developing Countries and the Multilateral Trading System, Backgroundnote by the Secretariat, 17-18.3.1999, S. 27 ff.

925 OECD, Le Role du "Traitement Special et Difference" a l'Interface des Echanges, de la Concurrence et du Developement, COM/TD/DAFFE/COMP(2001)21/FINAL, 2002, Rn. 62.

Konvergenz existiert, fokussiert ist, desto höher sind die Chancen auf eine Einigung zwischen mehreren Staaten. Es wäre ein Fehler, den Grad der Konvergenz zu unterschätzen, der sich bereits bei einigen der grundlegenden Prinzipien oder Grundzüge des Wettbewerbsrechts und der Wettbewerbspolitik vollzogen hat.[926]

aa. Kartelle

Die Kartelle, zu denen sich die unabhängigen Unternehmen zusammenschließen, unter anderem, um Preise festzulegen, Produktion zu begrenzen oder Märkte oder Kunden untereinander aufzuteilen, beschränken den Wettbewerb zugunsten der an den Kartellen beteiligten Unternehmen und sind bereits in vielen nationalen Rechtssystemen, die wettbewerbsrechtliche Regelungen beinhalten, verboten.

(1) Horizontale Kartelle

Die nachteiligen Auswirkungen der horizontalen Kartelle werden allgemein anerkannt: Es gibt einen allgemeinen Konsens darüber, dass diese Art von Verhaltensweisen die gefährlichste Form wettbewerbswidriger Verhaltensweisen ist und *per se* verboten werden sollte.[927] *Hard-Core*-Kartelle stellen die schwerwiegendsten Verstöße gegen das Wettbewerbsrecht dar.[928]

Auf internationaler Ebene empfiehlt die OECD bereits im Jahr 1998 den Staaten den Abschluss bilateraler oder multilateraler Vereinbarungen und dafür zu sorgen, dass ihre Wettbewerbsgesetze *Hard-Core*-Kartelle effektiv beseitigen und wirksame Sanktionen und Durchsetzungsverfahren vorsehen. Dies wurde schon damals durch zahlreiche Staaten akzeptiert. Dies zeigt, dass eine internationale Einigung über das Kartellverbot nicht schwer zu erreichen sein wird. Diese Empfehlung stellt laut der WTO-Arbeitsgruppe einen nützlichen Rahmen und eine Verpflichtung der teilnehmenden Länder zur Bekämpfung von *Hard-Core*-Kartellen dar.[929] Eine Bestimmung, die ein horizontales Kartellverbot beinhaltet,

---

926 Bericht der WTO-Arbeitsgruppe, WT/WGTCP/4, S. 9.

927 *Abdelgawad,* Revue Internationale du Droit Économique 15 (2001), 161, 187.

928 OECD, Recommendation concerning Effective Action Against Hard Core Cartels, OECD/LEGAL/0452 definiert *Hard Core*-Kartelle als wettbewerbswidrige Absprachen, abgestimmte Verhaltensweisen oder Vereinbarungen aktueller oder potenzieller Wettbewerber, um Preise zu vereinbaren, gefälschte Angebote abzugeben, Produktionsbeschränkungen oder -quoten festzulegen oder Märkte zu teilen zum Beispiel durch Zuteilung v. Kunden, Lieferanten, Gebieten.

929 Bericht der WTO-Arbeitsgruppe, WT/WGTCP/4, S. 12.

würde durch eine große Mehrheit der WTO-Mitglieder unproblematisch anerkannt werden.

(2) Vertikale Kartelle

In den nationalen Wettbewerbsordnungen besteht ein deutlicher Unterschied hinsichtlich der gegen die vertikalen Kartelle zu treffenden Maßnahmen. Daher wäre während der Verhandlungen des WTO-Wettbewerbsabkommens diesbezüglich eine Einigung zwischen den Staaten schwer zu erreichen. Wenn aber ein Mittelweg zwischen den Staaten gefunden werden sollte, dann könnte, wie von der WTO-Arbeitsgruppe vorgeschlagen, eine illustrative Liste von Faktoren erstellt werden, die die Vollstreckungsbehörden berücksichtigen können.[930]

(3) Exportkartelle und Importkartelle

Die Exportkartelle werden in nationalen Regelungen zahlreicher Staaten lediglich für ihre nationalen Unternehmen erlaubt, solange sie keine wettbewerbswidrigen Auswirkungen auf den nationalen Markt haben.[931] Da die Exportkartelle nur auf Exportmärkte ausgerichtet sind, schaden sie nicht unbedingt dem Wettbewerb auf dem inländischen Markt. Jedoch schränken sie zweifellos den Wettbewerb auf den Auslandsmärkten ein. Unter dem derzeitigen System könnte im Prinzip eine Regierung, die Exportkartelle organisiert oder erzwingt, gegen ihre WTO-Verpflichtungen (konkreter: Art. 11 und 23 GATT und Art. 11 Abs. 1 Übereinkommen über Schutzmaßnahmen) verstoßen, auch wenn kein ausdrückliches Verbot vorliegt. Aus juristischer Perspektive sollten die Exportkartelle in einem etwaigen WTO-Wettbewerbsabkommen *per se* verboten werden.[932] Da allerdings das *per se* geltende Verbot von Exportkartellen im Widerspruch zu den Interessen der Staaten steht, besteht hohe Wahrscheinlichkeit, dass diese

930 Bericht der WTO-Arbeitsgruppe, WT/WGTCP/2, S. 32.

931 WTO-Arbeitsgruppe, Communication from the US, WT/WGTCP/W/203, S. 3.

932 Im Rahmen der Arbeit der WTO-Arbeitsgruppe haben einige Staaten ihren Wunsch geäußert, dieser Praxis ein Ende zu setzen, WTO-Arbeitsgruppe, Communication from Japan, WT/WGTCP/W119, S. 4 und WT/WGTCP/W/135, S. 2; WTO-Arbeitsgruppe, Communication from the EC and its Member States, WT/WGTCP/W/115, S. 6. So auch *Abdelgawad*, Revue Internationale du Droit Économique 15 (2001), 161-196. Dagegen hat die USA, die Exportkartelle ausdrücklich zulassen, verteidigten sie und verwiesen auf die OECD-Empfehlung über die *Hard Core*-Kartelle, die es den Mitgliedern erlaubt, Exportkartelle auf transparente Weise von der Kartelldurchsetzung auszuschließen, siehe WTO-Arbeitsgruppe, Communication from the US, WT/WGTCP/W/203, S. 3.

Bestimmung keine Unterstützung findet. Dennoch sollte sie auf der Agenda etwaiger Verhandlungen stehen. Gegebenenfalls kann es auf Anfrage der WTO-Mitglieder von der Agenda der Verhandlungen genommen werden. Auch die Ausklammerung mancher Bereiche auf Anfrage der WTO-Mitglieder aus dem WTO-Wettbewerbsabkommen erhöht die Chancen auf eine Einigung über die anderen Schlüsselthemen.

In diesem Zusammenhang könnte auch *Scherer*'s Vorschlag bezüglich der Exportkartelle bedacht werden: Jedem Staat könnte erlaubt sein, drei vierstellige STIC-Branchenausnahmen von einem allgemeinen Verbot von Exportkartellen zu machen.[933] Darüber hinaus sind auch die Importkartelle mit den WTO-Grundsätzen unvereinbar und sollen untersagt werden.

bb. Missbrauch der marktbeherrschenden Stellung

Eine Einigung zwischen den Staaten über das Thema des Missbrauchs der marktbeherrschenden Stellung ist schwieriger als eine etwaige Einigung über Kartelle, da zwischen den Staaten kein Konsens in Bezug auf die Kriterien besteht, die zur Begründung und zum Nachweis einer marktbeherrschenden Stellung erforderlich sind.[934] Als Lösung könnte eine Liste der missbräuchlichen Verhaltensweisen, die zur Beseitigung des Wettbewerbs auf dem Markt führen können, und eine Liste der anzuwendenden Kriterien für die Feststellung einer marktbeherrschenden Stellung erstellt werden.[935] Bei der Suche nach einer möglichen Einigung könnte dieser Ansatz die Erwartungen der Staaten erfüllen und dazu beitragen, einen Mittelweg zwischen den Staaten zu finden. Die in Art. 14 Abs. 2 DIAC angegebenen Verhaltensweisen könnten auch dieser Liste hinzugefügt werden.[936] Ein solcher Listenansatz würde sich auch nicht negativ auf das Einigungspotenzial auswirken, da er eher restriktiv ist.

cc. Unternehmenszusammenschlüsse

Auch im Bereich der Fusionen existieren erhebliche Unterschiede zwischen den nationalen Rechtssystemen.[937] Eine Einigung zwischen den Staaten über

---

933 Zum Beispiel für Brasilien Kaffee, für Saudi-Arabien Öl, *Scherer*, International Trade and Competition Policy, ZEW Discussion Papers 1996, Nr. 96-18, S. 17.

934 *Abdelgawad*, Revue Internationale du Droit Économique 15 (2001), 161, 190.

935 Bericht der WTO-Arbeitsgruppe, WT/WGTCP/2, S. 32.

936 *Abdelgawad*, Revue Internationale du Droit Économique 15 (2001), 161, 190.

937 European Parliamentary Research Service, Briefing, 27.3.2014, abrufbar unter: https://www.europarl.europa.eu/RegData/bibliotheque/briefing/2014/140779/LDM_BRI(2014)140779_REV1_EN.pdf (3.2.2022).

gemeinsame Fusionsregeln scheint deswegen in näherer Zukunft problematisch zu sein, auch wenn sie wünschenswert ist. Dies bedeutet aber nicht, dass das Thema Fusionen von einem etwaigen globalen WTO-Wettbewerbsabkommen ausgeklammert werden sollte. Alternativ könnte geprüft werden, inwieweit die Verfahrensregeln in Bezug auf Fusionen konvergent sind und sich mindestens auf gemeinsame Verfahrensregeln geeinigt werden. In diesem Zusammenhang könnte eine Einigung insbesondere über die Verfahrens- und Meldeformulare, die Fristen (zum Beispiel für die Überprüfung der Fälle) und den Informationsaustausch erzielt werden. Zu den Vorteilen der Harmonisierung der Fusionsverfahrenspflichten zählen unter anderem die Senkung der Transaktionskosten für die betroffenen Parteien und Erleichterung und Verbesserung der Zusammenarbeit nationaler Wettbewerbsbehörden. Es versteht sich von selbst, dass auch Vorschriften zur Verstärkung der Zusammenarbeit zwischen den Wettbewerbsbehörden im Wettbewerbsabkommen einbezogen werden sollten. Beispielsweise könnte, auch wenn es nicht rechtsverbindlich ist, der Grundsatz der *Positive Comity* angenommen werden.

Auch könnten die oben genannten Empfehlungen der OECD und des ICN zu der Thematik berücksichtigt werden, darunter insbesondere die kürzlich vom ICN angenommene *New Multilateral Framework on Procedures*. Dies steht allen nationalen, supranationalen und zollgebietsspezifischen Wettbewerbsbehörden auf der ganzen Welt offen, unabhängig davon, ob sie ICN-Mitglied sind oder nicht. Die Beteiligung der Staaten an den *New Multilateral Framework on Procedures* kann als ein Zeichen dafür gesehen werden, wie detailliert dieses Thema unter dem WTO-Wettbewerbsabkommen reguliert werden kann.

Alternativ dazu hat auch *Competition Committy* der OECD in diesem Bereich interessante Vorschläge und Empfehlungen unterbreitet, um die zuständigen Wettbewerbsbehörden frühzeitig zu informieren und den Austausch vertraulicher Informationen und den Schutz dieser Informationen zu erleichtern.[938] Auch die WTO-Arbeitsgruppe erwähnt in ihrem Bericht aus dem Jahr 1998 die Möglichkeit, gemeinsame Verfahrensanforderungen festzulegen und die Zusammenarbeit der Organe zu verstärken, damit die Anliegen verschiedener Jurisdiktionen zu den geringsten Kosten für die Parteien berücksichtigt werden können.[939]

938 OECD, Interim Report on Competition Policies, OECD/GD(94) 64, 1994, S. 15.
939 Bericht der WTO-Arbeitsgruppe, WT/WGTCP/2, S. 32, unter Bezugnahme auf die Communication by the EC and ist Member States, WT/WGTCP/62, S. 14.

Für die Vermeidung der Fälle, wie der oben genannte *GE – Honeywell*, bei denen unterschiedliche Jurisdiktionen verschiedene Entscheidungen getroffen haben, könnte innerhalb der WTO – im Rahmen des künftigen globalen WTO-Wettbewerbsabkommens – eine internationale WTO-Wettbewerbskommission zur Überprüfung von Fusionsentwürfen und ausschließlich für Fusionsvorhaben mit einer internationalen Dimension, geschaffen werden. Dies würde etwaige Konflikte zwischen den nationalen Wettbewerbsbehörden vermeiden. Die Festlegung eines Schwellenwerts für die Bestimmung der genannten internationalen Kommission zu meldenden Fusionen wäre angebracht.

dd. Subventionen

Im WTO-Recht bestehen bereits rechtsverbindliche Vorschriften über die Subventionen. Solange diese Vorschriften mit den Vorschriften des etwaigen WTO-Wettbewerbsabkommens im Einklang stehen und weiter rechtsverbindlich bleiben, ist es unerheblich, in welchem Abkommen sich die Vorschriften befinden. Falls erforderlich, könnte in einem etwaigen WTO-Wettbewerbsabkommen ein Verweis auf die einschlägigen Subventionsvorschriften vorgenommen werden. Jedoch würden Verpflichtungen neuer Art die Möglichkeit einer Einigung zum Thema eines internationalen Wettbewerbsabkommen verringern. Daher könnte dieses Thema zu einem späteren Zeitpunkt behandelt werden. Dabei ist zu berücksichtigen, dass es in Bezug auf staatliche Beihilfen viele Bereiche gibt, in denen die Ansätze zwischen den USA und der EU recht unterschiedlich sind.

ee. Antidumping

Antidumpingregeln sind Rechtsinstrumente, die den Ländern helfen, gegen die Marktmacht ausländischer Unternehmen vorzugehen.[940] Wie zuvor erklärt, umfasst das WTO-Recht bereits Antidumpingregeln.

Hier ist es angebracht, einen Unterschied zwischen dem Wettbewerbsrecht und dem Antidumpingrecht zu erwähnen: Antidumpingrecht hat zum Ziel, Wettbewerber zu schützen, während Wettbewerbsrecht darauf abzielt, den Wettbewerbsprozess selbst zu schützen.[941] Da sich die Schutzziele unterscheiden, könnte die Einführung wettbewerbsrechtlicher Grundsätze und Regeln in das Antidumpingrecht in Betracht gezogen werden, so dass die WTO-Antidumpingregeln

---

940 *Taylor,* International Competition Law, 2006, S. 267.

941 *Hoekman/Holmes,* The World Economy 22 (1999), 875-893; *Taylor*, International Competition Law, 2006, S. 272.

auch eine wettbewerbsrechtliche Perspektive hätten.[942] Auf jeden Fall sollen die WTO-Antidumpingregeln bei den wettbewerbsrechtlichen Streitigkeiten zwischen den WTO-Mitgliedern unter Berücksichtigung des etwaigen WTO-Wettbewerbsabkommens ausgelegt werden.

Es wird teilweise im Schrifttum vorgeschlagen, dass Antidumpingregeln im WTO-Recht in bestimmten Bereichen reformuliert und restrukturiert werden sollen, in dem zum Beispiel die Bestimmungen bezüglich der Untersuchungsphase und der Margenkalkulation detaillierter werden müssen.[943] Eine Reform der oben genannten Bereiche würde aber wohl für den ersten Schritt ausreichen.

ff. Per se-Verbote vs. Rule of Reason

Anstelle der *rule of reason* sollte ein *Per-se*-Ansatz gewählt werden, da der *Rule-of-reason*-Ansatz im Einzelfall eine wirtschaftliche und rechtliche Auslegung durch Experten erfordern kann. Wenn der *Rule-of-reason*-Ansatz ausgewählt werden sollte, könnte das viel diskutierte Thema, das Nichtvorliegen eines ständigen WTO-Panels, diesbezüglich ein weiteres Problem darstellen. Anzumerken ist, dass die USA für die wettbewerbsbeschränkenden Verhaltensweisen, die im US-amerikanischen Recht nach dem *Rule-of-reason*-Ansatz behandelt werden, den *Per-se*-Ansatz ablehnen könnten.

c. Ausnahmen

Die etwaigen Ausnahmen zu den Wettbewerbsregeln sollten im Abkommen klar definiert werden, sodass das DSB in seinen Berichten über weniger Spielraum verfügt. So könnten beispielsweise aufgrund der öffentlichen Sicherheit und Ordnung der WTO-Mitglieder Ausnahmen vorgesehen werden. Dies könnte für einige WTO-Mitglieder entscheidend sein, da die Staaten ihre Souveränität nach außen schützen und nicht aufgeben wollen. Auch bezüglich der Exportkartelle können gegebenenfalls Ausnahmen von einem allgemeinen Verbot der Exportkartelle vorgesehen werden.

In unterschiedlichen Ländern sind verschiedene Branchen von einigen oder allen Wettbewerbsregeln ausgenommen. Selbst in hochintegrierten Märkten wie der EU bleiben viele Ausnahmen bestehen, wie zum Beispiel der Sport in Deutschland (§ 31 GWB). Dies lässt darauf schließen, dass die Aussichten für

---

942 *Taylor,* International Competition Law, 2006, S. 279.

943 Siehe zum Beispiel *Richez,* L'OMC et la Pratique Antidumping, Revue de Droit des Affaires Internationales, 1 (2003), 79, 87-88.

supranationale wettbewerbspolitische Institutionen in vielen Bereichen begrenzt sein werden.

Zudem hat die Covid-19-Pandemie weltweit zu Störungen im Wettbewerbsprozess geführt. Dies hat die Wettbewerbsbehörden auf der ganzen Welt gezwungen, ihre Vorgehensweise bei der Durchsetzung des Rechts anzupassen, wie zum Beispiel die Freistellung einiger Branchen in einer Reihe von Ländern vom Wettbewerbsrecht während der Krise. So hat beispielsweise die Europäische Kommission März 2020 als Reaktion auf die Covid-19-Pandemie einen befristeten Rahmen für beihilferechtliche Maßnahmen zur Unterstützung der Wirtschaft veröffentlicht.[944] Die britische Regierung gab im März 2020 bekannt, dass sie als Teil eines Maßnahmenpakets vorübergehend Elemente des Wettbewerbsrechts gelockert hat, damit Supermärkte zusammenarbeiten können.[945]

Aus den genannten Gründen sollte ein etwaiges WTO-Wettbewerbsabkommen Ausnahmen zu multilateral vereinbarte Regeln vorsehen wie zum Beispiel das Recht zur Freistellung einiger Branchen im bestimmten (unvorhersehbaren) Fällen.

3. Verfahren

Die Errichtung einer zuständigen Stelle oder Wettbewerbsbehörde in den Hoheitsgebieten der WTO-Mitglieder für die gegebenenfalls erforderliche Zusammenarbeit und Koordination ist besonders wichtig, da die effiziente Verfolgung internationaler Wettbewerbsbeschränkungen oft in enger Zusammenarbeit zwischen den Behörden mehrerer WTO-Mitglieder erfolgen muss. Die wettbewerbsrechtlichen Konflikte zwischen den Vertragsstaaten können von dem DSB beigelegt werden, so wie die sich aus den anderen WTO-Abkommen ergebenden Konflikte.

Es besteht natürlich auch, wie oben aufgeführt, die Möglichkeit, eine supranationale WTO-Wettbewerbskommission ausschließlich für Wettbewerbsstreitigkeiten einzurichten und ein vergleichbares Modell zum EU-Modell zu schaffen. Sollte dieser Weg gewählt werden, dann sollte die einzurichtende supranationale WTO-Wettbewerbskommission mit weniger Rechten als die EU-Kommission ausgestattet werden. So dürfte zum Beispiel die etwaige supranationale

---

944 Mitt. der EU-Komm., Befristeter Rahmen für staatliche Beihilfen zur Stützung der Wirtschaft angesichts des derzeitigen Ausbruchs von Covid-19, (2020/C 91 I/01).

945 Siehe die Pressemitteilung der britischen Regierung, abrufbar unter: https://www.gov.uk/government/news/supermarkets-to-join-forces-to-feed-the-nation (3.2.2022).

WTO-Wettbewerbskommission über kein Recht auf Klage der WTO-Mitglieder verfügen.

Der Grund dieses minimalistischen Ansatzes ist, wie zuvor erörtert: Je umfangreichere Regeln ein etwaiges internationales Wettbewerbsabkommen vorsieht bzw. je mehr supranationale Organe geschaffen werden, desto weniger Staaten würden an so einem Abkommen teilnehmen, aus Sorge ihre Souveränität aufzugeben. Die WTO-Wettbewerbskommission könnte zum Beispiel bei der Koordination und Zusammenarbeit der nationalen Wettbewerbsbehörden der Vertragsstaaten eine führende Rolle spielen. Sie könnte auch bei der Überprüfung von Fusionsentwürfen mit einer internationalen Dimension betraut werden. Dies würde auch zur Vermeidung etwaiger Konflikte zwischen den nationalen Wettbewerbsbehörden beitragen.

Die Einrichtung eines separaten Panels ausschließlich für wettbewerbsrechtliche Streitigkeiten könnte auch im Betracht gezogen werden, falls für die Streitbeilegung im Rahmen des WTO-Abkommens ein ständiges Panel errichtet wird. Bis dahin besteht ein derartiger Bedarf nicht, da im gegenwärtigen System die Panelmitglieder für jede einzelne Streitigkeit erneut ausgewählt werden. So könnten ohnehin für wettbewerbsrechtliche Streitigkeiten Wettbewerbsexperten oder Fachleute bestellt werden.

4. Die Herstellung von Kompatibilität des internationalen Handels und des internationalen Wettbewerbsrechts

Die Entstehung eines Widerspruchs zwischen den bereits geltenden WTO-Abkommen und des etwaigen künftigen WTO-Wettbewerbsabkommens ist möglich. So könnte sich bei der Anwendung einiger handelsrechtlicher Maßnahmen die Notwendigkeit einer Reform ergeben. In diesem Fall sollten als erstes die mit den internationalen Wettbewerbsregeln kollidierenden handelsrechtlichen Maßnahmen festgestellt werden und danach gegebenenfalls deren Anwendung begrenzt werden. So könnte beispielsweise im Bereich der freiwilligen Exportbeschränkungen auf lange Sicht eine Reform in Erwägung gezogen werden. Sie sind aus dem Anwendungsbereich des WTO-Rechts ausgeschlossen und es bestehen keine nationalen Sanktionen gegen diese. Da jedoch die freiwilligen Exportbeschränkungen nur für Export- und Importländer gelten, verstoßen sie gegen den Grundsatz der Nichtdiskriminierung.

Auch die Antidumpingregeln, die es den WTO-Mitgliedern ermöglichen, in Fällen, in denen das Dumping die inländische Industrie des Importlands beschädigt, Antidumpingmaßnahmen zu ergreifen, können durch die Staaten missbraucht werden. Somit könnte dies auch unter anderem einen Bereich darstellen, in dem eine Kompatibilität zwischen den WTO-Handelsabkommen und dem WTO-Wettbewerbsabkommen hergestellt werden muss.

a. *Eignung des WTO-Streitbeilegungsmechanismus zur Beilegung wettbewerbsrechtlicher Fälle*

Es besteht kein Konsens darüber, ob der WTO-Streitbeilegungsmechanismus für die Beilegung wettbewerbsrechtlicher Fälle geeignet ist. Jedoch ist die h.M., dass es nicht angemessen wäre, den WTO-Streitbeilegungsmechanismus in vollem Umfang für etwaige wettbewerbsrechtliche Streitigkeiten anzuwenden. Bekanntermaßen gilt das DSU für alle multilateralen WTO-Abkommen, während seine Anwendbarkeit auf die plurilateralen WTO-Abkommen davon abhängt, dass die Vertragstaaten einen entsprechenden Beschluss fassen. Das heißt, dass, falls das etwaige WTO-Wettbewerbsabkommen in einer plurilateralen Form abgeschlossen wird, die Vertragsstaaten die Anwendbarkeit des DSU auf die aus dem WTO-Wettbewerbsabkommen ergebenden Streitigkeiten akzeptieren sollen.

Nach dem bestehenden System unterliegen die nationalen Wettbewerbsrechte der WTO-Mitglieder der Anwendung des Streitbeilegungssystems, soweit sie den internationalen Handel beeinträchtigen: Beschwerden gegen das Wettbewerbsrecht als solches und deren Anwendung im Einzelfall können bei dem DSB eingereicht werden. Das bestehende WTO-Streitbeilegungssystem findet Anwendung, soweit das WTO-Recht bereits wettbewerbsrechtliche Vorschriften enthält. Die Art und Weise, wie das judikative WTO-Organ trotz der derzeitigen Beschränkungen im WTO-Recht im Bereich des Wettbewerbsrechts, den Anwendungsbereich des WTO-Rechts in einer innerstaatlichen Wettbewerbsfrage, zum Beispiel im Fall *US – Anti-Dumping Act of 1916* erweitert hat, zeigt, dass mit der etwaigen Integration des Themas „Wettbewerbsrecht" unter dem WTO-Dach zwischenstaatliche wettbewerbsrechtliche Probleme effektiver gelöst werden können.

Der geltende WTO-Streitbeilegungsmechanismus sieht einen Überprüfungsstandard vor, der auch für die wettbewerbsrechtlichen Probleme geeignet ist. Es besteht jedoch Verbesserungswürdigkeit an einigen Stellen: Die Wettbewerbsfälle bedürfen oft auch einer komplexen ökonomischen Analyse. Jedoch wurde die Fähigkeit des Panels und des *Appellate Body* zur Analyse ökonomischer Argumente und Fakten häufig hinterfragt. So haben zum Beispiel *Sidak / Singer* in dem Fall *Mexico – Telecoms* das Panel kritisiert, da es bei der Behandlung einfacher wirtschaftlicher Fragen Wörterbuchdefinitionen verwendet hat. Dies stellt jedoch kein großes Hindernis dar. Falls ein Wettbewerbsabkommen in das WTO-System integriert wird, könnten für wettbewerbsrechtliche Fälle

Panelmitglieder mit ökonomischem Hintergrund ausgewählt werden. So könnte ein ständiges Panel, das sich aus Wettbewerbsexperten zusammensetzt, eingerichtet werden.

Ein anderer Kritikpunkt bezüglich der Anwendung des DSU auf ein künftiges WTO-Wettbewerbsabkommen betrifft die Behandlung vertraulicher Informationen. Damit das Streitbeilegungssystem im Rahmen eines etwaigen WTO-Wettbewerbsabkommens wirksam angewendet werden kann, ist es wichtig, auch diese Schwachstelle zu beseitigen.

Die Beschlüsse und Berichte des Panels und des *Appellate Body* zeigen, dass der WTO-Streitbeilegungsmechanismus für die Beilegung wettbewerbsrechtlicher Streitigkeiten geeignet ist und dass es für die Entwicklung einer weiter entwickelten WTO-Wettbewerbsrechtsprechung und eines neuen Ansatzes für Wettbewerb und Handel Hoffnung gibt. Jedoch können unter derzeitigen Umständen weder das Panel noch der Appellate *Body* keine Lösung für alle Arten internationaler Wettbewerbsfragen bieten, da sie einen beschränkten Spielraum haben.

Es sollte hervorgehoben werden, dass das DSU einer der wichtigsten Gründe – wenn nicht sogar der wichtigste – für die Einbeziehung wettbewerbsrechtlicher Regeln unter dem WTO-Dach darstellt. Daher ist die Nicht-Anwendung der DSU auf ein WTO-Wettbewerbsabkommen ein Rückschritt bezogen auf die gegenwärtige Situation.

b. Eignung der Anwendung der WTO-Sanktionen auf das Wettbewerbsrecht

In der Literatur wird die Anwendung der WTO-Handelssanktionen auf andere Rechtsbereiche teilweise abgelehnt. Unstreitig wurden die WTO-Handelssanktionen für die Streitigkeiten zwischen den WTO-Mitgliedern bezüglich des Handels mit Waren und Dienstleistungen geschaffen. Dabei wurden die Wettbewerbsdimension und die transnationalen Konflikte im Bereich des Wettbewerbsrechts nicht berücksichtigt. Dies liegt auch daran, dass die WTO hauptsächlich die staatlichen Verhaltensweisen regelt und nicht die privaten Verhaltensweisen. Die bestehenden WTO-Sanktionen sind nicht an die Besonderheiten des Wettbewerbsrechts angepasst, da diese Sanktionen in der Ermächtigung der Staaten, Gegenmaßnahmen zu ergreifen, bestehen. Jedoch sind die vom Panel erlaubten Gegenmaßnahmen lediglich vorübergehende Maßnahmen. Der betreffende Staat muss hauptsächlich die fragliche Maßnahme mit seinen WTO-Verpflichtungen in Einklang bringen, wie in Art. 19 Abs. 1 DSU vorgesehen.

Allerdings ist es wichtig, dass das etwaige Wettbewerbsabkommen Sanktionen vorsieht, da sie die Vertragsstaaten zur Einhaltung ihrer Verpflichtungen unter dem Wettbewerbsabkommen „zwingen". Unzweifelhaft wären das betroffene WTO-Mitglied und die Verbraucher in den beiden WTO-Mitgliedern durch die Sanktionen ökonomisch geschädigt. Jedoch würde ein Vergleich zwischen den Vorteilen, die sich aus dem WTO-Wettbewerbsabkommen, das Sanktionen vorsieht, ergeben und den Kosten, die durch die Sanktionen verursacht werden, zeigen, dass der Abschluss eines Wettbewerbsabkommens, das Sanktionen vorsieht, dennoch vorteilhafter wäre. Aus den oben genannten Gründen sollte ein etwaiges WTO-Wettbewerbsabkommen den WTO-Sanktionen unterliegen.

5. Die anderen internationalen Organisationen

Die Schaffung einer globalen Wettbewerbsordnung unter dem WTO-Dach schließt selbstverständlich nicht die Mitwirkung anderer internationaler Organisationen zu der Thematik aus. Dies steht auch im Einklang mit Art. 5 Abs. 1 WTO-Ü, der die Zusammenarbeit der WTO mit anderen internationalen Organisationen vorsieht. Vor allem könnten dabei die anderen internationalen Organisationen bedeutende Beiträge leisten und die Erfahrungen des ICN, der OECD und der UN genutzt werden. Beispielsweise würde die Interaktion zwischen den nationalen Wettbewerbsbehörden im ICN, das sowieso über keine Rechtsetzungsfunktion verfügt, zur Erarbeitung der Standards beitragen.

Nach dem Abschluss des WTO-Wettbewerbsabkommens, spätestens nach einer bestimmten in dem Abkommen vorgesehenen Frist, werden die WTO-Mitglieder, die über keine nationalen Wettbewerbsregelungen verfügen, Wettbewerbsgesetze bzw. -regeln erlassen müssen. Dabei könnten sie Hilfe benötigen. Das vorstehende Modellgesetz der UN aus dem Jahr 2007 und die rechtlich unverbindlichen OECD-Empfehlungen können (weiter) zur Ausarbeitung der nationalen Wettbewerbsregelungen der WTO-Mitglieder, die über keine nationalen Wettbewerbsregelungen verfügen, beitragen. Der Inhalt der durch die WTO-Mitglieder zu erlassenden Wettbewerbsgesetze, anschließend an das Inkrafttreten des WTO-Wettbewerbsabkommens, und der Inhalt der von vorstehenden internationalen Organisationen unterbreiteten Empfehlungen und Modellgesetze sind ohnehin nicht sehr unterschiedlich voneinander.

§ 10. Zusammenfassung in Thesen

I. Das Wettbewerbsrecht ist aufgrund der Globalisierung, der Handelsliberalisierung und der zunehmenden internationalen wettbewerbsbeschränkenden Verhaltensweisen heute kein rein nationales Recht mehr. Für die Behandlung internationaler wettbewerbsrelevanter Fälle sollte daher ein neues Rechtsgebiet, namentlich ein „internationales multilaterales Wettbewerbsrecht" geschaffen werden. Das moderne Wettbewerbsrecht ist ein globales Wettbewerbsrecht.[946]

II. Von den unterschiedlichen Wettbewerbstheorien behandelt keine eindeutig die internationale Dimension des Wettbewerbs bzw. internationale Wettbewerbsfragen, sondern lediglich die nationale.[947] Das Regeln des Wettbewerbs auf der internationalen Ebene sollte jedoch als Ziel das Vorliegen eines freien dynamischen Wettbewerbs haben.

III. Die Extraterritorialität weist bei der Lösung zwischenstaatlicher Wettbewerbsfälle Vorteile auf, wie eine einfache Umsetzung im Hinblick auf die Souveränität der Staaten. Sie stößt jedoch sowohl auf rechtliche als auch auf tatsächliche Schwierigkeiten. Das Modell des Unilateralismus erzeugt Wettbewerb zwischen den Wettbewerbsordnungen[948] unterschiedlicher Staaten. Sie ist zwar die traditionellste, aber am wenigsten effektive Methode.[949]

IV. Die Zusammenarbeit zwischen den Staaten kann auf bilateraler, plurilateraler, regionaler oder multilateraler Ebene stattfinden. Die bilateralen Kooperationsabkommen sind für die Schaffung einer globalen Wettbewerbsordnung nicht geeignet, da es nicht möglich ist, alle existierenden Rechtssysteme bilateral zu vernetzen.[950] Wenn es weltweit etwa 100 nationale Wettbewerbsgesetze gäbe, wäre ein Netz von 4950 bilateralen Abkommen erforderlich, um ein grenzüberschreitendes Wettbewerbsrecht zu schaffen, was unwahrscheinlich und umständlich ist.[951] Zahlreiche Fälle, wie *GE – Honeywell*, haben auch gezeigt,

---

946 So auch *Elhauge/Geradin*, Global Competition Law and Economics, 2007, Preface.

947 Vgl. *Bätge*, Globalisierung des Wettbewerbsrechts: Eine internationale Wettbewerbsordnung zwischen Kartell- und Welthandelsrecht, 2009, S. 93 f.

948 *Meessen*, Northwestern J. of Int. Law & Business 10 (1989-1990), 17, 18.

949 *Fikentscher*, IIC 1996, 755, 756.

950 Vgl. *Pons*, Is It Time For an International Agreement on Antitrust, in: Drexl, The Future of Transnational Antitrust, 2003, S. 349 ff., 351: *"we cannot realistically expect to build the same intensive bilateral cooperative relationship with all of our counterparts around the world."*

951 Vgl. *Taylor*, International Competition Law, S. 120, 121.

dass die bilateralen Kooperationsabkommen internationale wettbewerbsrechtliche Probleme nicht effektiv lösen können.

V. Für die inhaltliche Insuffizienz und Verbesserungswürdigkeit der Wettbewerbsbestimmungen regionaler Kooperationsabkommen bei der Behandlung internationaler wettbewerbsrechtlicher Fragen spricht die Tatsache, dass die wettbewerbsrechtlichen Bestimmungen regionaler Kooperationsabkommen in einigen Fällen von dem Streitbeilegungsverfahren ausgeschlossen sind. Sie werden zum großen Teil ohne Rücksicht auf globales Interesse unter Berücksichtigung der Interessen und Bedürfnisse einer bestimmten Region vorbereitet. Sie sind aufgrund ihrer geographischen Reichweite bei der Behandlung internationaler wettbewerbsrechtlicher Fragen, unzureichend, da es unpraktikabel und schwierig ist, alle existierenden regionalen Kooperationsabkommen miteinander zu vernetzen.[952]

VI. Die Anerkennung der Notwendigkeit internationaler Wettbewerbsregeln und der Notwendigkeit der Ergänzung des Handelssystems durch eine effektive Wettbewerbspolitik wird durch die bisherigen regelmäßigen Versuche unterschiedlicher internationaler Organisationen, internationale Wettbewerbsregeln zu formulieren, widergespiegelt. Dazu gehört unter anderem die Havanna-Charta von 1948, die Regelwerke der UN und die weiteren Versuche unter dem WTO-Dach, sowie die Einrichtung einer WTO-Arbeitsgruppe im Jahr 1996.

VII. Während die WTO über Entscheidungs- und Durchsetzungsbefugnisse verfügt, aber einen unterentwickelten materiellen wettbewerbsrechtlichen Rahmen hat, haben die OECD, das ICN und die UN eine Reihe von Leitlinien, Empfehlungen, *best practices* und andere *Soft-Law*-Dokumenten zu Wettbewerbsfragen herausgegeben. Letzteren fehlt aber die Befugnis, diese durchzusetzen. Heutzutage wird jedoch ein Forum mit breiter Gültigkeit, effektivem Streitbeilegungsmechanismus, materiellen rechtsverbindlichen wettbewerbspolitischen Regeln und Grundsätzen und effektivem Sanktionsmechanismus benötigt.

VIII. In der Wissenschaft existieren unterschiedliche Vorschläge, wie die künftige internationale Wettbewerbsordnung gestaltet werden könnte. Sie reichen von minimalistischen Konzepten der Konsultation bis hin zu der

---

952 Vgl. *Pons*, Is It Time For an International Agreement on Antitrust, in: Drexl, The Future of Transnational Antitrust, 2003, S. 349 ff., 351; *Immenga* in: Tietje/Kraft/Sethe, Internationales Wettbewerbsrecht, Unilateralismus, Bilateralismus, Multilateralismus, Martin-Luther Uni. Beiträge zum Transnationalen Wirtschaftsrecht Heft 31 (2004), S. 6, abrufbar unter: http://www2.jura.uni-halle.de/INSTITUT/Heft31.pdf (3.2.2022).

umfassenden Harmonisierung und Verboten wettbewerbsbeschränkender Verhaltensweisen: Der DIAC, welcher einem Kodifizierungsansatz folgte, wurde als potenzieller Anhang 4 der WTO angekündigt. Der *Van-Miert*-Bericht, der einem minimalistischen Ansatz folgte, empfahl die weitere Nutzung bilateraler Zusammenarbeit und den schrittweisen Aufbau eines plurilateralen Abkommens. *Scherer*'s Institutionelles Modell sah die schrittweise Errichtung einiger supranationaler Einrichtungen und die Annahme unverbindlicher Grundprinzipien vor. *Fox* unterstützte den Abschluss eines multilateralen Rahmenabkommens über die Grundprinzipien unter dem WTO-Dach mit einem separaten Streitbeilegungssystem nach dem NAFTA- oder WTO-Modell. *Drexl* schlug den Abschluss eines multilateralen Wettbewerbsabkommens innerhalb der WTO vor, welche er als *„das einzige richtige Forum"* betrachtete. *Kerber / Budzinski* schlugen ein dezentralisiertes internationales Mehr-Ebenen-System des Wettbewerbsrechts vor.

IX. Diese Dissertation schlägt den Abschluss eines rechtsverbindlichen internationalen Wettbewerbsabkommens unter der WTO vor. Obgleich der Abschluss eines multilateralen WTO-Wettbewerbsabkommens wünschenswert ist, dies aber nicht möglich sein sollte, dann kann als Alternative ein plurilaterales WTO-Wettbewerbsabkommen in Betracht gezogen werden, das nach Art. 2 Abs. 3 WTO-Ü dem Anhang 4 des WTO-Ü beigefügt werden kann. Es könnte „Handelsbezogene Aspekte der Wettbewerbspolitik", *Trade-Related Aspects of Competition Policy*, genannt werden.

X. Es bestehen vielfältige Argumente für die Wahl der WTO als Forum für die Verhandlung einer globalen Wettbewerbsordnung: Die universelle Gültigkeit der WTO mit 164 Mitgliedern mit unterschiedlichem Entwicklungsniveau (etwa zwei Drittel Entwicklungsländer),[953] die Sonderbestimmungen des WTO-Rechts für die Entwicklungsländer und am wenigsten entwickelten Länder, die Rechtsverbindlichkeit der WTO-Regeln und der durch das DSB erlassenen Berichte, das Vorliegen eigener Streitbeilegungsmechanismen des WTO-Systems, die Effizienz der WTO-Durchsetzung bei der Forderung der Einhaltung der WTO-Verpflichtungen,[954] die nachgewiesene Erfolgsgeschichte der WTO-Regeln über das Beeinflussen und die Disziplinierung staatlicher Verhaltensweisen,[955] der

953 WTO, abrufbar unter: https://www.wto.org/english/thewto_e/whatis_e/tif_e/dev1_e.htm (3.2.2022).

954 *Taylor*, International Competition Law, 2006, S. 292.

955 Siehe Fn. oben.

Zusammenhang zwischen dem Handel und dem Wettbewerb und die bereits existierenden wettbewerbsrechtlichen Regeln in den WTO-Abkommen.

XI. Das Abkommen hat höhere Erfolgsaussichten, wenn es inhaltlich lediglich solche Themen reguliert, bei denen bereits eine Konvergenz zwischen den nationalen Wettbewerbsordnungen besteht. Zu diesem Zweck kann der Abschluss eines globalen Rahmenabkommens über das Wettbewerbsrecht, das keine volle Harmonisierung der nationalen Wettbewerbsrechte vorsieht, in Betracht gezogen werden. Je detailliertere Regelungen ein etwaiges Wettbewerbsabkommen beinhaltet, desto geringer ist die Wahrscheinlichkeit der Eignung zwischen den Staaten und desto niedriger wäre die Anzahl der Vertragsstaaten. Die Grundidee dieses Ansatzes ist, dass kleinere und weniger anspruchsvolle Schritte besser geeignet sind, um bessere Ergebnisse zu liefern. Das WTO-Wettbewerbsabkommen könnte die folgenden Themen umfassen: Kartelle, Fusionen und – sollte eine Eignung möglich sein – Missbrauch marktbeherrschender Stellung. Da die Subventionen schon im WTO-Recht reguliert werden, könnte erforderlichenfalls in dem WTO-Wettbewerbsabkommen ein Verweis auf das SCM gemacht werden. So würden sie zusammen funktionieren, wie Art. 6 GATT bzw. das ADA. Das Abkommen sollte darüber hinaus den Grundsatz der Nichtdiskriminierung, der Transparenz, der internationalen Zusammenarbeit und der besonderen und differenzierten Behandlung der Entwicklungsländer enthalten.

XII. Verfahrenstechnisch könnte eine supranationale WTO-Wettbewerbskommission bzw. ein separates Panel, wie im EU-Modell, errichtet werden. Sie sollte jedoch mit weniger Rechten als die EU-Kommission ausgestattet werden. So dürfte sie zum Beispiel über kein Recht auf Klage der WTO-Mitglieder verfügen. Sie könnte beispielsweise bei der Koordination und Zusammenarbeit nationaler Wettbewerbsbehörden eine führende und ICN-ähnliche Rolle spielen. Sie könnte auch bei der Überprüfung von Fusionsentwürfen mit einer internationalen Dimension betraut werden. So könnten etwaige Konflikte zwischen den nationalen Wettbewerbsbehörden vermieden werden. Bis zur Errichtung eines ständigen Panels für die sonstigen WTO-Streitigkeiten besteht kein Bedarf für ein separates Panel, welches ausschließlich für wettbewerbsrechtliche Streitigkeiten zuständig ist, da sich im gegenwärtigen System das Panel aus *Ad-hoc*-Mitgliedern zusammensetzt. So könnten ohnehin auch im Rahmen des gegenwärtigen Systems für die Beilegung wettbewerbsrechtlicher Streitigkeiten lediglich Wettbewerbsexperten oder Fachleute bestellt werden.

XIII. Die Mitwirkung der OECD und der UN, insbesondere des ICN, wäre auch während der Aushandlung der Regeln und Grundsätze wünschenswert. Das ICN könnte weiter als ein Forum fungieren, in dem Erfahrungen und Lösungen zu akuten wettbewerbsrechtlichen Problemen ausgetauscht werden.

Die unterstützende Rolle des ICN im Hinblick auf die Konvergenz der Wettbewerbsrechtssysteme durch freiwillige Zusammenarbeit und die Umsetzung der *recommended practices* in die nationalen Rechte kann als notwendiger Entwicklungsschritt vom *soft law* zum *Hard Law* betrachtet werden.

XIV. Eine Einigung über wettbewerbsrechtliche Regelungen auf globaler Ebene zwischen zahlreichen Staaten ist keine leichte Aufgabe. Jedoch sollte dies den Prozess nicht behindern. Die Globalisierung ist heute Realität. Eine immer stärkere (wirtschaftliche) Globalisierung ist unvermeidlich, sowie die Liberalisierung des Handels in einer immer stärker globalisierten Welt. Sie zwingen nicht nur die Unternehmen in eine globale oligopolartige Struktur, sondern auch die Staaten. Die Handelsliberalisierung und der Wettbewerb sind jedoch zwei Seiten ein und derselben Medaille.[956] In diesem Kontext stellt die WTO das idealste Forum dar. Globale Probleme erfordern globale Lösungen.

„*Wettbewerb ist das großartigste und genialste Entmachtungsinstrument der Geschichte.*“[957]

956 *Trebilcock/Howse,* The Regulation of International Trade, 2005, S. 588-591.

957 *Böhm,* Demokratie und ökonomische Macht, in: Institut für ausländisches und internationales Wirtschaftsrecht, Kartelle und Monopole im modernen Recht, 1961, S. 2, 22.

Literaturverzeichnis

Abbott, Frederick M.: Are the Competition Rules in the WTO TRIPS Agreement Adequate?, J. of Int. Eco. Law 7 (2004), 687-703.

Abdelgawad, Walid: Jalons de l'internalisation du droit de la concurrence vers l'éclosion d'un ordre juridique mondial de la lex economica, Revue Int. de Droit Économique 15 (2001), 161-196.

Alvarez-Jimenez, Alberto: Emerging WTO Competition Jurisprudence and its Possibilities for Future Development, Northwestern J.of Int. Law & Business 24 (2004), 441-488.

American Bar Association – Section of Antitrust Law (Hg.): Report of the Task Force of the American Bar Association Section of Antitrust Law on the Competition Dimensions of NAFTA, USA 1994.

Dies.: Competition Laws Outside the United States, USA 2001.

Anderson, Robert D.: Competition Policy and the TRIPS Agreement: More Guidance Needed? Where Might We Look? What Insights from Policy Evolution at the National Level?, Präsentation auf dem WIPO-Symposium über Geistiges Eigentum und Wettbewerbspolitik, Genf, 11.5.2010.

Ders. / Jenny, Frédéric: The Current Proposals for WTO Negotiations on Competition Policy: Background and Overview, Papier vorgelegt auf "The Conference Board 2003 Conference on Antitrust Issues in Today's Economy", März 2003.

Ders. / Kovacic, William / Müller, Anne C. / Sporysheva, Nadezhda: WTO Economic Research and Statistics Division, Staff Working Paper ERSD-2018-12 v. 31.10.2018, Competition Policy, Trade and the Global Economy: Existing WTO Elements, Commitments in Regional Trade Agreements, Current Challenges and Issues for Reflection.

Ders. / Kovacic, William: Competition Policy and International Trade Liberalization: Essential Complements to Ensure Good Performance in Public Procurement Markets, Public Procurement Law Review 18 (2009), 67-101.

Ders. / Müller, Anna C.: The revised WTO Agreement on Government Procurement (GPA): Key Design Features and Significance for Global Trade and Development, Georgetown J. of Int. Law 48 (2017), 949-1008.

Andenas, Mads / Andersen, Camilla Baasch: Theory and Practice of Harmonisation, Cheltenham 2011.

Arena, Amedeo: The Role of GAL Standards in Juris-Generative Interactions between Global Antitrust Institutions in the Light of the Mexico – Telecoms Case, IRPA-Research Paper – GAL Series 3/2013.

Bacchus, James: Lone Star: The Historic Role of WTO, Texas Int. Law J. 39 (2004), 401-414.

Bachem-Rehm, Michaela / Hiepel, Claudia / Türk, Henning: Teilungen Überwinden: Europäische und Internationale Geschichte im 19. und 20. Jahrhundert, FS für Wilfried Loth, München 2014.

Bätge, Dietmar: Globalisierung des Wettbewerbsrechts: Eine internationale Wettbewerbsordnung zwischen Kartell- und Welthandelsrecht, Tübingen 2009.

Ders.: Competition Law and Perspectives for Harmonisation, Uniform Law Review 9 (2004), 501-510.

Bätge, Johanna.: Wettbewerb der Wettbewerbsordnungen, Baden-Baden 2009.

Balassa, Bela: The Theory of Economic Integration, 1. Aufl. Homewood 1961.

Bannock, Graham / Baxter, Ron / Davis, Evan: Dictionary of Economics, 2. Aufl. 1999.

Bartling, Hartwig: Leitbilder der Wettbewerbspolitik, München 1980.

Basedow, Jurgen: Weltkartellrecht: Ausgangslage und Ziele, Methoden und Grenzen der Internationalen Vereinheitlichung des Rechts der Wettbewerbsbeschränkungen, Beiträge zum ausländischen und internationalen Privatrecht, Bd. 63, Tübingen 1998.

Ders.: Das Sozialmodell von Lissabon: Solidarität statt Wettbewerb, EuZW 19 (2008), 225.

Ders.: International Antitrust from Extraterritorial Application to Harmonization, Louisana Law Review 60 (2000), 1037-1052.

Bechtold, Rainer / Bosch, Wolfgang: GWB Kommentar, 9. Aufl. München 2018.

Behrens, Peter: Der Wettbewerb im Vertrag von Lissabon, EuZW 19 (2008), 193.

Benedek, Wolfgang: Die Rechtsordnung des GATT aus völkerrechtlicher Sicht / GATT from an International Law Perspective, Beiträge zum ausländischen öffentlichen Recht und Völkerrecht Bd. 100, Heidelberg 1990.

Ders.: Die Entwicklungsländer in der WTO, Zeitschrift für Europarechtliche Studien (2000), 41-60.

Bhagwati, Jaghdish: Afterword: The Question of Linkage, AJIL 96 (2002), 126-134.

Blair, Roger / Sokol, Daniel (Hg.): The Oxford Handbook of International Antitrust Economics, Bd. 1, Oxford 2015.

Bhalla, V.K.: International Business, Neu-Delhi 2013.

Blankart, Charles B.: Öffentliche Finanzen in der Demokratie: Eine Einführung in die Finanzwissenschaften, 9. Aufl. München 2017.

Bockslaff, Klaus: Wirtschaft und Entwicklung, Zeitschrift für die Vereinten Nationen und Ihre Sonderorganisationen 2 (1984), 64-65.

Bodansky, Daniel: The Legitimacy of International Governance: A Coming Challenge for International Environmental Law?, AJIL 93 (1999), 596-624.

Böge, Ulf: Die Herausforderungen einer Internationalen Wettbewerbspolitik in Zeiten Globalisierter Märkten, WuW 6 (2005), 590-599.

Bradford, Anu: International Antitrust Negotiations and The False Hope of the WTO, Harvard Int. Law J. 48 (2007), 383-439.

Dies. / Chilton, Adam S. / Megaw, Chris / Sokol, Nathaniel: Competition Law Gone Global: Introducing the Comparative Competition Law and Enforcement Datasets, J. of Emperical Legal Studies 16 (2019), 411-443.

Brittan, Leon: A Framework for International Competition, Beitrag in Weltwirtschaftsforum, Davos 3.2.1992.

Ders. / Van Miert, Karel: Towards an International Framework of Competition Law, Mitteilung der EU-Kommissäre an der Europäischen Rat v. 18.6.1996, COM(96) 284 final.*Brockhaus Enzyklopädie (Hg.)*: Bd. 24, 19. Aufl. Mannheim 1994.

Brog, Hildegard: Handel statt Hilfe: Die Entwicklungspolitischen Vorstellungen in der Havanna-Charta 1947/48, Frankfurt a.M. 1990.

Bronckers, Marco / Quick, Reinhard: New Directions in International Economic Law: Essays in Honor of John J. Jackson, Den Haag 2000.

Bronz, Georg: The International Trade Organization Charter, Harward Law Review 62 (1949), 1089-1125.

Brusick, Philip / Alvarez, Ana Maria / Cernat, Lucian: UNCTAD, Competition Provisions in Regional Trade Agreements: How to Assure Development Gains, UNCTAD/DITC/CLP/2005/1, 2005.

Budzinski, Oliver: The Economics of International Competition Policy: New Challenges in the Light of Digitization?, Technische Universität Ilmenau Institut für Volkswirtschaftslehre, Economics Discussion Papers, Nr. 135, 26 (2020).

Ders. / Aigner, Gisela: Institutionelle Rahmenbedingungen für internationale M&A-Transaktionen: Auf dem Weg zu einem globalen Fusionskontrollregime? Philipps-Uni. Marburger volkswirtschaftliche Beiträge Nr. 9, 2004.

Kerber, Wolfgang / Budzinski, Oliver: Megafusionen Wettbewerb und Globalisierung, und Globalisierung: Praxis und Perspektiven der Wettbewerbspolitik, Stuttgart 2003.

Dies.: Towards a Differentiated Analysis of Competition of Competition Laws, ZWeR 1 (2003), 411-448.

Bonakele, Tembinkosi / Fox, Eleanor / Mncube, Liberty: Competition Policy for the New Era: Insights from the BRICS Countries, Oxford 2017.

Bork, Robert: The Antitrust Paraodox: A Policy at War with Itself, New York 1978.

Busch, Marc L. / Pelc, Krzysztof J.: Does the WTO Need A Permanent Body of Panelists? J. of Int. Eco. Law 12 (2009), 579-594.

Cairncross, Frances: The Death of Distance: How the Communications Revolution Is Changing Our Lives – Distance Isn't What It Used To Be, Boston 2001.

Callies, Christian / Ruffert, Matthias / Hanh, Michael J. (Hg.): EUV/AEUV, Das Verfassungsrecht der Europäischen Union mit Europäischer Grundrechtecharta, Kommentar, 5. Aufl. München 2016.

Campbell, A. Neil / Rowley, J. William / Trebilock, Michael: The Role of Monopoly Laws in the International Trading, International Trade Law and Regulation 1 (1995), 167-180.

Cassel, Gustav: Recent Monopolistic Tendencies in Industry and Trade: Being an Analysis of the Causes and Poverty of the Nations, (League of Nations Doc. C.E.C.P.98.), Genf 1927.

Chareyre de Beaumont, Anne: Droit de la Concurrence et Globalisation, Paris 2006.

Chauffour, Jean Pierre / Maur, Jean Christophe (Hg.): Preferential Trade Agreement, Policies for Development: A Handbook, The World Bank, Washington 2011.

Chen, John-ren: International Institutions and Multinational Enterprises, Cheltenham u.a. 2004.

Cho, Sung-joon: GATT Non-Violation Issues in the WTO Framework: Are They the Achilles Heel of the Dispute Settlement Process?, Harward Int. Law J. 39 (1998), 311-355.

Clark, John: Toward a Concept of Workable Competition, American Economic Review 30 (1940), Teil 1, 241-256.

Clarke, Julie: International Merger Policy: Applying Domestic Law to International Markets, Cheltenham u.a. 2014.

Clayton, William L.: Why and How We Came to Find Ourselves at the Havana Conference, Rede des Beraters des US-Außenministers v. 15.6.1948, Washington, Dep't St. 18 v. 27.6.1948.

Cohen Harlan, Grant / Grossman, Nienke / Follesdal, Andreas / Ulfstein, Geir: Legitimacy and International Courts, Cambridge 2018.

Colino, Sandra M.: Vertical Agreements and Competition Law: A Comparative Study of the EU and US Regimes, Oxford u.a. 2010.

Collins, David: The World Trade Organisation: A Beginner's Guide, London 2015.

Conde-Gallego, Beatriz: The Future of Transnational Antitrust, From Comparative to Common Competition Law, Bericht über die Tagung des Max-Planck-Instituts für Geistiges Eigentum, Wettbewerbs- und Steuerrecht, GRUR Int. 52 (2003), 431-444.

Connor, John: Private International Cartels: Effectiveness, Welfare, and Anticartel Enforcement, Working Paper 03-12, 11/2003, Purdue Universität, Department of Agricultural Economics.

Ders.: Global Antitrust Prosecutions of International Cartels: Focus on Asia, Connor, World Competition 31 (2008) 575-606.

Conrad, Christian A.: Die Notwendigkeit, die Möglichkeit und die Grenzen einer internationalen Wettbewerbsordnung, New York 2005.

Ders.: Dumping and Anti-dumping Measures from a Competition and Allocation Perspective, JWT 36 (2002), 563-575.

Cottier, Thomas: The WTO Permanent Panel Body: A Bridge Too Far? J. of Int. Eco. Law 6 (2003), 187-202.

Ders.: Of Facts and Phantoms: Economics, Epistemic Legitimacy, and WTO Dispute Settlement, J. of Int. Eco. Law 14 (2011), 295-328.

Cox, Helmut / Jens, Uwe / Markert, Kurt: Handbuch des Wettbewerbs, München 1981.

Dabbah, Maher: The Internationalisation of Antitrust Policy, Cambridge 2003.

Daire, Eugène: Economistes Financiers du XVIII Siécle, Paris 1843.

Davey, William J.: The Case for a WTO Permanent Panel Body, J. of Int. Eco. Law 6 (2003), 177-186.

Devuyst, Youri: Toward a Multilateral Competition Policy Regime? Global Governance 6 (2000), 319-338.

Diebold, William Jr.: The End of the ITO, Essays in International Finance Nr. 16, Princeton International Finance Section, Princeton 1952.

Dlouhy, Alexander: Extraterritoriale Anwendung des Kartellrechts im europäischen und US-amerikanischen Recht, Baden-Baden 2003.

Do, Kim Them: Developing Countries and the Possible Future WTO Framework on Competition Law and Policy: Another Look at a Current Controversy, ZWeR (2) 2011, 133-159.

Ders.: Competition Law and Policy and Economic Development in Developing Countries, Manchester J. Int'l Eco. L. 8 (2011), 18-35.

Doehring, Karl: Völkerrecht, 2. Aufl. Heidelberg 2004.

Dolle, Tobias: Streitbeilegung im Rahmen von Freihandelsabkommen: Wirtschaftliche Integration und Streitbeilegung im internationalen Handelsbereich, Baden-Baden 2015.

Domke, Martin: The United Nations Draft Convention on Restrictive Business Practices, The International and Comparative Law Quarterly 4 (1955), 129-140.

Dowdle, Michael / Gillespie, John / Maher, Imelda: Asian Capitalism and the Regulation of Competition: Towards a Regulatory Geography of Competition, New York 2013.

Drahos, Peter: Regulatory Theory: Foundations and Applications, Australien 2017.

Dreher, Meinrad / Kulka, Michael: Wettbewerbs- und Kartellrecht: Eine systematische Darstellung des deutschen und europäischen Rechts, 10. Aufl. Heidelberg 2018.

Drexl, Josef: WTO und Kartellrecht – Zum Warum und Wie dieser Verbindung in Zeiten der Globalisierung, ZWeR 2 (2004), 191-249.

Ders.: Perspektiven eines Weltkartellrechts, ZEW, Vorträge und Berichte Nr. 97, Reinische Friedrichs-Wilhelms Uni., Bonn 1998.

Ders.: Research Handbook on Intellectual Property and Competition Law, Cheltenham u.a. 2008.

Ders.: The Future of Transnational Antitrust: From Comparative to Common Competition Law, Bern 2003.

Duns, John / Duke, Arlen / Sweeney, Brendan: Comparative Competition Law, Cheltenham u.a. 2015.

Eeckhout, Piet: The Domestic Legal Status of the WTO-Agreements: Interconnecting Legal Systems, Common Market Law Review 34 (1997), 11-58.

Eickhof, Norbert: Globalisierung, Institutioneller Wettbewerb und Nationale Wirtschaftspolitik, Wirtschaftsdienst 83 (2003), 369-376.

Ehlermann, Claus-Dieter / Ehring, Lothar: WTO Dispute Settlement and Competition Law: Views from the Perspective of the Appellate Body's Experience, Fordham Int. Law J. 26 (2002), 1505-1561.

Ehlers, Dirk / Schoch, Friedrich: Rechtsschutz im Öffentlichen Recht, Berlin 2009.

Ders. / Fehling, Dirk / Pünder, Herrmann: Besonderes Verwaltungsrecht, Bd. 1 Öffentliches Wirtschaftsrecht, 4. Aufl. Heidelberg 2019.

Elhauge, Einer / Geradin, Damien: Global Competition Law and Economics, 2. Aufl. Oxford u.a. 2007.

Emmerich, Volker / Lange, Knut Werner: Kartellrecht, 14. Aufl. München 2018.

Emmert, Frank: The Argument for Robust Competition Supervision in Developing and Transition Countries, J. of Governance and Regulation 5 (2016), 67-89.

Epstein, Richard Allen / Greve, Michael S.: Competition Laws in Conflict: Antitrust Jurisdiction in the Global Economy, Washington 2004.

Hexner, Ervin: International Cartels, Chapell Hill 1945.

Ezrachi, Ariel (Hg.): Research Handbook on International Competition Law, Cheltenham u.a. 2012.

Fellman, Susanna / Shanahan, Martin: *Regulating* Competition: Cartel Registers in the Twentieth-Century World, New York 2019.

Fikentscher, Wolfgang: An International Antitrust Code, IIC 27 (1996), 755-770.

Ders.: The Draft International Antitrust Code (DIAC) in the Context of International Technological Integration, The Institutional and Jurisdictional Architecture, Chicago-Kent Law Review 72 (1996), 533-543.

Ders.: Wettbewerbsrecht im TRIPS-Agreements der Welthandelsorganisation – Historische Anknüpfung und Entwicklungschancen, GRUR Int. 44 (1995), 529-535.

Ders.: Der Draft International Antitrust Code in der Diskussion, GRUR Int. 45 (1996), 543-548.

Ders. / Heinemann / Kunz-Hallstein: Das Kartellrecht des Immaterialgüterschutzes im Draft International Antitrust Code, GRUR Int. 44 (1995), 757-765.

Ders. / Drexl, Josef: Der Draft International Antitrust Code: Zur instutionellen Struktur eines künftigen Weltkartellrechts, RIW 40 (1994), 93-99.

Ders. / Straub, Wolfgang: Der RBP-Kodex der Vereinten Nationen: Weltkartellrechtlinien, GRUR Int. 31 (1982), 637-646.

Finger, Matthias / Künnecke, Rolf: International Handbook of Network Industries: The Liberalization of Infrastructure, Cheltenham u.a 2011.

Fox, Eleanor: Harmonisation of Law and Procedures in a Stabilised World: Why What and How?, Antitrust Law J. 60 (1991), 593-614.

Dies.: Competition Law and the Agenda for WTO: Forging the Links of Competition and Trade, Pacific Rim Law Policy J. 4 (1995), 1-36.

Dies.: Toward World Antitrust and Market Access, AJIL 91 (1997), 1-25.

Dies.: International Antitrust: Against Minimum Rules; for Cosmopolitan Principles, The Antitrust Bulletin 43 (1998), 5-14.

Dies.: Competition Law and Millennium Round, J. of Int. Eco. Law 2 (1999), 665-679.

Dies.: International Antitrust and the Doha Dome, Virginia J. of Int. Law 43 (2003), 911-932.

Dies.: The WTO's First Antitrust Case – Mexican Telecom: A Sleeping Victory for Trade and Competition, J. of Int. Eco. Law 9 (2006) 271-292.

Dies.: Linked-In Antitrust and the Virtues of a Virtual Network, International Law 43 (2009), 151-174.

Dies. / Healey, Deborah: When the State Harms Competition: The Role for Competition Law, Antitrust Law J. 79 (2014), 769-820.

Dies. / Trebilcock, Michael: The Design of Competition Law Institutions: Global Norms, Local Choice, Oxford 2013.*Fezer, Karl-Heinz / Büscher, Wolfgang / Obergfell, Eva Inés*: Lauterkeitsrecht: Kommentar zum Gesetz gegen den unlauteren Wettbewerb (UWG) Bd. 2, 3. Aufl. München 2016.

Freytag, Andreas / Zimmermann, Ralf: Muss die internationale Handelsordnung um eine Wettbewerbsordnung Erweitert werden?, Rabels Zeitschrift für ausländisches und internationales Privatrecht (62) 1998, 38-58.

Fuchs, Peter / Tuerk, Elisabeth: Das Allgemeine Abkommen über den Handel mit Dienstleistungen (General Agreement on Trade in Services – GATS) und die derzeitigen GATS-Verhandlungen, Umweltforschungsplan des Bundesministeriums für Umwelt, Naturschutz und Reaktorsicherheit, Forschungsbericht 20019154.

Fuchs, Andreas / Schwintowski, Hans-Peter / Zimmer, Daniel: Wirtschafts- und Privatrecht im Spannungsfeld von Privatautonomie, Wettbewerb und Regulierung: FS für Ulrich Immenga zum 70. Geburtstag, München, 1. Aufl., 2004.

Furnish, Dale: A Transnational Approach to Restrictive Business Practices, International Lawyer 4 (1970), 317-351.

Gal, Michal S. / Bakhoum, Mor / Drexl, Josef / Fox, Eleanor M. / Gerber, David J.: The Economic Characteristics of Developing Jurisdictions: Their Implications for Competition Law, Cheltenham u.a. 2015.

Geiger, Rudolf / Khan, Daneil-Erasmus / Kotzur, Markus (Hg.): EUV-AEUV Vertrag über die Europäische Union und Vertrag über die Arbeitsweise der Europäischen Union, Kommentar, 6. Aufl. München 2017.

George, Carol / Orova, Stephen: A WTO Guide for Global Business, Cameron 2002.

Georgopoulos, Aris / Hoekman, Bernard M. / Mavroidis, Petros (Hg.): The Internationalization of Government Procurement Regulation, Oxford 2017.

Gerber, David J.: Afterword: Antitrust and American Business Abroad Revisited, Northwestern J. of Int. Law & Business 20 (2000), 307-312.

Ders.: Law and Competition in Twentieth Century Europe: Protecting Prometheus, Oxford u.a. 2001.

Ders.: Competition Law and the WTO: Rethinking the Relationship, J. of Int. Eco. Law 10 (2007), 707-724.

Ders.: Global Competition: Law, Markets and Globalisation, New York 2012.

Gifford, Daniel J.: The Draft International Antitrust Code Proposed at Munich: Good Intentions Gone Awry, Minnesota J. of Global Trade 6 (1997), 1-66.

Gillespie, John / Peerenboom, Randall: Regulation in Asia: Pushing Back on Globalization, London u.a 2009.

Gloy Wolfgang / Loschelder, Michael / Danckwerts, Rolf: Handbuch des Wettbewerbsrechts, 5. Aufl. München 2019.

Glöckner, Jochen: Kartellrecht – Recht gegen Wettbewerbsbeschränkungen, 2. Aufl. Stuttgart 2017.

Goh, Gavin / Ziegler, Andreas R.: Retrospective Remedies in the WTO after Automotive Leather, J. of Int. Eco. Law 6 (2003), 545-564.

Grabitz, Eberdhard / Hilf, Meinhart / Nettesheim, Martin (Hg.): Das Recht der Europäischen Union, Bd. 1, München, 71. EL. August 2020.

Graham, Edward M. / Richardson, J. David: Global Competition Policy, Washington 1997.

Gramlich, Ludwig: Internationales Wirtschaftsrecht – Schnell Erfasst, Berlin u.a. 2004.

Grossmann, Nienke: Legitimacy and International Adjudicative Bodies, The George Washington Int. Law Review 41 (2009), 107-180.

Götting, Horst-Peter / Nordemann, Axel: UWG Handkommentar, 3. Aufl. Baden-Baden 2016.

Götz, Dieter / Haensch, Günther / Wellmann, Hans: Langenscheidt Großwörterbuch, Deutsch als Fremdsprache, Berlin u.a. 2010.

Gürler, Oker: Third Ministerial Conference of the WTO and Importance of Agriculture in Trade Talks, J. of Eco. Cooperation 21 (2000), 45-66.

Guzman, Andrew: International Antitrust and the WTO: The Lessons from Intellectual Property, Virginia J. of Int. Law 43 (2002-2003), 933-956.

Hauser, Heinz: Die WTO: Wohin geht der Weg, Aussenwirtschaft 56 (2001), 7-39.

Hantos, Elémer: Mitteleuropäische Kartelle im Dienst des Industriellen Zusammenschlusses, Paderborn 2013.

Hansen, Patricia I.: Antitrust in the Global Market: Rethinking "Reasonable Expectations", Southern California Law Review 72 (1999), 1601-1650.

Harte-Bavendamm, Henning / Henning-Bodewig, Frauke (Hg.): Gesetz gegen den unlauteren Wettbewerb, 4. Aufl. München 2016.

Hawk, Barry E.: International Mergers and Joint Ventures, Fordham Corporate Law, New York 1991.

Ders.: International Antitrust Law & Policy: Annual Proceedings of the Fordham Corporate Law Institute New York 1998.

Ders.: International Antitrust Law & Policy: Annual Proceedings of the Fordham Corporate Law Institute New York 2002.

Heermann, Peter W. / Schlingloff, Jochen: Münchener Kommentar zum Lauterkeitsrecht, Bd. 1, 3. Aufl. München 2020.

Herdzina, Klaus: Wettbewerbstheorie, Köln 1975.

Ders.: Wettbewerbspolitik, 5. Aufl. 1998.

Herzog, Johannes: Dynamisches Pricing: Ertragswirkungen einer proaktiven Preispolitik, Hamburg 2015.

Heydon, Kenneth / Woolcock, Stephen: The Ashgate Research Companion to International Trade Policy, New York 2012.

Hilf, Meinhardt / Oeter, Stefan (Hg.): WTO-Recht: Rechtsordnung des Welthandels, 2. Aufl. 2010.

Hilpold, Peter: Regionale Präferenzzonen und GATT, Recht der Internationalen Wirtschaft 8 (1993), 657-668.

Ders.: International Competition Law and Regional Trade Agreements, Manchester J. Int. Eco. L. 2 (2005), 82-93.

Hirsch, Julius: National and International Monopolies from the Point of View of Labor, the Consuming Public and Rationalisation, (League of Nations C.E.C.P.), Genf 1926.

Ho, Cynthia M.: An Introduction to TRIPS, Loyola Uni. Chicago School of Law, Public Law & Legal Theory Research Paper, Nr. 2011-021.

Hocking, Brian / McGuire, Steven: Trade Politics, 2. Aufl. London u.a. 2004.

Hoekman, Bernard M. / Holmes, Peter: Competition Policy, Developing Countries and the WTO, World Bank Policy Research Paper Nr. 2211, 10/1999 (auch veröffentlicht in: The World Economy 22 (1999), 875-893).

Hoekman, Bernard M. / Mavroidis, Petro: Law and Policy in Public Purchasing: The WTO Agreement on Government Procurement, Michigan 1997.

Dies.: Economic Development Competition Policy and the World Trade Organisation, World Bank Policy Research Paper Nr. 2917, 10/2002 (auch veröffentlicht in: JWT 37 (2003), 1-27).

Dies.: Competition, Competition Policy and the GATT, World Bank Policy Research Working Paper 1228, 12/1993 (auch veröffentlicht in: J. of World Economy 17 (1994), 121-150).

Hönn, Günther / Karb, Manuel: Klausurenkurs im Wettbewerbs- und Kartellrecht, 7. Aufl. Heidelberg 2019.

Horn, Henrik / Mavroidis, Petros: The American Law Institute Reporter's Studies on WTO Law: Legal and Economic Analysis, Cambridge 2007.

Hoppmann, Erich: Wirtschaftsordnung und Wettbewerb, Baden-Baden 1988.

Ders.: Fusionskontrolle, Tübingen 1971.

Ders.: Das Konzept der optimalen Intensität, Jahrbücher für Nationalökonomie und Statistik 179 (1966), 286-323.

Ders.: Workable Competition: Die Entwicklung einer Idee über die Norm der Wettbewerbspolitik, Zeitschrift des Bernischen Juristenvereins 102 (1966), 249-273.

Ders.: Theoretische und Institutionelle Grundlagen der Wirtschaftspolitik, 1966.

Hudec, Robert: A WTO Perspective on Private Anti-Competitive Behavior in World Markets, New England Law Review 34 (1999), 79-100.

Ders. / Bhagwati, Jagdisch (Hg.): Fair Trade and Harmonisation: Prerequisites for Free Trade?, Bd. 2 Legal Analysis, Cambridge u.a. 1996.

Hufbauer, Gary / Kim, Jisun: International Competition Policy and the WTO, Antitrust Bulletin 54 (2009), 327-335.

Jackson, John H.: Sovereignty, the WTO, and Changing Fundamentals of International Law, New York 2006.

Ders.: Statue of Legal Treaties in Domestic Legal Systems, AJIL 86 (1992), 310-340.

Ders.: Governmental Disputes in International Trade Relations: A Proposal in the Context of GATT, JWT 13 (1979), 1-21.

Ders.: The World Trading System: Law and Policy of Inteernational Economic Relations, 2. Aufl. Cambridge u.a.1997.

Jahn, George / Junckerstorff, Kurt: Internationales Handbuch der Kartellpolitik, Berlin 1958.

Janow, Merit E. / Lewis, Cynthia: International Antitrust and the Global Economy: Perspectives on The Final Report and Recommendations of the International Competition Policy Advisory Committee to the Attorney General and the Assistant Attorney General for Antitrust, World Competition 24 (2001), 3-21.

Jenny, Frédéric: A Tale of Three Cartels, Präsentation auf dem "Forum on International Competition Law", 7.2.2003, American Bar Association Section of Antitrust Law, New York.

Ders.: Cartels and Collusion in Developing Countries: Lessons from Empirical Evidence, World Competition 29 (2006), 109-138.

Ders.: L'environnement économique International et les autorités de concurrence, Les Autorités Administratives Indépendantes, Rapport Public 2001, La Documentation Française Paris, 441-462.

Ders.: International Cooperation on Competition: Myth, Reality and Perspective, The Antitrust Bulletin 48 (2003), 973-1003.

Jungheim, Stephanie: Medienordnung und Wettbewerbsrecht im Zeitalter der Digitalisierung und Globalisierung, Tübingen 2012.

Idot, Laurence: Mondialisation, liberté et régulation de la concurrence, Le contrôle des concentrations Revue Int. de Droit Économique 3 (2002), 175-205.

Immenga, Ulrich / Mestmäcker, Ernst-Joachim (Hg.): Wettbewerbsrecht, Bd. 1 / Kommentar zum Europäischen Kartellrecht, 6. Aufl. München 2019.

Dies. (Hg.): Wettbewerbsrecht, Bd. 2 / Kommentar zum Deutschen Kartellrecht, 6. Aufl. München 2020.

Dies. (Hg.): Wettbewerbsrecht, Bd. 3 / Kommentar zum Deutschen und Europäischen Fusionskontrolle, 5. Aufl. München 2016.

Institut für ausländisches und internationales Wirtschaftsrecht an der Johann-Wolfgang-Goethe Uni. Frankfurt (Hg.): Kartelle und Monopole im modernen Recht, Beiträge zum übernationalen und nationalen europäischen und amerikanischen Recht, erstattet für die internationale Kartellrechts-Konferenz in Frankfurt a.M. Juni 1960, Karlsruhe 1961.

Kantzenbach, Erhard: Die Funktionsfähigkeit des Wettbewerbs, 2. Aufl. Göttingen 1967.

Kapp, Thomas: Kartellrecht in der Unternehmenspraxis: Was Unternehmer und Manager wissen müssen, 2. Aufl. Wiesbaden 2014.

Kariyawasam, Rohan: The WTO, Intellectual Property, E-Commerce and The Internet, Bd. 1, Cheltenham 2009.

Kearns, Jason E.: International Competition Policy and GATS: A Proposal to Adress Market Access in the Distribution Services Sector, Uni. of Pennsylvania J. of Int. Eco. Law 22 (2001), 285-296.

Kelly, J. Patrick: Judicial Activism at the World Trade Organizational: Development Principles of Self-Restraint, Northwestern J. of Int. Law & Business 22 (2002), 353-388.

Kennedy, Kevin: Competition Law and the World Trade Organisation: The Limits of Multilateralism, London 2001.

Kerr, William / Loppacher, Laura: Anti-dumping in the Doha Negotiations: Fairy Tales at the World Trade Organization, JWT 38 (2004), 211-244.

Khemani, R. Shyam: Competition Policy and Promotion of Investment, Economic Growth, Poverty Alleviation in least Developed Countries, FIAS-Foreign

Investment Advisory Services, Ocaasional Paper Nr. 19, The World Bank Group, Washington 2007.

Ders. / Shapiro, Daniel M.: Glossary of Industrial Organisation Economics and Competition Law, OECD Publishing, Paris 1993.

Kiefer, Steininger: Medienökonomik, Oldenbourg 2014.

Kirchhof, Gregor / Korte, Stefan / Magen, Stefan: Öffentliches Wettbewerbsrecht, Heidelberg u.a. 2014.

Kireyev, Alexei / Osakwe, Chiedu (Hg.): Trade Multilateralism in the Twenty-First Century: Building the Upper Floors of the Trading System through WTO Accessions, Cambridge 2017.

Klein, Joel I.: A Note of Caution with Respect to a WTO Agenda on Competition Policy, Bemerkungen an das Royal Institute of International Affairs, 18.11.1996.

Ders.: No Monopoly on Antitrust: It would be Premature for the WTO to Seek to Enforce Global Competition Rules, Financial Times, 13.2.1998.

Knauff, Matthias: Die Daseinsvorsorge im Vertrag von Lissabon, EuR 45 (2010), 725-745.

Knieps, Günter: Wettbewerbsökonomie, 3. Aufl. Berlin u.a. 2008.

Koch, Eckart: Globalisierung: Wirtschaft und Politik, 2. Aufl. München 2017.

Korte, Stefan: Standortfaktor Öffentliches Recht: Integration und Wettbewerb in föderalen ntegration und Wettbewerb in föderalen Ordnungen am Beispiel der Gesetzgebung, 2016.

Krajewski, Markus: Wirtschaftsvölkerrecht, 4. Aufl. Heidelberg 2017.

Ders.: Democratic Legitimacy and Constitutional Perspectives of WTO Law, JWT 35 (2001), 167-186.

Krelle, Wilhelm: Preistheorie, 2. Aufl. Tübingen 1976.

Krenzler, Horst Günter / Herrmann, Christoph / Niestedt, Marian (Hg.): EU-Außenwirtschafts- und Zollrecht, Bd. I, München 16. EL Oktober 2020.

Kronthaler, Franz / Johannes, Stephan: Factors Accounting for the Enactment of a Competition Law – An Empirical Analysis, Antitrust Bulletin 52 (2007), 137-168.

Köhler, Helmut / Bornkamm, Joachim / Feddersen, Jörn (Hg.): Kommentierung zum Gesetz gegen Unlauteren Wettbewerb, Bd. 13a, 38. Aufl. München 2020.

Koenig, Christian / Schreiber, Kristina: Europäisches Wettbewerbsrecht, Tübingen 2010.

Kopper, Samuel K. C.: The International Regulation of Cartels: Current Proposals, Virginia Law Review 40 (1954), 1005-1028.

Koul, Autar Krishen: Guide to the WTO and GATT: Economics, Law and Politics, 6. Aufl. Neu-Delhi 2018.

Krappel, Franz: Die Havanna Charta und die Entwicklung des Weltrohstoffhandels, Berlin 1975.

Kube, Hanno / Mellinghoff, Rudolf / Morgenthaler, Gerd / Palm, Ulrich / Puhl, Thomas / Seiler, Christian: Leitgedanken des Rechts: Paul Kirchhof zum 70. Geburtstag, Bd. I Staat und Verfassung, München u.a. 2013.

Kur, Annette / Levin, Marianne (Hg.): Intellectual Property Rights in a Fair World Trade System: Proposals for Reforms of TRIPS, Cheltenham u.a. 2011.

Kübler, Friedrich: Verrechtlichung von Wirtschaft, Arbeit und Soziale Solidarität, Suhrkamp 1985.

Lamaj, Jonida: The Evolution of Antitrust Law in USA, European J. of Scientific Research 13 (2017), 154-166.

Lamy, Pascal: Strengthening the WTO as the Global Body, Präsentation vor dem Allgemeinen Rat der WTO v. 29.4.2009.

Ders.: The Relaunching of Negotiations under the Doha Development Agenda, Vortrag im EU-Parlament, Speech 04/11, Straßbourg 13.1.2004.

Ders.: The Multilateral Trading System and Global Governance, Speech/01/587, Berlin 27.8.2001.

Lange, Knut Werner / Pries, Thorsten: Einführung in das Europäische und Deutsche Kartellrecht, 2. Aufl. Frankfurt a.M. 2011.

Lehne, Jens: Crisis at the WTO: Is the Blocking of Appointments to the WTO Appellate Body by the United States Legally Justified?, Berlin u.a. 2019.

Levenstein, Margaret C. / Suslow, Valerie Y.: Contemporary International Cartels and Developing Countries: Economic Effects and Implications for Competition Policy, Antitrust Law J. 71 (2004), 801-852.

Lianos, Ioannis: Contribution of the United Nations to the Emergence of Global Antitrust Law, Tulane J. of Int. & Comparative Law 15 (2007), 1-43.

Liebich, Ferdinand K.: Grundriß des Allgemeinen Zoll- und Handelsabkommens (GATT), 2. Aufl. Baden-Baden 1967.

Lloyd, Peter John / Vautier, Kerrin M.: International Trade and Competition Policy, CER, APEC and the WTO, Wellington, 1997.

Dies.: Promoting Competition in Global Markets: A Multinational Approach, Cheltenham 1999.

Lester, Simon / Mercurio, Bryan / Davies Arwel, World Trade Law: Text, Materials and Commentary, 3. Aufl. Oxford u.a. 2018.

Levitt, Theodore: The Globalisation of Markets, Harvard Business Review 61 (1983), 92-102.

Lisky, Abbott B. / Wilmot, Kory: The Foreign Trade Antitrust Improvements Act: Did Arbaugh Erase Decades of Consensus Building?, Antitrust Source 8 (2013), 1-10.

Lock, Tobias: Das Verhältnis zwischen de m EuGH und internationalen Gerichten, Tübingen 2010.

Lorenzmeier, Stefan: Völkerrecht – Schnell erfasst, 3. Aufl. Berlin u.a. 2016.

Macrory, Patrick M. / Appleton, Arthur / Plumber, Michael (Hg.): The World Trade Organisation: Legal Economic and Politcal Analaysis, The Agreement on Preshipment Inspection, Bd. 1, New York 2005.

Marceau, Gabrielle (Hg.): A History of Law and Lawyers in the GATT/WTO: The Development of the Rule of Law in the Multilateral Trading System, Cambridge 2015.

Martin, Mervyn: The Creation of a Global Competition Regime, Where Exactly Do the Obstacles Lie – Practical Co-operation or Ideological Differences? Richmond J. of Global Law & Business 7 (2008), 297-314.

Mann, Frederik: The Doctrine of Jurisdiction in International Law, Recueil des Cours de l'Académie de Droit Internationale de la Haye 111 (1964-I), 1-162.

Marauhn, Thilo (Hg.): Streitbeilegung in den internationalen Wirtschaftsbeziehungen, Tübingen 2005.

Marsden, Philip: WTO Decides First Competition Case – with Disappointing Results, Competition Law Insight 3 (2004), 3-9.

Martinek, Michael: Die Autonomie oder die Gescheiterte Interdisziplinarität der Rechtswissenschaft, Juris Monatszeitschrift 5 (12/2018), 447-453.

Matsushita, Mitsuo: Competition Law and Policy in the Context of the WTO System, DePaul Law Review 44 (1995), 1097-1118.

Ders.: Basic Principles of the WTO and The Role of Competition Policy, Washington University Global Studies Law Review 3 (2004), 363-385.

Ders. / Schoenbaum, Thomas J. / Mavroidis, Petros C. / Hahn, Michael: The World Trade Organization: Law, Practice, and Policy, 3. Aufl. Oxford 2015.

Ders. / Clifford, Jones (Hg.): Competition Policy in the Global Trading System: Perspectives from the EU, Japan and the USA, Den Haag 2002.

Mavroidis, Petros C. / Van Siclen, Sally J.: The Application of the GATT WTO Dispute Resolution System to Competition Issues, JWT 31 (1997), 5-48.

Mayer, Peter / Adam, Hans: Europäische Integration: Einführung für Ökonomen, 2. Aufl. 2016.

Mayer, Udo / Raasch, Sybill: Internationales Recht der Arbeit und Wirtschaft, Köln 1980.

Meessen, Karl Matthias: Völkerrechtliche Grundsätze des internationalen Kartellrechts, Baden-Baden 1975.

Ders.: Das Für und Wider eines Weltkartellrechts, WuW 13 (2000), 5-16.

Ders.: Competition of Competition Laws, Northwestern J. of Int. Law & Business 10 (1989-1990), 17-30.

Ders. / Bungenberg, Marc / Puttler, Adelheid (Hg.): Economic Law as an Economic Good: It's Rule Function and Its Tool Funktion, München 2009.

Meiklejohn, Roderick: An International Competition Policy: Do we need it? Is it Feasible? The World Economy 22 (1999), 1233-1249.

Melischek, Christian: The Relevant Market in International Economic Law, Cambridge 2013.

Meng, Werner: Neuere Entwicklungen im Streit um die Jurisdiktionen der Staaten im Bereich der Wettbewerbsbeschränkungen, ZaöRV 41 (1981), 469-513.

Merkli, Thomas / Batliner, Andreas, Batliner, Christian: Internationales Verwaltungsrecht: Das Territorialitätsprinzip und seine Ausnahmen, Liechtensteinische Juristen-Zeitung 24 (2003), 82-94.

Mestmäcker, Ernst Joachim / Schweitzer, Heike (Hg.): Europäisches Wettbewerbsrecht, 3. Aufl. München 2014.

Miksch, Leonhard: Wettbewerb als Aufgabe, 2. Aufl. Godesberg 1947.

Mitchell, Andrew D.: Broadening the Vision of Trade Liberalisation: International Competition Law and the WTO, World Competition 24 (2001), 343-365.

Mohr, Jochen: Sicherung der Vertragsfreiheit durch Wettbewerbs- und Regelungsrecht: Domestizierung wirtschaftlicher Macht durch Inhaltskontrolle der Folgeverträge, Tübingen 2015.

Montini, Massimiliano: Globalisation and International Antitrust Cooperation, Papier vorgelegt auf der internationalen Konferenz "Trade and Competition in the WTO and beyond", Venice, 12/1998.

Morasch, Karl: Industrie und Wettbewerbspolitik: Zentralisierung oder Dezentralisierung, Reprint Oldenbourg 2003.

Müller-Armack, Alfred: Wirtschaftsordnung und Wirtschaftspolitik, Studien und Konzepte zur Socialen 2. Aufl. Bern u.a. 1976.

Münter, Markus Thomas: Mikroökonomie, Wettbewerb und Strategisches Verhalten, München 2018.

Neven, Damien J. / Mavroidis, Petros: El Mess in Telmex: A Comment on Mexico – Measures Affecting Telecommunications Services, World Trade Review 5 (2006), 271-296.

Nihoul, Paul / Skoczny, Tadeusz (Hg.): Procedural Fairness in Competition Proceedings, Northampton u.a. 2015.

Oberender, Peter: Effizienz und Wettbewerb, Berlin 2005.

Ders. (Hg.): Internationale Wettbewerbspolitik, Schriften des Vereins für Socialpolitik, Bd. 311, Berlin 2006.

Ohler, Christoph: Die Kollisionsordnung des Allgemeinen Verwaltungsrechts, Tübingen 2005.

Olten, Rainier: Wettbewerbstheorie und Wettbewerbspolitik, 2. Aufl. Reprint Oldenburg u.a.1998.

Ong, Burton: The Regionalisation of Competition Law and Policy within the ASEAN Economic, Cambridge 2018.

Oppermann, Thomas: Die Europäische Gemeinschaft und Union in der Welthandelsorganisation (WTO), RIW 1995, 919-928.

Ortiz Mena, Antonio / Rodriguez, Ricardo: Mexico's International Telecommunications Policy: Origins, The WTO Dispute and Future Challenges, Telecommunications Policy 29 (2005), 429-448.

Oualid, William: League of Nations, The Social Effects of International Industrial Agreements: The Protection of Workers and Consumers, C.E.C.P. 94, Genf 1926.

Quesnay, Francois: Observations sur le Droit Naturel des Hommes Réunis en Société, J. de l'Agriculture, du Commerce et des Finances 2 (1765), 4-35.

Pätzold, Jürgen / Baade, Daniel: Stabilisierungspolitik: Grundlagen der Nachfrage- und Angebotsorientierten Wirtschaftspolitik, 7. Aufl. München 2012.

Palim, Mark: The Worldwide Growth of Competition Law, Antitrust Bulletin 43 (1998), 105-145.

Palmeter, N. David / Mavroidis, Petros: Dispute Settlement in the World Trade Organization: Practice and Procedure, 2. Aufl. Cambridge 2004.

Patel, Surendra / Roffe, Pedro / Yusef, Abdulqawi: International Technology Transfer: The Origins and Aftermath of the United Nations Negotiations on a Draft Code of Conduct, Den Haag 2001.

Pelkmans, Jacques: The ASEAN Economic Community: A Conceptual Approach, Cambridge 2016.

Petersmann, Ernst-Ulrich: International Competition Rules for Governments and for Private Business: A Trade Law Approach for Linking Trade and Competition Rules in the WTO, Chicago Kent Law Review 72 (1996), 542-582.

Ders.: Darf die EG das Völkerrecht ignorieren?, EuZW 11 (1997), 325-331.

Ders.: International Economic Law in the 21st Century: Constitutional Pluralism and Multilevel Governance of Interdependant Public Goods, Oxford u.a. 2012.

Ders. / Joerges, Christian: Constitutionalism, Multilevel Trade Governance and Social Regulation, 2. Aufl. Oxford u.a. 2006.

Ders.: International Competition Rules for the GATT and World Trading System, JWT 27 (1993), 35-86.

Pearce, David / Shaw, Robert / McAvinchey, Ian / Cairns, John / Elliott, Robert: Macmillan Dictionary of Modern Economics, 4. Aufl. London u.a. 1992.

Piekenbrock, Dirk / Hennig, Alexander: Einführung in die Volkswirtschaftslehre und Mikroökonomie, 2. Aufl. Berlin u.a. 2013.

Pikna, Raymond J.: The Uranium Cartel Saga – Yellowcake and Act of State: What Will Be Their Eventual Fate?, Case Western Reserve J. of Int. Law 12 (1980), 591-639.

Prieß, Hans Joachim / Berrisch, Georg M. (Hg.): WTO-Handbuch: World Trade Organisation, München 2003.

Pryor, Frederic L.: Dimensions of the Worldwide Merger Boom, J. of Eco. Issues 35 (2001), 825-840.

Reusch, Ralf: Die Legitimation des WTO-Streitbeilegung (Tübinger Schriften zum internationalen und europäischen Recht, Bd. 87), Berlin, 2007.

Richez, Béatrice: L'OMC et la Pratique Antidumping, Revue de Droit des Affaires Internationales, 1 (2003), 79-89.

Rodrigues, Edson Beas: The General Exception Clauses of the TRIPS Agreement: Promoting Sustainable Development, Cambridge 2012.

Roessler, Frieder: Should Principles of Competition Policy be Incorporated into WTO Law through Non violation Complaint?, J. of Int. Eco. Law 2 (1999), 413-414.

Roffe, Pedro: Transfer of Technology: UNCTAD's Draft International Code of Conduct, The International Lawyer 19 (1985), 689-707.

Rogall, Holger: Volkswirtschaftslehre für Sozialwissenschaftler: Einführung in eine zukunftsfähige Wirtschaftslehre, 2. Aufl. Wiesbaden 2013.

Roth, Guenther / Wittich, Claus (Hg.): Economy and Society, California 1978.

Royer, Jean: The Magna Carta of Internationale Economic Life: Havana-Charta, Annals of Public and Cooperative Economics 20 (1949), 45-56.

Sanglard, Blaise: Die Wettbewerbsbehörden der Schweiz und der EU Arbeiten Künftig Vertieft Zusammen, Die Volkswirtschaft 87 (11/2014), 38-41.

Säcker, Franz Jürgen / Rixecker, Roland / Oetker, Hartmut / Limperg, Bettina (Hg.): MüKo zum BGB, Bd. 13, Internationales Privatrecht II, Internationales Wirtschaftsrecht, Einführungsgesetz zum Bürgerlichen Gesetzbuch (Art. 50-253), 8. Aufl. München 2021.

Scherer, Frederik M.: International Competition Policy and Economic Development, ZEW Discussion Papers Nr. 96-26, Harvard Uni. 5/1996.

Ders: International Trade and Competition Policy, ZEW Discussion Papers, Nr. 96-18, Mannheim 1996.

Ders.: Competition Policy and Trade Policy: The Need for Rapprochment, New York Law School Review 47 (2003), 153-165.

Ders.: Competition Policy for an Integrated World Economy, Washington 1994.

Schladebach, Marcus / Carnap, Marie: Das Freihandelsabkommen im Welthandelsrecht, DVBl. 132, (2017), 653-659.

Schluep, Walter R.: Von Lauteren zum freien Wettbewerb, GRUR Int. 22 (1973), 446-452.

Schmidt, Ingo / Haucap, Justuz: Wettbewerbspolitik und Kartellrecht: Eine interdisziplinäre Einführung, 10. Aufl. Oldenbourg 2013.

Schmidt, Reiner / Wollenschläger, Ferdinand (Hg.): Kompendium Öffentliches Wirtschaftsrecht, 5. Aufl. Berlin u.a. 2019.

Schneider, Erich: Einführung in die Wirtschaftstheorie, II Teil Wirtschaftspläne und wirtschaftliche Gleichgewicht in der Verkehrswirtschaft, 6. Aufl. Tübingen 1960.

Schott, Jeffrey J. (Hg.): The WTO after Seattle, Washington 2000.

Scholz, Ulrich / Rixen, Gerrit: Die neue europäische Kollisionsnorm, EuZW 19 (2008), 327-332.

Schöbener, Burkhard / Herbst, Jochen / Perkams, Markus: Internationales Wirtschaftsrecht, Heidelberg u.a. 2010.

Schooner, Steven: Desiderata: Objectives for a System of Government Contract Law, Public Procurement Law Review 11 (2002), 103-120.

Schrijver, Nico / Weiss, Friedl (Hg.): International Law and Sustainable Development: Principles and Practice, Developments in International Law, Bd. 51, Leiden 2004.

Schroeder, Werner / Schonard, Pascal: Die Effektivität des WTO-Streitbeilegungssystems, RIW 9 (2001) 658-664.

Schröter, Helmut / Jakob, Thinam / Klotz, Robert / Mederer, Wolfgang (Hg.): Europäisches Wettbewerbsrecht, 2. Aufl. Baden-Baden 2014.

Scollay, Robert / Findlay, Christopher Charles / Kaufmann, Uwe: Australia New Zealand Closer Economic Relations Trade Agreement (ANZCERTA) and Regional Integration, Singapore 2011.

Sell, Susan: Power and Ideas: North-South Politics of Intellectual Property and Antitrust, New York 1998.

Senti, Richard: Die WTO auf dem Weg nach Katar: Anstehende Probleme – Neue Herausforderungen, HWWA Diskussionspapier 2011 Nr. 135, Hamburg Institute of Int. Eco.

Sidak, J. Gregory / Singer, Hal J.: Überregulation without Economics: The World Trade Organization's Decision in the US-Mexico Arbitration on Telecommunications Services, Federal Communications Law J. 57 (2004), 1-48.

Shikha, Neeti: Competition and the WTO, A Dead End, Ankara Law Review 7 (2010), 91-108.

Sherman, Andrew J.: Mergers and Acquisitions from A to Z, 4. Aufl. New York u.a. 2018.

Shoyer, Andrew W.: Panel Selection in WTO Dispute Settlement Proceedings, J. of Int. Eco. Law 6 (2003), 203-209.

Smelser, Neil J. / Baltes, Paul B. (Hg.): International Encyclopedia of Social and Behavioural Sciences, 1. Aufl. Oxford 2001.

Smith, Adam: An Inquiry into the Nature and Causes of the Wealth of Nations, 5. Aufl. London 1789.

Sokol, D. Daniel: Monopolists Without Borders: The Institutional Challenge of International Antitrust in a Global Gilded Age, Berkeley Business Law J. 4 (2007), 37-122.

Solano, Oliver / Sennekamp, Andreas: Competition Provisions in Regional Trade Agreements, COM/ DAF/TD(2005)3/FINAL, OECD Trade Policy Papers Nr. 31, Paris 2006.

Spitzer, Florian: The Non-Violation Complaint in the WTO Law, Saarland 2004.

Springer Fachmedien Wiesbaden (Hr.): Gabler Kompakt Lexikon Wirtschaft, 11. Aufl. Wiesbaden 2013.

Stancke, Fabian: TTIP, CETA und die Rolle des Wettbewerbsrechts in internationalen Freihandelsabkommen, EuZW 27 (2016), 567-572.

Stein, Roland M. / Huttenlauch, Anna Blume: Die OECD-Empfehlungen zur Bekämpfung von Angebotsabsprachen im öffentlichen Beschaffungswesen, NZBau 12 (2016), 728-734.

Steiner, Silke: Entwicklungsländer in der WTO, VRÜ 41 (2008), 336-354.

Steger, Debra (Hg.): Peace through Trade: Building the World Trade Organisation, London 2004.

Stiftung Gesellschaft für Rechtspolitik (Hg.): Globale Wirtschaft – nationales Recht. Chance, Risiken, Konflikte, Jahrbuch Bitburger Gespräche, München 2003.

Streinz, Rudolf (Hg.): EUV/AEUV Vertrag über die Europäische Union, Vertrag über die Arbeitsweise der Europäischen Union, Charta der Grundrechte der Europäischen Union, Bd. 57, 3. Aufl. München 2018.

Streit, Manfred E.: Die Wirtschaft heute, 2. Aufl. Mannheim 1980.

Stober, Rolf / Paschke, Marian (Hg.): Deutsches und Internationales Wirtschaftsrecht: Grundzüge des Wirtschaftsprivat-, Wirtschaftsverwaltungs- und Wirtschaftsstrafrechts, 3. Aufl. Stuttgart 2017.

Stoll, Peter Tobias: Freihandel und Verfassung: Einzelstaatliche Gewährleistung und die konstitutionelle Funktion der Welthandelsordnung (GATT/WTO), ZaöRV 57 (1997), 83-146.

Sullivan, Lawrence: The U.S., the EU, the WTO, the Americas, and Telecom Competition, Southwestern J. of Law Trade in the Americas 63 (1999), 63-80.

Sweeney, Brendan: The Internalisation of Competition Rules, Routledge 2010.

Ders.: Combating Foreign Anti-Competitive Conduct: What Role for Extraterritorialism? Melbourne J. of Int. Law 35 (2007), 35-87.

Ders.: Global competition: Searching for a Rational Basis for Global Competition Rules, Sydney Law Review 30 (2008), 209-244.

Tarullo, Daniel K.: Norms and Institutions in Global Competition Policy, AJIL 94 (2000), 478-504.

Taylor, Martyn: International Competition Law, Cambridge 2006.

Telli, Serap: Devletler Hukuku Açısından Uluslararası Ticaret ve Kurumlaşması, Banka ve Ticaret Araştırma Enstitüsü, Ankara 1991.

Terhechte, Jörg Philip: International Competition Enforcement Law between Cooperation and Convergence, Berlin 2011.

Thiébaut, Flory: Chronique du Règlement des Litiges de l'OMC, Revue du Marché Commun et de l'Union Européenne Nr. 425, 1999, 121-127 und Nr. 429, 1999, 401-413.

Thomas, Chamtal / Trachtman, Joel (Hg.): Developing Countries in the WTO Legal System, Oxford 2009.

Tietje, Christian (Hg.): Internationales Wirtschaftsrecht, 2. Aufl. Berlin 2015.

Ders.: Ein internationales Handels-und Investitionsgericht für CETA (und TTIP)?, Policy Papers on Transnational Economic Law, 3/2015, Nr. 42.

Ders. / Kraft, Gerhard / Sethe, Rolf (Hg.): Internationales Wettbewerbsrecht: Unilateralismus, Bilateralismus, Multilateralismus, Heft 31 (2004), Martin-Luther Uni., Beiträge zum Transnationalen Wirtschaftsrecht.

Timberg, Sigmund: Restrictive Business Practices: Comparative Legislation and the Problems That Lie Ahead, American J. of Comparative Law 2 (1953), 445-473.

Tolksdorf, Michael: Ruinöser Wettbewerb, Berlin 1971.

Trebilcock, Michael / Howse, Robert: The Regulation of International Trade, 3. Aufl. Routledge 2005.

Tumlir, Jan: International Economic Order and Democratic Constitutionalism, Jahrbuch für die Ordnung von Wirtschaft und Gesellschaft 34 (1983), 71-83.

Ulrich, Hans (Hg.): Comparative Competition: Approaching an International System of Antitrust Law, Baden-Baden 1998.

Ullrich, Hanns / Hilty, Reto M. / Lamping, Matthias / Drexl, Josef: TRIPS Plus 20: From Trade Rules to Market Principles, Berlin u.a. 2016.

US-Bureau of National Affairs: OECD Committee Lacks Enthusiasm for Draft International Antitrust Code, Antitrust and Trade Regulation Reports 65, Nr. 1644, v. 16.12.1993.

Utton, Michael A.: International Competition Policy: Maintaining Open Markets in Global Economy, Cheltenham u.a. 2006.

Volger, Helmut: Die Vereinten Nationen, München u.a. 1994.

Van den Bossche, Peter: The Law and Policy of the World Trade Organization, Cambridge u.a. 2005.

Ders. / Zdouc, Werner: The Law and Policy of the WTO, 4. Aufl. Cambridge u.a. 2017.

Van Uytsel, Steven: International Competition Law – A Concept with Different Dimensions, Kyushu Uni. Legal Research Bulletin 1 (2011) Online-Ausgabe unter www.kyushu-u.ac.jp/en/.

Villarreal, Andrea Barrios: International Standardization and the Agreement on Technical Barriers to Trade, New York u.a. 2018.

Vitzthum, Wolfgang Graf / Proelß, Alexander (Hg.): Völkerrecht, 8. Aufl. Berlin u.a. 2019.

Von Arnauld, Andreas: Völkerrecht, 4. Aufl. Heidelberg u.a. 2019.

von der Groeben, Hans / Schwarze, Jürgen / Hatje, Armin (Hg.): Europäisches Unionsrecht, Vertrag über die Europäische Union – Vertrag über die Arbeitsweise der Europäischen Union – Charta der Grundrechte der Europäischen Union, Bd. 3, 7. Aufl. Baden-Baden 2015.

Von Delhaes, Karl / Fehl, Ulrich (Hg.): Dimensionen des Wettbewerbs: Seine Rolle in der Entstehung und Ausgestaltung, Schriften zur Ordnungsfragen der Wirtschaft, Bd. 52, Stuttgart 2016.

Von Engelhardt, Benjamin: Die Welthandelsorganisation (WTO) und demokratische Legitimität: Globale Ordnung zur Regelung wirtschaftlicher Interdependenzen und ihre Auswirkungen auf territorial organisierte Demokratie, Tübingen 2016.

von Hayek, Friedrich: Wirtschaftswissenschaftliche und wirtschaftsrechtliche Untersuchungen Freiburger Studien, Gesammelte Aufsätze von F. A. von Hayek, Tübingen 1969.

Von Meibom, Wolfgang / Geiger, Andres: Ein Weltkartellrecht als Ultima Ratio, EuZW 13 (2002), 261-266.

Wahrig Redaktion (Hg.): Brockhaus Wahrig Synonymwörterbuch, 7. Aufl. Gütersloh u.a. 2011.

Waller, Spencer Weber: Public Choice Theory and International Harmonisation of Antitrust Law, Antitrust Bulletin 48 (2003), 427-438.

Weiler, Joseph H.: The Rule of Lawyers and the Ethos of Diplomats – Reflections on the Internal and External Legitimacy of WTO Dispute Settlement, JWT 35 (2001), 191-207.

Wellenius, Björn / Galarza, Juan / Guermazi, Boutheina: Telecommunications and the WTO: The Case of Mexico, World Bank Policy Research Working Paper Nr. 3759, Washington 2005.

Weinrauch, Roland: Competition Law in the WTO, Wien 2004.

Weiss, Friedl: From World Trade to World Competition Law, Fordham Int. Law J. 23 (2000), 250-273.

Weitbrecht, Andreas / Mühle, Jan: Europäisches Kartellrecht 2009, EuZW 21 (2010), 327-333.

Westreicher, Eduard: Der Grundsatz der Gegenseitigkeit in den Handelsbeziehungen zwischen Industrie- und Entwicklungsländer, Schriften zum Völkerecht, Bd. 79, Berlin 1984.

Whitman, James Q.: Consumerism versus Producerism: A Study in Comparative Law, Yale Law J. 117 (2007), 340-406.

Wiedemann, Gerhard: Kartellrecht, 4. Aufl. München 2020.

Wiegert, Ralf: Transformation Wachstum und Wettbewerb in Rußland, Berlin u.a. 2003.

Wilcox, Clair: A Charter for World Trade, New York 1949.

Wildmann, Lothar: Einführung in die Volkswirtschaftslehre, Mikroökonomie und Wettbewerbspolitik, 3. Aufl., München 2014.

Wilson, Joseph: Globalization and the Limits of National Merger Control Laws, Den Haag 2003.

Wins, Henning: Eine internationale Wettbewerbsordnung als Ergänzung zum GATT, Baden-Baden 2000.

Wolffgang, Hans-Michael / Simonsen, Olaf / Rogmann, Achim / Pietsch, Georg (Hg.): AWR-Kommentar, Kommentar für das gesamte Außenwirtschaftsrecht, Köln, 66. Lieferung 5/2020.

Wood, Diane P.: The Internationalization of Antitrust Law: Options for the Future, Depaul Law Review 44 (1995), 1289-1299.

Dies.: The Impossible Dream: Real International Antitrust, Uni. of Chicago Legal Forum 1 (1992), 277-313.

Wolfrum, Rüdiger / Stoll, Peter Tobias / Feinäugle, Clemens (Hg.): Max Planck Commentaries on World Trade Law, Bd. 6 / WTO Trade in Services, Leiden u.a. 2008.

Woolcook, Stephen: International Competition Policy and the World Trade Organization, Papier vorgelegt in London School of Economics Commonwealth Business Council Trade Forum in Südafrika, 2003,

WTO (Hg.): A Handbook on the WTO Dispute Settlement System, 2. Aufl. Cambridge 2017.

Yueh, Linda: The Law and Economics of Globalisation: New Challenges for a World in Flux, Cheltenham u.a. 2009.

Zäch, Roger (Hg.): Towards WTO Competition Rules: Key Issues and comments on the WTO Report, Bern 1999.

Zuijdwijk, Ton J. M.: The UNCTAD Code of Conduct on the Transfer of Technology, McGill Law J. 24 (1978), 562-626.

Dokumentenverzeichnis

Abkommen zwischen der EU und der Schweizerischen Eidgenossenschaft über die Zusammenarbeit bei der Anwendung ihres Wettbewerbsrechts, ABl. L 347/3, 3.2.2014.

Abkommen zwischen der Regierung des Commonwealth Australien und der Regierung der USA über die Zusammenarbeit in Kartellfragen, 34 UST 3888, (1982) 21 ILM 702, 29.6.1982.

Abkommen zwischen den EG und der Regierung der USA über die Anwendung ihrer Wettbewerbsregeln, ABl. 1995 Nr. L 95/47 v. 27.4.1995 berechtigt durch ABl. 1995 Nr. L 131/38 v. 15.6.1995.

Abkommen zwischen der EG und den USA über die Anwendung der Positive Comity-Grundsätze bei der Durchsetzung ihrer Wettbewerbsregeln, ABl. EG 1998 L 273/28 v. 18.6.1998.

Abkommen zwischen Bundesrepublik Deutschland und den USA über die Rechtshilfe in Strafsachen, BGBl. 2007 II, 1618, 14.10.2003.

Abkommen zwischen Bunderepublik Deutschland und der Regierung der Französischen Republik über die Zusammenarbeit in Bezug auf wettbewerbsbeschränkende Praktiken, BGBl. II 1984, 758-762, 28.5.1984.

Allgemeines Zoll- und Handelsabkommen v. 30.10.1947, BGBl. II 1951, 173.

Agreement between the Government of the USA and the Government of Canada Regarding the Application of their Competition and Deceptive Marketing Practices Laws, 3.8.1995.

Agreement between the Government of the USA and the Government of the State of Israel regarding the Application of their Competition Laws, 15.3.1999.

Agreement between the Government of the USA and the Government of Japan concerning Cooperation on Anticompetitive Activities, 7.10.1999.

Agreement between the Government of the USA and the Government of the United Mexican States regarding the Application of their Competition Laws, 11.7.2000.

Agreement between the Government of Australia and the Government of the USA on Mutual Antitrust Enforcement Assistance, April 1999.

Agreement between the USA, the United Mexican States, and Canada, 1.7.2020.

Agreement on Trade-Related Intellectual Property Rights, GATT Doc. MTN/FA II-AIC v. 15.12.1993, BGBl. 1994 II, S. 1566 ff. (englisch) bzw. 1730 ff. (deutsch).

Ankündigung des Chinesischen Handelsministerium Nr. 43 v. 20.10.2015.

APEC Principles to Enhance Competition and Regulatory Reform.

ASEAN regionale wettbewerbsrechtliche Leitlinien.

ASEAN Expert Group on Competition (AEGC) Inaugural Annual Report 2016.

Bekanntmachung der EU-Komm. über die Definition des relevanten Marktes i.S.d Wettbewerbsrechts der Gemeinschaft ABl. C 372 v. 09.12.1997.

Bekanntmachung des Abkommens zwischen der Regierung der Bundesrepublik Deutschland und der Regierung der USA über die Zusammenarbeit in Bezug auf restriktive Geschäftspraktiken v. 27.9.1976, BGBl. II 1976, 1711.

Bekanntmachung der EU-Komm., Leitlinien zur Anwendung Art. 81 III EGV, ABl. 2004 Nr. C 101.

Bericht des Appellate Body, *Korea – Taxes on Alcoholic Beverages*, Wt/DS75/AB/R, Wt/DS84/AB/R.

Bericht des Appellate Body, *Japan – Taxes Alcoholic Beverage II*, WT/DS8/AB/R, WT/DS10/AB/R, WT/ DS11/AB/R.

Bericht des Appellate Body, *US – Anti-Dumping and Countervailing Duties (China)*, WT/DS379/ AB/R.

Bericht des Appellate Body, *EC – Bed Linen*, WT/DS141/AB/RW.

Bericht des Appellate Body, *US – Upland Cotton*, WT/DS267/AB/R.

Bericht des Appellate Body, *US – Standards for Reformulated and Conventional Gasoline*, WT/DS2/ AB/R.

Bericht des Appellate Body, *EC – Measures Affecting Asbestos and Asbestos-Containing Products*, WT/ DS135/AB/R.

Bericht des Appellate Body, *US – Gambling*, WT/DS285/AB/R.

Bericht des Appellate Body, *Canada – Certain Measures Concerning Periodicals*, WT/DS31/AB/R

Bericht des Appellate Body, *US – Tax Treatment for Foreign Sales Corporations*, WT/DS108/AB/R.

Bericht des Appellate Body, *Brazil – Export Financing Programme for Aircraft*, WT/WT/DS46/AB/R

Bericht des Appellate Body, *Brazil – Export Financing Programme for Aircraft (Art. 21.5 – Canada)*, WT/ DS46/AB/RW.

Bericht des Appellate Body, *Canada – Measures Affecting the Export of Civilian Aircraft*, WT/DS270/ AB/R, WT/DS70/AB/RW.

Bericht des Appellate Body, *Canada – Measures Relating to Exports of Wheat and Treatment of Imported Grain*, WT/DS276/AB/R.

Bericht des Appellate Body, *Australia – Subsidies Provided to Producers and Exporters of Automotive Leather (Art. 21.5 – US)*, WT/DS126/RW.

Bericht des Appellate Body, *US – Continued Dumping and Subsidy Offset Act of 2000*, WT/DS217/AB/ R, WT/DS234/AB/R.

Bericht des Appellate Body, *US – Tax Incentives*, WT/DS487/AB/R.

Bericht des Appellate Body, *EC – Regime for the Importation, Sale and Distribution of Bananas*, WT/ DS27/R, WT/DS27/AB/R.

Canada – US Joint Statement concerning Cooperation in Anti-Trust Matters v. 3.11.1969.

Charte de la Havane Instituant une Organisation Internationale Commerce, Sec/ 41/53.

Cooperation Agreement between the Australian Competition and Consumer Commission and the New Zealand Commerce Commission v. 29.7.1994.

Draft Charter for ITO of the UN, Dep't St. Pub. 2927 Commercial Policy Series 106, 1947.

Draft International Antitrust Code, 64 Antitrust & Trade Reg. Rep. (BNA) Nr. 1628 v. 19.8.1993, Sonderbeilage.

ECOSOC, Res. 1/13 v. 16.2.1946, Official Records, Nr. 173, 1. Sitzung.

ECOSOC, E/2030 v. 22.6.1951, Res. E/2151, Official Records, 13. Session Supp. 1, Res. 375 (XIII) v. 13.9.1951.

ECOSOC, Entwurf des internationalen Kartellabkommens, WuW 3 (1953), 479 ff.

ECOSOC, Res. 568 (XIX) v. 26.5.1955.

ECOSOC, E/2380, Anhang II, Draft Articles of Agreement Art. 1-8, 1953.

Erklärung v. *Pitofsky, Robert / Steiger, Janet/ Starek, Roscoe / Varney, Christine* zur Genehmigung der Fusion Boeing Company/McDonnell Douglas Corp. v. 1.7.1997, US FTC, Nr. 971-0051.

Europat-Entwurf einer Europäischen Konvention zur Kontrolle Internationaler Kartelle v. 2.3.1951, WuW 2 (1952), 296-302.

EU-Komm., Entscheidung v. 3.7.2001, ABl. 2004 Nr. L 48/1, GE -Honeywell.

EU-Komm., Entscheidung v. 24.7.1969, ABl. EG Nr. L 195, Farbstoffe.

EU-Komm., Entscheidung v. 22.11.2001, ABl. 2003 L 6/1, Vitamine.

EU-Komm, Entscheidung v. 5.12.2001, ABl. 2002 Nr. L 253/21, Luxemburgische Brauereie.

EU-Komm., Mitt. über den Erlass und die Ermäßigung von Geldbußen in Kartellsachen, ABl. C. 298/11 v. 8.12.2006.

EU.Komm., Report of the Group of Experts, Competition Policy in the New Trade Order, Strengthening International Cooperation and Rules Brussels, 12.7.1995, COM(95)359 Final.

EU-Komm., Presse-Mitt. IP/11/70 v. 26.1.2011.

EU-Komm., Presse-Mitt. IP/01/1292 v. 20.09.2001.

EU-Komm., Presse-Mitt. IP/12/993 v. 20.9.2012.

EU-Komm., Presse-Mitt. IP/13/1143 v. 21.11.2013.

EU-Komm., Presse-Mitt. IP/14/2245 v. 28.11.2014.

EU-Komm., Presse-Mitt. IP/00/317 v. 3/2000.

EU-Komm., Final Report of the EU-US High Level Working Group on Jobs and Growth v. 4.3.2013, Brüssel.

EU-Komm., Directorate General for Competition Policy: European Community Competition Policy (1999): 29th Report on Competition Policy, Brüssel u.a. 2000.

Final Act embodying the results of the Uruguay Round of Multilaterale Trade Negotiations, 15.4.1994.

Final Report of ICPAC to the Attorney General and Assistant Attorney General for Antitrust, 2000.

Foreign Trade Antitrust Improvements Act of 1982, 15 U.S.C. §§ 6a, 45(a)(3) (1988).

FTC, U.S. and Foreign Antitrust Officials Launch International Competition Network, Presse-Mitt. zur Ankündigung der Gründung des ICN v. 25.10.2001.

GATT, Bericht der Expertengruppe v 2.6.1960 L/1015, BISD 9S/170, Restrictive Business Practices, Arrangement for Consultation.

GATT, Decision on Restrictive Business Practices: Arrangements for Consultation v. 18.11.1960, BISD 9S/28.

GATT-Panelbericht, *Japan – Trade in Semiconductors* L/6309, 4.5.1998, 35S/116.

GATT-Panelbericht, *US Measures Affecting Alcoholic and Malt Beverages*, DS32/R, 39S/206.

GATT-Panelbericht, *Royaume Uni – Contingents dollar*, L/3891 20S/36.

GATT-Panelbericht, *EU – Newsprint*, L/5690 31S/114.

GATT-Panelbericht, *EEC – Oilseeds*, BISD 37S/86.

GATT-Panelbericht, *Japan – Customs Duties, Taxes and Labelling Practices on Imported Wines and Alcoholic Beverages*, BISD 34S/83.

GATT-Panelbericht, *Norway – Procurement of Toll Collection Equipment for the City of Trondheim*, GPR.DS2/R.

GATT-Panelbericht, *Italian Discrimination against Imported Agricultural Machinery*, BISD 7S/60, L/833.

General Agreement on Trade in Goods, GATT Doc. MTN/FA II-AlA v. 15.12.1993, BGBl. 1994 II, S. 1442 ff. (englisch) bzw. 1624 ff. (deutsch).

General Agreement on Trade in Services and Annexes, GATT Doc. MTN/FA II-AIB v. 15.12.1993, BGBl. 1994 II, S. 1473 ff. (englisch) bzw. 1643ff. (deutsch).

Gesetz gegen Wettbewerbsbeschränkungen, BGBl. 1957 I S. 1081 (Ursprungsfassung)

Gesetz gegen Wettbewerbsbeschränkungen in der Fassung der Bekanntmachung vom 26.6.2013 (BGBl. I S. 1750, 3245), das zuletzt durch Artikel 5 Absatz 3 des Gesetzes v. 9.3.2021 (BGBl. I S. 327) geändert worden ist.

Havanna-Charter for an International Organisation, UN Doc. E/Conf. 2/78, 24.3.1948.

Horizontal Merger Guidelines v. US Deparment of Justice and the Federal Commission v. 19.8.2010.

ICN, Mergers Working Group (Notifications and Procedure Subgroup), Report on the Costs and Burdens of Multijurisdictional Merger Review.

ICN, Recommended Practices for Merger Notification and Review Procedures.

ICN, Recommended Practices for Merger Analysis.

ICN, Recommended Practices on Competition Assessment.

ICN, Predatory Pricing Analysis pursuant to Unilateral Conduct, Recommended Practices.

ICN, State-Created Monopolies Analysis Pursuant to Unilateral Conduct.

ICN, Unilateral Conduct Working Group, Dominance/Substantial Market Power Analysis Pursuant to Unilateral Conduct Laws, Recommended Practices.

ITO, Interim Arrangements and Postponment of ITO, The General Agreement on Tariffs and Trade, Sec. 36/53.

League of Nations, Report and Proceedings of the World Economic Conference v. 4-23 Mai 1927, Genf C.356.M.129.1927.II (1927).

Memorandum on the Establishment and Operation of the International Competition Network.

Mitt. der EU-Komm. über die Anwendung der EG-Wettbewerbsregeln auf vertikale Beschränkungen, ABl. 1998 Nr. C 365/03.

Mitt. der EU- Komm., Befristeter Rahmen für staatliche Beihilfen zur Stützung der Wirtschaft angesichts des derzeitigen Ausbruchs von COVID-19, (2020/ C 91 I/01).

Nigerianischer Federal Competition and Consumer Protection Act 2018.

North American Free Trade Agreement v. 1.1.1994.

OECD, Interim Report on Convergence of Competition Policies, OECD/ GD(94)64, 1994.

OECD, Globalisation: What Opportunities and Challenges for Governments, OCDE/GD(96)64, 1996.

OECD, Policy Roundtables Competition Policy and Intellectual Property Rights, DAFFE/CLP(98)18, 1997.

OECD, Complementarities between Trade and Competition Policies, COM/TD/ DAFFE/CLP (98)98/ FINAL, 1999.

OECD, Competition Elements in International Trade Agreements: A Post Uruguay Round Overview of WTO Agreements, COM/TD/DAFFE/CLP(98)26/ FINAL, 1999.

OECD, Recommendation of the Council concerning Structural Separation in Regulated Industries, v. Rat genehmigt am 26.4.2001 [C(2001)78/FINAL – C/ M(2001)9/PROV], geändert am 13.12.2011 – [C(2011) 13 – C(2011)135/ CORR1 – C/M(2011)20/PROV] und am 23.2.2016 [C(2016)11 – C/M(2016)3].

OECD, Le Role du "Traitement Special et Difference" a l'Interface des Echanges, de la Concurrence et du Developement, COM/TD/DAFFE/COMP(2001)21/ FINAL, 2002.

OECD, Fighting Corruption and Promoting Integrity in Public Procurement, 2005.

OECD, Leitsätze für Multinationale Unternehmen, (Neufassung) 2011.

OECD, Roundtable on Market Definition, Note by the Delegation of the US, DAF/COMP/WD(2012) 27, 2012.

OECD, Policy Roundtables, Market Definition, 2012, DAF/COMP(2012)19, 2012.

OECD, Latinamerican Competition Forum, Session II: Regional Competition Agreements, Beitrag der USA, DAF/COMP/LACF(2013)18, 2013.

OECD, International Cooperation in Competition Law Enforcement, Meeting of the OECD-Council at Ministerial Level, C/MIN(2014)17, 2014.

OECD, Competition co-operation and enforcement: Inventory of international cooperation MOUs between competition agencies, Provisions on Negative Comity, 2017.

OECD, Recommendation of the Council concerning Co-Operation between Member Countries on Anti- competitive Practices Affecting International Trade [C(67)53(Final)], 1967.

OECD, Recommendation of the Council on Competition Policy and Exempted or Regulated Sectors, C(79)155/FINAL, 1979.

OECD, Recommendation of the Council concerning Merger Review, C 2005 34/ Final, 2005.

OECD, Guiding Principles for Regulatory Quality and Performance, 2005.

OECD, Best Practices on Information Exchange, 2005.

OECD, Recommendation of the OECD Council on Competition Assessment, 2009.

OECD, Guidelines for Fighting Bid Rigging in Public Procurement, 2009.

OECD, Recommendation concerning International Co-operation on Competition Investigations and Proceedings, C(2014)108 – C/M(2014)10, 2014.

OECD, Recommendation concerning Effective Action Against Hard Core Cartels, C(98) 35/FINAL – C/M(98)7/PROV ersetzt durch OECD/LEGAL/ 0452, 2019.

Panelbericht, *US – Subsidies on Upland Cotton*, WT/DS267/R.

Panelbericht, *Japan – Measures Affecting Consumer Photographic Film and Paper*, WT/DS44/R.

Panelbericht, *China – Electronic Payment Services*, WT/DS413/10.

Panelbericht, *China – Publications and Audiovisual Products*, WT/DS363/10.

Panelbericht, *US – Anti-Dumping Act* of *1916*, WT/DS136/R.

Panelbericht *US – Sections 301-310 of the Trade Act of 1974*, WT/DS152/R.

Panelbericht, *US – Lamb*, WT/DS177/R, WT/DS178/R.

Panelbericht, *Canada – Aircraft Credits and Guarantees*, WT/DS222/R.

Panelbericht, *Mexico – Measures affecting Telecommunication Services*, WT/DS204/R.

Panelbericht, *EC – Trademarks and Geographical Indications*, WT/DS290/R.

Panelbericht *US – FSC (Art. 21.5 – EC)*, WT/DS108/RW.

Panelbericht, *Argentina – Measures Affecting the Export of Bovine Hides and the Import of Finished Leather*, WT/DS155/R.

Panelbericht, *Korea – Taxes on Alcoholic Beverages*, WT/DS75/R, WT/DS84/R.

Panelbericht, *Korea – Commercial vessels*, WT/DS273/R.

Panelbericht, *Japan – Taxes on Alcoholic Beverages II*, WT/DS8/R, WT/DS10/R, WT/DS11/R.

Panelbericht Bericht des Appellate Body, *US – Continued Dumping and Subsidy Offset Act of 2000*, WT/DS217/R, WT/DS234/R.

Preliminary Draft Charter for ITO of the UN, Dep't St. Pub. 2728 Commercial Policy Series 98, 1946.

Proposals for Expansion of World Trade and Employment, Dep't St. Pub. 2411 Commercial Policy Series 79, 1945.

Protokoll 27 über den Binnenmarkt und den Wettbewerb, ABl. C 115/309 v. 9.5.2008.

Report of the Ad Hoc Committee on Restrictive Business Practices to ECOSOC, UN ESCOR 16th Session Supp. Nr. 11 UN Doc. E/2380, 1953.

Richtlinien der *Britische Office of Fair Trading* über die Marktdefinition v. 12/2004.

Suggested Charter for an international Trade Organisation of the UN Dep't St. Pub. 2728, Commercial Policy Series 93, 1946.

Sherman Antitrust Act, 15 U.S.C. (1994).

UN Declaration on the Establishment of a New International Economic Order, Res. 3201 (S-VI), 1.5.1974, A/RES/S-6/3201 und UN Program of Action on the Establishment of a New International Economic Order, Res. 3202(S-VI), 1.5.1974, A/RES/S-6/3202.

UN Declaration on Principles of International Law concerning Friendly Relations and Co-operation among States in accordance with the Charter of the UN, A/RES/25/2625, 1970.

UN Standard International Trade Classification.

UNCTAD, Draft International Code of Conduct on the Transfer of Technology v. 9.3.1979, TD/Code TOT/14.

UNCTAD, Review of all Aspects of the Set of Multilaterally Agreed Equitable Principles and Rules for the Control of Restrictive Business Practices, Doc. TD/RPB/Conf. 5/15 v. 4.10.2000.

UNCTAD, Compendium of International Arrangements on Technology Transfer: Selected Instruments, Relevant provisions in selected international arrangements pertaining to transfer of technology, UNCTAD/ITE/IPC/Misc.5, 2001.

UNCTAD, Dispute Settlement, World Trade Organisation, 3.7. Subsidies and Countervailing Measures, UNCTAD/EDM/Misc.232/Add.15, 2003.

UNCTAD, Roles of Possible Dispute Mediation mechanisms and alternative arrangements, including voluntary peer reviews, in competition law and policy, TD/B/COM.2/CLP/37, 2003.

UNCTAD, Model Law on Competition: Substantive Possible Elements for a Competition Law, Commentaries and Alternative Approaches in Existing Legislation, TD/RBP/CONF.7/8, 2010.

UNCTAD, Review of the Experience Gained so far in Enforcement Cooperation, Including at the Regional Level, TD/B/C.I/CLP/10, 2011.

UNCTAD, The impact of cartels on the poor, TD/B/C.I/CLP/24/Rev.1, 2013.

UNCTAD, UNCTAD Perspective: Competition and Consumer Policy 2013, 2014.

UNCTAD Research Partnership Platform Publication Series: Competition Law and The State, Competition laws' prohibitions of anti-competitive State acts and measures, UNCTAD/DITC/CLP /2015/3, 2015.

UNCTAD, New ways in which the United Nations could address the crisis of multilateralism and trade and its development machinery, as well as what the contribution of UNCTAD would be, TD/B/65(1)/2, 2018.

UK Competition Commission & Office of Fair Trading, Merger Assessment Guidelines, 9/2010, CC2 (revised).

US Department of Commerce, Trade Information Bulletin Nr. 556, 1928.

US Chamber of Commerce, International Competition Policy Expert Group, Report and Recommendations, 3/2017.

US FTC, Horizontal Merger Guidelines, v. 19.8.2010.

US House Committee of Foreign Affairs, Hearings on HJ. Res. 236, „Membership and Participation by the United States in the International Trade Organisation", 81. Congress, 2. Session, 1950.

Trade Policy Review Mechanisms, GATT Doc. MTN/FA II-A3 15 v. 15.12.1993.

The UN Set of Principles and Rules on Competition: The Set of Multilaterally Agreed Equitable Principles and Rules for the Control of Restrictive Business Practices, TD/RBP/CONF/10/Rev.1, in: UN, Res. der Generalversammlung 35/63, UN Doc. A/RES/35/63, 5.12.1980.

Vertrag zur Gründung der Europäischen Gemeinschaft v. 25.3.1957 (BGBl. 1957 II, 766).

Vertrag über die Arbeitsweise der Europäischen Union, ABl. EU 2008 Nr. 115 S. 47, konsolidierte Fassung v. 26.10.2012, ABl. C 326 S.47.

VO (EG) Nr. 139/2004 des Rates v. 20.1.2004 über die Kontrolle von Unternehmenszusammenschlüssen, ABl. Nr. L 024 v. 29/01/2004.

Wiener Übereinkommen über das Recht der Verträge v. 23.6.1969, BGBl. 1985 II, 927.

WTO-Arbeitsgruppe, Report of the Working Group on the Interaction between Trade and Competition Policy, WT/WGTCP/7, 17.7.2003; WT/WGTCP/6, 9.12.2002; WT/WGTCP/5, 8.10.2001; WT/WGTCP /4, 30.11.2000; WT/WGTCP/3, 11.10.1999; WT/WGTCP/2, 8.11.1998; WT/WGTCP/1, 28.11.1997.

WTO, Rules of Conduct for the Understanding on Rules and Procedures Governing the Settlement of Disputes, WT/DSB/RC/1, 11.12.1996.

WTO-Arbeitsgruppe, Report on the Meeting of 27-28.11.1997, Note by the Secretariat, WT/WGTCP /M/3, 26.2.1998.

WTO-Arbeitsgruppe, Communication from Japan, WT/WGTCP/W119, 27.5.1999 und WT/WGTCP/ W/135, 14.7.1999.

WTO, Developing Countries and the Multilateral Trading System: Past and Present, Background Note by the Secretariat, 17-18.3.1999.

WTO-Arbeitsgruppe, Communication from the EC and its Member States, WT/WGTCP/W/115, 25.5.1999, und WT/WGTCP/62, 5.3.1998.

WTO-Arbeitsgruppe, The Fundamental WTO Principles of National Treatment, Most-Favoured-Nation Treatment and Transparency, Background Note by the Secretariat, WT/WGTCP/W/114, 14.4.1999.

WTO-Rat für Handel mit Waren, Protokolle der Sitzung v. 15.10.1999, G/C/M/41.

WTO-Arbeitsgruppe, Communication from the EC and its Members, WT/WGTCP/W/152, 25.9.2000.

WTO-Appellate Body, Sitzungsprotokoll v. 11.2.2000, WT/DSB/M/75 v. 7.3.2000.

WTO, Communication from the Appellate Body, *European Communities – Measures Affecting Asbestos and Asbestos Containing Products*, WT/DS135/9, 8.11.2000.

WTO-Arbeitsgruppe, Overview of Members National Competition Legislation, Note by the Secretariat, WT/WGTCP/W /128/ Rev.2, 4.7.2001.

WTO, Implementation of Special and Differential Treatment Provisions in WTO Agreements and Decisions, WT/COMTD/W/77/Rev.1, 21.9.2001.

WTO, Communication from the EC and its Member States to the Improvement of the WTO Dispute Settlement Understanding, TN/DS/W/1, 13.3.2002.

WTO-Arbeitsgruppe, Provisions on Hard Core Cartels, WT/WGTCP/W/191, 20.6.2002.

WTO-Arbeitsgruppe, Communication from the US, WT/WGTCP/W/203, 15.8.2002.

WTO-Arbeitsgruppe, Communication from the EC and its Members, WT/WGTCP/W/222, 19.11.2002.

WTO-Arbeitsgruppe, Report on the meeting of 20-21 Februar 2003, WT/WGTCP/M/21, 26.5.2003.

WTO-Arbeitsgruppe, Report on the meeting of 26-27 May 2003, WT/WGTCP/M/22, 9.7.2003.

WTO, Communication from the EU, China, Canada, India, Norway, New Zealand, Switzerland, Australia, Republic of Korea, Iceland, Singapore and Mexico to the General Council, WT/GC/W/752, 26.11.2018.

WTO, Mexikos Trade Policy Review, Sitzungsprotokoll v. 5-7.4.2017, WT/TPR/M/352.

WTO, Singapur-Ministererklärung v. 13.12.1996, WT/MIN(96)/DEC.

WTO, Doha-Ministererklärung v. 20.11/2001, WT/MIN(01)/DEC/1.

WTO, Bali-Ministererklärung v. 7.12.2013, WT/MIN(13)/DEC.

WTO, Nairobi-Ministereklärung v. 19.12.2015, WT/MIN(15)/DEC.

WTO, Presse-Mitt. v. 6.8.2009, WTO Disputes Reach 400 Mark, PRESS/578.

WTO, Übereinkommen über den Handel mit Zivilluftfahrtzeugen v. 12.4.1979, ABl. 1980 Nr. L. 71/58.

WTO, Übereinkommen zur Errichtung der WTO v. 15.4.1994, BGBl. 1994 II S. 1625 ff. BGBl. 1994 11, S. 1453 (englisch), S. 1631 (deutsch), BT- Drs.12/7655(neu), ABl. EG Nr. L 336 v. 23.12.1994, S. 3 ff.

WTO, Understanding on Rules and Procedures Governing the Settlement of Disputes, GATT Doc. MTN/FA II-A2 v. 15.12.1993, BGBl. 1994 II, S. 1598 ff. bzw.1749 ff. (deutsch).

WTO, Übereinkommen über das öffentliche Beschaffungswesen v. 15.4.1994, ABl. Nr. C 256/2 v. 3.9.1996.

Internetquellen

American Bar Association, www.americanbar.org
APEC, www.apec.org
ASEAN, https://asean-competition.org; https://asean.org
Australian Competition / Consumer Commission, www.accc.gov.au
Hathi Trust Digital Library, https://babel.hathitrust.org
BMWi, www.bmwi.de
Bundeskartellamt, www.bundeskartellamt.de
Bundesregierung, www.bundesregierung.de
Cambridge University Press, www-cambridge.org.
Competition Commission of Hong Kong, www.compcomm.hk
Competition Commission of India, www.cci.gov.in
Der Bundesrat /Das Portal der Schweizer Regierung, www.admin.ch/gov/de/start.html
DLA Piper, www.dlapiper.com
EU, https://eur-lex.europa.eu; http://trade.ec.europa.eu
Fondazione eni Enrico Mattei (FEEM) https:www.feem.it/en/
Japanisches Ministerium für Wirtschaft, Handel und Industrie, www.meti.go.jp
Japanisches Außenministerium, www.mofa.go.jp
Japan – Fair Trade Commission, www.jftc.go.jp
ICN, http://www.internationalcompetitionnetwork.otg
Institute for Merger and Acquisition and Alliances, https://imaa-institute.org
Mexikanische Wettbewerbsbehörde, www.cofece.mx
Ministry of Commerce People Republic of China, http://english.mofcom.gov.cn
Malaysian Competition Commission, www.mycc.gov.my
Martin-Luther-Universität Halle-Wittenberg, http://telc.jura.uni-halle.de
OECD, www.oecd.org; https://read.oecd-ilibrary.org
Research Gate, www.researchgate.net
UK-Regierung, www.gov.uk
Republic of Philippines Competition Commission, https://phcc.gov.ph
Office of the United States State Representative, https://ustr.gov
Schweizerisches Bundesgericht, www.bger.ch
US Law, http://law.justia.com
US Department of Justice, www.justice.gov

US Chamber of Commerce, https://www.uschamber.com
US Federal Trade Commission, https://www.ftc.gov
US Federal Reserve of Economic History, https://fraser.stlouisfed.org
Umweltbundesamt, www.umweltbundesamt.de
UN Documents, http://www.un-documents.net; https://unstats.un.org
Universität Münster, www.wiwi.uni-muenster.de
Universität Kyushu, https://www.kyushu-u.ac.jp/en/
The London School of Economics and Political Science, www.lse.ac.uk
Türkische Wettbewerbsbehörde, www.rekabet.gov.tr
World Bank, www.worldbank.org/en/home
WTO, www.wto.org; rtais.wto.org

www.ingramcontent.com/pod-product-compliance
Ingram Content Group UK Ltd.
Pitfield, Milton Keynes, MK11 3LW, UK
UKHW020714041026
15590UKWH00002B/671

9 783631 878071